民國原来是這樣
歷史中國
1912~1949
金滿樓著

目錄

一、楊度：不甘寂寞的曠世逸才

原本是租界時代萬國公墓舊地的宋慶齡陵園，如今已處上海西南角的繁華區。在這個鬧市中難得的寂寥之地，一塊墓碑傲然拱立在一個更加寂寞的角落裡，上面刻著「湘潭楊皙子先生之墓」幾個大字，碑文筆鋒健銳，取法雋古，係民國知名的書法家、篆刻家夏壽田的手筆。令人大惑不解的是，墓碑前還有個臥碑，上面赫然鐫刻著「楊度同志」幾個字的抬頭，這與周圍那些民國名人的墓碑顯得如此的格格不入……

楊度的祖父楊禮堂，原本是以耕讀傳家的讀書人，在太平軍橫掃江南後，他帶領自己的大兒子楊瑞生投入湘軍李續賓部，後以軍功升為哨長。咸豐八年（一八五八年），李續賓部六千人與太平軍新秀陳玉成、李秀成數萬人在安徽廬州三河鎮展開了一場極為殘酷的血戰。戰役結束後，主將李續賓、曾國華（曾國藩之弟）等人全部戰死，主力盡沒。曾國藩得到消息後，當場吐血不止，並哀歎道：「三河敗後，元氣盡傷；湘軍精銳，覆於一旦！」

命運是殘酷的，楊禮堂也埋骨於當年的這場戰事中。不過，楊度的大伯、父子同營的楊瑞生卻在太平軍的重重圍殺下，從死人堆裡爬了出來，這對於滿江是血、屍橫遍野的三河鎮之戰來說，實在是個難得的幸運和異數了。應了中國那句古話，「大難不死，必有後福」，楊瑞生由此步步升遷，先後做上了歸德鎮、朝陽鎮等地的總兵。

楊度的父親楊懿生身體羸弱，不能隨父兄拼殺於疆場，因而只能在家務農。在楊度六歲的時候，楊懿生不幸去世，伯父楊瑞生後來便將楊度和妹妹楊莊接到自己的駐地，直到他後來外遷關外朝陽鎮，楊度和妹妹才再次回到湘潭老家。

楊瑞生以軍功起家，深知戰爭之殘酷，因而他並不希望侄子走上自己的道路。在很小的時候，楊瑞生便看出楊度天分很高，因為只要是楊度看過的東西，他就基本能做到過目不忘，而且楊度從小就眉清目秀，五官端正，頗有貴人之相。因此，楊瑞生花費重金為子侄們請來了知名的塾師，以求這一代人能夠金榜題名，為楊家爭一口氣。

後來，湘中名士王闓運得知了楊度的文名，派人將楊度招至自己所辦的石鼓書院，重點栽培。王闓運是一代名儒，當時的石鼓書院也是人才濟濟，中舉人、中進士的學子比比皆是，譬如知名的學者廖平，後來在「戊戌政變」中被殺的楊銳、劉光第，畫家齊白石等，都是從石鼓書院中走出去的。

在王闓運的門下學習三年後，楊度順利地考中了舉人，時年十九歲。次年，楊度便與同窗好友夏壽田一起赴京會試，以博取最後的功名。據楊度的堂弟楊敞說，「兄中順天鄉試中後……高視闊步，有狂士風。」但這一次，楊度的運氣似乎已經到頭。放榜之後，楊度名落孫山，夏壽田卻中了榜眼。

月兒彎彎照九州，幾家歡樂幾家愁。正當楊度十分沮喪之時，夏壽田卻興沖沖地把他拉到陶然亭一起遊玩。陶然亭在北京城南，這裡蘆葦叢生、湖水清淨，遠遠望去，還可以看到城北的黃色宮牆。考試失敗的楊度心情不佳，他在亭子上題了這樣兩句：「西山王氣但黯然，極目斜陽衰草。」

剛中了榜眼的夏壽田題的兩句卻是：「萬頃菰蒲新雨足，碧水明霞相照。」兩人的心境差異，足以相映成趣。

十餘年後，楊度和夏壽田再次來到這裡遊玩，當時楊度已經是四品京堂，心情很是不錯，他又在亭子上題了兩句：「昨夜東風吹夢遠，夢裡江山更好。」夏壽田和了兩句：「廢苑菰蒲風又雨，作得秋聲不了。」

原來，夏壽田雖然也在京為官，但這些年卻一直不太順利，所以語調較當年中榜時的意氣風發相去甚遠了。

楊度的師傅王闓運也不是一個簡單的人。在太平軍即將被剿滅時，王闓運曾向曾國藩建言：「將軍擁強兵，操重器，宜先除太平軍，後整飭湘軍，綴甲厲兵，伺機滅親兵，取天下而代之。今天下多事，機不可失，此事惟將軍能為，何樂而不為？」

曾國藩聽後，面如土色，數日後便找了藉口將王闓運打發回籍。由此，王闓運空有一身的「帝王之學」卻無從得以施展，只能把自己的願望寄託在弟子們的身上。在所有的弟子中，楊度最受看重，王闓運曾這樣告誡他：「皙子，以你之才，日後必大有可為，你須好自為之。」

王闓運有三種學問，一為功名之學，二為詩文之學，三為帝王之學。所謂「功名之學」，用於科考，學問不過是敲門磚，一旦功名到手，磚石盡棄，在官場上「跟著走，慢慢來」即可；所謂「詩文之學」，乃以立言求學為本職，「覽歷代之得失，究天人之際，成一家之言」；至於「帝王之學」，那就是最高境界了，需要經史詩文，樣樣精通，上知天文，下知地理，還需要待以時機，方能幹一番非常事業。

楊度一度沉迷於王闓運的帝王之學，但在甲午年的會試失敗後，因時局的變化，楊度的思想發生轉變，他對王闓運的舊學產生了懷疑並轉而對新學產生了興趣。這時，湖南在巡撫陳寶箴的領導下推行新政，楊度也很快被捲入了這場維新的浪潮之中，並與活躍在長沙時務學堂的譚嗣同、熊希齡、唐才常、梁啟超等人過往甚密。但是，維新運動來得快去得也快，不到一年，這一切便成了明日黃花，昔日的好友和同門也成了刀下之鬼。

在度過了苦悶的三年後，清廷推行新政並鼓勵士人留學海外。政策頒布沒多久，國內便掀起了一場留學日本的熱潮，楊度也在一九〇二年瞞著王闓運自費前往日本留學，並入東京弘文學院師範速成班學習新式教育。一九〇三年，清廷依照「博學鴻詞」科之例舉行經濟特科考試，以破格選取「學問淹通、洞達中外時務」的應時之才。這次考試不考八股文，而是代之以策論，可自由發揮，但難度較以往的會試更難且更有現實性，當時參試者如過江之鯽，號為「掄才大典」。

楊度得訊後躍躍欲試，隨即回國參加考試，不想差點惹出一場禍事。原來，這次經濟特科考試分初試和複試兩場，主考官乃文名滿天下的張之洞，也是中興名臣中碩果僅存的一位。在初試揭榜後，楊度高中一等第二名，排在他前面的則是廣東三水人梁士詒。

梁士詒與梁啟超曾是佛山書院的同窗，兩人在一八八九年的鄉試中同榜中舉，後在一八九四年的全國大比中，梁士詒中了進士，而梁啟超落榜。中進士後，梁士詒入翰林院學習，並在散館後供職國史館。由於梁士詒一向喜歡研究財政、河渠等實用之學，對朝廷分配給他的這個工作不感興趣，於是參加了一九〇三年的經濟特科考試，沒想到在濟濟人才中勇奪第一。

但在複試的時候，梁士詒與楊度被小人暗箭所傷。有人在慈禧太后面前告了他們一狀，說梁士詒「梁頭康尾」，人品可知（「梁頭」者，梁啟超也；「康尾」者，因康有為字「祖詒」之故耳。戊戌政變後，康、梁兩人乃是慈禧太后最為痛恨的「逆黨」，必欲除之而後快）。至於楊度，一則是戊戌年被殺的楊銳與劉光第的同門，二來被人告發在日本期間有攻擊朝廷的言論。不意中遇此變故，楊度等人也只好識趣地遠遁而去，免得招來橫禍。

受此挫折後，楊度再度遠赴日本學習法政，由於他人品瀟灑，智商很高，很快便在留學生中聲名鵲起，並在後來被推為在日留學生總會幹事長。不久，其弟、其妹、其妻也陸續來到日本留學，他們都居住在楊度租賃的房子裡，一邊學習日語，一邊打算入專門學校學習。

有一次，一個友人請楊度夫婦及妹妹去家中作客。按日本人的習俗，進屋一般是脫鞋後穿木屐的，但由於中國女人都纏足，她們羞於在外人面前露出難看的小腳，因而遲遲不肯進屋。一直等到女主人找來兩雙皮鞋，兩人才得以避免了這場尷尬。在回家途中，兩個女人因受到委屈而忍不住放聲痛哭，楊度則安慰她們說：「不要哭！今後你們把纏足放開就是，讓它去長，不要擔心！這種陋俗，早就應該革除了！」

但是，楊度並不是革命派，他也不想參加任何一派。在當時的日本留學生中，保皇立憲派和革命黨兩派在輿論上相互攻訐，而楊度卻與兩派人物相處甚得。在梁啟超提倡「少年中國說」時，楊度也寫出了名動一時的「湖南少年歌」相唱和：「我本湖南人，唱作湖南歌。湖南少年好身手，時危卻奈湖南何？……若道中華國果亡，除非湖南人盡死……」

孫中山對楊度也頗為欣賞，一度還想拉他入同盟會，但楊度在政治上傾向於君主立憲，既不保皇，也不革命。他雖然婉拒了孫中山的請求，但卻是他將黃興介紹給孫中山，並由此有了中國同盟會。由於楊度為人謙和好客，他在東京的飯田町寓所經常是高朋滿座，陳天華、黃興、宋教仁、蔡鍔等人都是頻頻來往的常客。

在此期間，楊度認真研究了中西方的憲政理論並發表了大量的政論文章，一時被人稱為「憲政理論家」。他的一篇重要長文《金鐵主義說》，就是在這時完成的。所謂「金鐵主義」，「金者黃金，鐵者黑鐵；金者金錢，鐵者鐵炮；金者經濟，鐵者軍事」，楊度在文章中提出，「欲以中國為金國，為鐵國，變言之即為經濟國、軍事國，合為經濟戰爭國。」說白了，楊度既不同意保皇立憲派的維新救國論，也不同意激進派的革命救國論，而是獨闢蹊徑地提出中國應走「經濟霸權主義和軍國主義」。

就這點而言，楊度看得很透，因為「經濟霸權主義和軍國主義」，也就是他所說的「金鐵主義」，其實就是近代德國和日本崛起的奧祕所在。至於什麼立憲、什麼共和、什麼民主，其實都是隔靴搔癢、無的放矢，解決不了中國當時的內憂外困。

但在當時的條件下，要達成這個目的顯然是有困難的，好在清廷在一九〇五年決定考察各國憲政，預備實行君主立憲，這讓楊度重新看到了希望。在「五大臣」考察回國後，楊度受考察團隨員，也是自己的同鄉熊希齡所託，為考察大臣捉筆兩篇論文：《中國憲政大綱應吸收東西各國之所長》和《實行憲政程序》。不僅如此，他還拉上梁啟超也寫了一篇《東西各國憲政之比較》，由此博得大名，成為當時知名的「憲政專家」。

一九〇八年春，在軍機大臣張之洞與袁世凱的共同保薦下，楊度進京出任憲政編查館提調（候補四品），而在功名上，當時他還僅僅是一個舉人。不久，楊度又在「皇族內閣」中做上了統計局長，只可惜好景不長，武昌革命一聲炮響，楊度的官途也就煙消雲滅了。儘管隨後上臺的袁世凱對楊度頗為讚賞，但一直沒給予他施展才華的機會，楊度也只能在「顧問」、「參政」之類的虛職中倚門彈鋏了。

熊希齡在組閣的時候倒是一度想到了老朋友，他對楊度說：「請皙子幫幫忙，屈就教育總長如何？」楊度卻氣呼呼地說：「我只幫忙，不幫閒！」原來，楊度本擬提名為交通總長的，不想因為各派的政治鬥爭和勢力平衡而被擠落馬下，只落得冷衙門冷豬肉之教育總長職位。就這樣一份閒差事，他看不上。

在環顧四周後，楊度痛苦地發現，曾經與自己一同落難的梁士詒梁大財神，竟然早已在總統府祕書長的位置上坐得穩穩當當，成為了袁總統的紅人；而自視甚高的他，卻仍舊坐著參政的冷板凳，真是羨煞人也、氣煞人也。

好在此時風雲有變，民國初年的亂象讓一些人在束手無策後又開始懷念其從前的帝制，而不幸的是，袁大總統便是其中之一。對政治一向敏感的楊度，自然嗅出了其中的風向，而他恰好又是君主立憲思想的鐵桿擁躉。儘管中國已經實現共和三年了，但楊度並不認為共和是個好制度，在他的眼裡，最適合中國的道路依舊是君主立憲。

一九一五年夏，在總統府的美國顧問古德諾發表了《帝制共和論》一文後，楊度趁機拋出自己的萬言雄文《君憲救國論》，其中公然聲稱：「中國多數人民，不知共和為何物……君主乍去，中央威信，遠不如前，遍地散沙，不可收拾。無論誰為元首，欲求統一行政，國內治安，除用專制，別無他策。……一言以蔽之曰：中國之共和，非專制不能治也」；「富強立憲之無望，皆由於共和……今欲救亡，先去共和……欲求立憲，先求君主」；「中國如不廢共和，立君主，則強國無望，富國無望，立憲無望，終歸於亡國而已……故以專制之權，行立憲之業，乃聖君英雄建立大功大業之極好機會」。

袁世凱看到楊度的雄文，忍不住拍腿讚歎：「真乃曠代逸才也！」隨後，袁世凱親自題寫了「曠代逸才」四個大字，並交政事堂製成匾額，由專人送給了楊度。楊度接匾後，更是又驚又喜，他立刻上了一個謝摺，稱自己「猥以微才，謬參眾議」，而大總統「獨膺艱巨，奮掃危疑」，自己願以「憂患之餘生」，鞠躬盡瘁，報國不已。

楊度不但是個理論家，他還是個實幹家。一九一五年八月十四日，楊度拉攏孫毓筠、嚴復、劉師培、李燮和、胡瑛成立了籌安會，主張君主立憲，鼓吹帝制，史稱「籌安六君子」。

在之前的歷史上，曾出現兩組知名的「六君子」，一是反對明朝宦官魏忠賢而慘遭迫害的左光斗等「六君子」；二是戊戌政變後被慈禧太后所害的「戊戌六君子」。楊度這幾位仁兄，叫他們一聲「帝制六人幫」倒是恰如其分，他們有何德何能，能配上「六君子」之稱呢？想必是反諷也。

楊度等人儘管聲稱自己是學術團體並以「愛國熱忱」為掩護，但天下人並不全是傻子，這「六君子之心」，雖非日月昭昭，但也是路人盡知。此文一出，先前的好友梁啟超罵其為「下賤無恥、蠕蠕而動的嬖人」，而在日本時經常出入楊度寓所的蔡鍔在起兵反袁時也通電要求將楊度等六人「明正典刑，以謝天下」！

就連楊度的老師王闓運也看出袁世凱的把戲搞不下去了，他辭去了國史館的職位打道回府，仍舊回他的老家湖南吃老米去。在出京之前，楊度來送他，老先生抓住楊度的手，歎息道：「你還是少說話的好！」

在梁啟超的筆桿子和蔡鍔的槍桿子雙重打擊下，洪憲帝制搞了不到半年就宣布垮臺，袁世凱還因而心力憔悴，最後一病不起。據說，袁世凱在臨終前曾對身邊的人說：「楊度楊度，誤我誤我！」

在追悼會上，楊度給袁世凱寫了一副輓聯，既為他惋惜，也為自己辯解：

共和誤民國，民國誤共和，百世而後，再平是獄；
君憲負明公，明公負君憲，九泉之下，三復斯言。

時至於此，楊度仍不認為自己錯了。當時有一個記者來採訪他，想問問他鼓吹帝制失敗的感想，楊度以一種很安詳的態度兼很堅決的口吻答道：「我的政治主張雖然失敗了，但是我的君主立憲的主張是不動搖的。十年前，我在日本東京時，黃興、孫中山主張共和革命，我不同意，我認為共和有缺點。我和梁啟超是老朋友，最初他也是主張君主立憲，可是到後來，他又改變了主張。我則始終沒有改變。」

在護國戰爭中風光一時的蔡鍔，在袁世凱死後不久便也因為喉疾而英年早逝。令楊度感傷的是，蔡鍔在遺囑中特意提到了自己的這位老朋友：「湘人楊度，曩倡《君憲救國論》，附袁以行其志，實具苦衷，較之攀附尊榮者，究不可同日語。望政府為國惜才，俾邀寬典！」

王闓運則在日記中記道：「弟子楊度，書癡自謂不癡，徒挨一頓罵耳。」

袁世凱死後，繼任總統黎元洪發布懲辦帝制禍首令，楊度名列第一名。不過，北洋時期的通緝令大多是當不得真，也沒有人認真追究的，楊度也就避禍搬進了天津租界，閉門讀書。對此，倒是辮帥張勳公然站出來為楊度說了句公道話：「君主民主，主張各有不同，無非各抒己見。罪魁功首，豈能以成敗為衡。」不僅如此，張勳還親筆寫了封信給楊度，對其表示同情。

一年後（一九一七年），這個留著大辮子的老頭終於幹出了一件震驚中外的大事，史稱「張勳復辟」。但是，張勳是個有勇無謀的武夫，行事又如此魯莽與操切，他所導演的這場短命鬧劇，最終只能將楊度心目中的「君憲理想」徹底葬送。

為此，楊度不顧張勳在他落魄時的惺惺惜情而發表了一篇名叫《反對張勳復辟》的公開電：「度平生信仰君主立憲……惟嘗審慎思維，覺由共和改為君主，勢本等於逆流，必宜以革新之形式，進化之精神行之，始可吸中外之同情，求國人之共諒，且宜使舉世皆知為求一國之治安，不為一姓圖恢復……公等於復辟之初，不稱中華帝國，而稱大清帝國，其誤一也；……如此倒行逆施，徒禍國家，並禍清室，實為義不敢為。……蓋無程序之共和國如群兒弄火，而無意識之復辟又如拳匪之扶清，兩害相權，實猶較緩……」

很顯然，楊度仍舊認為君主立憲制是救國的最佳藥方，但他不得不痛苦地指出，張勳等人的愚蠢行事和倒行逆施最後只能使「神聖之君主立憲，經此次之犧牲，永無再見之日」。電文結尾處，楊度將自己悲憤的心情告之天下：「度傷心絕望，更無救國之方，從此披髮入山，不願再聞世事。」

風雲際會，群魔亂舞，楊度空有一身帝王術和治國理念，最終因這次短命的復辟而落花流水，不復再問矣。心灰意冷的楊度，由此遁入空門，轉而在佛學中重新思考並反省自己的人生。從此，民國政壇上少了一個政客，而佛學界則多了一位「虎禪師」。

多年的好友夏壽田在洪憲帝制時期充當內史，也在袁世凱復辟失敗後被新政府通緝，此時他改而信道，兩人經常在一起唱和。民國七年（一九一八年），對帝制派人物的通緝解除後，楊度與夏壽田第三次來到陶然亭的江亭上，楊度再次題詞曰：

江亭無恙剩光宣，朝士重來醉倒。城郭人民今古變，不變西山殘照。老憩西湖，壯遊瀛海，少把瀟湘釣。卅年一夢，江山人物俱老。

自古司馬文章，臥龍志業，無事尋煩惱，一自廬山看月後，洞澈身心俱了，處處滄桑，人人歌哭，我自隨緣好。江亭三歎，人間哀樂多少。

楊度雖有心學佛，但仍舊拋不下那份救世的志向。在他的書房裡，懸掛著他自寫自裱的六句話，曰：「隨緣入世，滿目瘡痍，除救世外無事，除慈悲外無心，願做醫生，便醫眾疾。」友人看後，不覺莞爾道：「你真是個政治和尚，在研究佛學的同時，還念念不忘現實世界！」

在軍閥混戰的年代裡，楊度一度在山東軍閥張宗昌處做過幕僚，還鬧出不少的笑話。張宗昌常以漢高祖劉邦（在儒冠中撒尿的那位爺）自命，而最喜戲呼楊度為張良。楊度有一次笑道：「漢高祖能役功人，公僅能役功狗耳。我固然不足以當張良，公亦非漢高可比。」張宗昌說：「那你就是功狗啦？」說罷，狗肉將軍放聲大笑不已。最逗的是，張宗昌以楊度為參贊，常戲呼楊為「羊肚參贊」，有人以「狗肉將軍」與之相配，亦絕「對」也。

後來北伐軍起，楊度密告張宗昌加入國民黨，以避免被消滅。張學良得知此事後，問張宗昌：「聽說兄台欲為國民黨，不知有這事嗎？」張宗昌愕然道：「有倒是有。此乃是楊度教我的。」張學良不滿地說：「家父與中山先生有舊，與國民黨合作應一致行動。如今北伐兵尚未渡河而自相割裂，人必輕我。且家父為吾等團體領袖，如此事宜應由家父出面，才符合規矩。」張宗昌自知失言，只好唯唯答應。

這時，湖南人薛大可也在座，張學良便扭頭對他說：「煩請寄語晳子（即楊度），如果他再饒舌，我到時要他的腦袋。」楊度聽說後，大罵張宗昌豎子不足以謀，隨後連夜逃走。不久，北伐軍如風捲殘雲般掃蕩華北，張宗昌一敗塗地，最後遁居東瀛，不免仰天歎道：「悔不用晳子之謀也！」

北伐後，楊度寓居上海，並成為杜月笙門下「清客」。杜月笙對楊度很敬重，但楊度對上海小報說他是杜月笙的徒弟不以為然：「我一沒遞過帖子，二沒點過香燭，我稱他杜先生，他叫我晳子兄，老實說，我不是青幫，只是清客而已。」

不過，在一九二九年的白色恐怖時期，楊度卻利用「清客」的身分掩護了不少共產黨人，並申請加入了中國共產黨。楊度的入黨是祕密的，係潘漢年介紹、伍豪（即周恩來）批准並由夏衍單線聯繫。曾有人譏諷楊度投機多變，他駁道：「方今白色恐怖，云何投機？」

楊度係共產黨員的身分一向鮮有人知，直到四十多年後，此事才被公之於世。一九七五年冬，周恩來在病重時特意提到，在重新修訂《辭海》之時，一定要把楊度晚年參加共產黨一事寫進去，並叮囑道：「他晚年參加了黨，是我領導的，直到他死。」

楊度死於民國二十年（一九三一年），後葬於上海外國公墓。去世之前，一向善寫輓聯的楊度也為自己預備了一副：「帝道真如，如今都成過去事；醫民救國，繼起自有後來人。」

抗戰期間，楊度的墓一度遷移至滬西漕寶支路寅春廟十三號門前，但在「文革」中遭到嚴重破壞，直到「文革」結束後，在老同志夏衍的關照下，才被遷移到虹橋路宋慶齡陵園中的西側。歷經劫波後，所幸墓碑仍舊是夏壽田親筆所書的那塊，只不過擔心大多數人已經不知道「楊皙子」是誰了，所以有關部門特意請趙朴初在墓碑前又題寫了「楊度之墓」四個大字。

亂世落魄人，赤子寂寞心；皆云皙子癡，誰解其中味？歷史有時候過得真的很快……不知道「楊皙子」是「楊度」，難道就知道「楊度」是「楊度」，還有他那破碎的理想嗎？

二、鳳凰才子熊希齡的跌宕人生

一方山水養一方人，湘女自古多情，湖南亦以出才子而聞名。不過，湖南出才子大體上是近代才有的現象，而這又主要與太平天國運動有關。一八五一年太平軍起事後，天下糜爛，所幸湖南出了個曾國藩，其率湘軍子弟衝出湖南，縱橫天下，立下不世的功勳，湘將湘官遍及全國，湖南人由此得風氣之先。

湖南才子熊希齡，便是在這樣一個背景下登上清末民初的政治舞臺的。熊希齡的老家在湘西鳳凰城，沈從文先生在小說《邊城》裡描述道：古老的城樓依山傍水，清澈見底的沱江穿城而過，城門外的河面上，石頭墩子架起了一條窄窄的木橋。可喜的是，木橋上面走出了熊希齡與沈從文，兩個才子，地道的老鄉。

要說鳳凰城老，其實也不算古老，因為這裡地處湘西，一向民風樸野，教育不甚發達，在明朝以前，鳳凰一帶都是歸苗人土司管理，直到雍正皇帝推行「改土歸流」政策後，這裡又設立了兵備道，以威懾土司勢力。如今的鳳凰城樓，大概就建於這個時期，原本係出於軍事的考慮。經過幾十年的教化後，該地改設為鳳凰廳，但仍舊保留了一些軍事的特色，譬如軍戶，熊希齡便出生於這樣的家庭。

熊希齡的父親熊兆祥從軍之時，正是曾國藩領著湘軍子弟四處拼殺之際。湘軍將領和一般的武夫不一樣，他們大多是書生出身，上馬提刀殺賊，下馬揮筆作詩，因而湘軍也在血海求生中，又多了一份忠義儒雅之氣。熊希齡的父親對曾國藩極為仰慕，但他自己是一介武夫，要想成曾國藩、左宗棠那樣的人物，似無可能，因而他的願望便寄託在自己的長子熊希齡身上，希望他能夠從小讀書成才，日後科舉入仕，光耀門庭。

在父親的殷殷期望下，熊希齡確實是十分的爭氣。在很小的時候，熊希齡就表現出不同於一般凡童的稟性，據說他六歲啟蒙的時候，對老師教的東西過耳不忘，只需三四天便將《三字經》背得滾瓜爛熟，「神童」之譽，不脛而走。如此超前的記憶力，加上聰慧的頭腦，熊希齡在十四歲時便中了秀才，這對世代行伍的熊家來說可謂是十分的難得，就算在當時蠻風未減的湘西，那也是鳳毛麟角。

鳳凰廳所屬的沅州，數十年來學風不振，在鄉試或者會試中一直是榜上無名，鄉人為之蒙羞。好在後來沅州太守朱其懿極重視教育，創辦了沅水校經堂並親自指導，熊希齡便被召入其中。沅水校經堂的教學不僅僅局限於科考，經史、詞章、輿地、農政、河渠、兵謀等等，應有盡有。在這裡，熊希齡眼界大開，學業突飛猛進，並在二十一歲那年的鄉試中以第十九名高中，主考官給他的評語是：「邊楚蠻荒，前無古人，才華之高，乃三湘有為之士。」由此，年僅弱冠的熊希齡一舉成名，譽滿三湘。

次年，熊希齡入京參加會試並順利通過，但正當他期盼著在殿試中一舉登科時，卻因書法不合殿試要求而被打發回去練筆（一說是熊希齡自覺自己的書法不合殿試的館閣體，一說是考官嫉妒其少年英才，挑剔其考卷墨跡有汙）。一直等到一八九四年，二十五歲的熊希齡捲土重來，高中二甲進士並被欽點為翰林院庶吉士。這次真的是湘西飛出了個「熊鳳凰」，人如其名，名滿天下。

人逢喜事精神爽，好事成雙，紛至沓來。金榜題名後的熊希齡，隨後回鄉娶親，新娘子不是他人，正是沅州太守朱其懿同父異母的幼妹朱其慧。各位別誤會，這並不是一樁包辦婚姻，要說起熊希齡和朱其慧的相識，還挺有才子佳人的韻味。據說，朱其懿曾有意讓自己的妹妹朱其慧在書院中挑選一位才子婚配，朱其慧便來了個比文招親，她寫了個「栽數盆花，探春秋消息」的上聯貼在院中，讓諸生答對。最後，熊希齡以「鑿一池水，窺天地盈虛」，最得朱其慧的心意，兩人一見如故，由此結緣。成婚後，夫人朱其慧果然十分賢慧，對熊希齡一生的事業頗多裨益。

在個人的科舉功名上，熊希齡固然春風得意，而且注定要有個好的前程，但他中進士的那一年，很不幸，正是甲午戰爭的慘敗之時。一向為中國人所蔑視的東洋小日本居然一舉打敗了泱泱中華老帝國，這無疑是在熊希齡這些讀書人中間丟下了一顆原子彈，讓他們既感到極度的震驚，又迸發出無比的激憤。在得知清廷即將與日本簽訂喪權辱國的《馬關條約》後，熊希齡儘管是人微言輕的新進官員，但他仍多次上書反對和約，在朝廷不為所動的情況下，熊希齡憤而請辭離京，回到了湖南老家。

在慘痛的失敗面前，不僅僅是熊希齡一個人陷入了迷惘與沉思。同期的康有為，還有他的弟子梁啟超等人都在高聲疾呼變法自強，而當時的湖南，也有這麼一批人走上了同樣的道路。一八九五年，名孚一時的清流派官員陳寶箴出任湖南巡撫，曾在同文館學習外事的翰林院編修江標主持湖南學政、曾任駐外使館做過參贊的黃遵憲出任湖南按察使，在這些新派官員的引領下，湖南的風氣為之一新。

離京後的熊希齡，最初被張之洞延攬進入兩湖營務處，在湖南新政開始後，熊希齡為報效家鄉，又辭去營務處總辦的職務，並全身心地投入到湖南的維新運動中去。當時的長沙，已經聚集了一批維新人士，包括譚嗣同、唐才常，乃至康有為的名弟子、當時輿論界的風雲人物梁啟超也加入了當地創辦的時務學堂，而時務學堂的總理，正是熊希齡。

在這段時間，熊希齡始終在不知疲倦地忙碌著，他除了要打理時務學堂和南學會之外，更多的精力卻放在了《湘報》上。《湘報》是湖南所創辦的第一份報紙，在熊希齡的眼中，這就是開啟民智的最佳利器。為此，熊希齡上下奔走，百般籌畫，從訂購機器、印刷活字，到制定章程、邀集撰述，無一不傾注了他的一片苦心。

一八九七年十一月下旬，熊希齡通過汪康年在上海訂購的印刷機器終於被運回了長沙，主要撰稿人也已經初步選定：唐才常任主筆，李維格為西文翻譯，梁啟超、譚嗣同、何來保、戴德誠、樊錐等人也都答應為《湘報》撰稿。另外，湖南的官紳名流如陳寶箴、黃遵憲、皮錫瑞等人乃至一些時務學堂的學生，也都在《湘報》上刊登文章，足見熊希齡的不懈努力和號召力。

作為湖南的第一份報紙，《湘報》最終於一八九八年三月七日正式創刊，由此成為湖南維新派的主要輿論陣地。在發刊伊始，《湘報》便先後發表了樊錐的《發錮篇》、《開誠篇》和易鼐的《中國宜以弱為強說》等文章，其中直截了當地提出要「唯泰西是效」、「一切制度悉從泰西」，毫無疑問，這是主張「全盤西化」的先聲。

《湘報》的輿論聲勢在守舊派中間造成了極大的恐慌，他們紛紛上書湖廣總督張之洞及湖南巡撫陳寶箴等高官顯要，攻擊熊希齡等人「以夷變夏」、「動搖國本」，犯下的是殺頭的罪行。原本支持維新的陳寶箴在讀到這些文章之後也不免大驚失色，他隨即轉告熊希齡，令其收回救正。由於熊希齡不肯照辦，陳寶箴便停發了每月撥給《湘報》的二百兩銀子，令其陷入資金不足的窘境。財源被斷，熊希齡只好離開了《湘報》。

一個月後，「戊戌政變」突發，光緒皇帝被慈禧太后軟禁，維新志士譚嗣同等人喋血街頭。作為湖南新政的風雲人物，熊希齡難免要被追究，好在他在這段時間裡因飲食不慎而突發痢疾，正好回老家養了一段時間的病，不然的話，以他的個性，弄不好就撞在槍口上。不過，死罪可免，活罪難逃，御史黃桂均隨即以「康梁黨徒」的罪名參了他一本，熊希齡最後受到了「革職永不敘用，並交地方官嚴加管束」的處分。對此結果，熊希齡尚感慶幸，正如他後來對人說的，「向非一病，當與六君子同命成七賢矣！」

遇此挫折後，熊希齡便匿跡衡陽、沅州等地閉門讀書，夾起尾巴來做人。數年後，那些頑固守舊派因在庚子年闖下大禍而土崩瓦解，慈禧太后為了挽回民心，不得不接過了維新派的旗幟推行新政，熊希齡也在無形中得到了解放。

一九〇二年，師長兼郎舅朱其懿出掌常德府，隨後他便請熊希齡出山辦理西路師範學堂，並為「全省之冠」，由此引起了湖南巡撫趙爾巽的注意。趙爾巽對熊希齡的才能極為賞識，他在一九〇三年底上奏朝廷，懇請對熊希齡「免予嚴加管束」，一舉解決了熊希齡的政治問題。不久，趙爾巽上調為戶部尚書，繼任湖南巡撫的端方又改派熊希齡辦理實業，令湖南的絲織業和瓷器製造業一度領先全國，成績斐然。

一九〇五年，趙爾巽被任命為盛京將軍，他上任前的第一件事便是將熊希齡調入幕中；而這時清廷又組織了憲政考察團準備赴歐美考察憲政，前湖南巡撫端方也名列於五大臣之中，他當時也請調熊希齡為考察團的隨行參贊。這下，熊希齡成了眾人爭搶的香餑餑，他又不能分出兩個人來，最後因考察憲政茲事體大，趙爾巽只好放棄，但他提出一個條件，那就是熊希齡必須在國外同時考察實業，回國後再加以重用。

當年年底，熊希齡隨同端方等人出洋考察，先後訪問了日、美、英、法、德等國。在此行中，熊希齡的任務最為繁重，因為他不但要考察各國憲政及實業情況，而且整個考察團的條陳、奏摺乃至最後的考察報告都要由他來負責。

為了完成這一重大任務，熊希齡在考察完德國後便先於考察團回國，以完成向朝廷交差的考察報告。據說，熊希齡早在出國前便找了當時在日本的楊度及梁啟超，讓他們幫助完成這份憲政報告，換句話說，最後上交給朝廷的考察團報告，實際上由楊度、梁啟超和熊希齡三人合作完成，特別是憲政理論和計畫這一塊，更是得益於楊度、梁啟超二人的援手。

回國之後，趙爾巽立即將熊希齡徵調到奉天，並任命他為奉天農工商總局局長，擔負其發展東三省實業的重任。次年，趙爾巽改調四川總督，熊希齡因為已經安家在上海，因而決定不再跟隨趙爾巽入川。消息傳出後，江蘇巡撫陳啟泰（同為湖南老鄉）、兩江總督端方、度支部尚書載澤（出洋考察的五大臣之一）紛紛延請熊希齡，這在當時晚清的官場上，可謂是炙手可熱、紅極一時了。

能夠得到諸多大員的青睞，熊希齡的才幹還真不是吹的，他確實有幾分能耐。在隨後的幾年中，熊希齡先後擔任了東三省農工商局總辦、東三省清理財政正監理官、造幣總監、奉天鹽運使等職，由於業績出眾，自然步步高升，至辛亥革命爆發前，熊希齡已經升為二品大員，成為當時屈指可數的幣制專家和理財能手。可惜的是，正當熊希齡要大展宏圖之時，清朝卻已經覆亡了。

民國初立時，熊希齡曾一度入唐紹儀內閣充當財政總長，後唐紹儀與袁世凱鬧翻，掛冠而去，熊希齡也只好連帶辭職。「二次革命」後，袁世凱提名熊希齡來組閣，熊希齡也認為這是施展平生抱負的好機會，於是欣然接受。

殊不知，袁世凱用他來組閣是另有目的的，那就是南方的革命黨雖然被鎮壓下去了，但國民黨（此係宋教仁在民國初年組建的國民黨，並非孫中山於一九二〇年改組後的國民黨）仍舊是國會中的第一大黨，這讓袁世凱十分頭疼。好在熊希齡也與梁啟超、張謇、汪大燮等名流組織了一個進步黨，勉強可以與國民黨相抗衡，因此袁世凱決定讓熊希齡出面，設法將國民黨搞下去。

熊希齡不知就裡，還以為袁世凱要重用自己，隨後便樂滋滋地組建了自己的內閣，其中由熊希齡本人出任總理、孫寶琦任外交總長、朱啟鈐任內務總長、段祺瑞任陸軍總長、張謇任工商總長、周自齊任交通總長、梁啟超任司法總長、汪大燮任教育總長、劉冠雄任海軍總長。因其閣員均為各界名流，陣容豪華，因而熊內閣又被稱為「名流內閣」或稱「第一流」的人才內閣。

但是，袁世凱並不是放手熊希齡去幹大事的，他手裡倒是有一件「大事」要交給熊希齡去辦，那就是以「警備司令部查獲亂黨李烈鈞與國民黨議員徐秀均等人來往密電，試圖分裂國家」為藉口，讓熊希齡總理在解散國民黨的命令上簽字蓋章。

熊希齡在接到這個棘手的任務後，未免也有些兔死狐悲之感。國民黨和進步黨是競爭對手不假，但雙方畢竟是在法律之下的政黨之爭、文明之爭，今天國民黨被解散了，誰又能保證明天進步黨不會被解散呢？

熊希齡不肯就範，袁世凱自有辦法。原來，在熊希齡辭去上屆財政總長之時，袁世凱特命他出任熱河都統，以示籠絡。熱河是前清皇帝們的避暑勝地，熊希齡上任後把公署搬進承德避暑山莊。但是，在這昔日的皇帝行宮中辦事，宮中的珍寶太多又未曾清理，不免有些瓜田李下之嫌了。據稱，有一次袁世凱的親信姜桂題來訪，熊希齡在好生招待之餘，臨別時又偷偷地將一把乾隆皇帝的摺扇作為私人饋贈送給了姜桂題，以聯絡彼此感情。不料姜桂題這個粗人不識好歹，他為了取媚袁世凱，竟然又將此摺扇轉送給了袁大總統。袁世凱心中疑惑，隨後便派人前去暗中調查，結果發現避暑山莊失竊了不少珍寶，熊希齡由此便在袁世凱的黑帳上記了一筆。

袁世凱並沒有公然脅迫熊希齡簽署解散國民黨的命令，而是派人暗中將熱河行宮盜寶案在報上放出風聲，先給熊希齡一點壓力，讓他識相點。數日後，袁世凱將熊希齡召到總統府議事，並讓手下有意無意地將查辦熱河行宮盜寶案的卷宗給熊希齡看到。熊希齡見後大驚失色，只好乖乖地在取消國民黨員的議員資格及解散國民黨命令上簽字。這人要是被拿住了要害，實在是有苦難言哪。

解散了國民黨，國會就開不成了，因為剩下的國會議員不能達到法定出席人數。既然國會開不成，那國家豈能白養活剩下的議員，得，連國會也一併解散了。熊希齡和進步黨人落到這步田地也是後悔莫及，但他們在袁世凱的權謀下根本就毫無還手之力。在將國會解散後，袁世凱意猶未盡，又下令將地方議會也一併解散。熊希齡這時再也忍耐不住了，他在簽署解散地方議會命令後便提出辭職，袁世凱見熊希齡的任務已經基本完成，也就照呈批准。

熊希齡怎麼也沒有想到，自己拜相還不到半年，除了給老袁當槍使，竟然什麼事都沒幹成。這還不算，自己還落得一身的不是，真是弄得聲名掃地，狼狽不堪。受此重挫後，熊希齡也就此告別政壇，再也不蹚這趟渾水了。

儘管熊希齡已經絕意仕途，但傳統士人的憂國憂民之心並未頓減。一九一七年秋，京畿、河北一帶發生特大水災，洪水滔滔，淹滅村莊，吞噬田野，災民高達六百多萬人。在目睹了災民們流離失所、饑寒交迫的慘狀後，熊希齡於心不忍，他隨後便奔赴北京為民請命，要求對災民給予妥善安置。誰知北京政府的閣員們一商量，最後一致認為：除非熊希齡親自出面主持賑災，安置災民的問題才能得到解決。國運多難，民生尤艱，已是在野之身的熊希齡本已經立志不再從政，但在良心和道義的拷問下只能當仁不讓，負起這個重擔。

在接受「督辦京畿一帶水災河工善後事宜」的任命後，熊希齡一面派人調查災情，一面設法從各地辦糧，並請求政府盡快發放賑災款項。但是，當時的北京政府也沒有錢，他們撥給的賑災款還不到十分之一的預算，巧婦難為無米之炊，熊希齡這下犯難了。

好在熊希齡當時還有一定的號召力，他聯合了地方的士紳和民間的慈善團體，共同成立了「京畿水災籌賑聯合會」，為災民們舉行大型的賑災義助。為了發動更多的人為災民出一份力，熊希齡不僅帶頭捐款，還與夫人親自將自己家中的舊衣縫改成一百套棉衣捐給災民。

在熊希齡的努力下，這次賑災活動取得空前的成功。據當時報上的記載，社會各界在十多天內共募集到棉衣褲近十五萬件，被單、夾衣褲超過八萬件，捐款達二百多萬元。除此之外，開灤與井陘煤礦賑煤三千四百噸，使災民們免於受凍。後來，熊希齡又採取了「以工代賑」、保護春耕等辦法，最終讓五百多萬災民得以渡過難關。

災情過去後，熊希齡和夫人朱其慧又創辦香山慈幼院，以收留那些無家可歸的兒童。在開院儀式上，熊希齡動情地說：「我自從辦了水災和這個慈幼院，我始知道貧民的社會是很可憐的。我在世上什麼事都經驗過了。我覺得總是悲觀的。政治的罪惡，是不消說了。就是實業呢，我覺得經理人都不是拿良心對著股東的，所以我也灰心了。就是社會呢，我辦過幾年賑，我覺得真是用良心做事的人少，甚至有幾家殷實的士紳也是不乾淨。我在北京修了幾條工賑的馬路，約有三百多里。有一處係與外國慈善家合辦的，修好了交與地方官去接管。那時天津的報紙，忽然謂我賣路與外人。你想社會事還能辦嗎？所以我很悲觀。我只縮小範圍，辦我的慈幼院，這些孩子都是真心地愛我，把我當他們的父母，我把他們當我的兒女，成立我們這個大家庭。這便是我的終身志願了！」

晚年的熊希齡為香山慈幼院傾注了最大的心血。在一九三一年，其原配夫人朱其慧因病去世後，熊希齡為紀念亡妻，慨然捐出全部家產（折合大洋近二十八萬元，另有白銀六萬餘兩）獻給了社會的慈善事業。這一壯舉，無疑是熊希齡人生中最華彩的樂章。

數年後，熊希齡再度成為哄傳一時的新聞人物，這次卻是因為一場新的婚姻。原來，熊希齡在夫人朱其慧病逝後，一度悲慟欲絕，他蓄起長鬚，持一手杖，以示獨身不娶。因為偶然的機緣，某熱心人將民國的知名女性毛彥文（大才子吳宓的苦戀對象）介紹給熊希齡相識，結果兩人由此引發了一段良緣。

在毛女士的要求下，熊希齡剃鬚棄杖，重做新郎。由於雙方的年齡差距近一倍，輿論界一時引為笑談，很是炒作了一番。在熊希齡洞房花燭之夜，前來祝賀的名士甚多，還留下了不少致賀之詩聯，如沈尹默賀聯云：「且捨魚取熊，大小姐構通孟子；莫吹毛求疵，老相公重作新郎。」老同盟會員劉成禺也作打油詩一首道賀：「閨人應惜首飛蓬，燕婉新詞老鳳雄，不用丈夫髯髮美，更無長鬣話元豐。」

最逗的是某友人，平日稱毛彥文為姐，稱熊希齡為伯，而今熊、毛結為夫妻，於是巧賀一聯：「舊同學成新伯母，老年伯做大姐夫。」某報紙更是直接拿兩人的年齡開玩笑：「老夫六六，新妻三三，老夫新妻九十九；白髮雙雙，紅顏對對，白髮紅顏眉齊眉。」

大喜之餘，熊希齡也自撰了一曲《賀新郎》：

「世事嗟回首，覺年年，飽經憂患，病容消瘦。我欲尋求新生命，惟有精神奮鬥。漸運轉，春回枯柳。樓外江山如此好，有針神細把鴛鴦繡。黃歇浦，共攜手。

求凰樂譜新聲奏，敢誇云，老萊北郭，隱耕箕帚。教育生涯同偕老，幼吾即人之幼。更不止，家庭濃厚。五百嬰兒勤護念，眾搖籃在在需慈母。天作合，得佳偶。」

一九三七年底，熊希齡偕夫人在路過香港時因勞累過度而突發腦溢血去世，當時的國民政府為其舉行了國葬儀式。熊希齡在香山靜宜園內創辦「香山慈幼院」時，也在旁邊松塢雲莊的廢墟上建造了一座私人別墅，取名曰「雙清別墅」。在解放前夕，毛澤東由河北省平山縣西柏坡村遷至北平時，曾下榻在這裡。對於熊希齡的一生，毛澤東是這樣評價的：「一個人為人民做好事，人民是不會忘記他的，熊希齡是做過許多好事的。」

一個人做好事並不難，難就難在一輩子做好事，熊希齡應該算是比較接近的了。

三、張振武之死：武昌首義者的不歸路

武昌起義後，身為湖北新軍協統的黎元洪本應成為革命者的刀下之鬼，但最終反被推為大都督，其中緣由雖說是權宜之計，但後果卻是那些革命者所沒有料想的。

黎元洪的人品固然不壞，但他只是一個舊軍官而絕非革命者，對於造反這種勾當始終是心有抵觸甚至深惡痛絕的；而那些起事的革命者對這位逼出來的都督也無好感，只是在群龍無首的情況下匆忙間將公器相授，一旦危機過去，遲早要搞「二次革命」甚至「三次革命」的，譬如民國初年的張振武一案，便是這種情緒的產物。

武昌起義勝利後，黎元洪雖然貴為副總統兼湖北都督，但當時坐鎮武漢的主要軍事將領其實是共進會的孫武、張振武和文學社的蔣翊武，人稱首義「三武」。共進會和文學社是推動武昌起義的兩個主要革命團體，起義之前雙方通力合作，但在袁世凱就任臨時大總統、各地局勢穩定後，革命黨內部也就開始罅隙叢生了。

首先是孫武，他原本是革命黨內定的武昌都督，只因起義前製造炸彈時不慎爆炸而燒傷了面部，結果沒來得及參加起義。但孫武的資格是非常老的，其早年曾入武昌武備學堂、日本成城學校學習軍事，後來又分別加入了日知會、共進會、同盟會，並在起義前被共進會和文學社推為軍政部長。武昌起義成功後，孫武擔任了湖北軍政府的軍務部部長，手握兵權，就連黎元洪也要忌憚他幾分。

但是，孫武的個人權欲極強，他上位之後，非但排擠文學社的蔣翊武這批人，就連共進會的張振武等人也是形同水火。對於這點，黎元洪看在眼裡，不免要巧妙地利用一下，如在漢陽失守後，黃興離開武漢，戰時總司令本由蔣翊武代理，但孫武與蔣有矛盾，他不願意讓蔣翊武掌握兵權，因而串通黎元洪任蔣翊武為都督府顧問，戰時總司令改由譚人鳳出任。

孫武的專橫跋扈引起了一場風潮，即「群英會」事件。群英會是共進會的一個分支，在武昌首義中發揮了重要作用，其中有一首領叫黃申薌，他在起義爆發後擔任了革命軍第十四標的標統，後來被任命為湖北軍政府近衛軍協統。黃申薌去軍務部向孫武「謝委」的時候，孫武大大咧咧地坐著，雙足俱跣，昂然不動，傲氣逼人。黃申薌見此狀，極為憤慨，心想我們這些人出生入死的時候，你在醫院裡躺著治病，如今倒在弟兄們面前充大，什麼玩意?!

孫武見黃申薌來後，便遠遠地問道：「委札接到沒有啊？」黃申薌忍住氣，說：「接到了，我特來謝你的。」孫武哼了一聲，說：「協統不小啊，你要好生地幹，聽著沒有？」

黃申薌出去後，氣得肺都要炸了，他隨後跟群英會的人說：「堯卿（孫武的字）得意忘形，連老朋友都不放在眼裡，我非殺了他不可！」

一九一二年二月二十七日晚，在黃申薌等人策動下，一些對孫武不滿的軍人帶領手下士兵們衝出營房，向軍政部和孫武家撲去。一路上，暴動士兵高喊「打倒孫武」、「驅逐民賊」等口號，並且不斷鳴槍示警。孫武事前有所察覺，事發後逃到了漢口，而他的家小全部被扣押。由於參與暴動的人動機不一，暴動很快變成了一場兵變，亂兵們四處放槍，大肆搶劫，結果革命軍第二鎮統制、文學社的重要成員張廷輔也在這次事變中被亂兵射殺。

事變後，孫武不得不發表聲明，宣布辭職，而黎元洪卻乘機將軍務部加以裁撤，部長孫武、副部長蔣翊武和張振武均被解除職務而改任有名無實的都督府顧問。對於顧問這樣的閒職，孫武和蔣翊武消極隱退，而張振武卻心生怨憤，由此引發了同黎元洪的激烈衝突。

張振武的年齡比孫武、蔣翊武還要大些，他曾在一九〇五年去日本留學並加入同盟會，同樣是一個老資格的革命黨。在武昌起義爆發前，由於革命機關遭到破壞，張振武力主提前發動起義，並在隨後的漢口、漢陽保衛戰中起到了重要的領導指揮作用。

武昌起義時，黎元洪再三推辭都督一職，張振武就曾說：「這次革命，雖將武昌全城佔領，而清朝大吏潛逃一空，未殺一個以壯聲威，未免太過寬容。如今黎元洪既然不肯贊成革命，又不受同志抬舉，正好現在尚未公開，不如將黎斬首示眾，以揚革命軍聲威，使一班忠於異族的清臣為之膽落，豈不是好？」

這話後來傳到了黎元洪耳中，黎元洪由此對張振武深懷戒心，彼此間嫌怨日深，面和心不和。張振武對黎元洪頗為輕視，他甚至當眾喝斥黎元洪說：「要不是我們把你拉出來，你哪裡有今天？」

張振武的跋扈也不亞於孫武，他在革命之後組織了一支衛隊，配一色短槍，張振武走到哪裡，衛隊就跟到哪裡，即使去見黎元洪也不例外。黎元洪心裡雖然惱怒，但懾於張振武的槍桿子，在很長一段時間裡也只能敢怒而不敢言。

漢陽之戰後，張振武奉命前往上海購買槍支、彈藥與服裝，期間便與黎元洪、孫武等人發生了衝突。據黎元洪給張振武的覆電，說他所購的槍支大多為廢槍，不能使用，之後要購買槍炮子彈，必須運到湖北試驗後才能付款，意思是指責張振武虛靡公款。張振武一怒之下，竟然將在上海待運的槍械分出一半給煙臺革命軍，其中的款項明細又未交代，其桀驁不馴令黎元洪憤恨，但又無可奈何。

張振武當時手裡握有兵權，他掌握著將校團這樣一支武裝力量，這讓黎元洪感到如芒在背。事實上，黎元洪打心眼裡對這些帶頭起義的革命黨人極度憎惡，而這時袁世凱也想乘機拉攏黎元洪，共同對付武漢的革命黨人。

在袁世凱的親信、參謀次長陳宧的策劃下（當時黎元洪也兼任參謀總長，但他一直沒有上任，事務均委託給次長陳宧），黎元洪決定與袁世凱合作，對這「三武」來個調虎離山之計，將他們弄到北京去。當年五月，袁世凱以「革命首義」的名義將「三武」召到北京，並封他們為總統府軍事顧問官（又是閒差）。對此，張振武曾多次表示不滿，他對陸軍總長段祺瑞抱怨說：「難道我們湖北人就配做個顧問官？」

在張振武的一再要求下，袁世凱只好又封他為蒙古屯墾使加以敷衍。張振武當時四十出頭，正是年富力強的時候，他也確實想實實在在地做點事情，於是他接受委任後，極誠懇地向袁世凱申請經費以開辦專門機構。袁世凱這時哪裡有錢，也就沒有理會。張振武一怒之下便擅自回了武昌，並利用自己之前的勢力公開設立屯墾事務所，還打算募集一鎮精兵前往蒙古。為此，張振武向黎元洪提出每月撥給經費一千元，作為開辦費。

黎元洪見張振武去而復返，本就十二分的不樂意，他見張振武又重新聚集他的舊勢力，更是感到極大的威脅，於是決心除掉張振武。由於當時張振武與孫武也發生了矛盾，袁世凱特意派出湖北籍的參議員劉成禺、鄭萬瞻回武昌進行調解。在各方努力下，孫武、張振武和黎元洪都在表面上恢復了和氣，而袁世凱趁熱打鐵，再次發來電報邀請張振武赴京。

八月初，張振武和親信將校團團長方維等三十多人隨同參議員劉成禺、鄭萬瞻一起前往北京，由此走上了不歸路。在臨行之前，黎元洪還特意贈給張振武四千大洋作為旅費，雙方和好如初，相談甚歡，但一個陰謀卻就此展開了。

在張振武抵達北京後，黎元洪向袁世凱發出一封密電，其中稱：「張振武以小學教員贊同革命，起義以後充當軍務司副長，雖為有功，乃怙權結黨，桀驁自恣。赴滬購槍，吞蝕巨款。當武昌二次蠢動之時，人心惶惶，振武暗煽將校團，乘機思逞。……吾鄂人民胥拜天賜，然餘孽雖殲，元憝未殄，當國家未定之秋，固不堪種瓜再摘，以梟獍習成之性，又豈能遷地為良。元洪愛既不能，忍又不敢，迴腸盪氣，仁智俱窮，伏乞將張振武立予正法，其隨行方維係屬同惡共濟，並乞一律處決，以昭炯戒。……」在向袁世凱揭發了張振武的種種「不法」行為後，黎元洪要求北京方面將張振武就地正法。

袁世凱收到黎元洪密電後，親自取出密電碼本自行譯校，隨後便將心腹趙秉鈞、馮國璋、段祺瑞三人請來商議處置之法。趙秉鈞三人主張再給黎元洪發一封電報，問清楚是不是黎元洪的本意，再做處斷。兩日後，武昌方面覆電，確屬黎元洪本人的主意。隨後，袁世凱給軍法處發出命令，將張振武逮捕後立予正法。

一個巨大的陰謀已經張網後，張振武尚且渾然不覺，他當時仍在北京到處會客，與各界人士聯絡感情，為將來的事業打下基礎。八月十五日晚，張振武與湖北來京將領在六國飯店宴請姜桂題、段芝貴等北洋將領，以消除南北軍界隔閡，化解之前戰爭的敵意。當晚十點，酒闌人散，張振武在回旅社途中被潛伏的軍警攔截，隨後被捆綁押解到西單牌樓玉皇閣京畿軍政執法處。隨後，軍法處總長陸建章向他出示了黎元洪請求殺張振武的電報及袁世凱下令處決的軍令。由於事情來得太突然，張振武一下就懵了，他大聲質問陸建章：「我究竟犯了什麼罪？竟然要殺我？」陸建章攤開手，表示軍令如山，無法轉圜。

十六日凌晨一點，也就是張振武被捕三個小時後，在沒有任何審訊的情況下，張振武被綁在軍法處的木樁上吃了六顆花生米，就這樣不明不白地成仁了。臨刑前，張振武仰天長嘯：「想不到共和國也如此黑暗！」同晚，隨同張振武一起進京的將校團團長方維也在旅館被抓，並於凌晨在城外處決。

此事發生後，湖北籍參議員劉成禺、時功玖、鄭萬瞻等人大憤，他們隨即向臨時參議院提出質問和彈劾。在這個事件中，感覺被袁世凱愚弄和利用的劉成禺憤怒地指出：「現在政府殺人之手續，基本和強盜行為沒有區別。如果這樣下去的話，今後凡是民國起義之元勳，都可以一一捕殺，任憑某人為帝為王矣！」

在參議員的彈劾和輿論壓力下，袁世凱把黎元洪推出來，聲稱完全是黎副總統的主張，而黎元洪則拋出張振武「侵吞公款」、「擁兵自衛」、「串謀煽亂」、「廣納姬妾」等十五大罪狀，為自己洗刷罪名；事後，袁世凱又命人將張振武、方維二人屍首好生收殮，並為他們買了上好的棺木，送到長椿寺停靈。隨後，袁世凱又宣布以大將的軍禮葬張振武，並拿出三千元為賻儀。

由於參議院中各派力量互不協調，加上張振武自身也的確存在弱點和問題，最後使得質問和彈劾兩案均因不足法定人數而不能開議，而袁世凱則以退為進，承認事起突然、殺人手續不完備，並向參議員們一再致歉。最後，張振武被殺一案也就不了了之。

張振武在不明不白中死掉的關鍵是，他當時已經是無門無派，沒有組織支援。原來，在南京臨時政府成立後，當時在上海活動的幾位武昌起義領袖如孫武、張振武等人都沒有在臨時政府中謀得職位，因而對同盟會、特別是黃興等人極為不滿。在孫武等人看來，他們這些人才是真正的革命元動，同盟會的孫中山、黃興等人不過是外來的和尚搶了自己的功勞，可這些人連個陸軍次長的位置也沒有留給孫武，讓孫武面子上極過不去。

當時率軍攻克南京的浙軍司令朱瑞，他是光復會員，本就和同盟會有矛盾，等黃興當上陸軍總長後，朱瑞也不服從陸軍部的指揮，還私下裡蔑稱黃興是「漢陽敗將」。後來，這批人在上海組織了一個團體叫民社，公推黎元洪為領袖，其中的成員還包括後來湖北的參議員劉成禺等人。在朱瑞率軍回到浙江後，民社的勢力也就在湖北和浙江掌握了軍政大權，隱然與同盟會對抗。

因此，在張振武被殺後，同盟會除了黃興發了一個通電譴責袁世凱政府用不正當的手段擅殺有功人員外，其他人大多未置一詞；而當時正好又是袁世凱邀請孫中山前往北京商談國家大事，因而張振武一案也就不宜過度渲染，最後悄沒聲息了。

事實上，當時武昌首義的「三武」中，除了張振武間接地死於黎元洪之手，蔣翊武也是如此。原來，在南北議和後，蔣翊武擔任了湖北軍務部副部長，但受「群英會」暴動的牽連而被迫去職，在政治上曾經一度消沉。宋教仁被刺後，蔣翊武返回湖南參加了「二次革命」，也曾拉起一支隊伍駐防岳陽。但革命黨人在「贛寧之役」中很快失敗，袁世凱到處通緝捉拿革命黨，蔣翊武也只得逃走。

晦氣的是，蔣翊武沒有和黃興等人一樣跑到日本去避難，而是南行到廣西，結果被當地巡防營抓住，後來被押送到桂林受審。黎元洪在得知蔣翊武被捕之後，隨即致電袁世凱，請求迅速誅殺「亂黨」，於是袁世凱便命廣西都督陸榮廷將蔣翊武就地槍決。可憐這個革命首義者，最後落得棄屍他鄉。

黎元洪恨這些首義的革命黨並不是沒有原因的。在武昌起義前，黎元洪處死革命士兵是因為要維護秩序，但起義後則更多的是一種權力的爭奪和個人的恩怨。黎元洪雖然是靠著武昌首義上位，但眾所周知的是，他是被革命士兵強迫參加革命的，因而那些革命黨的首領譬如張振武、蔣翊武等人未免對這個逼出來的湖北都督心存蔑視，特別在南北軍交戰之時，這種情緒更是極易表現出來。

事實上，湖北那些激進的革命黨人如季雨霖、詹大悲、熊秉坤、蔡濟民等人在辛亥革命後也沒有停止鬥爭，他們試圖從黎元洪手中奪回權力，但他們數次針對湖北當局的暴動都沒有成功，譬如「二次革命」期間流產的「改進團」暴動，結果非但沒有將黎元洪趕下臺，反而被黎元洪以維護治安的名義加以嚴厲鎮壓，多名革命黨起事者未經審判便被槍殺。

在「改進團」失敗後，黎元洪又對湖北的革命黨進行了一次嚴厲的整肅，當時被殺被捕者不在少數。在黎元洪的威勢之下，湖北革命黨人紛紛離開武漢，首義之城，也就逐漸沉寂了下去。在趕走了革命黨人之後，黎元洪在湖北的統治也相對穩定了許多。

嘗盡了革命冷暖的孫武則在「群英會」事件後低調了很多，在張振武被殺之後，其革命意志更是日漸消沉。一九一五年十二月，孫武被袁世凱任命為參政院參政，拿一份閒差的俸祿。袁世凱倒臺後，孫武也一度出任過清查督辦之類無關緊要的職務，後於一九三九年十一月十日病逝於北京，不問世事久矣。

四、梁啟超與夭折的民國兩黨制

辛亥革命爆發後，正當海外的各方人士以最快的速度趕回國內分享革命盛宴時，真正的啟蒙大師梁啟超卻遲至一九一二年十月才結束長達十三年之久的流亡生涯返回國內，此時離武昌起義已經一年了。

梁啟超這樣做是經過深思熟慮的，因為他需要時間來觀察民初政治的走向，而身處海外、跳出利益圈則更有利於他保持頭腦的清醒。在經過一段時間的思考後，梁啟超提出了一個非常獨到的見解，這就是他在給袁世凱的信中所提出的，民國初年的政治力量可分為三派，第一派是以袁世凱為代表的軍政實力派，第二派是由清末立憲派轉化而來的溫和改良派，第三派則是以孫中山為代表的新興革命派。

按梁啟超的設想，第一派毋庸組成政黨，第二派須組成政黨，第三派則應改造為政黨；如此，官僚實力派掌握實際的行政權，立憲派與革命派則組成政黨在議會中競爭立法權；立憲派應與官僚實力派聯合起來反對革命派，這樣才能順利地完成民國的平穩過渡。

很明顯，梁啟超對革命黨頗抱有成見：「舊革命派自今以往，當分為二，其純屬感情用事者，殆始終不能與我公合作……但此派人之性質，只宜於破壞，不宜於建設……政府所以對待彼輩者，不可威壓之，威壓之則反激，而其焰必大張……惟有利用健全之大黨，使為公正之黨爭，彼自歸於劣敗，不足為梗也。健全之大黨，則必求之於舊立憲黨，與舊革命黨中之有政治思想者矣。」

儘管梁啟超在信中初步提出了兩黨制的構想，但他又提出：「既以共和為政體，則非有多數與論之擁護，不能成為有力之政治家……善為政者，必暗中為輿論之主，而表面自居輿論之僕，夫是以能有成。今日之中國，非參用開明專制之意，不足以奏整齊嚴肅之治……然在共和國非居服從輿論之名，不能舉開明專制之實。」

綜上所論，梁啟超實際上是主張在開明專制下逐步培育政黨政治，這與他之前的思想是一致的。早在清末新政期間，梁啟超便認為憲政是中國發展的唯一方向，但又認為開明專制係走向憲政的必經階段，原因是人民的政治成熟度遠未及格，施政機關也未曾整備，包括教育、法律、地方自治等方面條件都不成熟，而縱觀世界，其他民主憲政國家也大都有過一段開明專制的預備期。

梁啟超是自負的，他曾說，「中國前途，非我歸而執政，莫能拯救。」而民初的三大政治勢力，革命派和北洋實力派已經各有其主，唯獨原立憲派群龍無首，如果梁啟超能夠挺身而出的話，還是有可能充當領袖的。事實上，當時也只有梁啟超具備這個號召力。

在清末新政時期，梁啟超曾利用《國風報》等鼓吹責任內閣、政黨制度等，並組織了中國第一個以推行憲政為目標的政治團體「政聞社」。在政聞社《社約》中，梁啟超提出了四條明確的綱領：「一曰實行國會制度、建設責任政府；二曰釐定法律、鞏固司法權之獨立；三曰確立地方自治、正中央地方之許可權；四曰慎重外交、保持對等權利。」

從前三點來看，梁啟超已經提出了三權分立及地方自治的思想框架，這在當時無疑是先進的。在清廷推行預備立憲後，梁啟超又通過國內的同志徐佛蘇、孫洪伊等人於一九一一年二月組織了

「憲友會」，為立憲後的政黨競爭做準備。但是，還沒有等到立憲的那一天，革命便突然爆發，梁啟超循序漸進的設想也就不得不改弦更張、推倒重來。

與康有為不同的是，梁啟超在武昌起義後順應大勢，放棄了君主立憲的主張，轉而提倡共和體制下的政黨政治。但在民國前後，原立憲派四分五裂，各政黨組織派系不一、名目繁多，其中最主要的有湯化龍、林長民、張嘉璈等人發起的「共和建設討論會」（原「憲友會」成員），章太炎、張謇、熊希齡、程德全、唐文治等人組織的「統一黨」，孫洪伊等組織的「共和統一黨」，范源濂、黃遠庸、籍忠寅等人發起的「國民協會」等，加上湖北方面的黎元洪、孫武、張振武、劉成禺等人組織的「民社」，清末舊官僚岑春煊組織的「民國公黨」，谷鍾秀、吳景濂等人組織的「統一共和黨」，陳錦濤、王寵惠等人發起的「國民共進會」，林林總總，前前後後，竟然達到數十家。

在這些政黨中，梁啟超與「共和建設討論會」關係最密切，該黨中雖多為精英份子，然人數較少，因而影響力並不算大。直到一九一二年八月，「共和建設討論會」才與「國民協會」、「共和統一黨」等團體合併成「民主黨」，但此時其他政黨也都在紛紛合併重組，因而「民主黨」在一九一二年底的國會選舉中大敗，所得議席不過三十，這在號稱「八百羅漢」的國會中（八百七十席），實在是微不足道的小黨派。

失敗之餘，梁啟超隨即跨黨加入勢力較大的「共和黨」，以求彌補。「共和黨」是一九一二年五月由「統一黨」、「民社」等合併而來，黨人大多由清末的立憲黨人及舊官僚所組成，其中包括了當時的知名人物如黎元洪、張謇、章太炎、伍廷芳、那彥圖、熊希齡、范源濂、程德全等人。「共和黨」成立後，全國各地都設立了分部，黨員數量一度超過十萬人，成為僅次於「國民黨」

（即原同盟會）的第二大黨（可控議席近二百五十席）。

早在「共和建設討論會」成立之初，梁啟超便為之起草了一份《中國立國大方針》的商榷書，其中明確提出實行「政黨內閣」的主張；另外，梁啟超認為，要實行「政黨內閣」，則必須有「兩大健全的政黨」為前提，正如其在早年《新民說》中提到的，「政黨政治，凡國必有兩黨以上，其一在朝，其他在野」，而梁啟超之所以加入「共和黨」，其目的便是要締造一個能與國民黨相抗衡的大黨。

但是，即便是「共和黨」與「民主黨」合併，在國會中控制過半議席也無完全把握，因而梁啟超又將「統一黨」納入合併計畫。「統一黨」原為章太炎所組織，此時的黨魁已換成王揖唐、王印川等人，該黨一向與革命黨人作對，又有袁世凱在背後撐腰，其聲勢也不算小，大概握有議席五十上下。

對於梁啟超「兩黨競爭」的政治構想，三黨人士大多表示支持，合併事宜也進行得非常順利。在一次三黨聯合懇談會上，梁啟超當席指出：「目前共和、民主、統一三黨聯合起來，在國會中尚不能佔據多數，這種現象極為可憂。不管是為三黨考慮，還是為反對黨考慮，都應該三黨合併，使中國能逐漸二大黨對峙的局面，這樣政黨政治才能逐步走上正軌。」

一九一三年五月底，在梁啟超等人奔走下，「共和」、「民主」、「統一」三黨在北京舉行合併大會，宣布成立「進步黨」。大會選舉黎元洪為理事長，梁啟超、張謇、伍廷芳、孫武、那彥圖、湯化龍、王賡、蒲殿俊、王印川九人為理事，名譽理事有馮國璋、周自齊、熊希齡、張紹曾、閻錫山、胡景伊、尹昌衡、蔡鍔、唐繼堯、陸榮廷、張鎮芳、楊增新、程德全、朱瑞、莊蘊寬等二十多位名人，另外還有一百多名參議，陣容強大，初具大黨規模。

從人員上來看，「進步黨」的骨幹力量大都是原清末的立憲黨人或清末舊官僚，在梁啟超的影響下，「進步黨」的政治立場傾向於擁護袁世凱政府，其主要作用是在國會中對抗「國民黨」，支持袁世凱實行中央集權。當然，這並沒有脫離政黨政治的範疇，毋庸指責。

同盟會在民初的政治局面中仍然處於關鍵的地位，但其內部也遭遇不少的挑戰。在革命成功之後，章太炎、張謇等人撰文呼籲，要求同盟會結束革命時期的祕密組織狀態而改造成公開的政黨組織（所謂「去革命化」），章太炎所稱「革命軍起，革命黨消」，便是這個含義。而早期的革命黨人章士釗從英國愛丁堡大學學習法政歸來後，也提出「毀黨造黨說」與章太炎相呼應。所謂「毀黨造黨」，即「毀無綱之黨，造有綱之黨」，為芸芸眾黨造兩個對立的政綱，為中國走向兩黨制度作一預備期。

袁世凱當政後，孫中山、黃興一度看淡革命，轉而從事社會工作，同盟會的黨務工作改由宋教仁負責。在思想上，宋教仁與梁啟超有相通之處，他在民國成立後也一直致力於把同盟會由祕密的革命黨改造成公開合法的普通政黨，以實現其政黨內閣的主張。在宋教仁看來，革命黨乃「以激烈手段謀破壞」，政黨乃「以和平手段謀建設」，兩者因時代不同而使命迥異，進行和平的、有風度的政治競爭在民國成立後乃是大勢所趨。

在全國各黨各派紛紛合併重組的形勢下，同盟會也感到了莫大的壓力。一九一二年三月，同盟會在南京宣布正式改組為公開政黨，會員也在隨後的數月間迅速增至十數萬人，成為民國初年勢力最大的政黨。但共和黨在合併其他黨派後同樣勢力大增，在改選臨時參議院時，同盟會已不佔絕對多數。因此，同盟會的改組及合併其他政治主張接近的小黨派也就成為當務之急。

在以上提到的幾個大黨之外，還有一個號稱「第三黨」的「統一共和黨」，其在臨時參議院中佔據了一定的議席。「統一共和黨」由三個政團合併而來，骨幹人物有蔡鍔、景耀月、吳景濂、谷鍾秀等南北軍政界的重要人物，其中既有革命黨人，也有立憲派人士。該黨採取中道路線，主張調和，在政治上介於同盟會與共和黨之間，由此成為同盟會的爭取對象。

但是，兩黨合併中遇到不少的波折。首先，「統一共和黨」不希望自己「被吞併」，因而主張不用同盟會原來的名號；其次，他們並不贊成同盟會過於激烈的主張，譬如民生主義中的平均地權等；其三，除宋教仁、劉揆一等人堅決「併黨」外，一些老同盟會員反對合併他黨，而另一些同盟會員則對改變沿用了多年的同盟會名號表示堅決反對，如蔡元培就聲稱，「不能捨己從人，名稱萬不能改」。

這時，以清末名臣岑春煊為首的上海「國民公黨」在得知「統一共和黨」要與同盟會合併的消息後，也派出代表到京參與合併談判，但他們除了同意「統一共和黨」的意見外，又提出一條要求，那就是將同盟會綱領中的「男女平權」一項取消。

在宋教仁的多方斡旋下，同盟會於一九一二年八月接受了「統一共和黨」和「國民公黨」所提出的條件，而另外兩個小黨派，「共和實進會」和「國民共進會」也在談判後同時併入。由此，新的「國民黨」成立，而同盟會的名稱就此退出歷史舞臺。

宋教仁同樣是主張兩黨制的，他在改組「國民黨」的宣言中說得很明白，「一國政黨之興，只宜二大對立，不宜小群分立」，「政黨宜兩大對峙，希望自黨發達，也希望反對黨發達，以致能旗鼓相當」。據稱，宋教仁曾密訪過梁啟超，其「兩黨輪流執政」的設想是否來自於此，目前尚不得而知。

宋教仁曾天真地認為，只要「國民黨」能在國會中獲得半數以上的席位，「進而在朝，就可以組成一黨的責任內閣。退而在野，也可以嚴密地監督政府，使它有所憚而不敢妄為，應該為的，也使它有所憚而不敢不為」，與之異曲同工的是，「進步黨」也發表過類似的言論，「故一黨在朝，發展其政見，必有一黨在野批評其得失，研究其利害，監督之以使政府不敢為惡」，如此看來，民國兩黨制的格局似乎大有希望。

梁啟超曾在《政治上之對抗力》一文中明確提出「政治對抗力」的概念，用以論述兩黨制的合理性。梁啟超斷言，真正的民主國家，都須有對抗力才能穩定結合成一整體，有執政黨須有反對黨，「凡國民無政治上之對抗力或不能明對抗力之作用者，其國必多革命……各方面對抗力銷蝕既盡之後，全國政治力量成為絕對的，其結果必為專制，而專制崛起之結果，必為革命。任何政府之穩健運行，須兩黨良性競爭形成穩定的政治對抗力，而兩黨政治是維持政治對抗力之最佳途徑」。由此可見，梁啟超扶持「民主黨」，加入「共和黨」，最終組織「進步黨」，其動機便在於構建兩黨政治，消滅專制與革命，為國家發展創造穩定的環境。

但是，政黨本是英美國家的政治產物，在中國歷史上只聽說過「朋黨」，什麼牛黨、李黨、清流黨，幾乎就是利益中人相互攻伐的代名詞。一九一二年八月的《真相畫報》上刊登了一幅漫畫，說：「甚麼子叫黨，甚麼子叫派，原本一夥人，也進讒言把他害；甚麼子叫改，甚麼子叫革，排擠與鑽營，更比從前了不得。」章士釗也在《民立報》上抨擊道：「號稱急進者，攻人不擇人，罵人不擇言，實為狂狷無識之士，自號溫和者，附會權勢，造謠生事……這種政黨之爭，純屬私見衝突，而非政見的論爭。」

在一九二四年出版的《民國政黨史》一書中，作者謝彬更是一針見血地指出，民國初年的這些政黨不是政見的結合，而是感情的結合、權勢的結合，甚至乾脆就是金錢的結合，只不過老祖宗之前叫什麼君子黨、小人黨，現在的人套了一個政黨的名詞。這些所謂的黨派，無一不是中上層士大夫的俱樂部（包括「進步黨」、「國民黨」在內），他們毫無民眾作為基礎，也沒有切實可行的黨綱，很多黨派對自己的黨綱不甚了了，不過是作為點綴和擺設罷了。

民國初年的內務總長趙秉鈞也戲稱：「我本不曉得什麼叫黨，不過有許多人勸我進黨，『統一黨』也送什麼黨證來，『共和黨』也送什麼黨證來，同盟會也送來。我也有拆開看的，也有擱開不理的。」說到這裡，懷裡揣著八個黨證的趙秉鈞摸了摸腦袋，對身邊的人笑道：「我何曾曉得什麼黨來！」

在「國民黨」成立後，趙秉鈞出任新的內閣總理，不久即捲入「宋教仁遇刺案」並間接引發了「二次革命」，民國初年剛剛起步的政黨政治由此被打亂。在擊敗南方的革命黨後，袁世凱以「公民團」的方式脅迫國會選舉其為正式大總統，之後便以涉嫌亂黨為名取締「國民黨」議員的資格，進而使國會癱瘓。由此，宋教仁功未竟而身先死，梁啟超所設計的「進步黨」與「國民黨」相對抗的兩黨政治也隨著國會的最終解散而灰飛煙滅。

梁啟超在一心打造民國兩黨制的時候，似乎對北洋實力派有所忽略或者毫無辦法，他一廂情願地將「開明專制」的希望寄託在袁世凱身上，但對西方政黨政治毫無所知的袁世凱卻是一個「開明不足、專制有餘」的舊派人物。在大小軍閥握著槍桿子的前提下，不管是多黨制，還是兩黨制，都是不切實際的舶來品。對於這些軍事強人來說，有槍就有權，什麼「憲政民主」，什麼「議會政治」，什麼「兩黨制」，統統都是隔靴搔癢、癡人說夢。由此，民國兩黨制的夭折，也就完全在意料之中了。事實上，這並不僅是宋教仁或梁啟超一個人的悲劇，而是那個時代幾乎所有人的共同悲劇。

五、蹊蹺的定都之爭與北京兵變

在清帝宣布退位後，孫中山按照約定辭去中華民國臨時大總統一職，但同時也提出了三個先決條件，那就是：臨時政府必須設在南京；新任臨時大總統必須到南京就職並遵守臨時參議院制定頒布的一切法律章程。

孫中山之所以要堅持定都南京並要求袁世凱非到南京就職不可，目的就是要以此來限制袁世凱，因為袁世凱的勢力主要在北方。但袁世凱沉浮宦海三十餘年，他是何等人物，豈有看不出孫中山的用意？又豈有孤身南下、成為南方革命黨的傀儡之理？南京定都之提議稍顯幼稚，非待智者而知之。

果然，袁世凱隨後給南京臨時政府覆電，聲稱自己「德薄能鮮」，不敢承擔總統一職；如今北方危機四伏，險象環生，目前不便南下；自己經反覆思量後，「與其孫大總統辭職，不如世凱退居」云云。這個「以退為進」的招數，袁世凱用得既冠冕堂皇，又無懈可擊，不但為自己贏得淡薄名利、謙讓自抑的好名聲，還著著實實將了南方革命黨一軍。

袁世凱的電報一公布，各方輿論紛紛對定都南京一事表示反對，譬如民社、國民協會等八個社團便發表聯合聲明，聲稱「定都北京乃民國內政外交之關鍵，倘若捨北取南，帝黨勢必會死灰復燃，而強敵也有乘機侵略之虞」；清末立憲派領袖張謇也不贊成遷都之說，他認為「建都北京，取其接近蒙、藏裨益治理」；二月二十四日的《申報》更是以《去爭篇》為題，攻擊孫中山等人是「陽託參議院之議決，而陰以遂其脅制之私，置滿蒙回藏於不顧」。

當時鋒頭正健的革命老同志章太炎跳出來大唱反調，他在《致南京參議會論定都書》中宣稱南京地處偏倚，備有「五害」：一是威力不能及於長城外；二是北民化為蒙古；三是日本俄國侵及東三省，中原如失重鎮，必有土崩瓦解之憂；四是清帝、宗社黨、蒙古諸王可能作亂，致使國家分裂；五是遷都耗費巨資，難以籌畫。

在輿論的煽動下，各省都督、紳商代表也紛紛致電南京臨時政府，對定都南京表示異議。就連一貫主張建都武昌的黎元洪，這時也改口支持北京定都，「以免釀成大患」。而南方革命軍中的許多將領如浙軍司令朱瑞、粵軍司令姚雨平、第一軍團長柏文蔚等也紛紛發表通電，主張臨時政府建在北京為妥。

孫中山接到電報後，心裡倒是樂意袁世凱辭職不幹，但他不能自作主張，於是便將袁世凱的電報交與臨時參議院討論。臨時參議院的議員們對定都南京一事也無甚決心，或許是他們認為孫中山的想法太天真，或者急於維繫來之不易的和平，結果對於定都一事遲遲不能定案，最後只好用投票的方式來決定。

投票的結果出人意料，參議院以二十票的壓倒多數否決孫中山的主張（北京二十票，南京五票，武昌兩票，天津一票），而參與投票的議員大多數為同盟會員。孫中山得知這個結果後極為憤怒，據《胡漢民自傳》中稱，「先生（指孫）召克強（即黃興）至總統府，讓之。克強亦謂黨中不應有異議。先生遂召集院中同志黃復生、李伯申、鄧家彥等為評言其得失，則皆唯唯。依參議院法，須政府再交議院，始能推翻原案。鄧、黃等以是請。克強遽曰：『政府絕不為此委曲之手續，議院自動的翻案，盡於今日；否則吾將以憲兵入院，縛所有同盟會會員去。』是日適祭明孝陵，遂請先生上馬出府。余稱病不從行，而就府中草文書，交院再議；一面飛白先生」。

在黃興聲稱要率憲兵隊進參議院把所有同盟會籍的議員們綁縛起來及老會員吳玉章等人的疏通下，臨時參議院再次投票，最終以十九票對十七票的結果通過了以南京作為臨時政府地點的決議。不過，從這事可以看出，革命黨內部意見也不甚統一，在孫中山提出必須實現定都南京等三個條件的同一天（二月十三日），革命黨人自辦的《民立報》發表了《建都私議》的社論，提出八大理由來論證首都宜建於北京。而在談到遷都問題時，廣西同盟會員馬君武懷疑宋教仁倒向袁世凱，出賣革命，於是對宋教仁「言語討伐」，爭執中，宋教仁怒而打了馬君武一耳光，馬君武奮起還擊，重傷宋教仁左眼，也算是一段革命軼史。（胡漢民在《自傳》中云：「宋以是質馬，而亟批其左頰，馬還擊，傷宋目。宋入病院，旬日始癒。」）

袁世凱「退歸田園」的威脅並沒有動搖孫中山要袁世凱南下就職的決心，為促使袁世凱盡快到南京就職，孫中山派出以蔡元培為團長，劉冠雄、鈕永建、宋教仁、王正廷、汪精衛等人為成員的專使團前往北京，迎接袁世凱南下。等專使團到北京後，袁世凱倒是給予了盛情招待，但對於南下就職一事則模稜兩可，只以「竭誠盡力，早日南行」相搪塞。

不料在專使團到達北京的第二天晚上（二月二十九日），城北突然傳來數聲炮響，隨即便是人喊馬嘶，大火熊熊，街道上突然冒出成群的大兵。這群人一路上呼呼喝喝，沿途縱火搶劫，有些亂兵還衝到專使團的住處，嚇得蔡元培等人慌忙逃到六國飯店避難，情狀極為狼狽。

第二天查明，發生兵變的是曹錕統制的北洋第三鎮，他們原本駐紮在北京城外，不知何故突然衝進城內，跑到東城和前門一帶大肆哄搶，一路焚燒，還跑到專使團所住的煤渣胡同胡鬧。到下半夜，兵變繼續擴大，西城、北城也發生騷亂，當地的土匪聞風而動，趁火打劫，而部分巡警也加入了搶劫的行列。等到清晨，被砸被搶的店鋪、錢莊、民居已經有數千家，還有幾百間房屋被焚燒，似乎是為了掩蓋搶劫的痕跡。

這次兵變，是不是袁世凱一手導演，目前還沒有確鑿證據。不過，坊間倒有個傳聞，說是袁世凱的長子袁克定曾找幾個北洋軍的將領商議，說如果家父南下就職的話，到時直隸都督就要由別人接手，屆時北洋軍恐怕要被裁撤一部分，對大家很是不利；要想不讓家父南下，首先是要把南方專使團給趕跑。曹錕等人聽後，大為惱火，便說：「這事也不難辦，只要我們讓弟兄們趁夜把專使團的住處圍一圍，放兩槍，把他們嚇跑就是。」袁克定說：「只要你們一鬧，到時就算專使團不跑，東交民巷的外交團也會出來抗議，屆時家父就走不成了。」

還有人說，在兵變的第二天早上，正當唐紹儀向袁世凱彙報情況的時候，曹錕突然推門而入，向袁世凱報告說：「昨奉大總統密令，兵變之事已經辦妥！」袁世凱見曹錕說漏了嘴，起身大罵道：「胡說八道，滾出去！」

目前的歷史書大多將這次兵變指為袁世凱的預謀，但又語焉不詳，缺乏直接的史料的證據證明，似有「因人定罪」之嫌疑。因此，也有部分史家反對這次兵變係「袁世凱策劃」之說，如臺灣學者吳相湘就曾在他的著作中說：「自來論北京兵變者大多以為袁氏所主使，甚至有指出此乃用楊度計者。然以今論之則均不免挾意氣成見之譏。以天下眾惡皆歸之袁，固非歷史真相也。」

蹊蹺的是，這次兵變雖說搶劫的規模很大，但似乎是專門衝著有錢的地方而去，特別是城中的銀號，更是一網打盡，遭災最重，就連官府的存銀處也遭到搶劫。據後來的統計，亂兵們在當晚的騷亂中至少搶走三百萬以上的銀兩。更令人奇怪的是，在當晚的兵變中，袁世凱那些主管北京治安的親信們毫無動作，譬如掌管警政的趙秉鈞在當晚傳令全城巡警一律撤崗，不得干涉，以至於不少巡警自己都參與了搶劫活動。

當時任京畿五路備補軍管帶並親歷此事的馮玉祥在回憶錄中說，「這天的兵變，最初是從東城鐵獅子胡同總統府爆發，變兵是第三鎮全體。起事的時候，他們把總統府團團包圍，又撞進去放了一排亂槍，接著便大舉搶掠，府中比較珍重的東西，搜刮淨盡，連窗戶什物也都搗毀一空。袁世凱的臥房也被擊破了一角。這樣鬧了一陣，他們怒猶未息，又大舉縱火，接著南北兩城也陸續起火。」

馮玉祥認為，說這次北京兵變的主謀是袁世凱，顯然是高估了他的實力，因為袁世凱在回鄉數年後，已經失去了控制第三鎮的能力，何況第三鎮的軍紀本就極壞。據馮所說，導致這次兵變的直接原因是「段芝貴減餉」一事，因為按之前的慣例，軍隊開拔前士兵每人加餉一兩，「現在段芝貴卻憑空把這一兩銀子減去。一兩銀子似乎算不了什麼，可是在士兵的眼中，卻非同小可。因為他們天天盼望的就是關餉。餉下來，扣除了伙食費，還剩得多少，他們一切打算和指望就都放在這上面。如今平白少去一兩銀子，這實在比要他們的性命還要嚴重。減餉的消息一傳下來，士兵們無不激憤，口裡不住地咒罵，算是袁世凱的八代遭殃，給他們罵爛了」。

但馮玉祥同時也認為，「這次的兵變，減餉的事實在是一個導火線」，根本的原因還在於以下幾點：「第一，滿清政府雖已推倒，中華民國的金字招牌雖已掛了出來，可是整個社會的實質和政治方面機構，卻並沒有什麼改變。一般人民的腦筋裡，依舊牢固的存著一個皇帝的偶像。尤其是軍隊中，士兵們平素受的政治教育，只是忠於皇家，以革命為反叛。袁世凱以及他的左右，剛不久還是如此教育士兵，並且到處鎮壓革命，捕殺革命黨。忽然一天抖身一變，自己做起大總統，成為革命國家的首領了。……這樣，如何維繫軍心？當時老袁做了大總統，我就常常親見親聞許多官長目兵在背後切齒咒罵他，說他是個篡位的奸賊，憤激達於極點。第二，第三鎮的隊伍自在長春駐紮，軍紀即極敗壞。開到北京以後，墮落更甚。官長目兵，公開聚賭，縱飲狂嫖，無所不為，訓練教育的事，完全廢弛了。……第三鎮這樣，其餘京畿一帶的駐軍無不如此。帶兵的荒唐，目兵從而效尤，統帥者聽任不問。好像他們以為皇帝倒了，世界變了，一切都可以胡作非為，用不著受拘束的了。」

王朝更替而不亂者幾稀。無獨有偶的是，後任南京國民政府軍令部長的徐永昌（當時也在北京軍中）也在回憶錄中稱，「正月十二第三鎮在北京兵變，初非袁世凱所主使，有些人委稱係袁世凱指使，以抗議南方代表要求遷都南京者，實乃誣傳，不過袁適逢其會，利用兵變拒絕遷都，或者有之。因第三鎮在漢口與革命軍作戰之後，士兵回京，仍不忘在外作戰時期之不紀律生活習慣，而帶兵者戰時不知注意約束士兵的軌外行動，戰後又疏於整頓與防範，故至釀成兵變，若謂第三鎮兵變為袁主使，然則毅軍兵變，亦將謂有人主使耶？」

原來，在第三鎮兵變後的第二天晚上，姜桂題的毅軍也在西城譁變起來。接著，天津、保定也都相繼發生譁變的事情。這些譁變，大都是以搶劫民財為目的，特別是在「截捕第三鎮變兵後，得到意外的收穫，軍心即起浮動，每每想發橫財」，因為在堵截中，「變兵被管押或處決，物品歸公，而若干銀錢飾物，不少都裝入了堵截者的腰包。……經過一、二日截堵變兵，弟兄們彷彿像貓子吃慣了野食，派他們固然出去，不派他們亦要自動出去。……等到絕無變兵時，他們還有順便偷劫城外居民的……」（《徐永昌回憶錄》）袁世凱可能沒有想到，他離開北洋新軍不過兩三年，他親手訓練出來的部隊已經成了這個痞樣。

在北京兵變後，東交民巷的外國公使團果然迅速做出反應，他們以外國人遭到搶劫為理由，在向袁世凱提出了強烈抗議的同時，還從天津等地調集衛隊入京，以加強使館區的巡邏警戒。不僅如此，公使團還威脅說，如果中國不馬上組建共和政府、恢復良好秩序的話，他們將調集更多的兵力進入北京，大有重演當年「八國聯軍」侵華的架勢。

由此，反對定都南京的聲浪進一步高漲，《申報》在三月五日發表一篇題名為《對於北方兵變之觀念》的評論，責問南京臨時政府「袁總統尚可南來受任耶？」「臨時政府尚可建設南京耶？」江蘇省議會也於三月七日通電指責南京臨時政府強行要袁南下，「致統一政府迄未成立，奸人乘機煽惑，遂肇京、保之變」；「今全國大多數皆主臨時政府設在北京，所見既同，自應協力以達公共之主張，豈可令挾私見爭意氣者敗壞大局？」

而就在同一天，黎元洪發布了一篇十萬火急的通電：「頃聞京、津亂黨操戈，首難雖平，餘孽未清，禍變之來，將未有艾，外人對此，極為激昂，某國並潛謀運兵入規京輔」，「瓜分之禍，即在目前」。與黎元洪一樣，其他省份的都督及將領如閻錫山、譚延闓、馬毓寶、孫道仁、蔣尊簋、蔡鍔、藍天蔚、朱瑞、蔣雁行等人也都紛紛表態，主張定都北京。

事實上，孫中山、黃興等人在這個問題上一開始就陷於被動的地位而不得不有所緩和，如孫中山在《覆章太炎函》中說，定都一事，「可俟將來國民會議之」。黃興也在《覆莊蘊寬李書城書》中說，「國都問題當由國會解決，臨時政府為暫行統治權之機關」。從以上表態來看，孫中山、黃興雖有所退讓並稱由國民會議解決，但仍舊企圖造成先定都南京的事實。

而「兵變」後，袁世凱也不再同專使團會面，卻不時地派人將各地變亂的電報送來，其用意不說自明。在強大的輿論壓力下，蔡元培等人也覺得局勢悲觀，他們向南京發去一電，稱：「內變既起，外人干涉之象既現，無政府之狀態，其害不可終日」，「培等會議數次，全體一致謂不能不犧牲我等此來之目的，以全垂危之大局」。

所謂「高手過招，高下立現」，在政治權術和經驗上，當時南方革命黨畢竟遠不如袁世凱來得老到；而在政治、經濟、軍事的資源上，他們也遠不如北洋勢力，在當時的情勢壓迫下，孫中山、黃興等人即使心有不甘，但也只能接受專使團的建議，放棄原來建都南京並堅持袁世凱來南京就職的主張。

一九一二年三月十日，袁世凱身穿大禮服，在北京外交大樓中（即前清外務部公署）宣誓就任中華民國臨時大總統。是日，前清的舊官僚們也都按前朝慣例，向新總統排班謁賀，就連蔡元培等人也不得不雜列其中，鞠躬相慶。如此結局，倒像當時流傳的一首民謠說的：「橫商量，豎商量，摘下果子別人嘗；今也讓，明也讓，吃人的老猿稱霸王！」

但話說回來，大勢所趨，不讓又能如何？

六、末代皇帝的成長與孤獨

一九〇八年十一月的一個寒冷冬夜，宮中突然派出一大隊的太監來到醇親王府，在好一陣手忙腳亂之後，一個半睡半醒的孩子在父親及乳母的陪同下被抱進了皇宮。他，就是後來的宣統皇帝溥儀，當年他還不到三歲。

溥儀進宮的第二天，光緒皇帝和慈禧太后便相繼離世，皇帝的大位便落在了這個小baby的身上，這也是中國歷史上的最後一位真皇帝。不久，古城西安突然傳起了這樣一首童謠：「不用掐，不用算，宣統不過兩年半。」果不其然，三年時間不到，大清王朝轟然倒塌。

一九一二年二月十二日，也就是宣統三年的十二月二十五，這一天在溥儀的腦海中留下了一點點印象，「一個白鬍子老頭跪在隆裕太后的面前，聲淚俱下地讀著一份文件」，可當時的他哪裡知道，這個老頭就是後來被稱為「竊國大盜」的袁世凱，而讀著的這份文件，正是清帝的退位詔書。

當時的情景是可憐而悲哀的，「袁世凱率全體閣員，邀集王公親貴入奏請旨。隆裕太后帶著溥儀在養心殿，群臣進宮，行最後一次覲見禮。內侍將各旨跪呈皇案，隆裕太后尚未看完，便忍不住淚如雨下。隨交世續、徐世昌蓋用御璽。隨後，隆裕太后即含淚攜溥儀由內監扶掖還宮」。

年幼的溥儀懵懂無知，他不曉得這是在舉行皇帝，也就是自己的下崗儀式。事後，他仍舊像往常一樣，獨自一個人在紫禁城裡無憂無慮地玩耍。一年之後，也就是一九一三年二月二十二日，他的監護人隆裕太后因痰症發作而去世，宮裡才發生了微妙的變化。隆裕太后彌留之際，對七歲的溥儀說：「汝生帝王家，一事未喻而國亡，而母故茫然不知也。」隨後，她又對旁邊侍立的世續說「孤兒寡母，千古傷心」，其淒慘悲涼，頗令人感傷。

從名義上來說，溥儀是入嗣同治皇帝但同時又兼祧光緒皇帝的，因而在隆裕太后死後，溥儀又多了四位母后，那就是同治皇帝的瑜妃（敬懿太妃）、珣妃（莊和太妃）、瑨妃（榮惠太妃）和光緒皇帝的瑾妃（端康太妃，即珍妃的姐姐）。由於同治的幾位妃子當時年事已高，紫禁城的常務之責便落在了端康太妃的身上，並主要由她來監護溥儀的成長。

端康太妃被慈禧太后和隆裕太后欺壓了多年，「一朝權在手，便把令來行」，她也繼承了前面這二位的專擅作風。在溥儀十三四歲的時候，有幾個太監為了討溥儀的歡心而從宮外買了一套民國將領的大禮服，有帶羽毛的帽子、亮閃閃的軍刀，還有精緻的皮帶，像一般的少年一樣，溥儀得意洋洋地穿戴了起來，端康太妃看見後大為震怒，她嚴厲訓斥道：「大清皇帝穿民國的衣裳！還穿洋襪子！這像話嗎!?」溥儀被訓後，只得換下禮服，脫下洋襪子，重新穿起了麻煩的龍袍。

對於端康太妃的專擅，溥儀的幾位師傅也頗有微辭。在這件事後，端康太妃也學了慈禧太后對付光緒的那一套，把溥儀身邊的太監全部調走，而改派了自己的太監來監視。陳寶琛為此忿忿不平，不免發了一頓「嫡庶之分」的議論，溥儀聽了之後，心裡也十分窩火。

後來發生了一件事，使得「帝、后」矛盾最終大爆發，這就是御醫范一梅的被辭退。陳寶琛在溥儀身邊不滿地說，「身為太妃，專擅未免過甚」；溥儀的總管太監張謙和也扇風點火：「萬歲爺這不又成了光緒嗎了？再說太醫院的事，也要萬歲爺說了算哪，奴才也看不過去……」

年少的溥儀聽了這些撮弄後，氣騰騰地跑到端康太妃那裡大喊大叫：「你憑什麼辭掉范一梅？你太專擅了！我是不是皇帝？誰說了話算數？……」

不曾料到的是，溥儀的反抗引發了一個嚴重的後果，那就是間接導致了他生母的死亡。原來，端康太妃在被溥儀搶白之後，氣得臉色發白，隨後便將溥儀的父親醇親王載灃及福晉（溥儀的生母係慈禧太后的寵臣榮祿之女），還有老福晉（溥儀的祖母）一塊召來並怒氣沖沖地訓斥了一番，誰知溥儀的生母個性很強，她從小到大，從沒有被人這樣申斥過，於是從宮中回去後便吞了鴉片，自殺了。

悲劇發生後，端康太妃自知理虧，也就不再對溥儀過分地管制了。不過，由於溥儀從小被抱進皇宮，他對生母並沒有留下什麼印象。據溥儀的回憶，直到他十一歲的時候，他的生母和祖母才獲准入宮探望，「我見了她們，覺得很生疏，一點不覺得親切。不過我還記得祖母的眼睛總不離開我，而且好像總是閃著淚光。母親給我的印象就完全不同，我見了她的時候，生疏之外更加上了幾分懼怕」。

溥儀的祖母當年是反對溥儀入宮的，老太太在得知慈禧太后命載灃將溥儀送進皇宮繼承大統時，一下子給氣得昏厥了過去。醒後，老太太大罵：「害了人家的兒子（光緒）還不夠，還要害人家的孫子！」溥儀的生母倒是很高興的，她和低賤出生的祖母不一樣，對權勢這種東西看得更重。

當時與祖母一起進宮探視的還有溥儀的弟弟溥傑和大妹，宮中難得有小孩子，於是溥儀便帶著弟弟妹妹到養心殿去玩捉迷藏，玩了一會後，溥傑不小心把明黃的袖裡給溥儀看見了，還被皇帝哥哥給好一頓批：「溥傑，這是什麼顏色？你也能使？」

對於溥儀來說，和同齡人玩耍的機會總是極少的。更多的時候，溥儀只能蹲在毓慶宮東跨院的那顆檜柏樹下看螞蟻搬家，看著看著，有時候連飯都忘了吃。孤獨的皇帝，一個人住著偌大的皇宮，他無法像他的同齡人一樣有著正常的生活，這是幸運或者悲哀，實在是說不清楚。他的父親，醇親王載灃不曾想也沒有能力去做攝政王，但對於這父子倆來說，生於帝王家，這就是命。

「每當夕陽西下，禁城進入了暮色蒼茫之中，進宮辦事的人全部走淨了的時候，靜悄悄的禁城中央，乾清宮那裡便傳來了一種淒厲的呼聲：『搭門……下錢糧……燈火小……心……』隨著後尾的餘音，禁城各個角落裡此起彼伏地響起了值班太監死陰活氣的回聲。」

冷雨殘夢，落葉空階，每次在這種回聲之後，年少的溥儀都不敢走出屋子，似乎太監們給他講的鬼故事裡的妖魔鬼怪全跑到他的窗戶外面來了。對於太監們來說，這個膽小的主子也不好伺候：他不高興的時候，太監們要遭殃；他高興的時候，太監們也可能要倒楣。年少孤僻的皇帝喜歡惡作劇甚至有以虐待別人來取樂的惡習。在宮中唯一能阻止他的，只有乳母王焦氏，也就是當年陪同他一起進宮的那位沉默寡言的女子。

王焦氏從來不和人爭吵，臉上總是帶著些微笑，她雖然一字不識，但為人心地善良，有一次溥儀把鐵沙子放進蛋糕，要賞給太監吃。王焦氏看到了，驚叫道：「老爺子，那裡頭放沙子可叫人怎麼吃啊？」溥儀說：「我就是要看看他咬蛋糕是什麼模樣。」王焦氏說：「那不崩了牙嗎？崩了牙吃不了東西。人不吃東西可不行啊！」可惜的是，王焦氏後來被送出宮外，任憑溥儀如何哭鬧，內務府也沒有把她找回來。從此後，溥儀身邊再沒有「通人性」的人了。溥儀直到結婚後，才派人把她找到；在偽滿時期，溥儀又把她接到了東北供養。

長大了，要讀書了，但溥儀並不是一個會讀書的人。清朝對皇子的教育是歷朝歷代最嚴格的，溥儀雖為廢帝，但教育仍舊沿用了之前的慣例。洋師傅莊士敦在《紫禁城的黃昏》中說：「每天清晨，陳寶琛第一個進宮，夏季是在五點半，冬季是六點……正式的覲見都在破曉時進行……大概在八點半時，皇上由他的滿族老師伊克坦教讀滿文；十點到十一點之間，朱益藩取代伊克坦；一點半時，就輪到我了，我的課通常要持續兩個小時。」

清人趙翼曾這樣描述當年康熙的皇子們讀書：「每至五鼓，百官尚未早朝，有先至者殘睡未醒、在黑暗中倚柱假寐時，即有白紗燈一盞入隆宗門，則皇子進書房也。」因為清廷已經不存在了，所以規矩也就沒那麼多了，如果按康熙朝的規定，皇子們除了元旦一天和除夕前的一天半是放假時間，其他時間都是照常學習，而溥儀至少在夏季有一個月的放假時間，這比他的那些先輩們可是舒服了。但是，對溥儀來說，讀書是件苦差事，就算在平時，他也是時不時地找藉口或稱病蹺課，即便是拿麵包去餵螞蟻，也比讀書有趣多了啊。

張勳復辟的時候，京城曾流傳過這樣一則趣聞：復辟的前幾天，張勳祕密進宮覲見溥儀，並奏明整個計畫。溥儀聽後搖頭不同意，張勳問為什麼，溥儀說：「陳師傅每天都要讓我沒完沒了地念十三經，我哪有時間去管這麼多事呢？」張勳說：「只要皇上登基了，就可以去管軍國大事，而不用花那麼多時間去讀書了。」溥儀聽後大喜：「你此話當真？我登基後就可以不用去做功課了嗎？」張勳點頭道：「歷史上只有馬上打天下的皇帝，沒有聽說過什麼讀書皇帝。」溥儀高興極了：「好，那就按你說的辦！」

張勳復辟的那年，溥儀十三歲，其實他是沒有主動參與復辟的，因為他當時還太小，只不過他的幾個師傅倒是很熱心，事情全部由他們跟張勳商量好了，師傅讓他怎麼做，他就怎麼做罷了。段祺瑞在趕走張勳的辮子軍後，也稱「衝入深居宮禁，莫可奈何」，一句話就把溥儀的責任全開脫了。

就是溥儀的師傅，也沒事，只可惜這個弟子實在不成器，讀書一團糟，滿文學了好幾年，就學會了一句：「伊立！」（那還是滿族大臣向他請安時，溥儀得說「起來」。）念書的時候，小皇帝經常是坐在那裡東張西望，身子扭來扭去，師傅跟他說，「君子不重則不威，學則不固」，他也聽不懂，只想著去院子裡看螞蟻。直到後來，溥傑、毓崇（貝子溥倫的兒子）進宮給他當伴讀來了，小皇帝這才好了點，至少能在書房裡坐得住了。伴讀一個月有八十兩銀子的待遇，但也不好當，有一次溥儀蹦蹦跳跳地走進書房，陳師傅卻對著坐得好好的毓崇說：「看你何其輕佻！」

再後來，溥儀又有了個洋師傅，這就是早年畢業於牛津大學的莊士敦。這位不遠萬里而來的英國老夫子，曾在香港總督府裡做過祕書，在威海衛租界做過行政長官，據他自己所說，在來中國的二十多年裡，他遍訪名山大川，走遍了內地各省；他通曉中國歷史，還能搖頭晃腦、抑揚頓挫念唐詩。但莊士敦終究是個外國人，他的出現，給古老的紫禁城帶來了一些洋化的氣息，溥儀的身上也多了一些新鮮玩意：懷錶、別針、鈕扣、領帶等等。

陳師傅這下頭疼了，他得聽溥儀半文半白、中英交雜的對話：「威廉姆（溥傑的洋名），快給我把pencil（鉛筆）削好，……好，放在desk（桌）上！」……「亞瑟（另一位伴讀溥佳的洋名），today（今天）下晌叫莉莉（溥儀的三妹）他們來，hear（聽）外國軍隊樂！」

每當這個時候，陳師傅都皺眉閉目，像酸倒了牙齒一樣。本來呢，陳師傅是溥儀的唯一靈魂，但莊士敦來後，靈魂又多了一個。

在莊士敦的影響下，溥儀自作主張將辮子剪了去，這對於紫禁城的辮子世界來說，無疑是一場地震。為此，太妃們還痛哭了幾場，幾個師傅更是臉色陰沉了好一段時間。一個月後，紫禁城只剩下三條辮子，而之前至少是一千五百條。三條辮子的所有人是溥儀的三位師傅，其中還有一位很快去世了。溥儀剪掉辮子的時候，他的兩個伴讀，溥傑和毓崇也藉口「奉旨」將辮子剪了去。第二天，陳師傅一抬頭便看見三個光頭弟子，在愣了好大一會後，才對毓崇冷笑一聲，說：「好啊，把你的辮子賣給外國女人，你還可以得不少銀子呢！」

隨著年齡的增長，溥儀也變得越來越叛逆，時不時地就要反抗一下舊制度、舊禮儀。譬如，他不願乘皇轎而要坐汽車，他為了騎自行車而將門檻鋸掉，他要穿洋裝、打領帶、戴獵帽，等等。但最令端康太妃震驚的是，溥儀居然提出要戴眼鏡……天哪，太可怕，皇帝竟然要戴眼鏡！這是萬萬不能的。

最早發現溥儀眼睛近視的是莊士敦，因為每次上課快結束的時候，溥儀總是回頭看那個座高近兩米的大鐘而不是更近的小鐘，於是他提出請醫生給溥儀檢查視力並配戴眼鏡，但這個提議遭到了端康太妃、內務府和醇親王載灃的堅決反對，直到莊士敦以辭職相威脅，保守派們才最終同意。溥儀戴上眼鏡後，顯得斯文了很多……他其實是喜歡戴眼鏡的，特別是金邊眼鏡，他後來照的相片，大都是戴著眼鏡。

說溥儀孤獨，其實也不全是。至少他每天都會收到很多來自四面八方甚至是世界各地的信件。信件大多是匿名的，內容也是五花八門，有投訴的，有謀官的，有告密的，甚至還有請求皇上入教的。最有意思的是，有幾位外國女孩來信主動提出，願意「側身於皇帝的嬪妃行列」。當然，這些英文信都被莊士敦給直接處理掉了。其實溥儀也往外面寫信並給報社投稿的，他曾以「鄧炯麟」的筆名在報紙上發表了一篇小詩，後來還被莊士敦翻譯成英文並收入了《紫禁城的黃昏》。

當時紫禁城能直接與外界聯繫的，是一部電話。為裝這部電話，溥儀也是經過多次鬥爭才獲得的。醇親王載灃開始不准皇宮安裝，但後來溥儀一句話把父親噎住了：「王爺府上不是早就安了電話嗎？」溥儀對父親很不滿：辮子剪得比我早，電話裝得比我早，汽車也買得比我早；但醇親王認為，皇帝啊，皇帝隨便和別人接觸，皇威何在?成何體統?!

電話安好後，溥儀興致勃勃地按照電話本隨意給人打電話：「來者可是……楊小樓？」京劇名演員楊小樓接到電話後一愣：「嗯?您是誰啊，哈哈……」溥儀不等他說完，便急忙把電話給掛了。只有一次，他給剛回國的胡適博士打電話，兩人說上了：「你是胡博士吧?好極了，你猜我是誰？」「您是誰啊，怎麼我聽不出來呢？」「哈哈，甭猜了，我說吧，我是宣統啊！」「宣…宣…統?……是皇上？」「對啦，我是皇上。你說話我聽見了，我還不知道你是什麼樣兒。你有空到宮裡來，叫我瞅瞅吧！」

幾天後，胡適真的來皇宮拜見皇上了。守城的護軍們一頭霧水，他們之前沒有聽說有這個安排。在費了不少口舌後，護軍上報到溥儀那裡，他才想起了這事，胡適也就進了宮，兩人坐著談了二十分鐘的話。由於胡適當時是個有名的新派人物，在與皇帝見面的事情傳出去後，王公大臣們大為惱怒，而新派人物也攻擊胡適有「膝蓋發軟」的毛病並說他拜倒在皇帝面前，不過下跪卻是不真實的（後來馮玉祥將溥儀逐出皇宮，胡適極力為溥儀鳴不平並譴責馮玉祥驅逐孤兒寡母是「東方的野蠻」。在軍閥當道的時代，胡適敢於這樣做，恐怕不僅僅需要「善良」而更需要「勇氣」了）。

外面的世界很精彩，外面的世界很無奈，但紫禁城的世界呢？孤獨，沉悶，陳舊，保守，就像是一所大監獄。溥儀的身邊沒有真正的朋友，只有一群遺老，一些太監，幾個太妃，還有成群的年老色衰的宮女們。這是一個怎樣的世界啊。

一九二三年二月，在莊士敦和兩個伴讀溥傑、溥佳的幫助下，溥儀精心策劃了一個出逃的計畫，可惜就計畫實施前的一小時，不知道是哪個太監報告了內務府，溥儀還沒來得及走出養心殿，醇親王一聲令下，各宮門一律斷絕出入，紫禁城立刻進入戒嚴狀態，出逃計畫徹底流產。醇親王擔心的是：如果皇帝逃出宮城，那民國的優待計畫豈不要廢止？每年四百萬元的優待費豈不泡湯？這可是開不得玩笑的。

但是，紫禁城的日子終究要走到盡頭。一九二四年十一月五日，在馮玉祥發動「北京政變」後沒幾天，其部下鹿鍾麟和臨時內閣代表李石曾帶著手槍隊、拿著臨時內閣簽署的《修正清室優待條件》，殺氣騰騰地來到故宮，要求溥儀在修正書上簽字並限令兩小時內搬出紫禁城。

內務府大臣紹英見天降橫禍，一時急得要命，他先走到李石曾的跟前說：「你不是大學士李鴻藻的公子嗎，如何也幫著當局欺壓清室呢？」見李石曾扭頭不理他，紹英又哆哆嗦嗦地走到鹿鍾麟的面前哀求道：「你不是太傅鹿傳麟的嗣子嗎，如何對清室如此苦苦相逼？」（鹿鍾麟與鹿傳麟同宗是真，嗣子有誤；不過，李石曾倒確實是清末內閣大學士、清流派領袖李鴻藻的公子。）

鹿鍾麟聽得不耐煩了，他從懷裡掏出一個炸彈，往桌上重重一放，喝道：「要是再不搬出，我就要令景山上開炮了！」

就歷史經驗來看，武力威逼一般都是成功的，也可以免去很多口舌之爭。於是乎，溥儀等人被嚇得魂不附體，慌忙從紫禁城中搬出。當時國民軍給溥儀等人預備了五輛汽車，由鹿鍾麟親自將他們送到溥儀的父親、前清攝政王載灃居住的醇王府（北府）。

在溥儀下車後，鹿鍾麟笑嘻嘻地上前跟他握手，並問：「溥儀先生，你今後是打算做皇帝，還是要當個平民？」

溥儀說：「我願意從今天起就當個平民。」

鹿鍾麟聽後鬆開溥儀的手，笑道：「好！那麼我就保護你！」

至此，中國終於沒有合法的皇帝了。

其實在一九一二年後，溥儀就已經不是什麼皇帝了，帝制雖然沒有被完全消滅，但真正的皇帝早已被埋葬在歷史的長河中了。是啊，紫禁城裡的溥儀究竟算什麼呢，前清的關門皇帝還是民國的特殊公民？誰也說不清，也許這本來就是一個時代的怪胎。但不管怎麼說，溥儀應該變成正常的國民、正常的人，他應該參與社會生活，以失去他的威嚴為代價，去贏得屬於他的責任與榮譽。

可歎的是，在那個翻雲覆雨、風雨大作的幻變年代，溥儀在出宮之後卻走上了一條本不該有的不歸路，最終淪為日本侵略者的傀儡、成為戰犯並最終受到歷史的審判。這一切的一切，真的像一場夢一樣。

萬里之外的一個小島上，那個著朝服、行清禮、說京腔的洋師傅莊士敦，仍舊念叨著：「皇帝陛下是世界上最孤獨的孩子，紫禁城的城牆是世界上最高的牆……」

可惜，那已經是歷史的回聲了。

七、誰是刺殺宋教仁的幕後真凶

一九一三年三月二十日晚十點，宋教仁在黃興、于右任等人的陪同下，來到滬寧火車站準備北上組閣。就在眾人走到檢票處的時候，斜刺裡突然躥出一條黑影，只聽「砰」的一聲槍響，走在隊伍前面的宋教仁表情痛苦，他扶著身邊的鐵柵欄，忍著痛叫道：「我中槍了！」

在一片驚呼聲中，兇手卻身手敏捷，一轉眼便消失在迷濛的夜雨之中。這時，宋教仁已經歪倒在地上，手還緊緊地捂著受傷的腰部，等被送到附近的鐵道醫院後，已經是奄奄一息。經檢查，子彈係從背後擊入並斜穿到腰部，腎臟、大腸均被擊中，更要命的是，這顆子彈上竟然有毒！

由於宋教仁剛剛領導國民黨贏得國會選舉的勝利，毫無疑問，這是一樁精心策劃的政治暗殺，目的就是要置其於死地。

經手術後，子彈雖被取出，但此時的宋教仁已經是臉如白紙，他知道自己的生命即將走到盡頭，便呻吟著對陪護的于右任口授遺囑：一是將他在南京、北京及東京寄存的書籍全部捐入南京圖書館；二是他家中一向貧寒，老母尚在，希望在他死後請黃興及各位故人代為照料；三是諸位同志要繼續奮鬥救國，勿以他為念而放棄責任。

言畢，宋教仁痛苦至極，他一會雙手抱肩，一會合成十字，似乎有說不盡的苦況，旁邊一班送死的友人，也都為之惻然落淚。在第二次縫腸手術後，宋教仁的情況更加惡化，他還呻吟著說：

「我為了調合南北，費盡苦心，可是造謠者和一般人民不知原委，每多誤解，我真死不瞑目。」

捱到三月二十二日凌晨四點，在黃興、于右任等人的圍侍下，宋教仁在輾轉苦痛中氣絕而亡，年僅三十二歲。臨終前，宋教仁雙目直視不瞑，雙拳緊握不張，眼眶中尚有淚珠，足見他對這個美好的世界是何等的眷戀和不捨。

宋教仁，字遁初，號漁父，湖南桃源人，他出身於一個耕讀世家，曾考中過秀才，後與黃興等人成立華興會並由此走上了革命的道路。一九〇四年底，宋教仁在長沙起義失敗後流亡日本，並於次年參與了同盟會的組建，成為革命黨早期的重要領袖。

武昌起義後，宋教仁在南京臨時政府中任法制院院長，協助孫中山制定法令。但在政治體制問題上，宋教仁主張責任內閣制，與孫中山主張的大總統制發生衝突（之後頒布《臨時約法》卻又改成責任內閣制，以限制大總統袁世凱的權力），好在後來南北議和成功，首任內閣總理唐紹儀又提名他做農林總長，但這個職位顯然滿足不了宋教仁的大志。在唐紹儀辭職後，宋教仁也辭去內閣職務。在同盟會改組為「國民黨」並獲得國會選舉的勝利後，宋教仁極有希望出任新的內閣總理，但誰也沒有想到，最後竟然會是這樣的結果。

誰是殺害宋教仁的幕後元凶？

第一個懷疑對象當然非袁世凱莫屬，因為他有太多理由要殺宋教仁。袁世凱曾經很欣賞宋教仁，並試圖將他拉進自己的隊伍中，譬如宋教仁在準備回湖南老家省親時，袁世凱曾贈予其一本五十萬元的交通銀行支票，讓宋教仁隨意支用，可宋教仁除用了二三百元外，將支票基本原物退還。另外，袁世凱還為宋教仁訂製西裝，連尺碼都量得非常準確，足見其用心良苦。可是，在袁世凱的親善拉攏下，宋教仁卻是如此的「不識抬舉」，他在各地演說中曾毫不忌諱地攻擊袁世凱政府並言動一時，由此引起袁世凱的惱怒與仇恨，似乎也在話中之意。如今，國民黨在國會選舉中獲勝，宋教仁也即將成為一個難以對付的對手，袁世凱怎能不萌生殺意？

令人無語的是，宋教仁在臨終之前還請黃興代筆致電北京，向袁世凱報告了被刺經過，他說：「竊思自己受任以來，束身自愛，從未結怨於私人。如今國本未固，民福不增，遽而撒手，死有餘恨。伏冀大總統開誠心布公道，竭力保障民權，俾國家得確定不拔之憲法，則雖死之日，猶生之年。臨死哀言，尚祈鑒納。」

臨死之人，殷殷期望，章士釗說他是「至死不悟」，聞者何嘗不心酸？

袁世凱得知宋教仁被刺的消息後，也是十分的驚詫，他隨即致電江蘇都督程德全，要求迅速緝拿凶犯，按法嚴辦，以維國紀。在宋教仁身亡的凶訊傳來後，袁世凱更是發布命令，要求國務院從優議恤，並稱：「前農林總長宋教仁，奔走國事，締造共和，厥功至偉。適統一政府成立，贊襄國務，尤能通知大體。擘畫勞苦，方期大展宏猷，何遽聞慘變？民國新建，人才難得，該凶犯膽敢於眾目睽睽之地狙擊勳良，該管巡警並未當場緝拿致被逃逸，閱電殊堪髮指。凡我國民，同深愴惻。」

就當時而言，似乎還不能認定袁大總統就是幕後凶手。道理很簡單，如果在國會選舉結束的敏感時期將宋教仁刺死，袁世凱的嫌疑無疑是最大的，按他通常的辦事手段，斷然不會出此下策。所以，當時的國民黨人雖然心中懷疑，但至少在表面上沒有表露出來。

宋案發生後，江蘇都督程德全下令上海地方立刻緝拿凶犯，公共租界當局、滬寧鐵路局也都紛紛懸賞緝捕，空氣為之一緊。重賞之下，必有勇夫，那些滬上的巡警、包打聽們紛紛出動，四處尋找破案信息。和以往刺殺案懸而未破相反的是，刺宋案的破獲卻是出乎意料地順利，令人難以置信。

就在宋教仁被刺的第三天，古董字畫商王阿發到英租界捕房報案，聲稱一周前因賣字畫曾去上海青幫大佬應夔丞（即應桂馨）家中，應桂馨當時拿出一張照片，說願出酬金一千元將照片上的人刺死，當時王阿發沒有答應。宋案發生後，王阿發見各報刊所登宋教仁的照片正是應桂馨給他照片上的那個人，所以趕緊前來報案。在得到報案後，公共租界的巡捕隨即在一妓院中將應桂馨抓獲，並立即前往應家搜查。吊詭的是，巡捕們在搜查應家的時候發現其中一人神色緊張，而此人正是殺害宋教仁的兇手武士英。更令人不解的是，在巡捕將應桂馨抓獲的時候，武士英也在妓院，並應一友人之託前往應家報信，結果被鬼使神差地一舉抓獲。

按常理，如果武士英是殺人兇手的話，在應桂馨被捕的時候應該立刻逃之夭夭，何以會在應家自投羅網？而武士英被捕之後，立刻直言不諱地承認了刺殺宋教仁的行徑，他供稱自己真名為吳福銘，山西人，曾就讀於貴州某學堂，後在雲南軍營中做過管帶，現因軍伍被裁，來滬一遊，在茶館飲茶的時候遇著一陳姓朋友，經他介紹認識了共進會的應會長（即應桂馨），應桂馨請武士英暗殺一人，說這人是無政府黨，殺他就是替四萬萬同胞除害，並答應事成之後酬勞一千大洋，於是武士英便答應前去。

行刺那天，陳姓朋友告訴武士英說那人姓宋，今晚就要上火車，正好去收拾他。說完，他便給了武士英一把五響手槍，又另招了兩人前往火車站。等他們買了月臺票進站後，正好碰到宋教仁進招待室，陳便把目標指給武士英看，讓他隨後動手。過了一會，宋教仁等從招待室出來，走至半途的時候，武士英便開槍打了一下，隨後便逃回應家報功去了。應桂馨得知宋教仁確實被刺後，還稱讚武士英能幹，並承諾將來送他出洋遊學。武士英則把手槍繳還，後來在應家搜到。

青幫大佬應桂馨是上海灘上赫赫有名的人物，他當時有兩個頭銜，一是中華民國共進會會長，一是江蘇駐滬巡查長。陳其美在上海謀劃革命的時候與應桂馨結識，陳本人還經常住在應桂馨提供的自家住宅，這裡也成了當時革命黨人的祕密據點，于右任等人也曾住過。在這個時期，陳其美與應桂馨相互加入了對方的組織，在上海光復之戰中，青幫成了革命黨人的堅定盟友，他們自告奮勇地組織了敢死隊，在攻打江南製造局等武裝暴動中便有幾千幫會成員參與戰鬥。

上海光復後，陳其美建立滬軍都督府，當時也得到了青幫的鼎力支持。在革命的最初，青幫和革命黨曾有過一段蜜月，譬如應桂馨被任命為陳其美的諜報科長，當孫中山回到上海後，應桂馨又被陳其美派去直接負責接待和保衛孫中山。孫中山前往南京就任臨時大總統時，便是由應桂馨組建衛隊，隨同前往南京。

本來應桂馨在革命成功後應該有個不錯的政治前途，但此人身上江湖氣、流氓氣太重，他當上孫中山的衛隊長後，在開始的時候對前來拜訪孫中山的親朋故友還比較客氣，但後來人來得多了，應桂馨就看人下菜，有時還對客人惡語相向。孫中山見他不適合這種工作，於是將他改調臨時政府庶務長，但應桂馨又在日常工作中有貪賄行為，因此孫中山在臨時政府即將解散時將他打發回了上海。

一九一二年六月，在上海都督陳其美的支持下，應桂馨當上了中華民國共進會的會長，這是一個由上海青幫、洪門和公口聯合建立的一個準政黨組織，也是幫會組織公開化的產物。在武昌的革命黨人試圖發動南湖馬隊暴動推翻黎元洪時，應桂馨也代表共進會參與其中，後來因事敗而被通緝，並倉皇逃回上海。

由於辛亥革命中有眾多的幫會參與其中，這些人員的素質普遍不高，在社會上造成了很大的混亂，因而袁世凱上臺後便採取措施解決幫會問題，以維持地方穩定。當北京政府得到應桂馨參與到武昌的暴動時，便派出內務府祕書洪述祖，希望取締共進會，並妥善處理好幫會與地方治安的問題。

洪述祖這個人也不簡單，他是清代著名學者洪亮吉的曾孫。此人有才無德，雖然科考不順，但他後來通過捐納的方式進入官場，並曾在劉銘傳、俞廉三和張之洞等人手下做過幕僚。但是，洪述祖為人貪欲甚旺且膽大妄為，每次都是在任用一段時間後被逐。武昌起義後南北雙方議和，這給了洪述祖一個天賜良機，因為當時南北代表均在張之洞的首席幕僚趙鳳昌那裡議事，而洪述祖與趙鳳昌不僅是老相識，還有親戚關係。由此，洪述祖在南北議和中成為了袁世凱的眼線，並立下大功。

清廷倒臺後，唐紹儀本打算讓洪述祖出任國務院祕書，但考慮到他之前的種種劣跡，後將他改任內務部祕書。洪述祖與袁世凱及其內務總長趙秉鈞的私人淵源並不深，因而當他傍到袁、趙這樣的新主子後是格外的賣力，爭寵立功的心情非常迫切。

洪述祖在上海也曾是幫會中人，因此很快便與應桂馨一見如故，他在代表北京政府處理青洪幫共進會的問題上，最後採取了收買的方式，並幫助應桂馨解除對他的通緝令。應桂馨在革命後受到革命黨人的冷遇，於是也很快見風使舵，投靠了袁世凱集團。與此同時，應桂馨也沒有割斷與陳其美等人的關係，頗有點「雙面間諜」的味道（畢竟當時上海還是國民黨的天下）。

對於應桂馨的投機行為，陳其美等人也早有察覺，特別在破獲宋案時，國民黨人發揮了很大的作用，比如揭發和抓獲應桂馨、從應家搜到應桂馨與洪述祖及內務總長趙秉鈞的大量密電函等，背後都有陳其美勢力的影子。

密電函是破譯刺宋案的重要證據，蘆笛先生在《「毀宋酬勳」考》一文中做了獨到的分析，思公先生在《晚清盡頭是民國》一書中也對此重點關注，應該說這個問題已經弄得比較清楚了。在這些密電函中，主要是應桂馨與洪述祖之間的情報交換，而在宋教仁領導的國民黨在國會選舉中勝利在望的時候，兩人的電報開始出現「激烈文章」的字樣。對此，歷史學家有兩種解釋，一是認為應、洪二人打算對宋教仁行刺，二是認為應、洪二人謀劃從日本購買孫中山、黃興、宋教仁的劣史，以在報紙上對革命黨人進行醜化。

進入三月份後，應、洪的電文中出現「毀宋」的字樣，而這個「毀」也是同樣有兩種解釋。更糟糕的是，內務總長趙秉鈞也與應桂馨通過兩封密電，雖然是例行公事，但在洪述祖與應桂馨的其他電文中透露出袁世凱和趙秉鈞是知道「毀宋」一事的。

從電文分析來看，最開始「毀宋」的含義應當是通過媒體醜化孫宋等人，但由於應桂馨拿不出實質性證據（即所謂「劣史」），而洪述祖又提高了相當的價碼，於是應桂馨決定鋌而走險，「毀宋」變成了「去宋」，也就是要除掉宋教仁以獲取巨額報酬。就這點而言，這件事只有洪述祖和應桂馨知道，而沒有直接證據證明趙秉鈞與袁世凱了解或參與此事。

令人奇怪的是，武士英在一星期後的法庭上卻將之前的供述全部推翻，聲稱自己此次殺宋教仁，完全是自己一個人的意思，並否認自己曾經見過應桂馨。不僅如此，武士英還聲稱自己是為北京政府除害，似乎有意為應桂馨脫罪並將人們的視線轉到北京政府。由於武士英前後的供詞翻得太離譜，這就不得不讓人懷疑有人在幕後串供、故意唆使了。

更奇怪的是，武士英在被捕後一直表現從容，絲毫沒有畏懼的罪犯心理特徵，他在出庭受審時還沾沾自喜地說：「我生平未曾坐過汽車，此次因此案而坐公車，也是一樂。」武士英前後反覆的行為讓人百思不得其解，而且他的背景也一直沒搞清楚：他的被捕很奇怪，他的供詞很荒唐，而他的死更是一個謎。

武士英和應桂馨開始被分別關押在英法租界，後來均被引渡到中國法庭，但就在預審的前一天，身體強健的武士英卻突然死亡，而整個事件一點線索都沒有。由於沒有記載有外來者接觸犯人，因而武士英被看守者毒殺的嫌疑最大。更要命的是，凶手幹得非常漂亮，竟然沒留下任何痕跡，以至於當時都沒有留下什麼有價值的證據（當然，證據也有可能被看守毀滅）。

目前史論認為袁世凱將武士英殺人滅口，這很可能是「因人歸罪」的無稽之談。武士英的經歷和背景與北京政府沒有一點聯繫，說袁世凱殺人滅口非但在理由上站不住腳，而且從技術上來說也幾乎沒有可能。當時上海是國民黨勢力的大本營，當時的破案、審判等工作基本都在國民黨控制下。武士英被引渡到中國法庭後被關押在上海海運局滬軍六十一團的軍營中，而該部隊是滬軍都督陳其美的老部隊改編而來的。如果說殺人滅口，最大的可能反是來自應桂馨的幫會系統或者陳其美勢力。至少，武士英的口供以及被突然滅口，在這個幕後黑手被徹底揭露出來之前（唆使武士英翻供並將之滅口的很可能是同一主使人），宋案永遠只能是一個謎。

應桂馨被捕後在「二次革命」期間趁亂逃跑，他躲到了青島的德國租界裡。在袁世凱擊敗革命黨人後，應桂馨犯了一個嚴重的政治錯誤，他居然不甘寂寞地跳了出來，並在一九一三年底公開向北京政府發出請求「平反冤獄」的通電。應桂馨打著為刺客武士英平反的藉口，說什麼「宋教仁是主謀內亂之人卻死有餘榮；武士英為民除害反冤沉海底」，實際上是為自己鳴冤求功。

不僅如此，應桂馨在青島找到洪述祖（宋案發生後洪述祖立刻逃到了青島租界）強索報酬未果後，又從青島跑到北京，並寫信給袁世凱索取殺宋的報酬。這個應桂馨當時可謂是頭腦發昏，他也不掂量掂量自己的分量，一開口就是索要現金五十萬元，而且還要求授予他「勳二位」，兩者缺一不可。

對付應桂馨這樣的流氓，袁世凱還是很有一套的。某日晚上，四個彪形大漢以搜查煙土為名爬牆進了應桂馨的住所，所幸的是應本人不在。當應桂馨得知這個消息後，他嚇得連行李也不敢去收拾，便倉皇逃往天津，但最終還是不免一死。就在火車開到廊坊附近的時候，應桂馨在車廂中被人亂刀砍死，死狀極慘。

從某個意義上來說，應桂馨的被殺，也算是為宋教仁報了仇。後來有證據證明，殺應的是北京執法處的郝占一和王雙喜，而下命令的人極有可能就是袁世凱。這就是一個流氓潑皮前後反覆、言而無信的下場。但反過來說，如果真是袁世凱指使了應桂馨刺殺宋教仁，那倒是有可能祕密給他一筆錢將之打發走；但要是刺殺宋教仁是洪述祖與應桂馨肆意妄為並讓袁世凱背了黑鍋的話，那袁世凱對應桂馨陡起殺心，就實屬正常了。

更讓人頭大的是，在應桂馨被殺死後僅一個多月，在宋案中被攻擊得最厲害的另一個嫌疑犯趙秉鈞也突然死亡，這就讓宋案顯得更加撲朔迷離。在宋案發生後，趙秉鈞辭去了總理之職，並在風聲過去後出任直隸都督。目前很多歷史書都稱趙秉鈞是被袁世凱毒死的，但這種總統毒殺前總理的重大事件，多少會顯得有點離奇。

至少在相關記載中，沒有找到趙秉鈞被毒死的任何確鑿證據。事實上，趙秉鈞的死亡很有可能只是正常的病故，但由於死亡的時間與應桂馨的被殺過於巧合，這大概就是歷史偶然性的魅力了。從歷史記載來看，趙秉鈞早年跟隨左宗棠大軍參加西征，曾經在星星峽戈壁灘遭遇大風雪，結果連人帶馬埋沒雪中三晝夜，由此筋骨折傷，一生多病而且不能近女色，唯與鴉片煙相依為命。

趙秉鈞為官多年，在袁世凱小站練兵的時候發跡，並專攻警政。袁世凱出任直隸總督推行新政後，趙秉鈞在天津籌建了中國最早的警務系統，開創中國現代員警制度之先河。趙秉鈞在清末一直跟隨袁世凱，後來還出任過巡警部右侍郎，他常年負責警務、民政，並無什麼特別的劣跡。最有意思的是，至少從表面上來看，趙秉鈞和宋教仁的關係還算親密，在宋教仁任職北京的時候，因為宋教仁住在城外不便，因而經常留宿趙秉鈞家。在宋教仁退回五十萬支票給袁世凱時，也是委託趙秉鈞辦理並請求趙秉鈞從支票中代為償付五千債務。倘若兩人關係不好，斷不可能有此委託。

在宋教仁遇刺消息傳來後，趙秉鈞正在主持內閣例會，他聽後大驚失色，一邊繞桌子不停轉圈，一邊自言自語：「人若說我打死宋教仁，豈不是我賣友，哪能算人？」不一會，總統府中電請總理，趙秉鈞即倉皇離去。從當時人留下的現場記錄來看，趙秉鈞的嚴重失態似乎並非故意表演，反倒是因不知情而手足無措，假如他事先得知刺宋計畫，想必不至於如此。但是，趙秉鈞是知道洪述祖「毀宋」活動的，這才會說「人若說我打死宋教仁，豈不是我賣友，哪能算人？」這樣一句話。看來，趙總理雖然在政治上也對宋教仁搞了些小動作，但對於宋教仁的被殺一事，應該是為管束下屬不嚴而承擔責任。

據記載，趙秉鈞死前一直抱病工作，之前並無什麼異常之事。在凌晨五點鐘的時候，趙秉鈞突然腹中劇痛，他的家人急忙派人將天津最有名的軍醫官屈永秋、徐德順和名醫王延年請來，但這三大名醫也毫無辦法，最後趙秉鈞在當天上午死亡，其家屬、醫生等人也都沒有提出他是中毒而死。由此，認定趙秉鈞是被袁世凱毒死，多少有點過於武斷。

宋案中最為陰險狡詐的內務府祕書洪述祖，倒是在宋教仁被刺死後以最快的速度逃到了青島德租界內。但是，天網恢恢，疏而不漏，洪述祖在一九一七年春跑到上海，結果被得訊趕來的宋教仁之子宋振呂（當時年僅十五歲）及宋之祕書劉白認出，結果洪述祖先是被扭送到上海地方法院，後來又被解到北平法院，最終在民國八年（一九一九年）被判絞刑，而這也是民國第一次使用絞刑。在行刑過程中，不知何故，洪述祖竟然頭頸分離（也許是太胖或者是絞機是不合格產品），其狀可怖。

洪述祖在獄中時自知難免一死，他曾自作一輓聯為自己辯護，稱：「服官政，禍及其身，自覺問心無愧怍；當亂世，生不如死，本來何處著塵埃。」既然洪述祖不服氣，那就去陰曹地府見宋教仁、應桂馨辯駁一番罷。

至於另一個重大嫌疑人陳其美，更像是冤冤相報，自食其果。儘管陳其美在革命中表現卓越，但陳其美的個人名聲卻甚為不佳，譬如個人生活腐化、流氓習氣等等。陳在任上海都督時，由於頻繁出入下流場所，輿論經常攻擊他為「楊梅都督」。據說，有一次陶成章從南洋募款回來，陳其美向陶成章要錢作為革命經費，陶不僅不給，還對陳其美說：「上海盡有夠你用的錢，我的錢要給浙江革命同志用，不能供你嫖妓用。」由此，陳其美也就與陶成章結下樑子。

陳其美這個人，身兼革命家和青洪幫的雙重身分，其為人一向膽大妄為，而且心狠手辣，民國多起著名的政治暗殺都有他的身影。比如光復會陶成章被刺一案，便是陳其美一手策劃，其因為個人利益而在革命同黨身上下如此黑手，實在令人咋舌。更諷刺的是，在「陶案」之後，大家都發表通電抓凶手，陳其美也說要抓凶手，可凶手原不是別人，正是陳其美指使手下蔣介石幹的。

在宋案兩個月後，陳其美又策劃了一場對洪幫大鹽梟徐寶山（當時也參與了革命）的暗殺，使用的手段是特製了一個古董花瓶定時炸彈，然後由冒充的古董商送到徐家，將徐寶山炸死。值得注意的是，宋案中的報案人也是個自稱賣畫的古董商人。

商務印書館的創辦人夏瑞芳與上海守備使北軍將領鄭汝成，也都是被陳其美所策劃暗殺，他還派人暗殺過與他爭上海都督的光復軍領袖李燮和，雖然這次未得手，但也將李燮和從上海嚇跑。陳其美的作風一向獨斷專行，一九一一年十二月十二日，他在不經任何法律手續的情況下，將鎮江軍政府總參謀、攻克南京有功的江浙聯軍參謀長陶駿葆槍斃，並打算刺殺鎮江軍政府都督、北伐軍臨淮總司令林述慶（林述慶後來在一九一二年也是死得莫名其妙）。

在宋案中，陳其美的影子似乎無處不在，但目前又並沒有直接證據證明陳其美到底在其中扮演了什麼角色。在「二次革命」期間，上海檢察廳的很多原始檔案都被陳其美的士兵有意搗毀，真相更是難以查明。也許冥冥中有天意，擅長暗殺的陳其美最後也在一九一六年被人暗殺，這次的主使人卻是同時參加革命的幫會人物張宗昌，而且是同門。

最不可思議的是，目前絕大多數的歷史書，不管是正史還是野史，甚至是歷史小說，都異口同聲地斷定袁世凱是刺殺宋教仁的幕後元凶，隨後他又殺了武士英、殺了應桂馨、殺了趙秉鈞，還在臨死前的那個月派人刺殺了陳其美。倘若洪述祖早一點被抓被殺，估計也得算在袁世凱的頭上。

黃興曾在宋案後激憤地說：「前年殺吳祿貞，去年殺張振武，今年殺宋教仁；你說是應桂馨，他說是洪述祖，我說確是袁世凱。」但正如《論語》中所說，「君子惡居下流，天下之惡皆歸焉」，認定袁世凱是殺人元凶，只因為袁世凱是個稱帝復辟的壞人，所以歷史便可以不顧證據的鑒別與細節的推敲，只管將屎盆子一古腦兒地扣在袁世凱的頭上，這種各取所用的歷史政治化，又是何等荒唐可笑與不負責任。在宋教仁遇刺案上，歷史又何嘗不是一個任人打扮的小姑娘。

跟隨袁世凱多年的機要祕書張一麟曾對刺宋案做過評語，他說：「宋案之始，洪述祖自告奮勇謂能毀之。袁以為毀其名而已，洪即唆使武刺宋以索巨金，遂釀巨禍。袁亦無以自白。小人之不可與謀也，如是。」

于右任是宋教仁的好友，他給雕像撰寫的銘文慘烈沉痛。到底是誰殺了宋教仁，眾多史書，眾說紛紜，至少到現在為止，不得不遺憾地說，宋教仁被刺殺一案仍舊是一個謎。于右任先生在銘文中「勒之空山、期之良史」的願望，至今都沒有實現。

斯人已去，太息長存。四月十三日，在宋教仁逝世後的第三周，國民黨人在上海舉行追悼大會，前來為宋教仁致哀者竟然達到二萬餘人。四月二十五日，譚人鳳等人請求政府為宋教仁鑄像並開設公園，以資紀念。一九一四年六月，公園建成，地址就在宋教仁遇難處不遠（今閘北公園）。宋教仁遺體被遷入墓地的當天，前來送葬者又達數萬人，譚人鳳、王惠寵、居正、章太炎等國民黨要人及其社會名流也都紛紛趕來參加葬禮。

宋教仁墓的頂端塑有鷹鬥蛇的青銅雕塑，墓寢坐北朝南，近似正方形，四周砌有二十四根圓頭方柱，連成石欄。墓前有一大碑，碑文「宋教仁先生之墓」數字，乃孫中山先生的墨跡。墓區正中，雕有宋教仁的全身西服坐像，像座正面刻「漁父」兩字，係章太炎篆文手跡；背面刻銘文「先生之死，天下惜之。先生之行，天下知之。吾又何記？為直筆乎？直筆人戮！為曲筆乎？曲筆天誅。於乎！九泉之淚，天下之血。老友之筆，賊人之鐵！勒之空山，期之良史。銘諸心肝，質諸天地」，係于右任所書。

宋教仁的墓園原是鄉間，經幾十年的發展後，如今早已是棲身上海鬧市，在今天的閘北公園，宋教仁墓依然矗立，周圍也有很多人在此健身，雖說熱熱鬧鬧，但憲政主義先行者宋教仁的事蹟卻早已少有人知。在這個被人遺忘的角落裡，宋教仁的雕像多少顯得有點落寞和孤寂。

也許是命運的捉弄，宋教仁太年輕的軀體，可能真的無法承當如此大的雄心壯志。在他即將到達政治生命的頂峰時，黑暗的陷阱卻早已布下，宋教仁剛滿三十二歲的生命之火和無數人為之激動的憲政理想也隨之無情熄滅。

時代的巨浪，將這位年少英雄推上了政治的浪尖，但最終的結果卻是無可抗拒地死亡，雖說這是宋教仁的宿命，但又何嘗不是無數國民的宿命呢？

八、「二次革命」只是一場退潮的革命

宋教仁遇刺後，國民黨內部形成了兩種截然不同的意見，穩健派主張法律解決，激進派號召武力從事，而剛從日本回到上海的孫中山態度鮮明地站在了後者的立場，他極力主張起兵討袁，並聲稱只要有兩個師的兵力，他就親自率領向袁世凱問罪。

不過，當時的主要問題在於，國民黨連兩個師的軍隊也沒有，而輿論對「出師派」也頗為不利，因為當時「宋案」尚未完全釐清，即便國民黨人有一千個理由懷疑袁世凱，但也不宜直接認定袁世凱就是幕後元凶，此時興兵討袁，未免有「地方反抗中央」的造反之嫌。因此，當孫中山要求對袁世凱動武的電報發出後，國民黨的三大「實力派都督」（江西都督李烈鈞、安徽都督柏文蔚、廣東都督胡漢民），都立刻回電表示絕無實力獨立。

在「宋案」陷於停頓之際，袁世凱卻迅速與英、法、德、俄、日五國銀行團簽訂了二千五百萬英鎊的「善後大借款」，該借款年息五厘，期限四十七年，債券九折出售，扣除百分之六的傭金，等於只有二千一百萬英鎊，而到期歸還本息就要六千七百八十九萬英鎊，條件不可謂不苛刻。但袁世凱憑藉多年的政治經驗，早已預料到要與革命黨人最終攤牌，因而此舉實為未雨綢繆，所謂「兵馬未動，糧草先行」，預先籌措足夠的資金以應付未來的亂局，也是先招。畢竟，無論是造反或是鎮反，沒有錢總是萬萬不能的。

借款消息公布後，黃興、柏文蔚、李烈鈞、胡漢民等人也都紛紛發表通電，斥責袁世凱違法借款，藐視立法機關，而袁世凱錢已到手，他也就乾脆撕下臉皮，非但不理睬國民黨籍議員的抗議，反而氣勢洶洶地斥責孫中山、黃興等國民黨人：「我現在算是看透了，孫文這些人左也是搗亂，右也是搗亂，除了搗亂，他們就沒有別的本領了。你聽聽，孫文說什麼『公今日捨辭職外，絕無他策』，還說什麼『必以前次反對君主之決心，反對公之一人，義無反顧』……孫文還想下定決心跟老子幹呢！你們可以告訴國民黨人，我袁世凱就不能聽人搗亂，他孫文若敢動槍動炮，或另行組織政府，我就發兵征伐，而絕無姑息養奸之餘地。」

總統府祕書長梁士詒遲疑了一下：「大總統，這樣說是不是太直接了吧？」袁世凱氣呼呼地答道：「就說是我說的，我對這話負責！」

一九一三年六月九日，袁世凱先下手為強，下令免除李烈鈞的江西都督職務，任命黎元洪兼署江西都督；十四日，又將廣東都督胡漢民免職；三十日，安徽都督柏文蔚也被免職。如此一來，國民黨籍的三位都督都被袁世凱以「不稱職」、「不孚眾望」的名義罷免。

至此，南方的國民黨人也只能丟掉幻想、起而應戰了。李烈鈞被袁世凱免職後倒沒有立即舉兵討袁，而是先通電下野並前往上海與孫中山、黃興、陳其美等人商議，之後祕密返回江西組織「討袁軍」並發布討袁檄文，宣布獨立。由此，「二次革命」正式爆發（亦稱「癸丑之役」或「贛寧之役」）。

在李烈鈞宣布獨立後，黃興趕赴南京將駐寧的第一師和第八師改編成討袁軍，隨後以江蘇都督程德全的名義通電江蘇獨立；湖南都督譚延闓也在各方的壓力下宣布獨立，並派兵前往江西支援李烈鈞；安徽都督柏文蔚也隨後宣布獨立，同南京、江西構成犄角之勢；福建都督孫道仁因手下的師長許崇智宣布起義，也加入了討袁的陣營；在廣東，被免職的胡漢民和新任都督陳炯明並沒有中袁世凱的離間之計，他們也聯合起來宣布獨立；另外，川軍第三師師長熊克武也在重慶宣布獨立……表面上看，架勢有當年辛亥之氣象，但此時的袁世凱已經不是當年的袁世凱了。

早在李烈鈞宣布獨立前，北洋軍便已開始向南方各省滲透。一九一二年秋，一小部分北洋軍隊應湖北都督黎元洪之邀陸續進入湖北境內；一九一三年五月中旬後，南北對立之勢日益明顯，北洋軍也開始大批南下，到五月底，駐紮在湖北的北洋軍已經超過二萬人。

袁世凱的戰略計畫並不複雜：北洋軍沿著京漢線和津浦線兩路分進，一路以湖北為基地，進攻江西和湖南；另一路以徐州為前沿，並以海軍策應沿岸，向安徽和江蘇進軍。在李烈鈞於湖口宣布獨立後，北洋軍第一軍各部在李純及王占元的率領下沿著京漢鐵路南下，很快便進抵江西九江；與此同時，馮國璋、雷震春、張勳等部也沿著津浦路進兵，向南京逼近。

一年前，黃興在南京留守處裁撤整編南方革命軍的時候特別留了個心眼，他在將那些兵員素質不高的隊伍加以裁撤的同時，卻祕密吸收了其中的中下級軍官充實到另一支部隊，這就是第八師。第八師的基本部隊來自於廣西新軍（原本是會集南京準備參加北伐的），在整編後，該師的幹部隊伍異常強大，從師旅長到營連長，基本都是由保定軍官學校畢業或者從日本士官學校回來的同盟會員所組成；另外，該師的武器也很充足，不但充分裝備了現部隊，還有一份預存在軍械庫。

第八師是在黃興的領導下所精心保留下來的一支精銳部隊，但因為整編的緣故，中上層軍官之間不甚團結，譬如當時黃興將他的警衛團劃給了第八師，但由於團長林虎所率的部隊來自廣東，與部隊中的廣西士兵及軍官發生矛盾，這個團後來便被調到了江西（林虎與李烈鈞是日本士官學校的同學），成為江西戰場上與北洋軍作戰的主要力量。與林虎情況類似的是，第八師的旅長趙恆惕也因軍中矛盾而將其中的一個團帶到了湖南（這支部隊在「二次革命」中基本沒有起到什麼作用）。

北洋軍李純部在進入江西後，首先與討袁軍前鋒林虎所部發生激戰，數日後，討袁軍初戰告捷並迫使北洋軍暫時後撤。李純受挫後調集後續兵力反撲並攻陷湖口，李烈鈞率討袁軍餘部退守吳城，隨後又退守南昌。由於雙方實力相差懸殊，李烈鈞在北洋軍的圍攻之下，只好退出南昌並解散剩餘部隊，最終與林虎等人祕密流亡日本。

此時，第二軍的馮國璋、張勳、雷震春等部也進入江蘇並擺開合圍南京的架勢。黃興得訊後，隨即令駐徐州的冷遹第三師向鄰近的北洋駐軍發起進攻，又令第八師騎兵團及機關槍連、炮兵營、工兵營組成混合支隊，開赴徐州前線支援第三師，第一師第一旅也隨後跟進；第一師第二旅開赴臨淮關，協助安徽討袁軍協防北洋軍倪嗣沖部；第一師和第八師的其餘部隊，暫時駐防南京。

冷遹所部在北洋軍的優勢兵力緊逼下，不久即撤出徐州。討袁軍中的高級將領們鬥志十分消沉，坐鎮南京的黃興也是一籌莫展，整個司令部充滿了悲哀失敗的情緒。這時，逃到上海的原江蘇都督程德全發布取消江蘇獨立的電報，並密令捉拿黃興。在此情況下，黃興覺得事無可為，便在夜間乘船離開南京，一走了之。

黃興從南京不聲不響地出走後，其他高級將領洪承點、冷遹等也當即出走，局勢陷入了混亂。而在這時，革命陣營中的激烈派何海鳴、張堯卿、韓恢等人建立了「鐵血監視團」，他們在得知黃興離開南京後，急忙從上海星夜趕來，試圖挽回頹勢。如同武昌起義，在高級將領缺位的情況下，革命士兵再一次主動站了出來。在何海鳴等人的鼓動下，第一師的士兵趕走師長陳之驥（同盟會員，馮國璋之女婿），並與第八師聯合起來佔領了都督府，再次宣布獨立。

此時，張勳部前鋒已經抵達南京城外，儘管此時城內何海鳴領導的「討袁軍」連師長都無法選出，但革命士兵的戰鬥自覺性仍舊非常之高，他們每天都在街上站崗巡視，敵人一發起進攻，他們無須號令便奮身前往；即使在陣前，他們也無須指揮，便向前攻擊。這些士兵，便是黃興任南京留守處改編的第八師所殘存的部隊，而臨時領袖何海鳴也是位革命精神很強的人，他將軍中懷有異心的軍官一律剪除，頗似當年法國大革命時羅伯斯比爾的風格。

等到馮國璋率各部北洋軍匯集南京後，雙方勢力更為懸殊，但即使在這種情況下，南京保衛戰仍舊堅持了二十天，這與何海鳴等人及其革命士兵艱苦卓絕的革命精神是分不開的。在這二十天裡，南京守軍與北洋軍在雨花臺、紫金山、天保城、幕府山等地展開了激烈的爭奪，「討袁軍」並未明顯落於下風。

在此期間，安徽「討袁軍」總司令柏文蔚從蕪湖率衛隊一營及憲兵約一千多人來到南京，這給南京「討袁軍」以極大的鼓舞。但是，何海鳴、張堯卿與柏文蔚之間出現不和，柏文蔚帶領少數人從水西門出走，而他帶來的大部分人卻自願留在南京繼續作戰，足見當時城內的革命氣氛是何等的濃烈。

九月一日晨，北洋軍對南京城發起總攻擊。張勳的辮子兵在朝陽門一帶挖地道進去，用炸藥將城牆轟塌兩丈有餘（當年湘軍攻下天京也是用的這招，主要是朱元璋修的城牆實在太厚）後，辮子兵隨即蜂擁而入。這時，太平門、通濟門、神策門也相繼被攻破，何海鳴等人率領士兵們在鐘樓、內橋、鴿子橋、花牌樓等處與北洋軍展開殘酷的巷戰，戰鬥一晝夜後仍不屈服，並於次日上午在雨花臺同北洋軍進行了最後的決戰，在傷亡殆盡的情況下才最終潰散，何海鳴等人在武定橋下乘小船逃走。

南京城破後，「二次革命」也就基本結束。在上海，儘管陳其美已經宣布獨立，並屢次進攻製造局，但終究因為不是正規軍而一再遭到失敗。等到袁世凱用軍艦將大批的北洋軍載來後，上海的討袁軍也就風流雲散，完全瓦解；安徽的獨立，從一開始就是「假獨立」，柏文蔚雖然是名義上的安徽討袁軍總司令，但軍隊實際上被師長胡萬泰和民政長孫多森所控制。等到北洋軍的倪嗣沖部及張鎮芳部大兵壓境，安徽那些搞假獨立的人也就立刻撕下面紗、宣布擁袁，這就是柏文蔚率衛隊出走南京的原因。

至於福建，都督孫道仁本就是在師長許崇智等人的脅迫下宣布獨立的，當許崇智提議出兵援贛及北伐時，孫道仁總以餉械缺乏為由，加以拒絕。等到大局明朗，孫道仁自然發出通電，向袁世凱陳述「冤情」，宣布取消獨立。在廣東，袁世凱的手法也非常成功，他不僅安排了龍濟光和陸榮廷兩個楔子迫使廣東討袁力量無可動彈，還用金錢收買了廣東的將領，使得胡漢民和陳炯明失去了對軍隊的控制，胡、陳兩人也被逼走。湖南的情況和福建差不多，在江西和南京的討袁軍失敗後，湖南都督譚延闓也就宣布取消獨立。至於四川方面，熊克武在獨立一個月後，便自己宣布解職下野了。

在各地的討袁軍相繼失敗後，袁世凱指「黃興、陳其美、鈕永建、何海鳴、岑春煊」五人為這次戰亂的一等犯，其餘如「孫中山、張繼、李烈鈞、柏文蔚、譚人鳳、陳炯明」等人也都在通緝之列。在此之前或之後，孫中山、黃興、李烈鈞、柏文蔚、陳其美、居正等人也都先後亡命日本，重新開始了他們的流亡生涯。

令人遺憾的是，對於那些信念最堅定的革命黨人所發起的這次革命，當時的大部分國人似乎不予理解也不予支持。時任記者的老同盟會員梁漱溟曾在一次公開演講中說：「現在很清楚擺在外面的，就是武人勢力的局面。至於說到助長這種武人勢力的原因，卻不能不責備革命先輩，他們無論如何，不應用『二次革命』那種手段。『二次革命』實在是以武力為政爭的開端。從此以後，凡是要為政治活動的，總要去奔走武人的門下，武人的威權從此一步一步地增長，到現在而達極點。」

一直跟蹤報導「宋案」並認定袁世凱為殺宋主謀的著名記者徐血兒，也在《民立報》上發表文章稱：「今日已為民國，苟對於民國而謀亂，即是自絕於國，罪在不赦。即政府為惡，法律與國會，終應有解決之能力，無俟謀亂，以擾蒼生。故謀亂之事，為商民所疾視，亦明達所摒棄也。」

後來在護國戰爭中大展神威的雲南都督蔡鍔，當時也毫不含糊地公開聲明：「宋案應以法律為制裁，故審判之結果如何，自有法律審判。試問我國現勢，弱息僅存，邦人君子方將戮力同心，相與救亡之不暇，豈堪同室操戈，自召分裂！誰為禍首，即屬仇讎。萬一有人發難，當視為全國公敵。」

國民黨內的那些激烈派萬萬沒有想到的是，他們的行動竟然遭到了社會各界的普遍反感，有人直接指斥他們是以反袁為藉口，實質上是權力之爭，有人甚至罵他們用革命的名義綁架全國人民，所謂的「二次革命」根本不配叫革命。

即使在國民黨內部，也有很多人對使用武力解決「宋案」表示異議，而「大借款案」，大部分人稍經理性思考後便會知道這是擺脫財政困境的必然。值得一提的是，在同盟會改組為國民黨後，由於一些雜牌小黨的加入，聲勢雖大，但成分已經不純，而且很多同盟會的老同志也認為革命大功告成，由此汲汲於仕途名祿者不在少數，譬如當選為國會議員的很多人多不支持繼續革命。一言而蔽之，當時的形勢與辛亥革命時已大不相同，加上袁世凱的勢力比之辛亥更為壯大，除了少數人外，國民黨內部對於革命結果也大多不抱希望，黨內的軍事領袖黃興後來在南京的不辭而別，或許就是這種態度的體現。

「二次革命」爆發之初，很多地方的官員、商會及其團體都發出了反對動武的電文，袁世凱也是在這種對政府普遍支持的氣氛下，以維護中央權威為藉口，最終激化了矛盾，引發民國後的第一次戰火。所幸的是，這場革命因為沒有得到大眾的擁護，所以結束得很快。

事實上，革命黨激烈份子所發起的這場革命，非但沒有給自己加分，反而給了袁世凱一個樹立權威的好機會。正如旅美歷史學家唐德剛說的，「當時的全國各省基本都被當地的土軍頭所盤據，應繳中央的各種地方稅收，統統都被藉口扣留了，袁氏的中央政府對他們，可說是毫無辦法，既不能行文，更不能動武，結果弄得中央政府分文不名，只有靠舉債度日」。

所謂「寧做太平犬，不做亂世人」，社會的動盪反使得人們期待一個強有力的領袖和中央政府出現。由此，袁世凱正好成了全國人民所期盼的安定力量和太平象徵。市井平民並不會主動接受什麼革命大義，他們當時最希望的是袁世凱能夠撥亂反正，盡快恢復秩序，繼續過太平的日子。因此，「二次革命」形同康熙年間的「三藩」之亂，孫中山等人在他們眼中成為「亂黨」，也就毫不奇怪了。

「二次革命」，或者說「贛寧之役」，既是民國成立後的第一次南北戰爭，也是辛亥革命中那場尚未完成之戰爭的繼續，但可惜的是，那只是革命的退潮或者未盡的尾聲。戰爭的最終結果是袁世凱所代表的軍政集團大獲全勝，國民黨在廣東、江西、安徽三省勢力也都被一一清除。「三藩」既除，其他省的大佬們也就噤若寒蟬，唯袁世凱之命是從了。袁世凱本就有統一全國的願望，如今孫中山號召各省獨立，豈非天賜良機？

歷史總是充滿了諷刺，辛亥革命後，真正統一的中華民國也就是在「二次革命」後、袁世凱統治下的那兩年。在列強環伺、國弱民窮的險惡局勢下，中央集權的確能給國家帶來高效率的行政，這個要求也是合乎現實需要的。由此，袁世凱在「二次革命」的時候獲得民眾的支持，他獲得正義性與合法性的地位非但不是偶然，反是眾望所歸呢。

九、陳其美和他的兄弟們

說起國民黨時期的「四大家族」，有句話叫「蔣家的天下陳家的黨，宋家的姐妹孔家的財」，陳家指的是陳果夫、陳立夫兩兄弟，這是為人所熟知的，但其上一輩還有三兄弟，知道的人恐怕就不太多了。

杭州西子湖畔的一塊大草坪上，高聳著一座揚臂躍馬的雕像，像主騎著戰馬，英姿勃發，這就是陳氏兄弟的老二陳其美。這位曾在日本與蔣介石換過生死帖的結拜大哥，在當年的辛亥革命時期也曾叱吒風雲，風光一時。

陳其美有三兄弟，老大陳其業，老三陳其采，他排行老二。陳家兄弟是浙江湖州人（原為吳興），家庭出身小鄉紳，數代耕讀經商，不幸在太平天國時期家產蕩盡，儘管其父勉力恢復祖業，但畢竟劫後餘生，大不如前。按照傳統的習慣，其父對陳家三兄弟做了如下安排，老大陳其業繼承祖業，經營農桑；老二陳其美外出學徒，志在從商；老三陳其采修學私塾，以博功名。

老大在家守祖業，這在傳統的社會中是最常見也是最穩妥的，因為讀書在當時是奢侈的行為，而且得中的機率極小，所有只能讓老三去嘗試一下。農業社會，終究是要以農為本，輔之以商，這才能讓家族長久地發展下去。

陳家老三其采也確有出息，他出生於一八八〇年，小時候聰明伶俐，文采很好，十六歲中秀才後更讓家人看到了希望。不久，陳其采進入南洋武備學堂學習軍事，隨後於一八九八年十一月作為官費生被選派到日本士官學校留學。

在「萬般皆下品，唯有讀書高」的年代，年輕人習武從戎往往被認為是沒有出息的，但在甲午戰爭之後，時代潮流變了，一心讀聖賢書的人反是沒有希望的；因為沒過幾年，清廷便廢除了科舉，當時最緊迫的是編練新軍、抵禦外侮，所以袁世凱、段祺瑞、馮國璋等這些人才能夠脫穎而出，成為時代的弄潮兒。

也許陳其采當時不會意識到，留學日本學習軍事意味著什麼，但他的確是個幸運兒。早期的留日士官生非但在清末受到了極大的重用，而且在民國時期也是呼風喚雨，其在中國的歷史上扮演的角色是其年齡所不能相稱的。

陳其采是留日士官一期生，同學中有蔣雁行、鐵忠、吳祿貞、張紹曾、陸錦等四十人；二期生二十五人，成名的有良弼、哈漢章、藍天蔚、陳宧、馮耿光等人；三期有蔡鍔、蔣方震、許崇智、曲同豐、賈德耀、陳文運、吳光新、張樹元、傅良佐、魏宗瀚、魏邦平、王汝勤等；四期有蔣作賓、金永炎、王永泉、方聲濤等；五期有李書誠、何成浚、陳之驥、陳儀、姜登選等；六期有閻錫山、孫傳芳、趙恆惕、李烈鈞、程潛、李根源、胡謙、劉存厚、羅佩金、楊文愷、孔庚、張開儒、張鳳翽、盧香亭、顧品珍、周蔭人等，以上都是一九〇八年以前畢業的。一九〇八年後畢業的還有徐樹錚、楊宇霆、張群、王柏齡、何應欽、賀耀祖、錢大鈞、湯恩伯等人。這些可都是民國時期響噹噹的牛人啊。

留日士官生在辛亥革命時期發揮了極大的作用，儘管他們當時大都在三十歲上下，但其中的一部分人如閻錫山、李烈鈞、蔡鍔等人已經做上了一省之督，這在科舉時代是不可想像的。留日士官生之所以能夠在風雲突變之時爬上這麼高的位置，主要是因為他們在清末的時候掌握了各省新軍。

當時清廷派到日本學習軍事的官費生一般要先入成城學校，這是進入日本士官學校的預備學校，後來因為清廷派出的留日士官生太多，日本才開設了專收中國人的振武學校作為預備學校。在成城學校或振武學校學習兩年合格後，留日士官生才能進入日本現役軍隊見習一年，之後進入日本士官學校學習一年（前三期與日本士官生共同學習，據說後來因中國第三期學員蔣方震在畢業考試中考了第一名並獲取日本天皇的賜刀，日方感到很恥辱，於是後來的中國留日士官生便單獨辦班），再回原見習部隊實習三個月，這才能獲得日本士官學校的畢業證書。後來的蔣介石，就是在振武學校學習兩年後、進入日本聯隊見習時，因回國參加辛亥革命而中斷，而與他同期的張群則是一九一四年又重新回日本士官學校繼續完成了他的學業。

陳其采在日本學習期間表現優異，他在成城學校學習兩年後進入日本近衛步兵第四聯隊做見習士官，一年見習期滿後進入日本士官學校步兵科學習。一九〇二年三月，陳其采以第一名的成績畢業。

陳其采等人是第一批學成回國的軍事留學生，自然受到了清廷的極大重視，他剛一回國，便被任命為駐滬新軍統帶；不久，又被派往湖南創辦湖南武備學堂，並擔任監督（校長）一職。一九〇五年，湖南巡撫端方將新軍擴編為步兵兩標，陳其采在兩標中都擔任過標統（團長），此時他不過二十五歲。一九〇七年，陳其采被調往南京任陸軍第九鎮正參謀官，未及一年，又被徵調入京擔任軍諮府第三廳廳長，負責掌管全國新軍及調度事宜。在此期間，陳其采還兼任了保定陸軍速成學校的監督（校長）。

清廷當時編練新軍是花了血本的，每年的軍費開支在五千萬兩銀子以上，幾乎佔到全國財政收入的四分之一，而陳其采、吳祿貞、張紹曾、蔡鍔、李烈鈞、閻錫山這些人的升遷也如同騰雲駕霧一般，就連地方督撫也要敬他們幾分。

弟弟的成功經歷給了陳其美很大的刺激和啟發。陳其美出生於一八七八年，比弟弟大兩歲，他當時在一個典當鋪裡做學徒，二十六歲了學徒還沒出師，而弟弟不過在日本留學了幾年，便已經飛黃騰達、前途似錦，這如何能讓人心理平衡。於是，陳其美要求弟弟給予資助並於一九〇六年赴日，後進入東斌學校學習軍事。

東斌學校是不能和振武學校相提並論的，因為進入日本士官學校學習必須要由清廷官派，而當時想學習軍事的人太多，於是聰明的日本人辦了不少野雞學校以招徠中國人，騙取他們的學費，東斌學校便是其中一所。

在這樣的學校，當然學不到什麼東西，好在像陳其美這種情況的人多得很，當時東京已有幾千名中國留學生，除了少部分能進入正規的學校學習外，其他的大多以混日子為業（在日本待了幾年而不會日語的留學生大有人在），因而給了革命黨人很大的活動空間。在革命思潮的影響下，陳其美也很快加入了同盟會，並結識了黃興、宋教仁、汪精衛、胡漢民等人。

與這些老資格的同盟會領導人相比，陳其美參加革命的時間要晚得多，資歷也淺得多，但陳其美有自己的優勢，那就是年齡較大，社會經驗豐富，多年的歷練使得他在革命活動中極為精明強幹，由此很快躋身領導人之中，並受到孫中山的重視。

在日本期間，陳其美結識了清廷選派到日本學習軍事的黃郛及蔣介石，並與兩人義結金蘭，成為共生死的結盟兄弟。黃郛係浙江杭州人，一八八〇年出生，但只比蔣介石（一八八七年生）早一年進入振武學校。黃郛與蔣介石是師兄弟關係，後來他倆又與張群結拜為兄弟（張群四川人，與蔣介石同期入振武學校）。

陳其美比黃郛大兩歲，比蔣介石大了近十歲，他們是如何認識的，之前的傳記常說是陳其美於某日見蔣介石在舞劍，英姿颯爽，因而結識云云。其實蔣介石是否會舞劍尚有疑問，「偉人」們的首次會面也大可不必搞那麼複雜，因為陳其美、黃郛、蔣介石都是浙江老鄉，當時的留日學生搞同鄉會是很普遍的現象，這三人湊在一起，意氣相投，結拜為異姓兄弟，有什麼可奇怪的呢？

陳其美在日本混了一段時間後於一九〇八年返回上海，開始從事革命活動。最初，他主要潛伏在漢口、上海等地報社中從事宣傳，但工作並不顯著。直到後來，因為偶然的機緣，陳其美與上海知名的黑幫老大搭上線，這才打開局面，並一躍成為蜚聲滬上的革命黨人。

說到這段機緣，卻要從他的弟弟陳其采說起。陳其采一九〇二從日本回來之時，曾在上海做過駐滬新軍統帶，雖然時間不算長，但因為職務原因，曾在不經意間幫過上海青幫老大「范高頭」的一個大忙，因而為陳其美鋪平了道路。

在清朝末年，伴隨著上海城市化的不斷發展，各種幫會也開始在上海灘嶄露頭角，其中最出名的就是所謂的「青紅二幫」。在「青紅二幫」合流之前，當時的洪幫老大范高頭，此人係鹽梟出身，因腦門上長了一個肉瘤，遠遠看去好像頭上多長了一個小腦袋，所以得了個「范高頭」的綽號，其真名反而不為人知。可別小看了這個范高頭，後來那些赫赫有名的大流氓黃金榮等人，當年都是他的手下，在當時上海的江湖，他絕對是個呼風喚雨的人物。

范高頭有個手下名叫芮德寶，有一次在城隍廟附近看到一個英國人正欺負一個中國女招待，一時義憤而上前攔阻，不想那英國人仗著自己是外國列強，反對芮德寶大打出手。芮德寶一怒之下，便使出看家本事，將英國人痛打了一頓。洋人挨揍之後，狼狽地竄回英國領事館，要求領事懲治「凶犯」。那時的列強在上海租界勢力很大，又有領事裁判特權，因而范高頭也不敢輕易得罪英國人，但他又不能讓芮德寶落到英國人的手裡，因為這樣的話肯定要讓他大丟面子，影響到他的江湖地位。

正當他左右為難的時候，英國領事請求駐滬新軍統帶陳其采協助抓捕芮德寶，但陳其采在問明事情的緣由後，非但堅持由上海地方來審理此案，而且還反過來要求懲辦那個英國肇事者。英國領事迫於陳其采手裡的兵權，也不敢有過分的要求，最後反以英國人賠禮道歉並賠償一定損失而結案。

陳其采的介入圓滿了結了此事，這讓范高頭十分感激與欽佩，也讓他欠下了對陳其采的一個大人情。後來，因為陳其采很快外調，范高頭並沒有機會報恩，直到陳其美聽說此事後，這才為革命黨介入上海黑幫提供了契機。

陳其美這個人，一向膽大心黑，做事果斷，當時有「四捷」之稱（口齒捷、主意捷、手段捷、行動捷），加上他本人也確實豪俠仗義，好交朋友，因而進入青幫後如魚得水，很快便結識了幫中上上下下的頭目。為了方便革命，陳本人不久後便加入了青幫，還把一些青幫頭目拉入了革命黨的陣營（都有一個共同的目標「反清」嘛），由此，青幫中的大小會眾數千人也就成為了陳其美後來依靠的革命力量。

武昌起義爆發後，陳其美隨即在上海舉事。在大哥的召喚下，已在日本聯隊中見習的蔣介石、張群等小兄弟也紛紛拋棄學業，趕回上海參加革命。而另一個兄弟黃郛，則在振武學校畢業後，因為身體不過關而未能進入日本士官學校，後改入日本陸軍測量局地形科學習，並在一九一〇年畢業回國後被分配到軍諮府第四廳供職，與陳其采算是同事（級別當然差了很多）。令人啼笑皆非的是，武昌起義後，軍諮府因為黃郛是江浙人，竟然將他派到南方去調查革命黨的活動，結果黃郛趁機逃到了上海。

黃郛、蔣介石等人的到來，令陳其美如虎添翼，因為他們畢竟是正兒八經學過軍事的人才，不像青幫中的那些流氓混混徒有其勇。由於清軍在江浙滬一帶的勢力薄弱，革命黨很快便取到了勝利，陳其美也在幫中弟兄的擁護下，當上了滬軍都督。

而在另一邊，陳其采因為阿兄已經公然反叛，也深知北京不可久留，不久便潛逃南方，就此告別了他的前朝仕途。儘管後來在陳其美的作用下，陳其采先後擔任過江蘇都督府參謀廳長、臨時大總統府諮議等短暫性的職務，但終究不屬於革命黨與袁世凱中的任何一派，由此也就告別了他的軍政生涯。後來，陳其采投身財政，並先後擔任過中國銀行杭州分行副行長、浙江省財政廳廳長、財政部江海關監督等職。雖然混得也還算可以，但與他的二哥陳其美及其侄子陳果夫、陳立夫比，陳其采就只能算是籍籍無名了。

陳其美就不一樣了，他天生就喜歡亂世，在民國初年也算是進入了「革命偉人」的行列，並擔任了臨時政府的工商總長等職，一時風光無限。為了鞏固自己在上海及江浙的地位，陳其美不惜將革命黨內部及幫會的競爭對手一一幹掉或者趕走，其中就包括刺殺光復會領袖陶成章（由小兄弟蔣介石親自策劃組織），槍殺攻克南京有功的民軍參謀長陶駿葆，炸死同為青幫中的大佬、時任揚州都督的徐寶山，還試圖謀刺曾在攻打製造局時救過他性命的李燮和，後者在受驚之後趕緊離開上海。在「二次革命」後，陳其美又成功地將上海鎮守使鄭汝成刺死。

也許是報應，一向善於製造暗殺事件的陳其美最後也被人所刺殺。一九一六年五月十八日，陳其美在上海法租界薩坡賽路（今淡水路）十四號日本僑民山田純三郎的寓所被槍殺，凶手逃逸。當時革命黨都認為這是袁世凱指使的報復行為，但多年以後才知道，主使人是當年一起參加革命且同為幫會中人的張宗昌。事實上，陳其美被暗殺後十九天，袁世凱便一命嗚呼，當時恐怕還顧不及來策劃刺殺陳其美。而張宗昌之所以要對陳其美下手，據說一是受馮國璋指使（當時張宗昌在馮手下任職），二則是為同門徐寶山報仇。

袁世凱死後，孫中山等人為陳其美舉行了隆重的葬禮，而蔣介石得勢之後，更是大大提升了陳其美在國民黨史中的地位，因為蔣介石之所以能夠發跡，很大程度上是受到陳其美早年關照提攜的緣故。事實上，蔣介石後來對陳其美的侄子（即陳果夫、陳立夫）的提拔重用，從某種角度上來說也是一種報恩。陳果夫、陳立夫是陳家老大陳其業的兒子，陳其業不像他的兩個兄弟那樣有過輝煌的經歷，但他的兩個兒子後來的聲名卻遠遠超過了他的兩個叔叔，這大概也是「一人得道，雞犬升天」的機緣巧合吧！

有意思的是，陳其美三兄弟的字非常符合他們的性格及其人生經歷：陳其業，字勤士，一生勤勉；陳其美，字英士，果然英氣勃發；陳其采，字藹士，其性格確實和藹，平易近人。在三兄弟中，陳其美死得早，遺有兩子（其中一子因為學習飛機駕駛而失事身亡），陳其業與陳其采後來均高壽並死於臺灣。

至於陳果夫、陳立夫兩兄弟，他們在國民黨統治期間雖然身居高位，聲名顯赫，但並無宋、孔兩家藉官僚資本以中飽私囊之劣行。國民黨在大陸失敗後，陳果夫在逃往臺灣後靠救濟金為生，而陳立夫靠在美國開養雞場聊以謀生，如果以財產計，把他們列入「四大家族」未免有點牽強。但不管怎麼說，陳家一門「三士」、終育「兩夫」，在近代史上也算是難得一見了。

十、《二十一條》背後的屈辱外交

一九一四年九月二日，正值歐洲戰場上刀光劍影、狼煙四起之時，日軍突然藉口對德宣戰，在山東半島龍口登陸並向德國租借地青島發動進攻。德國駐軍在象徵性的抵抗後便宣告投降，但日本並沒有就此收手，其以膠濟鐵路係德國產業為名，隨即佔領了整個膠濟鐵路並將德國及中國雇員全部趕走。不僅如此，日本在佔領青島後，隨後又將膠濟鐵路沿線的礦山、企業及海關加以全面佔領，事實上是繼承了德國的一切侵略權益。

得知日軍侵入山東半島後，袁世凱於當晚便在總統府召集內閣各總長開會，據參會的外務部參事顧維鈞回憶，袁世凱當時問陸軍總長段祺瑞，如果抵抗的話可以維持多久，段祺瑞說能抵抗四十八小時。袁世凱問四十八小時後怎麼辦，段祺瑞說聽候總統指示。袁世凱歎了口氣，遂決定仿照一九〇四年日俄戰爭時期的老辦法，劃定日軍過境的走廊和交戰區，以盡可能地防止戰爭波及其他地區。

日本這次對德宣戰，表面是要報甲午戰爭時期「三國干涉還遼」的一箭之仇，但實質上則是對山東半島覬覦已久的結果。中國在第一次世界大戰爆發後已經宣布中立，日軍此次侵略中國的行為非但違反了國際法，從邏輯上來說也是荒唐的。但是，一個國家的國際地位往往是由國家實力來決定的，在無力阻止日軍行動的情況下，袁世凱也只能再次接受當年日俄戰爭時期的屈辱「中立」。

眾所周知，日本對中國的侵略是有計劃、有步驟的，儘管臭名昭著的「田中奏摺」可能是偽造的，但其大體策略，即「欲征服中國，必先征服滿蒙；如欲征服世界，必先征服中國」，卻不折不扣地得到了執行。日本在甲午戰爭中攫取了朝鮮和臺灣，在日俄戰爭中獲得東北（南滿）的侵略權益，這一次也不僅僅會局限在青島一隅。

一九一五年一月十八日，在一個寒冷的冬日，剛剛從東京回任的日本駐華公使日置益在謁見袁世凱的時候，突然拋出日本政府的對華要求，共計五號二十一條，這就是歷史上駭人聽聞的「二十一條」。

「二十一條」的主要內容如下：

第一號共四條，要求中國承認日本繼承德國在山東的一切權益；山東省不得讓與或租給他國；准許日本修建自煙臺（或龍口）連接膠濟路的鐵路；山東各主要城市開放為商埠。實際上要把山東變成日本的勢力範圍，為瓜分中國做準備。

第二號共七條，要求中國承認日本在南滿和內蒙古東部的特殊權利，日本人有居住往來（實際上是無限制移民）、經營路礦等項特權，且不許其他列強介入；旅順、大連的租借期限及南滿、安奉兩鐵路期限，均延長至九十九年。日本陰謀將東北和內蒙古變成自己的殖民地，可謂是存心積慮。

第三號共兩條，要求把漢冶萍公司改為中日合辦，中國不得自行處理，附近礦山不准公司以外之人開採。

第四號一條，要求所有中國沿海港灣、島嶼概不租借或讓給他國。換句話說，中國成為日本的被保護國。

第五號是最狠的，共有七條，包括：要求中國政府聘用日本人為政治、軍事、財政等顧問；中日合辦警政和兵工廠，中國向日本採購一半以上的軍械；武昌至南昌、南昌至杭州、南昌至潮州之間各鐵路的建築權讓與日本；日本在福建省有開礦、建築海港、船廠及築路的優先權；日本人在中國有傳教之權，日本人經營的醫院、寺廟及學校，在內地有土地所有權，等等。這幾乎是要把中國變成日本的附屬國，與當時朝鮮的地位相同了。

日本此時拋出「二十一條」並非偶然，早在一九〇〇年，日本浪人內田良平便發起了一個名叫「黑龍會」的組織，這個組織以中國的黑龍江為名，其用心顯而易見。黑龍會雖然名義上是個民間組織，但對日本軍方的決策有重大影響，他們自成立伊始便深入朝鮮、中國東北、蒙古、西伯利亞等地，其活動包括刺探收集情報、祕密繪製地圖、收買民族敗類、策動內亂等，如朝鮮之合併、拉攏宗社黨人、策動滿蒙獨立等等，背後都不乏黑龍會的影子。

黑龍會在思想上自命為黃種人的代表，並提出由日本來充當遠東盟主，亞洲各國在日本的領導下對抗白種人。這種所謂的「亞細亞主義」，其實是亞洲版的「門羅主義」，也是後來「大東亞共榮圈」的思想根源。

一九一四年第一次世界大戰爆發後，內田良平覺得日本的時機已到，隨後便以黑龍會的名義親自起草了一份名叫《對華問題解決意見書》（即《黑龍會備忘錄》）的文件，並將之轉呈給首相大隈重信。內田良平在這份意見書中提出，趁著中國目前尚未強大且孤立無援之機會，脅迫中國接受祕密條約，造成「保護國」的既定事實、打擊袁世凱的威望，支持一切反袁力量以促成中國的內亂；支持除袁世凱以外的帝制復辟活動，使中國在政體上與日本保持一致，為今後中日合併創造條件。

當時黑龍會的邏輯是這樣的，他們認為第一次世界大戰爆發後，日本應當趁著西方列強無暇東顧的寶貴時機有所作為，因為歐戰終有結束之時，屆時列強仍舊會重返遠東，如果日本在大戰期間搶先對中國下手，加以獨佔並造成既定事實的話，屆時列強也就無可奈何，這樣日本便樹立了遠東霸權，並可以此為基礎進一步爭奪世界霸權。

黑龍會的計畫主要包括以下幾條：一是在南滿和東蒙確定統治權，隨後向這些地區大量移民（正如二十年後之所為），為日本的擴展打下牢固的基礎；二是在中國內地修建並控制鐵路網，開發那些取之不盡的資源礦產，並排斥列強前來競爭；三是取得中國的政治、軍事、警政、財政的監護權，將中國變成日本的保護國，為中立合併打下基礎（所謂「朝鮮道路」）。

當時的日本元老重臣及內閣軍部，他們不僅在侵華的思維邏輯上與黑龍會不謀而合，就連其侵華步驟和計畫藍圖都是高度一致。事實上，後來的「二十一條」即是以內田良平的這份意見書為藍本，而之後所謂的「大東亞共榮圈」等等，與這個《黑龍會備忘錄》在思想和理論上都是一路貨色，其狼子野心，昭然若揭。

日本此時提出「二十一條」是有備而來的，因為它之前便已料定中國缺乏反抗能力，從一開始便警告袁世凱這是祕密條約，必須從速商定，不得外洩。倘若中國不答應，日本就要海陸並進，大舉進攻，而當時的列強都沒有能力前來干涉，美國雖然尚未介入歐戰，但也不願獨力阻止日本的侵略計畫。對此，日本是早有戰略預估，因而也就肆無忌憚了。

「二十一條」是袁世凱從政以來最嚴重的外交危機。袁世凱採取的第一個措施便是利用各種管道摸清日方的底牌，他先派出日籍顧問有賀長雄返回日本訪問日本政界元老松方正義及山縣有朋，探查其中的內幕，隨後又派人花重金收買日本間諜，調查日方的有關情況，以在談判中爭取主動。

為配合摸底活動，袁世凱在談判中故意採取了拖延戰術，他首先將在外交交涉中不甚在行的孫寶琦換下，隨即再度啟用了善於在困難局面前談判的前外交總長陸徵祥，並指示陸徵祥與曹汝霖在談判中逐條商議，務必拖延時間，不可被日本人牽著鼻子走。

陸徵祥為了貫徹袁世凱的指示，他也想了很多辦法，譬如日本提出每天開議，而陸徵祥則提出，他的事務非常繁忙，每周只能開一次會，最後使得日方妥協，每周會談三次。在每次談判之時，陸徵祥總是故意縮短會議時間，譬如每次開會，陸徵祥說完開場白後即命獻茶，並盡量拖長喝茶的時間，這與猴急的日方代表形成了鮮明的對比。但日本代表也無可奈何，因為這畢竟是東方的禮節。

袁世凱通過各種管道了解到的信息顯示，「二十一條」並沒有經過御前會議（如果要動用武力必須經過御前會議），而是大隈重信內閣擅自採取的祕密行為。由此，袁世凱便有步驟地通過報紙及外交管道將「二十一條」的內容透露出去，結果引發了一場軒然大波，「二十一條」立刻成為紐約及倫敦媒體的頭條新聞，這也使得日本試圖盡快結束同中國的祕密談判已經不可能。

美國國務卿在得知「二十一條」的內容後，隨即照會中日兩國，聲明美國對於中日兩國所締結的條約如果有違門戶開放政策的話，將一概不予承認。事實上，日本之所以要在第一次世界大戰正酣的時候提出「二十一條」，實際上就是要迫使英法美等國勢力從中國退出而在東亞實行日本的

「門羅主義」，即將中國變成日本獨佔的利益範圍。就當時而言，唯一能夠干預並阻止日本在東亞擴張的重要國家也只有美國，美國當時推行的「門戶開放」政策正是與日本的圖謀格格不入的。

國內人民在得知「二十一條」的消息後更是義憤難平，國內外各界要求政府對日抗戰的電報如雪片飛來，在各方的壓力下，談判陷入了僵局，一拖便是四個月。日本人見在談判桌上無法取得進展，隨後便在東北、山東、福建沿海等地增兵，擺出一副談判失敗即開戰的架勢，並在五月七日提出最後通牒，限中國在四十八小時內對一至四號及其福建問題給予日本「滿意之答覆」，否則就要訴以「必要之手段」。

一九一五年五月九日，外交總長陸徵祥、次長曹汝霖及中方談判代表施履本將「二十一條」的最後修訂本交給日本公使日置益，危機暫時化解。據當事人曹汝霖後來的回憶說：「當時，我心感淒涼，有一種親遞降表的感覺。」

儘管是大兵壓境之下的城下之盟，但若把日本提出的「二十一條要求」原件和簽訂後的新約相比，二者還是有天壤之別的。在各方壓力下，日本自行取消了最凶殘的第五號要求；要求「所有中國沿海港灣、島嶼概不租借或讓給他國」的第四號被刪除，改由中國自行聲明；第三號中的兩條刪除一條，第一、二號中的十一條中日本所要求的無限移民及日商課稅須得日本領事之同意，「中國方面絕對不能接受」，其他條文不是「留待日後磋商」，就是加進了限制條件，最後簽訂的實際上只有「十二條」。

這裡有個人需要重點提一下，這就是後來的東北王張作霖。張作霖馬匪出身，後來投入軍隊，民國初年只是巡防營某路的統領，但「二十一條」簽訂後，袁世凱祕密派段芝貴去了幾次東北後，張作霖的勢力突然大增，並從德國洋行購買了大量的軍械，並聲稱：「只要有我在，日本人不敢出附屬地！」而日本人想在南滿、東蒙開發產業，也大都遭到張作霖的阻撓而極少施行。

張作霖和袁世凱在做事方式上頗有相像之處，兩個人都是梟雄，重權術，輕條規，袁世凱對張作霖也有惺惺相惜之感。據袁世凱的女兒袁靜雪回憶，當時袁世凱對張作霖極為籠絡，每次張作霖來，袁世凱都會在辦公室接見，而張作霖當時只是二十七師的師長，按理只能在居仁堂的樓下被接見。袁世凱用張作霖暗中抵制日本人，也成為張作霖成為東北王的開始。

日本的強蠻惡行引發了中國人民的極大憤怒，當時全國十九個省的都督向中央表示支持的決心，他們不斷呼籲中央絕不屈服日本壓力，而總統府也每天都要收到潮水般湧入的信件和電報，一時間民情沸騰，有抵制日貨的，有毀家紓難的，民眾的愛國情緒日益激昂。就連海外的留學生、僑胞等也紛紛奔走呼籲，堅決反對簽訂「二十一條」。

在長達八個多月的抗議浪潮中，日本成為過街老鼠，不僅在經濟上受到重大損失，國際上也受到了美國和英俄等國的壓力，正如旅美歷史學家唐德剛所評價的：「日本雖然費盡心機提出滅亡中國的『二十一條要求』，弄得臭名昭著，後來也只落得個雷聲大、雨點小的收場，為天下笑。」不僅如此，大隈重信也因為未經御前會議就貿然提出「二十一條」，結果導致外交失敗（日本所認為的）而下臺。接任首相的寺內正毅後來也不得不承認：「大隈內閣向中國要求『二十一條』，惹中國人全體之怨恨，而日本卻無實在利益。」

儘管日本試圖將中國變成保護國的陰謀最終破產，但中國在這次危機中受損的程度也是驚人的，譬如延長旅大租期至九十九年等等，都是不可思議的、喪權辱國的。

十一、「關門皇帝」的懊惱與敗亡

在袁世凱復辟鬧劇中，最令人捧腹的莫過於「太子」袁克定偽造《順天時報》來矇騙老頭子一事。不錯，《順天時報》是袁世凱每天都要讀的，因為這份報紙不僅發行量大，而且是日本人在天津所辦的漢文報紙（從中可以看出日本政府的動向），而當時袁世凱對日本的態度是最為敏感的。「知子莫若父」，反之亦然，袁克定為了促成老頭子稱帝、以圓自己的「太子夢」，竟然不惜偽造了一份專門刊登一些鼓吹帝制、擁護袁大總統做皇帝之類消息的假《順天時報》，並每天偷樑換柱地送給袁世凱看，這就不得不說是一樁奇談了。

據袁世凱最寵愛的三女兒袁靜雪回憶說：「假版的《順天時報》是大哥（袁克定）糾合一班人搞出來的，不但給父親看的是假版，就是給家裡其他人看的也是假的。大哥使我們一家人和真實的消息隔絕了開來。不料有一天，我的一個丫頭要回家探望她的父親，我當時是最愛吃黑皮的五香酥蠶豆的，於是讓她順便買一些帶回來吃。第二天，這個丫頭買來一大包，是用整張的《順天時報》包著帶回來的。我在吃蠶豆的時候，無意中看到這張前幾天的報紙，竟然和我們平時所看到的《順天時報》的論調不同，就趕忙尋著同一天的報紙來查對，結果發現日期相同，而內容很多都不一樣。我當時覺得非常奇怪，便去找二哥（袁克文）問是怎麼回事。二哥說，他在外邊早已看見和府裡不同的《順天時報》了，只是不敢對我父親說明。他接著問我：『你敢不敢說？』我說：『我敢。』等到當天晚上，我便把真的《順天時報》拿給了父親，我父親看了之後，便問從哪裡弄來的，我便照實說了。我父親當時眉頭緊皺，沒有任何表示，只說了句：『去玩去吧。』第二天清晨，他把大哥找了來，及至問明是他搗的鬼，父親氣憤已極，就在大哥跪著求饒的聲音中，用皮鞭子把大哥痛打了一頓，一邊打，一邊還罵他『欺父誤國』。從這以後，我父親見著他就有氣，無論他說些什麼，我父親總是面孔一板，從鼻子裡發出『哼』的一聲，不再和他多說什麼話，以表示對他的不信任。」

袁克定雖然在緊要關頭失去了老頭子的信任，不過他還有一個殺手鐧，那就是令袁世凱揮之不去的「家族魔咒」。這事說來也蹊蹺得很，在袁世凱家族中，外出做官的從沒有活過六十歲的，如袁甲三、袁保恆、袁保齡、袁保慶，乃至袁世凱自己的父親袁保中，也係壯年而終。由此，六十歲這道大關也就成為壓在袁世凱心中長久的夢魘，揮之不去，而從民國建立後開始，袁世凱的身體每況愈下，這更是令他感到疑神疑鬼。

在年屆六十的大限即將來臨時，袁克定一再進言，宣稱「只有稱帝才突破這一魔咒」，這就不能不對袁世凱產生強大的吸引力了。是啊，皇帝乃「九五之尊」，位極天下，世界上還有什麼比這個更尊貴呢?或許，這個魔咒真的不敢侵犯「真命天子」?要說起來，袁世凱在那個時代也是迷信的人，稱帝一事若全怪在袁克定身上，也不公道。

和袁克定熱衷於帝制形成鮮明對比的是，袁世凱的二兒子袁克文（字寒雲）卻對此漠不關心。不僅如此，這位「皇二子」甚至還寫了首諷父詩，可算是民國古體詩中難得的佳品：

乍著微棉強自勝，陰晴向晚未分明；南回寒雁掩孤月，西落驕陽黯九城。
駒隙存身爭一瞬，蛩聲警夜欲三更；絕憐高處多風雨，莫到瓊樓最上層。

詩的最後兩句是重點，無外乎勸老頭子千萬「莫到瓊樓最上層」，否則站得高，跌得重，老本全賠光光。可惜的是，袁世凱書讀得不夠多，蘇東坡在《水調歌頭．中秋》中也說，「高處不勝寒」，而他頭腦一時發熱，竟已忘卻了。

在一番緊鑼密鼓的準備後，袁世凱揖讓再三，最終接受了國民的「擁戴」，真的要改制當皇帝了。正式登基的黃道吉日定在一九一六年一月一日，在此之前，袁世凱決定先舉行一次百官朝賀會，日子讓袁克定來挑。袁克定急不可耐，說：「就明天，十二月十三日就是個好日子！」

次日上午，袁世凱在中南海舉行百官朝賀會。由於時間倉促，事前也沒有做什麼準備，前來朝賀的官員只包括在京的官員，地方大員們都沒有參加。滑稽的是，這次朝拜既沒有統一服裝，也沒有規定程序，來賀的官員有的穿著長袍馬褂，有的則身著西裝禮服，武官更是戎裝入賀，而有的閒職人員乾脆穿著便服就來了。

儀式由袁皇上的「御乾兒」段芝貴主持，但讓他百思不得其解的是，皇上竟然命朝賀時行三鞠躬禮，他想像中的三叩九拜竟然無從施展，令他懊惱不已。當天九點整，在四名武官的引導下，袁世凱來到居仁堂，但他並沒有穿上大家所猜想的那身價值百萬的龍袞服和皇冠，而是身著大元帥戎裝，甚至連帽子都沒有戴（因為他素來討厭那頂插羽毛的元帥軍帽）。不過，這反顯得他那大腦袋更加油光鋥亮，彷彿紫氣東來，洪福齊天。

儘管文武百官已經分成班次，但段芝貴是個武人，也不懂得什麼司儀的規矩，還沒有等袁皇上就座，他自己搶先拜了下去，而旁人也因無人指揮，參拜時亂七八糟，有鞠躬的，有下拜的，也有喊「皇帝萬歲」的，參差不齊，反弄得袁皇上坐也不是，站也不是，躊躇半天，只是左手扶著御座龍椅，右手還手掌向上，頻頻向鞠躬叩拜者點頭示意。

朝賀儀式結束後，袁皇上便讓大家散去，各自回去上班，就連筵席都沒有請大家吃一頓。等大家走出居仁堂後，這才回過神來：這朝賀儀式也未免太簡陋、太節約了吧！就跟平常一樣，好像是關門做皇帝，偷偷摸摸、見不得人似的……這算怎麼回事嗎？

可不就是這樣，等到蔡鍔、唐繼堯等人在雲南舉起「護國」大旗，袁世凱只好將登基日期後推，說要等平定了叛亂再行登基，不料這一推就遙遙無期，而護國戰爭也非一時半會能結束的，結果袁世凱至死都沒有正式登基，充其量也就是個「關門皇帝」。

在中國古代歷史上，一個新王朝建立之後都要「徙居處、改正朔、易服色、變犧牲」，這「犧牲」祭品變不變倒無關緊要，國都也是好不容易爭取來的，因此「徙居處」也就大可不必；但在「改正朔」上還是需要做做文章的，那就是在一九一六年後廢民國五年而改行洪憲元年，曆法也改用《洪憲元年曆書》；至於「易服色」，按今文經學的「夏黑商白周赤」的三統循環理論，洪憲王朝應崇尚紅色，因而登基三大殿的廊柱都要刷成紅色，瓦也要換成紅瓦，以示喜慶。

除此之外，皇帝登基得對有功之臣封王賞爵，好處均沾，但這裡也遇到了一點小問題，那就是之前的故人舊友，袁皇上也不好意思讓他們稱臣，於是便想出列入舊侶（計有載灃、奕劻、世續、那桐、錫良等數人，均為前清王公或者名督）、故友（計有徐世昌、趙爾巽、張謇、李經羲，即後來的「嵩山四友」）、耆碩（王闓運、馬相伯等）三類，這些人可以享受不臣之禮。至於各省將軍、巡按使、護軍使、鎮守使、師旅長以上人等，分別按「公、侯、伯、子、男」五等爵位分封，見者有份，一口氣就封了一百二十八個，就連已故的前國務總理趙秉鈞也追封了一等公。

在這歡快的日子裡，也有不和諧音，譬如朝賀儀式上，前陸軍總長、老部下段祺瑞和前副總統黎元洪（袁世凱做了皇帝，黎副總統當然就成了前副總統）就不曾前來。袁世凱給黎元洪封了個「武義親王」，不料這前副總統卻屢加拒絕，不肯接受。這事傳出去後，一首童謠也不脛而走：「好江山，做不牢；好江山，坐不牢；親王奉送沒人要！」

袁世凱稱帝過程中，曾追隨他多年的兩位老友嚴修和張一麐卻對復辟帝制明確表示反對，他們一再勸阻袁世凱不要走上這條絕路，但袁世凱終究未曾醒悟。開弓沒有回頭箭，世界上終究沒有後悔藥可吃，在後來取消帝制的當天晚上，袁世凱把張一麐找來談話，極其悔恨地說：「我當時沒有聽你和范孫（嚴修的字）的話，現在想來真是又悔又愧啊！范孫跟隨我多年，從來沒有跟我提起過什麼官階升遷；你在我的幕府中也有十幾年了，也是從來沒有提過什麼個人要求。可見那些淡泊名利、榮華富貴、功名利祿的人是多麼的可貴，這才是真正的國士啊！那些曾經推戴我的人，難道他們真的是為國為民嗎？他們今天推戴我為皇帝，明天就可能反對帝制，這種人真是比比皆是哪！總之，我辦事情的時候多，讀書的時候少，這也是咎由自取，怪不得別人。」

最後，袁世凱沉痛地說：「只是誤我事小，誤國事大，當國者不能不引以為戒啊！」

到最後，袁世凱的身體也頂不住了，稱王稱帝非但沒有幫助他破除家族魔咒，反而加速了他的死亡。據袁靜雪回憶說，在一九一六年的元宵節，正當全家人圍在一起吃元宵的時候，六、八、九三個姨太太為了「妃」、「嬪」的名分又在袁世凱的面前大聲爭吵了起來。袁世凱見後長歎了一口氣，說：「你們不要再鬧了！你們都要回彰德去，等著送我的靈柩一塊兒回去吧！」說完，袁世凱便起身回辦公室了。當時護國戰爭已經爆發，袁世凱整日憂心忡忡，精神不振，再被家裡這麼一鬧後，袁世凱從那天開始便飯量減少，慢慢就懨懨成病了。

在各方要求總統退位的聲浪中，袁世凱方寸已亂，退位心有不甘，接著開戰又有所不能，弄到最後，心力憔悴，他的身體也垮了。到了一九一六年五月的最後幾天，袁世凱已經不能辦公；六月五日，袁世凱一度休克昏迷；延至六月六日的凌晨六點，袁世凱終於一命歸西。

袁世凱在清末的時候得過軟足病，這也是當時攝政王載灃將他開缺的由頭。辛亥革命爆發後，袁世凱復出，在入宮的時候還需要僕役攙扶。這一次，袁世凱得的病是膀胱結石導致尿毒感染全身，原本這個病是不會導致生命危險的，但袁世凱為人比較固執，一直不肯看西醫、不肯動手術（大概也是因為發病的位置特殊，羞於啟齒），加上帝制後的種種不順，急火攻心，更是加重了他的病情。

等到病情急劇惡化、小便不暢後，在袁克定的堅持下，袁世凱才讓法國醫生貝希葉前來診治，但此刻為時已晚。貝希葉建議袁世凱到醫院去動手術，或許還有一線生機，但被袁世凱拒絕。在這種情況下，貝希葉只好在袁世凱臥室給他導尿，但此時導出來的全是血尿。袁世凱自知不起，便急忙讓人把徐世昌和段祺瑞找來，並把總統大印交給徐世昌，說：「總統應該是黎宋卿（黎元洪的字）的，我就是好了，也準備回彰德去。」

據說，袁世凱在六日凌晨昏厥復甦之後，對侍疾在側的老友徐世昌低聲說「楊度楊度，誤我誤我」；也有人說，袁世凱臨終時說：「是他害了我！」袁世凱也沒說這個「他」到底是誰，一般人都認為指的就是大公子袁克定。要說這復辟醜劇，袁克定還真要負一半的責任，他自己想做太子想瘋了，結果是把老頭子推到火上去烤，害得袁世凱一代梟雄，最後為這豎子所害，落得個可惜可笑又可歎的千古罵名，真是窩囊至極。袁克定這個人，不文不武，品不高，德不顯，糊塗半生且不說，晚年還好男寵，結果因此而傾家蕩產，潦倒而終。袁世凱有這樣一個太子，又怎能不敗？

由於袁世凱死的時候仍舊是在職的總統，因此黎元洪在繼任總統後還以在職國家元首的規格給他治喪。當時中央政府除了撥款五十萬公款用於喪葬費用外，還通令文武機關下半旗、停止宴樂二十七天，民間娛樂也停七天；文武官員和駐京部隊一律佩戴黑紗；設立「恭辦喪禮處」，以曹汝霖、王揖唐、周自齊三人承辦大典喪禮，黎元洪、徐世昌、段祺瑞三人總負責。

袁世凱死後，那些在護國戰爭中明裡暗裡反對他的袍澤故舊也紛紛「冰釋前嫌」，或親自或派隨員趕到北京沉痛悼念老領導，所以袁世凱的葬禮也辦得風風光光，備極哀榮。最可歎是那御乾兒、奉天將軍段芝貴，他在得知袁世凱死訊後急忙從關外星夜兼程趕來，等到了新華宮靈前更是呼天搶地，涕淚漣漣，不知道的人還以為死的就是他親爹（真是孝子！）。

由於袁世凱的葬禮過於奢華，最後結算的時候發現入不敷出，政府所撥的專款扣去葬禮費用後不足以建造墓地工程。為此，徐世昌、段祺瑞、王士珍等八人聯名發起公啟，請求社會各界人士解囊相助，最後又湊到二十五萬元，才最終結束了袁世凱的喪事。

一代梟雄，落得如此下場，豈不可悲可歎？

十二、章太炎：才子，「瘋子」，大師

一九三六年章太炎去世的時候，追悼會上前來弔唁的竟不滿百人，情狀甚為落寞。為此，魯迅先生還寫文章為之抱不平：「青年們對於本國的學者，竟不如對於外國的高爾基的熱誠。這慨歎其實是不得當的。官紳集會，一向為小民所不敢到；況且高爾基是戰鬥的作家，太炎先生雖先前也以革命家現身，後來卻退居於寧靜的學者，用自己所手造的和別人所幫造的牆，和時代隔絕了。……既離民眾，漸入頹唐，後來的參與投壺，接收饋贈，遂每為論者所不滿，但這也不過白圭之玷，並非晚節不終。……七被追捕，三入牢獄，而革命之志，終不屈撓者，並世亦無第二人：這才是先哲的精神，後生的楷範。近有文儈，勾結小報，竟也作文奚落先生以自鳴得意，真可謂『小人不欲成人之美』，而且『蚍蜉撼大樹，可笑不自量』了！」

魯迅先生這篇《章太炎先生二三事》的文章亦有瑕疵，那就是孫傳芳確實請過章太炎參加「投壺」，但章太炎並沒有出席，而魯迅先生將這個傳言當作了既成事實並認為這是章太炎「漸入頹唐」的「晚節之玷」，卻是誤會了。

「投壺」亦稱射壺，與現在的投圈、射飛標有類似之處，這既是古代的一種傳統遊戲，也是《禮記》中記載的一種禮儀。軍閥時期，「五省聯帥」孫傳芳為宣導尊孔復禮而拉攏一些知名學者行「投壺」之事，因孫傳芳為北伐軍的敵人，因而參與者在北伐勝利後難免遭受非議。不過，章太炎確實是沒有參加，後來的《魯迅全集》中也在注釋中做了說明。

章太炎原名章炳麟，初名學乘，字枚叔，後因為仰慕明末的兩位大學者顧炎武（名絳）、黃宗羲（字太沖）而改名章絳，別號太炎，後以「章太炎」一名聞天下。章太炎生於一八六九年，家鄉浙江餘杭，其父章濬曾任縣學訓導，章太炎從小接受過系統的儒家教育，十六歲那年參加縣試，不料突發癲癇病而棄考，後來便遠離了科考場上的搏殺。

雖未取得過任何功名，但章太炎從小便頗具悟性，後尊父命進入由經學大師俞樾主持的杭州詁經精舍學習七年，學問大進，成為同遊中的佼佼者，很受俞樾的賞識。二十八歲那年，甲午戰爭中的慘敗給了中國士人們一個極大的刺激，原本「兩耳不聞窗外事，一心唯讀聖賢書」的章太炎也帶著一腔的怒氣北上，後來還寄出十六銀元會費，加入康有為在滬設立的上海強學會。

一八九六年，章太炎不顧老師俞樾的勸阻，赴任上海維新派開辦的《時務報》主筆，但在次年，章因與康氏門人衝突而退出《時務報》，轉杭州任《經世報》、《實學報》主筆，一八九八年後又受張之洞之邀赴武漢籌辦《正學報》，但未及一月即離去。當年七月，章太炎回到上海擔任《昌言報》主筆。

戊戌年的夏天，北京風雲突變，康梁等維新黨亡命海外，而在維新運動中嶄露頭角的章太炎也上了通緝名單，最後慌不擇路，避禍臺灣，不久又轉赴日本。章太炎最初是改良主義者，他與康有為的關係也不壞，在臺灣時期兩人還通過信，彼此景仰了一番。但庚子國變後，章太炎對清廷徹底絕望，由此走上了激進之路。

一九〇〇年七月，章太炎回到上海並參與了唐才常組織的中國議會，但在制定章程時，唐才常一方面不承認清政府，一方面又請光緒皇帝復位，章太炎認為其自相矛盾，憤而當眾剪辮脫衣，聲明退會。俞樾得知此事後，大罵其「訟言革命是不忠，遠去父母之邦是不孝，不忠不孝，非人類也，小子鳴鼓而攻之可也」，「曲園無是弟子」，章太炎被師門開除。

雖被逐出曲園，但章太炎畢竟在俞樾的指導下浸潤七年之久，其後來的學術成就均奠基於此而非自立門戶。在這一年，章太炎刻印了自己的首部著作《訄書》，其書厚積薄發，文筆古奧，徵引廣博，因其難讀而不為今人所知，就連其同時代人讀來也頗為費解。此後，章太炎文筆滔滔，一發而不可收拾，其中最出名的一篇文章莫過於一九〇三年的《駁康有為論革命書》，其文雄渾有力，傳播最廣，其在表明與康梁改良派分道揚鑣的同時，也給自己帶來了牢獄之災。

在那篇文章中，章太炎劈頭罵道：「載湉小丑，不辨菽麥」，非但把康梁等人藉以自重的光緒皇帝掀倒在地，也將清廷的威嚴一掃而空，令當權派極為惱怒，最後向租界當局施加了強大的壓力，必欲去之而後快。章太炎在得知了抓捕的消息後，卻效仿譚嗣同，說清廷要抓我，已經不是第一次了，革命就要流血，怕什麼！巡捕來了，他迎上去，說：「我就是章炳麟，抓我！」租界當局最後判了章炳麟三年、鄒容兩年的拘禁。要說起來，章太炎服了三年的苦刑也還合算，因為清廷的損失更大，一個大逆不道的罪犯居然只判了三年囚禁，王朝的尊嚴何以為堪？在專制時代，皇權是神聖而不容侵犯的，一旦撤下這遮羞布，那就沒有什麼神聖可言了。

後來，鄒容因病先死，章太炎頗為悲痛，寫詩悼念道：「鄒容吾小弟，被髮下瀛洲。快翦刀除辮，乾牛肉作餱。英雄一入獄，天地亦悲秋。臨命須摻手，乾坤只兩頭。」一九〇六年六月，章太炎光榮出獄，隨即東渡日本找到革命組織，並當上了《民報》的主編。

章太炎與孫中山的關係原本是不錯的，一九〇二年他到日本的時候，孫中山曾將橫濱幾十名義士召集起來為章太炎接風洗塵，極其器重。在這次聚會上，章太炎自稱喝了七十餘杯而不醉，興致之高，可見一斑。在接任《民報》主編的這段時期裡，章太炎除了腦病發作改由張繼、陶成章編輯三期外，其餘各期的所有編務和發行，都是由他一人擔當的。

章太炎的才氣與性格，決定了他與任何人都不能相處太久。一九〇七年三月，日本政府在清廷的壓力下，贈送孫中山五千元促其離境，日商鈴木久五郎也向其饋贈了一萬元。孫中山接受了這兩筆錢之後，也沒有和同盟會本部商議，便留下二千元做《民報》的經費，然後帶著胡漢民和汪精衛等人離開日本，去西南邊境搞革命去了。

章太炎在得知孫中山得了兩筆款子卻只給《民報》留了二千元後，立刻嚷嚷了起來，同盟會本部也炸開了鍋，革命義士們一個個拍桌摔凳。張繼說：「走就走嘛，你要人家的錢幹什麼！真是丟人！」劉師培則罵道：「孫文受賄！」章太炎更是火氣沖天，他上前一把撕下孫中山的相片，然後批上了「賣《民報》之孫文應即撤去」數字。這還不解氣，他以為孫中山在同盟會香港分會，於是又將批了字的相片寄到香港，以示羞辱。

在同盟會東京本部鬧成一團的時候，孫中山卻在西南地區連續策動了三次起義，但都以失敗而告終。消息傳到東京後，「反孫」聲浪更是進一步高漲，張繼、章太炎、劉師培、譚人鳳等人紛紛要求主持同盟會本部工作的劉揆一召開大會，罷免孫中山的總理職務，改選黃興繼任。張繼等人聲稱：「革命之前，必先革革命黨之命。」劉揆一不同意這些人的意見，於是張繼便和劉揆一互相扭打起來；章太炎則意氣用事，他以明碼電報洩露孫中山購買槍彈準備武裝起義的軍事祕密，以至於起義無法發動。章太炎的理由是，以日本奸商所賣的窳劣武器發動起義，無異於讓革命義士白白送命。

在與革命同道們鬧翻後，章太炎一度萌生去印度做和尚的念頭。一九〇八年四月二十七日的廣州《國民報》上，革命同志給章太炎編了一則名叫《章炳麟出家》的活劇曲藉以勸誡：「（同志掃板唱）章炳麟拋卻了、平生抱負；（慢板）眼見得漢人中、少個幫扶；披袈裟，坐蒲團，不顧宗祖；縱不念、眾同胞，該念妻孥；況且是、我支那，蹉跎國步。望同志，抱熱心，休作浮屠。」「（章炳麟中板唱）……除卻了三千苦惱，逼著我請個高僧來到東京披剃頭毛。我非是、主持厭世遁入空門愛棲淨土，我國人莫予肯服故把禪逃，從今後理亂不聞興亡不顧，入沙門、參佛祖做貝葉工夫。」

一九〇八年十月，《民報》（第二十四號）被日本政府封禁，章太炎因為支撐《民報》事務而費盡心機，吃盡苦頭，加上與黃興、宋教仁不合，於是憤而辭去社長一職，並「聲稱不再與聞《民報》之事」。一年後，汪精衛來東京恢復《民報》，原編委陶成章、章太炎被排除在外，這下又激起了更大的風波。

章太炎憤怒之下，發表《偽民報檢舉狀》，而陶成章也作《布告同志書》一冊，兩人合力痛斥孫中山「乾沒巨款」、「借革命為新騙術」，「直言孫文種種之非」；最後，他們乾脆公然與同盟會分裂並在東京恢復了光復會的名號。在一邊看熱鬧的保皇派們大樂，也紛紛大事鼓譟，藉以打擊革命氣焰。革命黨則將章太炎致劉師培賣身求助的信函加以公布作為反擊。原來，章太炎在想去印度當和尚期間，苦於缺乏經費，便向已投靠兩江總督端方的革命前友劉師培寫信，提請端方資助，但事未辦成反遭革命黨登報譏諷，於是章太炎與革命陣營也就愈走愈遠。

清帝退位後，革命大功告成，章太炎公開聲稱「革命軍起，革命黨消」，要求將原來祕密的革命黨組織改為合法組織，開展公開的政治活動。一九一二年後，在「革命黨消」的呼聲中，一場熱火朝天的組黨運動也開始在全國各大城市相繼上演，並在一九一三年國會選舉前形成高潮。

作為當時的鋒頭人物，章太炎成為了民初組黨運動的急先鋒。一九一二年一月三日，章太炎聯合江蘇都督程德全成立了中華民國聯合會，章太炎自任會長，程德全為副，原清末立憲派中的名流張謇、熊希齡、唐文治等人都成為了會中骨幹。不久，章太炎的同道、光復會領袖陶成章被陳其美派人刺死，章太炎將中華民國聯合會改組為統一黨，並更加激烈地指責和斥罵同盟會。在他看來，同盟會是一個有嚴重暴力傾向的組織，這些人置國家利益與民族大義於不顧，在和議已成的情況下還想繼續搗亂（革命），倘若這些人僥倖獲得了國家政權，必定要排斥異己，血流成河，搞一黨專制無疑。

章太炎甚至在自己的談話和通信中直言不諱地指出，他另組其他政黨就是針對同盟會的，而這一時期他指責孫中山乃至公開謾罵黃興、陳其美等人是「土匪」，也幾乎是家常便飯、張口就來。在「漢冶萍借款」、「遷都」、「善後大借款」等問題上，章太炎處處與孫中山等人為難。對於章太炎的倒戈反向，同盟會的人也憤而反擊，他們在報紙上大罵章太炎是個「瘋子」，並放出流言說章太炎要拿槍打國務總理唐紹儀，他才具有嚴重的暴力傾向。

說到「瘋」字，章太炎確實有間歇性的癲癇症狀，但被人稱為「章瘋子」，則是因為其生平喜歡特立獨行，好作驚人之語。對於這個綽號，章太炎非但不以為忤，反希望他的同志朋友都能帶點神經病。他曾在東京發表演說：「大凡非常的議論，不是神經病的人斷不能想，就能想亦不能說，遇著艱難困苦的時候，不是精神病的人斷不能百折不回，孤行己意。所以古來有大學問成大事業的，必得有神經病，才能做到。為這緣故，兄弟承認自己有精神病，也願諸位同志人人個個都有一兩分精神病。近來傳說某某有精神病，某某也有精神病，兄弟看來，不怕有精神病，只怕富貴利祿當面出現的時候，那精神病立刻好了，這才是要不得呢！」

《宋書．袁粲傳》中說：「昔有一國，國中一水，號曰『狂泉』。國人飲此水，無不狂；唯國君穿井而汲，獨得無恙。國人既並狂，反謂國王之不狂為狂。於是聚謀，共執國主，療其狂疾，火艾針藥，莫不畢具。國主不任其苦，於是到泉所，酌水飲之，飲畢便狂。君臣大小，其狂若一，眾乃歡然。」說的大概就是這個意思。

魯迅也曾在他的文章中回憶說，民國元年，章太炎先生在京期間好發議論，而且毫無顧忌地褒貶他人，常常被貶的一群人便給他起了個綽號，曰「章瘋子」，其人即是瘋子，議論當然是瘋話，是沒有價值的人。但每有言論，也仍在他們的報章上發表，不過題目特別，道「章瘋子大發其瘋」。有一回，他可是罵到他們的反對黨頭上去了，第二天報上報導時，那題目卻成了：「章瘋子居然不瘋！」

章太炎的「瘋」，還影響到他的婚姻。章太炎早年曾發過癲癇病，加上滿嘴的反動言論，當地人無人敢將女兒嫁給他，沒辦法，他母親只好將自己的陪嫁丫頭王氏許配給了他。這種婚姻，按當時習俗不能算正式婚儀而只能算「納妾」，王氏為章太炎生了三個子女後在一九〇三年不幸去世。在之後的十年間，章太炎為革命而奔波流亡，一直未娶。

坊間傳聞，章太炎曾在北京《順天時報》上登了《徵婚告白》，其中提了五個條件：一是要湖北人；二要大家閨秀，性情開放；三要通文墨，精詩賦；四是雙方平等，互相平等；五是夫死可嫁，亦可離婚。這在當時可算是石破天驚，毫無結果也就理所當然。革命勝利後，章太炎再次徵婚並提出如下擇偶標準：「人之娶妻當飯吃，我之娶妻當藥用。兩湖人甚佳，安徽人次之，最不適合者為北方女子，廣東女子言語不通，如外國人，那是最不敢當的！」

曾為愛國學社同事的蔡元培先生聽說後，他將女才子、《神州女報》創辦人湯國梨女士介紹給了章太炎，結果兩人還真成了夫唱婦隨的如意眷屬。不過，湯國梨並非湘妹子，也非鄂女子，而是浙江同鄉（烏鎮人），章太炎偏情與兩湖女子，亦不知何故也。

「二次革命」後，在袁世凱的授意下，「共和黨」、「民主黨」、「統一黨」合組為「進步黨」，以對抗當時在國會中的第一大黨「國民黨」，但重組後的「進步黨」勢力仍然過弱，所以有人主張將知名度很高且與「國民黨」關係鬧僵的章太炎引入。章太炎來京後，住在前門內大化石橋的原「共和黨」本部，誰知他到的第一天，門前已布滿軍警，名為保護，實則監視。原來，章太炎「持論侃侃，好為詆訶」，加上又是個老革命黨，袁世凱對其頗為忌憚，「天堂有路爾不走，地獄無門自來投」，章太炎居然送上門來了。

章太炎的弟子錢玄同等人前來探視，見老師極為鬱憤，便找到時為農商總長的張謇為之設法。張謇向袁世凱提議設立一個「弘文館」，讓章太炎領一些弟子去編字典，搞搞研究，袁世凱說：「只要章太炎不出京，弘文館之設，自可照辦，此不成問題也。」袁世凱還當場答應撥給數千元作為開辦費，以後每月固定撥給若干。

事情雖然已經說好了，但辦事機構的效率卻奇低，時間一晃就到了民國三年（一九一四年）的元旦，章太炎等得極不耐煩，憤憤地說：「袁世凱欺人，居心叵測，這裡我一天也待不下去了，明天我就先去天津，再由天津南下。」錢玄同等人說：「弘文館的事已有成議，老師何不再等等？」章太炎哼了一聲，道：「袁世凱只能騙爾等，豈能騙我！你以為他真的肯撥款辦弘文館嗎！」次日，章太炎去火車站，但很快便被軍警們截留，於是便有了「章太炎大鬧總統府」的趣聞。

民國小說《紀念碑》曾對此做了精彩描述：「民國三年的新年節，正月初七日下午傍晚的時候，總統府新華門內，忽聽見吵嚷的聲音，隨後數十兵士，即擁著一人出來，將那一人推至馬車中，前後左右，皆有兵士團團地圍著，押至憲兵教練所去了……及細細詢問起來，才知道獲住的……是個瘋子……他老先生這一天忽然高興起來，於清晨八時逕赴總統府，請謁見總統。他身穿一領油烘烘的羊毛皮襖，腳踏著土埋了似的一對破緞靴，手擎著一把白羽扇，不住地揮來揮去；又有光華華的一件東西，叫做什麼勳章，不在胸襟上懸著，卻在拿扇子那一隻手大指上提著……歪歪斜斜地坐在總統府招待室裡頭一張大椅子上，那一種倨傲的樣子，無論什麼人他都看不到眼裡。

「列位想一想，總統府是何等尊嚴的地方，凡請見總統的人，是何等禮服禮帽，畢恭畢敬的樣子，嘗看見那些進總統府的官吏們，皆是躡手躡腳的，連鼻子氣兒也不敢出，往來的人雖多，一種肅靜無譁的光景，就像沒有一個人一樣，哪見過這個瘋子，這個樣兒怪物呢！不消說傳事的人一回報，袁總統自然是拒不見的了。這個瘋子真是有點古怪，越說不見他，他是偏要請見。

「直等到天色已晚，他不但不去，還要搬鋪蓋進來，在此處值宿，適聽見傳事的人報大總統延見向次長瑞琨，他發起怒來道：『向瑞琨一個小孩子，可以見得，難道我見不得嗎？』他自言自語，越說越有氣，索性大罵起來。衛兵請他低聲些，他即怒衛兵無禮，摔碎茶碗，即向衛兵投去。

起初衛兵見他提著一個光華華的東西，思量著他許有些來歷，不知道他究竟能吃幾碗乾飯，也不敢較量，只得由他去鬧。隨後不知道從什麼地方來了一個命令，如此如此，衛兵們就把他拿小雞子似的從招待室裡頭拿出來，並拿進馬車裡去，一溜煙就送到一個地方，把他入了囚籠了。

「原來，他姓章號太炎，浙江餘杭人，講起舊學來，無人不佩服他，不過因他舉動離奇，一般人叫他章瘋子。自此以後，章瘋子囚犯的時代甚長，由憲兵教練處移囚至龍泉寺，又由龍泉寺移囚至徐醫生家，俱是後話。且說章瘋子被囚後，也有許多營救他的。有一人轉求袁總統最親信的張祕書，為他緩頰道：『袁總統挾有精兵十萬，何畏懼一書生，不使恢復其自由呢！』袁瞠目答道：『太炎的文筆，可橫掃千軍，亦是可怕的東西！』所以太炎被囚了，人人斷其無釋放的希望。這是深明白當道的意思的……」

章太炎被移拘外城龍泉寺後，惱怒異常，他憤而拒絕官廳供給，平日生活所需只依靠自己來京時所帶的旅費，以示「義不食袁粟」。不久，旅費全部用光，章太炎便開始絕食。袁世凱知道後，也不想背上逼死國學大師的罵名，因而特地將京師員警總監吳炳湘召來，讓他妥為設法勸導處置，千萬不要讓章太炎真的絕食死了。

吳炳湘隨後找到官醫院長徐某，讓他出具一報告書，說章太炎患病，龍泉寺與其病體不相宜，應遷地療養，於是便將章太炎移居到東城本司胡同徐某的寓中，以便隨時調護治療，章太炎的絕食之舉也就無形中有所轉圜。徐某除了要防止章太炎絕食外，還暗地負有勸服章太炎的任務。有一次錢玄同等弟子去見章太炎，便聽到他在眾人面前演說：「你們老師是大有學問的人，不但我們佩服，就是袁大總統也很是器重。如果你們老師明白大總統的好意，彼此相投，大總統定另眼看待，絕不虧負於他。可是大總統的火性也是厲害的，倘或不知好歹，一定要觸怒他老人家，他老人家也會翻臉不認人。『撲通』一聲（言至此，作槍擊之勢），你們老師的性命難保了！你們總要常勸勸他才好！」當時徐某的表演可謂是聲容並茂，錢玄同等人也無話可說，章太炎聽後不過微微冷笑。

章太炎在徐寓住下後，袁世凱仍舊不許其出京，只答應供給其在京之費用，即按月付五百元，作為「高等囚糧」之用。但是，這五百元並不是直接交給章太炎，而是由徐某經手，因此章太炎實際所得只有三百元。後來不知何故，章太炎又鬧起了絕食，徐某勸說無效下，不免大怒斥責道：「袁大總統每月白送你五百元，你何等舒服，竟尚不知足，無端絕食，真不知好歹！」言畢，徐某冷笑而去。徐某當時只顧發怒，不慎將五百元之真相洩出，而這話被在場的錢玄同等弟子聽到後，於是大家一起去找徐某，說：「你以經手人之資格，今已明向章先生說出五百元；要是今後還只付三百元，章先生必以見欺而益憤，後果你承擔得起嗎？」經此一番交涉，徐某這才將五百元如數給予。

被軟禁期間，章太炎每日大書「袁賊」二字，喝酒必佐以花生米，曰：「殺袁皇帝的頭！」小人們將章太炎的悖逆言行告到袁世凱那裡，並建議將章太炎殺頭，袁世凱卻淡淡地說，一個瘋子，我何必與之較真！

軟禁歸軟禁，章太炎的學問沒耽擱，在此期間，他重新修訂了《訄書》、《國學論衡》等著作，也算是得袁所賜。一九一六年，袁世凱稱帝敗亡後，章太炎重獲自由，但一個新的時代撲面而來，無意之中，章太炎已經成為新人物、新思潮所批判的「古董級」人物了。

在新文化運動中，中國的傳統學術被橫掃，令章太炎頗為不適應。美國留洋回來的胡適博士寫了一本《中國哲學史大綱》（係中國最早使用新式標點符號的書籍）。因受益章太炎的思想頗多，因而胡適在出版之後特地送了一本給章太炎，封面裡寫了「太炎先生指謬」幾個字，章太炎看到自己名字旁畫了黑線後，大怒道：「何物胡適！敢在我名上胡抹亂畫！」繼而看到「胡適敬贈」的「胡適」兩字旁邊也畫一黑線，這才轉嗔為喜，笑道：「他名字邊也有線，就彼此抵消了。」（之前的標點符號規則中，人名、地名等往往標線加以區別）

章太炎是「革命舊人」不假，但他同時也是一個革命異端，之前與孫中山發生嚴重的衝突不說，在五四運動後，更是跟不上形勢了。在這段時期，章太炎不但反對聯俄赤化、主張聯省自治，而且對北伐後的南京國民政府也不予認同，極為格格不入。章太炎的批蔣言論也令當局十分不滿，他一度被列為「反動學閥」而遭通緝，幸好有老友們從中疏通轉圜，方逃脫緝拿，自罰閉門思過。

一九二八年後，章太炎開始隱居不出，專心學問。據章太炎的私淑弟子、上海名醫陳存仁說，當時章太炎處境頗為困窘，唯一的收入，只靠賣字（多賣給朵雲軒）；因為他常年患有鼻竇炎，每天所吃的無非是腐乳、花生醬、鹹魚、鹹蛋等；常年衣衫不過三四套，從未見他換過新衫；因為常與人交惡，拜訪他的人也很少……

陳存仁是醫生，章太炎對中醫也有很深的造詣，尤其對《傷寒論》文獻的研究，更有獨到之處。章太炎著有《霍亂論》、《猝病新論》、《章太炎先生論傷寒》等醫學書，曾有人問他：「先生的學問是經學第一，還是史學第一？」章太炎答：「實不相瞞，我是醫學第一！」

據陳存仁說，某年春間他與另一名弟子章次公陪同章太炎夫婦去杭州，在那裡待了數月而歸。到杭州的第二天，章太炎一大早就去原曲園拜祭老師俞樾，不料此時已經物是人非，主人也已數易其主，竟不知此為俞樾故居。又一日，章太炎去樓外樓飯店吃飯，吃完後為樓外樓主人寫一首極長的張蒼水絕命詩，這時蔣介石夫婦由杭州市長周象賢陪同，也簡裝輕行地來到樓外樓吃飯，雙方因為互不相識，也就未打招呼。

蔣介石夫婦吃飯很快，在臨行之前，周象賢低聲對蔣介石說，對面那個寫字的就是章太炎。蔣介石聽後立刻過來招呼說：「太炎先生你好嗎？」章太炎說「很好很好」，蔣介石又問他近況如何，章太炎說「靠一枝筆騙飯吃」。蔣介石說：「我等你一下，送你回府，你有什麼事可以隨時關照象賢。」章太炎頻說「用不到，用不到」，並堅持不肯坐車。蔣介石沒辦法，只好將自己的手杖送給章太炎做紀念。章太炎對這根手杖倒是頗為滿意，稱謝握手而別。

次日，杭州各大報大登「章太炎『杖國杖朝』、蔣主席關心故舊」的新聞。其實，在章太炎的眼裡，蔣介石不過是個革命晚輩，何況他還親自帶人刺殺了同道陶成章，「故舊」一說，實難成立。而且，章太炎終身與蔣介石交惡，從無善言，這則故事的真偽，尚不得而知。

章太炎晚年居住在上海時，常鬧笑話。有一次他出門買書，叫人力車送去，看了半天，一本沒買，然後又施施然地出來，坐上另一輛人力車，車夫問他去哪裡，他不記得自家地址，只說往西走。人家拉了他半天，問他到底住在哪裡。章太炎說：「我是章太炎，人稱章瘋子，上海灘人人知道我的住址，難道你不知道嗎？」車夫連連搖頭，只好自認倒楣。

後來，章太炎稍微有了點錢，便在蘇州買了棟房子，搬到那裡定居。在蘇州期間，章太炎辦了國學講習會，傳授《小學略說》、《經學略說》、《史學略說》、《諸子學略說》等，收徒甚眾，為保存國學做了很大的貢獻。章太炎一生著作頗多，約有四百餘萬字，其在文學、史學、語言學、醫學、詩詞、書法等方面均有成就，所著《國學概論》、《國學論衡》等著作可稱得上民國時期的儒學經典。章太炎由才子到「瘋子」、由革命家到國學大師，其一生並未虛度。

一九三六年夏，章太炎在國學講習會給學生講完《尚書》後，於六月十四日在蘇州病逝，時年六十八歲。去世前，章太炎只留下一句話，「設有異族入主中原，世世子孫勿食其官祿」，他似乎已經意識到今後的中國將發生什麼危險。

鑒於章太炎「革命元勳」、「國學泰斗」的身分，南京國民政府下令舉行國葬。但後來因為抗戰爆發，時值亂世，章太炎遺骨一直未能安葬而是暫厝於蘇州錦帆路寓所，直到解放後，浙江方面才按其遺願，將其安葬於杭州西湖南屏山南明遺臣張蒼水墓旁。

章太炎的一生都很矛盾，他既要革命，又想保留國粹；既要共和，又反對代議制政府；既是個儒者，又嚮往佛教……據陳存仁說，章太炎嫉惡如仇，凡人有不善，必面加呵斥，不稍留餘地。到了晚年，只要是他不喜歡看見的人，絕不接見；即使見了，也不多說話，默爾顧他，不做灌夫之罵。章太炎晚年的志趣與早年迥然相異，日趨平實，其涵養功力日漸深邃，他曾給人寫條幅，自嘲曰：「少年氣盛，立說好異人，由今觀之，多穿鑿失本意，大抵十可得五耳。假我數年，或可以無大過。」

從突破傳統到最後回歸傳統，章太炎最終從鬥爭中得到心靈的解脫。但不幸的是，他生活的那個年代，思潮越來越偏激、越來越激烈，他最終跟不上時代的潮流而被「革命」所拋棄，而他晚年在著作中表現出來的「瘋」，何嘗不是一種返璞歸真的「孤憤」！所幸的是，在閉門不出、專心學術後，章太炎並沒有辜負他的才華與早年的學術訓練，終成一代國學大師；而與他同時代的一些才子佳人，在百年「革命潮」過去之後，早已湮沒無聞矣！

十三、飛將軍蔡鍔

抗戰名將李宗仁曾在回憶錄中說，當年他在廣西陸軍小學就讀的時候，最崇拜的就是學堂總辦蔡鍔將軍。據他所說，蔡鍔「那時不過三十歲左右，可稱文武雙全，儀表堂堂」，騎馬的時候，他不一定從馬的側面攀鞍而上，而是「喜歡用皮鞭向馬身一揚，當馬跑出十數步時，始從馬後飛步追上，兩腳在地上一蹬，兩手向前按著馬臀，一縱而上」。在李宗仁這些十七八歲的小學員們看來，「這匹昂首大馬，看來已經夠威風，而蔡氏縱身而上的輕鬆矯捷，尤足驚人。我們當時仰看馬上的蔡將軍，真有『人中呂布，馬中赤兔』之感。」

言及於此，李宗仁忍不住歎道：「我當時能夠當上陸小學員，已經十分滿意，只希望將來畢業後，能當一名中上尉階級的隊附和隊長，平生之願已足。至於像蔡鍔那樣『飛將軍式』的人物和地位，我是做夢也沒有想過的。」

所謂「不怕做不到，就怕想不到」，李宗仁將軍所說未免過謙，事實上，他後來所做出的事蹟並不比他所崇拜的蔡鍔將軍遜色，不過這是後話了。在這裡，筆者卻要說說這位把陸小學員們「看得眼睛發直，驚為神人」的蔡鍔蔡將軍。

其實，當時那些小學員哪裡知道，這位英氣勃發、高不可攀的「飛將軍」，人家可是日本士官學校騎兵科畢業的科班生，用現在的話來說，那是貨真價實的海歸呢。蔡鍔字松坡，湖南邵陽人，生於一八八二年，從小天資聰穎，十三歲中秀才，十五歲時受湖南學政徐仁鑄的舉薦，入讀湖南時務學堂。時務學堂是維新黨人譚嗣同等人為宣傳變法而設立的新式學堂，也是當時湖南維新派的大本營，不久，大才子梁啟超，這位維新運動中的鋒頭人物也應邀來到時務學堂擔任中文總教習，雖然蔡鍔當時年紀不大，但很快被梁啟超發現並結下了深厚的師生友誼。名師出高徒，這也是民國史上一段難得的佳話。

戊戌變法失敗後，譚嗣同被殺、梁啟超流亡日本，湖南時務學堂也就關門大吉。後來，梁啟超得知蔡鍔等同學在找尋他的消息後，便設法將他們召到日本，並進入由梁啟超擔任校長的東京大同高等學校繼續學習。

一九〇〇年，蔡鍔曾祕密回到湖南參加唐才常的自立軍起義，但起義剛一發動即告失敗，唐才常被殺，蔡鍔再次潛回日本並轉入成城學校學習軍事。在梁啟超的活動下（為培養蔡鍔，梁啟超請託於大隈重信為之擔保），蔡鍔於一九〇三年進入日本陸軍士官學校第三期騎兵科並以優異的成績畢業。在同時期入學的學員中，蔡鍔、蔣方震、張孝准並稱為「中國士官三傑」，蔣方震後來成為著名的軍事教育家，張孝准在畢業又受東三省總督徐世昌的舉薦去德國留學四年，但這兩人在民國史上均不如蔡鍔鼎鼎大名。

蔡鍔回國之際，正好趕上清廷大力推行新政的好時候，而編練新軍又是清末新政的重中之重，因此在日本學習軍事的畢業生在回國後都受到重用，並成為各省爭搶的對象（不過袁世凱的北洋陸軍對留學日本的士官生倒不甚重視，因為他們直接請了很多德國及日本教官，反滿勢力未能介入，這或許是北洋軍在辛亥革命中相對穩定的原因之一）。蔡鍔回國後，先後在江西、湖南、廣西等省的武備學堂任教或者編練新軍，由於其觀念新穎，能力出眾，很快便在南方軍界中嶄露頭角，成為一名重要的新軍將領。

當時的廣西巡撫張鳴岐，也是一個年輕有為但又好大喜功的人，他主政廣西後，銳意延攬新政人才，辦起了很多新式學堂，諸如法政學堂、員警學堂、優級師範、陸軍小學、陸軍測量學堂等等。由此，從日本學成回來但又富有革命思想的人如莊蘊寬、鈕永建、李書城、蔡鍔、尹昌衡、孔庚、趙恆惕等紛紛齊聚桂林（當時的廣西首府在桂林，民國陸榮廷主政後遷往南寧），氣象為之一新。

蔡鍔當時擔任了廣西兵備道總辦、參謀處總辦，同時還兼任了陸軍小學總辦，統領整個廣西的新軍及編練機構事宜，軍權在握，權傾一時，很受巡撫張鳴岐的重視。不過，由於中國人的鄉土觀念很重，身為湖南人的蔡鍔在廣西混得太好，難免引起當地人的嫉妒，結果惹出一場「驅蔡風潮」，令蔡鍔不得不退出廣西。

事情是這樣的，當時湖南人在廣西定居極多，在風氣、文化各方面又都比廣西本地人要好得多，因而不免發生一些利益衝突。「驅蔡風潮」最初發源於「幹部學堂」，這個學堂原本是為廣西新軍培養軍事幹部的，因為廣西在清末編練新軍時擬成立一鎮一協（即一師一旅），但後來因為經費不足，所以只編成了一混成協。如此一來，幹部學堂的兩百多畢業生就大大地供過於求，蔡鍔決定從這兩百多人中進行甄別考試，結果湖南籍的畢業生成績遠好於廣西本地學生，在留用的一百二十人中，湖南人有九十多個，而被淘汰的大多為廣西籍。

這下廣西人當然不幹了，他們認為蔡鍔的考評袒護同鄉，有失公允，因此在幹部學堂內掀起

「驅蔡運動」並很快波及其他學堂。不久，廣西諮議局的議員們也群起彈劾蔡鍔，使得風潮進一步擴大，廣西人甚至罷市罷課，一致要求蔡鍔離桂。在「驅蔡運動」的高潮時期，各學堂的學生排隊前往撫台衙門請願，弄得張鳴岐毫無辦法，最後蔡鍔只能在壓力之下灰溜溜地離開了廣西。

古話說得好，「失之東隅，收之桑榆」，蔡鍔在廣西以一種不體面的方式下臺後，雲貴總督李經羲卻隨後將之延攬到雲南，並擔任了第十九鎮第三十七協的協統（旅長），這次是直接做上了帶兵官。就當時而言，帶兵與不帶兵的效果是完全兩樣的，蔡鍔之前做的大多是教官或者軍政管理工作，手頭沒有自己的子弟兵，因而在關鍵時候無人可用，這一次反而是因禍得福，收插柳之功了。

半年之後，武昌起義爆發；二十天後，雲南的革命黨人也發起起義回應。在關鍵時刻，蔡鍔被推為起義軍臨時總司令，新、舊軍在激烈交戰一晝夜後，第十九鎮統制鍾麟同被殺，雲貴總督李經羲被俘（後被禮送出境），身為協統的蔡鍔則被推為雲南都督，當時年僅二十九歲。在當年的這場革命中，類似於蔡鍔經歷的還有江西都督李烈鈞（二十九歲）、山西都督閻錫山（二十八歲）、貴州都督唐繼堯（二十八歲），這幾個人都從日本士官學校畢業回國並在各省新軍中擔任重要軍職。從這個意義上來說，辛亥革命實際上是一場全國意義上的兵變。

不過，當上都督的蔡鍔在民國後再次遭到雲南當地人的排擠（所謂「滇人治滇」，當時各省自治就流行這個，即本省都督須由本省人擔任），正好袁世凱在一九一三年下令將他調往北京，於是蔡鍔順水推舟離開了雲南，遺缺由原貴州都督唐繼堯接任。唐繼堯倒是雲南人，他既是蔡鍔的學弟，也是其部屬，在革命前的雲南新軍第十九鎮第三十七協中，蔡鍔是協統，劉存厚是標統，唐繼堯為營管帶。辛亥時期，貴州革命不甚成功，應當地士紳要求，蔡鍔派唐繼堯入黔平亂，唐繼堯由此擔任了貴州都督。

袁世凱對蔡鍔很是欣賞，他將蔡鍔調到北京的原定目的是讓他擔任新組建的「模範團」團長，以對北洋軍進行改造並打造出一支新的軍隊。可惜的是，袁世凱引進「外人」的提議遭到北洋派內部的強烈抵制，最後只能作罷。蔡鍔到京後，雖然也擔任過將軍府辦事員、參政院參政、經界局督辦等職，但都是一些虛職，這使得正值當打之年的蔡鍔感到有志難伸，頗為鬱鬱寡歡。

在清朝覆亡之後，蔡鍔認為只有「強人政治」才能維護國家的統一並達到富強，而他心目中的「強人」正是袁世凱。因此，蔡鍔在民國初年一直站在袁世凱的一邊，對革命黨的「二次革命」不予支持。但是，蔡鍔到京後，發現民國的新氣象很快便陷於消亡，而他看重的強人袁世凱並非他心目的理想人選，特別在談判「二十一條」的過程中，蔡鍔更是對袁世凱失望至極。

據後來的稗官演義中說，蔡鍔在此期間經常縱情酒色，留戀風塵，並結識了勾欄中的名媛小鳳仙。小鳳仙是京城裡八大胡同的頭牌姑娘，人長得標緻又頗具俠氣，一雙慧眼能識天下英雄。在蔡鍔邂逅小鳳仙後，英雄美女，惺惺相惜，蔡將軍也就時常沉迷於小鳳仙的溫柔鄉中。相處日久後，小鳳仙也看出蔡鍔的壓抑與憋屈。特別是袁世凱稱帝活動日益猖狂後，蔡鍔更是整日唉聲歎氣，於是鳳仙姑娘便試探他：「蔡將軍，日下請願運動愈發興盛，我的一些姐妹也想組團參加，你看這事如何？」

蔡鍔聽後歎息了幾聲，小鳳仙見狀也已猜到七八分，便說：「蔡將軍，我看你也是有志之人，為何不站出來做一番大事業呢？」蔡鍔歎道：「舉國洶洶，我縱然有殺賊之心，但身處京城，形如囚禁，無可脫逃啊！」小鳳仙說：「既然將軍有意，那我這裡倒有一辦法。」說完，小鳳仙便在蔡鍔的耳邊耳語了一陣，蔡鍔聽後大喜，隨即便按計行事。

蔡鍔先到老師梁啟超那裡徵詢他對帝制運動的看法，在得知梁啟超決意反袁後，於是便將小鳳仙給自己脫身的計謀說了一遍，梁啟超也很贊同。隨後，梁啟超便離開北京並發表了那篇著名的文章《異哉所謂國體問題者》，而蔡鍔則故意在公開場合恥笑梁老師的迂腐錯謬，並與帝制派人物打得火熱，似乎也加入了帝制派的陣營。

對於蔡鍔的動向，袁世凱很早就派有暗探跟蹤，他對於蔡鍔的突然轉變並不敢輕易相信，反而加強了監視。數日後，暗探們聽到蔡鍔家中突然傳來激烈的吵鬧聲。原來，蔡鍔的原配夫人因蔡鍔近日一直在與小鳳仙鬼混，不過稍勸了幾句，而蔡鍔卻趁勢發作，要將夫人休掉，打回老家。這事傳到老袁耳中後，不免為之一樂。後來，蔡鍔也就乘機將夫人送回老家，其實這也是小鳳仙金蟬脫殼計策中的一部分。

夫人離開京城後，蔡鍔更是成天與小鳳仙在一起廝混，而那些偵探們見蔡鍔已沉湎聲色，也就日漸放鬆了警惕。一日，蔡鍔攜小鳳仙前往第一舞臺看戲，偵探們自然例行公事，尾隨於後。蔡、鳳二人進了包廂後，也未見什麼動靜，蔡鍔還將大衣脫下掛在衣架上，外面的人可以看得清清楚楚。偵探們見蔡鍔的大衣掛在外面，也就輕鬆了許多，不必時時去窺探之。戲過中場，蔡鍔突然起身前往小解，而偵探們見大衣尚未取下，於是也就不以為意。

不料戲已演完，卻始終不見蔡鍔回來，偵探們這下知道大事不好，等到他們追上小鳳仙並索問蔡鍔下落時，小鳳仙笑道：「各位大人，我乃是風塵中人，蔡將軍有何公幹，豈是我等所能問，又是我等所能得知的呢？」偵探們聽後，大呼上當，但也只好自認倒楣。

其實，等偵探們醒悟過來的時候，蔡鍔早已登上了前往天津的火車。偵探們還在北京到處找尋的時候，蔡鍔已經在朋友的幫助下乘輪渡海，潛往日本。等到了日本後，蔡鍔才給袁世凱發電，稱自己患有喉疾，正在日本醫治云云。老奸巨猾的袁世凱此時哪敢相信，他隨即便命令沿海、特別是雲南和廣西的地方官員嚴加緝拿，不得讓蔡鍔潛返入境。老袁不愧是老袁，比那些蠢笨的偵探就是強很多，此時的蔡鍔果然已經在前往雲南的路上，這封電報也是他託付友人在他離開日本後才拍發的。

這個故事，後來被拍成了電影《知音》，小鳳仙義助飛將軍蔡鍔的故事由此家喻戶曉。不過，故事雖美，但畢竟是稗官野史，據蔡鍔長子蔡端先生所說，蔡鍔當時雖涉足八大胡同，但並不常去；其生母潘夫人也曾說，有一次蔡鍔陪家眷去看戲時，曾指著包廂裡一個年輕美貌的女子說：她就是小鳳仙。由此可知，蔡鍔與小鳳仙雖有交往，但畢竟沒有到出雙入對的地步，而且沒有背著家人。更重要的是，蔡鍔將夫人遣送回籍的主要原因是潘夫人身懷六甲，想回娘家生育，並不是有意設計離京。

至於蔡鍔出京一節，也與傳聞有異。事實上，袁世凱並沒有限制蔡鍔的行動自由，因為當時蔡鍔的確染有喉疾，他要求去日本醫治的理由也是光明正大，袁世凱又有什麼理由不准呢？因此，袁世凱批了蔡鍔三個月的假，這在當時的政府公報均有記載，所謂蔡鍔與袁世凱「捉迷藏」的遊戲，在歷史上並沒有發生過，只不過是小說家的戲劇性加工罷了。

但不管怎麼說，蔡鍔離開北京到達了昆明，袁世凱也確實著了蔡鍔的道兒，讓這個對手輕易逃脫了自己的控制。蔡鍔到昆明後，隨後便與唐繼堯揭起「護中國軍隊」大旗，並召集群眾大會，宣布雲南獨立，舉起反袁大旗。昆明的民眾得知消息後，立時歡聲雷動，並紛紛走上街頭，舉行了盛大的遊行活動。在群眾大會上，蔡鍔發表演說稱：「我們所爭取的不是個人的權力地位，而是四萬萬同胞的國格！我們與其屈膝而生，毋寧斷頭而死！」台下民眾聽後一起鼓掌，民意昭然。

在宣布雲南獨立後，唐繼堯、蔡鍔等人隨即組建了護中國軍隊，出兵討袁。護中國軍隊當時共有三個軍，第一軍總司令蔡鍔，率軍西向四川；第二軍總司令李烈鈞，兵進廣西並直抵廣東；第三軍總司令由雲南將軍唐繼堯兼任，坐鎮雲南後方。一九一五年底，蔡鍔的第一軍和李烈鈞的第二軍陸續分批開拔前線，拉開了護國戰爭的序幕。

蔡鍔的第一軍共三個梯團、六個支隊（朱德當時任第六支隊長，即原來滇軍步兵第十團團長），兵力尚不足一萬，出征的時候只有兩個月的糧餉，而且基本是步兵，只有一個騎兵連和少量的重武器、輕重機槍。出發時，每個士兵所攜帶的子彈僅三百發，炮彈更少，可謂是孤軍深入，十分悲壯。

蔡鍔所部護中國軍隊到川南作戰兩個月後，消耗甚大，而後方唐繼堯又未能及時接濟，以至於陷入了極大困境。蔡鍔曾在此期間給友人的信中說「所難者槍支破損，未能克日修理，衣服襤褸，未能換給；彈藥未能悉加補充，而餉項已罄，乞靈無效」；「自滇出發以來，僅領滇餉兩月。半年來，關於給養上後方毫無補充，以致衣不蔽體，食無宿糧，每月伙食雜用，皆臨時東湊西挪，拮据度日」。

好在護國戰爭只進行了半年，袁世凱便在內外交困中一命嗚呼（不過，袁世凱是自己身體撐不住病死的，而非護國戰爭打垮的），蔡鍔的「護國之舉」也就大功告成。話說回來，世事原本無常，倘若袁世凱當年任命蔡鍔做了「模範團」團長，想必也就不會有這場麻煩呢。最後倒好，梁啟超、蔡鍔師徒一文一武，筆桿子、槍桿子一起上，他老袁家的皇帝美夢、錦繡江山，一眨眼可不就化成了泡影？

令人惋惜的是，就在袁世凱死去後不到半年，兩位赫赫有名的「共和偉人」便先後去世，一個是黃興，另一個則是蔡鍔。前文已述，蔡鍔是以治病的藉口離開北京的，而他當時確實患有嚴重的喉疾，加上作戰的條件極其艱苦，「鏖戰經月，日眠食於風雨之中，出入乎生死以外」；「平均每日睡覺不到三個鐘。吃的飯是一半米一半砂硬吞」，使得病情久拖不治，日益惡化。等到護國戰爭結束後，蔡鍔旋即赴日本醫治，但為時已晚，於一九一六年十一月八日在日本福岡病逝，年僅三十五歲（黃興四十三歲）。

「國民賴公有人格，英雄無命亦天心」，在蔡鍔病逝後，其師梁啟超十分悲痛地為自己的愛徒撰寫了這副輓聯。一九一七年四月十二日，蔡鍔移葬故里，國民政府在長沙嶽麓山為他舉行國葬儀式，這也是民國歷史上的「國葬第一人」。受此殊榮，蔡將軍泉下有知，想必也會感到欣慰的。

十四、張勳復辟

一九一七年六月中旬，在帝師陳寶琛、梁鼎芬的引領下，張勳入宮叩見前清遜帝溥儀。據溥儀的回憶，他初次見到張勳的時候，「多少有些失望」，只見他「穿著一身紗袍褂，黑紅臉，眉毛很重，胖呼呼的」，「他的辮子，的確有一根，是花白色的」。張勳這次入宮並沒有待多長時間，見溥儀大概也就五六分鐘，隨後便走了。

半個月後，也就是七月一日，這一天，溥儀的三位師傅，陳寶琛、梁鼎芬、朱益藩一起進來找溥儀，他們臉色十分莊嚴，似乎有了不得的大事將要發生。接著，陳寶琛先開口了：

「張勳一早就來了……」

「哦，他又來請安了？」

「不是請安，是萬事俱備，一切妥帖，來擁戴皇上復位聽政，大清復辟啦！」

十三歲的溥儀還懵懵懂懂，陳師傅急著對他說：「請皇上務必要答應張勳，這是為民請命，天人與歸……」

溥儀這才明白，自己又要做皇上了！

陳寶琛又交代說：「到時不用和張勳說多少話，答應他就是。不過，不要立刻答應，而應先推辭，最後再說：『既然如此，就勉為其難吧！』」

溥儀隨後便到了養心殿，沒多久，張勳帶著一群人闖了進來，其中有王士珍、江朝宗、張鎮芳、雷震春、康有為等人。見了溥儀之後，張勳便先跪下，掏出一張奏摺念道：「隆裕皇太后不忍為了一姓的尊容，讓百姓遭殃，才下詔辦了共和。誰知道辦得民不聊生……共和不合咱的國情，只有皇上復位，萬民才能得救……」

等張勳念完了，溥儀按師傅之前教的推辭道：「我年齡太小，無才無德，當不了如此大任。」張勳聽後，先誇溥儀謙虛，然後又把康熙皇帝六歲登基的故事念叨了一遍。

溥儀說：「那個大總統怎麼辦呢？給他優待還是怎麼著？」

張勳哂然一笑，說：「黎元洪奏請讓他自家退位，皇上准他的奏請就行了。」

說到這裡，溥儀也就不再推辭：「既然如此，我就勉為其難吧！」

溥儀既然答應，張勳便率領一干遺老，跪拜磕頭，山呼萬歲，然後又拿出康有為起草的復位上諭，請溥儀「御覽」後蓋印。於是乎，民國六年便又成了宣統九年。

事情來得有點突兀，得重播一下。

一九一六年袁世凱死後，黎元洪繼任大總統，不久便與總理段祺瑞發生「府院之爭」，兩人互不相讓，結果總統在一九一七年五月二十三日將總理免職。段祺瑞也不是任人隨便欺負的軟柿子，他隨後便挑唆各北洋派的督軍起來反對黎元洪並進而宣布各省獨立，讓黎元洪搞不下去後主動下臺。

正當黎元洪焦頭爛額之時，自稱「督軍團大盟主」的張勳突然打來電報，並表示願進京調停。黎元洪聽後是喜出望外，他當時好比是抓到了一根救命稻草，隨即便覆電邀張勳進京，並派出專車前往徐州迎接。

六月七日，在「拱衛京師、調停國事」的旗號下，張勳親率步、馬、炮兵共十營辮子軍（約五千人）自徐州沿津浦路北上，一行人浩浩蕩蕩，殺入北京。辮子軍入京後，各路遺老遺少興奮莫名，隨即紛紛出動，悄然入京。

六月二十八日，一位農夫打扮的老頭悄沒聲息地走出北京火車站，只見他蒲扇遮臉，行跡詭祕，初看上去一點都不顯眼。但當他一走出站，立即有四名辮子兵迎上前來，將老頭恭恭敬敬接上車，隨即疾馳而去。

這老頭是誰？說起來大名鼎鼎，乃前工部主事、戊戌變法的主角康有為是也。可別小看了康老夫子，他這次來京可是有大事的，在他的衣兜裡，藏著的不正是預備發布的復位文告和預擬的數道上諭嗎？

在復辟問題上，張勳的參謀長萬繩栻與康有為極為相投，之前便已將康有為引見給張勳。張勳見了康有為後，相談甚歡，大有相見恨晚之憾。這兩個人，一個尚文，一個尊武，彼此又好誇誇其談，於是在遺老界便有「文武兩聖人」之說。

康有為到京後，立刻被接到了張勳宅中，一群復辟人物也早已濟濟一堂，計有萬繩栻、張鎮芳、雷震春、沈曾植、胡嗣瑗、勞乃宣、阮忠樞、顧瑗等。這群人連夜開會，以最快的速度將復辟事宜準備妥當，譬如詔書、上諭、官職安排等等，只等張勳一聲令下，便可改朝換代，舊夢重溫。

六月三十日，江西會館召開堂會，鄉親中的達人張勳張大帥也應邀光臨。張勳是個戲迷，這次又有梅蘭芳登臺演出，於是便乘興而去。晚上，張勳吃完夜宴後回到自家公館，見家中燈火通明，人頭攢動，正迷糊間，一進門他便被萬繩栻等人圍住並送上一紙考究的文書。張勳略看了幾眼，微微一愣，問：「今晚就動手？」萬繩栻說：「大帥志在復辟，已非一日，如今乃是千載難逢的機會，此時不圖，更待何時？」

張勳本還有三分酒氣，聽了萬繩栻的鼓動，心裡也激動了起來，他一擼袖子，大聲道：「有理有理！我老張就幹這一遭吧！」

言罷，張勳便命人分頭前去請京城中的幾個著名大員，如陸軍總長王士珍、步軍統領江朝宗、員警總監吳炳湘、駐京畿的第二十師師長陳光遠等。等眾人來齊之後，張勳跳上臺階，大聲宣布復辟大業。當有人提出此事過急時，張勳嗔目道：「要幹就幹，不要婆婆媽媽！此事要是不成，自有我老張一個擔待，今天誰要是不配合的話，休怪我手下無情！」

當晚，張勳便命王士珍、吳炳湘將辮子軍放入城內，待到晨雞報曉，天色漸亮，張大帥請大家飽餐一頓後，便請在場的各位換上前朝袍褂。這時，張勳的手下統領過來報告說，本軍已經佔領城內外要衝，一切布置妥當，張勳聽後一躍而起，大聲道：「好，我等現在就進宮，請宣統帝復辟就是了！」

在辮子軍的護衛下，張勳一行人來到清宮。由於之前沒有交涉，清宮中的人被這些人嚇得分頭亂跑，裡面的去報告瑾太妃、瑜太妃，外面的慌忙去報告清太保世續。待到兩太妃和世續趕到、問為何而來時，張勳便道：「今日復辟，請少主即可登殿。」

世續聽後，嚇得幾乎從椅子上跌落，他顫聲問：「這是何人主張？」

張勳上前一步，獰笑道：「有我老張作主，你怕什麼？」

世續聽後磕頭出血，大呼不可，兩太妃見世續如此，心裡也十分害怕，說：「將軍，萬一這事不成，豈不是害了我全族？」

張勳聽得惱了：「有老臣在，盡可放心！」

世續還在那裡磕頭反對，張勳忍耐不住，厲聲道：「到底願不願意復辟?!」

世續見這等莽夫一味蠻幹，要是不從他的話，指不定要發生什麼別的事，只好與兩太妃進宮去請宣統小皇帝，由此便有了以上一幕。

張勳宣布復辟後立刻通電全國，並在電文中指斥民國初年的種種亂象，稱「名為民國，而不知有民；稱為國民，而不知有國。至今日民窮財盡，而國本亦不免動搖」；而追究其原因的話，則是因為「國體不良」，實行了共和所導致。

以張勳這些保守派的理解，所謂的共和制度，「五年更一總統，則一大亂；一年或數月更一總理，則一小亂」，這簡直就是糊塗至極、多此一舉的瞎折騰。因此，張勳代表廣大老百姓憤慨地說：「小民何辜，動罹荼毒！以視君主世及，同享數百年或數十年之幸福者，相距何啻天淵！」

從張勳的邏輯上說，民國初年總統和總理如同走馬燈一樣地換，總也搞不好，最後還是要回歸專制……既然如此，何不把傳統的皇帝推出來呢?這樣還更穩定一點嘛！

在接下來的幾天裡，自清帝退位後便一直冷冷清清的紫禁城，立刻又變得喧嘩活躍起來了。首先是遺老和前清官員們，這些人一撥接一撥地前來晉見復職的皇上，請安的請安，謝恩的謝恩，一個個恨不能立刻官復原職；緊接著，清朝覆滅後逃散到青島、天津等地的滿族親貴們也都回來了，他們以為自己的好日子又要開始了！

熱鬧的還不僅僅是在皇宮裡，北京城也要有復辟新氣象。就是宣布復辟的那天清早，員警們便挨戶通知：宣統爺復辟了，立即懸掛龍旗！喜訊傳來，民間的遺民們彷彿中了六合彩一樣，急忙把珍藏多年、壓在衣櫃最深處的前清袍褂翻出，穿上後便興高采烈地滿大街溜達去了。

這下好，市面上那些原本因為過時而滯銷的舊式袍褂，立刻成了當時最搶手的商品。還沒有到中午吃飯時分，這些前朝衣冠就已經被搶購一空。買不到的遺老們挖空心思，有的便上戲班子去出高價買唱戲用的前朝戲衣，有的人更是跑到壽衣店……因為壽衣店也有前朝衣服嘛。

這下好，北京街頭簡直就是群魔亂舞，各色人等都出來了。

前朝袍褂還好辦，龍旗就比較麻煩了，因此此時離清朝覆滅已近六年，龍旗早就不知道扔哪裡去了，怎麼會曉得今天龍旗會重見天日呢？被逼得沒辦法了，那些店鋪的夥計就自己拿紙糊個三角旗，然後畫條小龍，塗成黃色掛出去。最可逗的是，有些人的繪畫水準不過關，小黃龍被畫得跟條死蛇一樣，實在大煞風景。但不管怎麼說吧，這街道和胡同裡一排排的紙旗幟迎風飄展，倒也氣象一新，真的是換了人間。

在復辟期間，倒是有一件事情頗值得稱道，那就是滿族親貴無論有無辮子，張勳一概屏棄不用。比如貝子溥倫，在清帝退位後便剪去辮子並參與了民國政治，在參與朝拜的時候被張勳看到，結果被斥罵為愛新覺羅的不肖子。溥倫抗辯說：「宣統帝退位前已經發布了剪辮之上諭。」老張說：「就算如此，你也是違背了列祖列宗之命，我自己是個漢人，還知道恪守先皇遺訓呢！」溥倫諷刺道：「不錯，真可惜你不是清室子孫！」張勳聽後大怒，聲色俱厲地斥罵道：「臣子臣子，臣便是子！」溥倫見張勳發了蠻威，只能默然而退。

溥倫還只是被張勳搶白一頓，恭親王溥偉則更是撞到槍口上去了。據時人筆記《復辟之黑幕》上說，溥偉本是宗社黨首領之一，常年往返於天津、上海等地，為復辟大業而辛苦奔走。這次張勳復辟，居然沒有通知他，溥偉十分氣憤，便找到張勳質問並指斥其專擅之罪。

張勳聽後，反唇相譏道：「自古以來，建立大功大業的都要捷足先登，誰讓你今天才來，還想得個好位置，世間哪有這樣便宜的事情？」溥偉聽後大罵張勳忘本，聽得老張心頭火起，突然起身扇了溥偉幾個耳光。溥偉是前朝世襲的恭親王（恭親王奕訢之孫），猝然之下被張勳打了耳光，好半天才反應過來：「你竟然毆打親貴嗎?!」張勳獰笑道：「現在除了皇帝我最大，就是打了你，也沒啥子稀罕的！」

對於張勳等人排擠滿族親貴的行為，原來宗社黨的那些親王、貝勒、貝子十分氣憤，他們隨後便聚在一起商議對策，要找前攝政王載灃甚至宣統皇帝出來主持公道。帝師陳寶琛聽說後，急忙囑咐溥儀說：「本朝辛亥讓國，就是這般王公親貴干政鬧出來的，現在還要鬧，真是糊塗已極！皇上萬不可答應他們！」

所幸的是，王公貴族們的牢騷還沒有發完，討逆軍已經打到了北京。於是乎，這幫人又像當年那樣跑沒影了。

在復辟後的繁榮景象中，最不和諧的便是仍舊懸掛五色旗的總統府和不肯退職的大總統黎元洪。在復辟消息傳來後，黎元洪又悔又恨，這下算是知道病急亂投醫的結果了。不久，梁鼎芬、江朝宗和王士珍受張勳之命來到總統府，要求黎元洪立即退職，並接受「一等公」的封號。

梁鼎芬和黎元洪之前都在張之洞手下共過事，以為此去必然馬到成功，能順利地讓黎元洪卸任總統並接收封號。但他沒有想到的是，黎元洪在共和立場問題上倒還算堅定，此前他就拒絕了袁世凱稱帝時期封的「武義親王」稱號，這次當然也不例外。當梁鼎芬拿出早已擬好的「奉還國政」的文書交給黎元洪蓋印時，黎元洪拒絕道：「民國乃國民公有之物，我受國民之託擔任總統，責任重大，退位與否，要尊崇民意，豈能個人決定？」

梁鼎芬冷笑道：「共和國政本就是先朝舊物，理應還給皇上，復辟乃是天意，民心如此，張大帥不過是順天應人，才有此番舉動。汝之前也受過清職，辛亥政變，也非公意，如今奉還大政，安享天祿，既不負清室，也不負民國，豈不是一舉兩得的善事？」

黎元洪聽後一言不發，再次拿出泥菩薩的看家法寶，任憑梁鼎芬一再催促和王士珍、江朝宗苦苦相勸，也不予理會。梁鼎芬等人沒辦法，只好回報張勳，說黎元洪不肯退位。張勳聽後，哼了一聲，道：「你們先退下，我有辦法。」

梁鼎芬回宮後，越想越氣，他邀集陳寶琛、朱益藩兩位師傅一起進來找溥儀，要求嚴厲懲處黎元洪。據溥儀的回憶，當時陳寶琛臉色鐵青，之前常有的笑容完全沒有，老夫子幾乎是失去控制地對溥儀說：「黎元洪竟敢拒絕，拒不受命，請皇上馬上賜他自盡吧！」

溥儀吃了一驚，說：「我剛一復位，就賜黎元洪死，這不像話……民國不是也優待過我嗎？」陳寶琛聽後氣呼呼地說：「黎元洪不但不退，還賴在總統府不走。亂臣賊子，焉能與天子同日而語？」

最後，還是張勳的槍桿子發揮了作用。在辮子軍強行接管了總統府的護衛後，黎元洪見大勢已去，只得與僕從數人從小門悄然離去，並投入東交民巷法國醫院避難，最後躲進了日本使館。

在黎元洪逃出總統府後，張勳樂滋滋地罵道：「當年革命黨革了大清的命，我老張今日也革了民國的命；難道只許孫中山、黃興這些亂黨做革命偉人，就不許我老張做復辟偉人嗎？」

看來，「復辟」這個現在看來是個不折不扣的貶義詞，而在張勳和遺老們的眼中，簡直是和革命黨看待「革命」一般神聖呢。

黎元洪在離開總統府之前，祕密簽署了兩道命令，第一道是將李經羲的內閣總理職務免去；第二道是重新任命段祺瑞為內閣總理，並派人祕密送往天津。在接到命令之後，段祺瑞立刻召集他的學生傅良佐及其親信段芝貴等人開會，並決定立刻起兵討逆。

經過簡單的謀劃，段祺瑞決定聯絡駐馬廠的第八師，因為該師的師長李長泰也是小站練兵出身，而且其下屬的炮兵團長冉繁瑞和他的兄弟冉繁敏（時任步兵營長）都曾給老段當差多年，是老段一手提拔的。因此，段祺瑞覺得指揮這支部隊有一定的把握。

計議已定，段祺瑞便派人分頭前去聯絡，而此時直隸省長朱家寶在得知自己被張勳任命為民政部尚書後，已經命令天津商民懸掛龍旗，表示回應。當天傍晚，前去聯絡第八師的人趕回段公館，向段祺瑞報告說師長李長泰願意跟隨討逆，並希望他前去親自指揮。

段祺瑞聽後十分高興，隨後便決定立即動身前往馬廠。當晚十一點，段祺瑞帶著段芝貴、傅良佐及其隨從們登上火車，在汽笛的長鳴聲中，列車向馬廠呼嘯而去，一下便消失在茫茫夜色當中。數日後，段祺瑞在馬廠成立「討逆軍總司令部」，並令第八師向北京進發。

在此期間，大文豪梁啟超也趕到了馬廠，段祺瑞見後，大喜道：「任公此來，大振軍威！」梁啟超笑道：「打仗我是不行，我是給總理當個小祕書來了！」有了梁啟超的這枝如椽大筆，討逆軍的文告那真是威力大增。梁啟超也確實是名不虛傳，他稍事休息，便立刻起草討逆通電，那真叫飄飄灑灑，萬言立就，其中不乏警句，試錄如下：「天禍中國，變亂相尋，張勳懷抱野心，假調停時局為名，陣兵京國，推翻國體……且以今日民智日開，民權日昌之世，而欲以一姓威嚴，馴伏億兆，尤為事理所萬不能致……」

張勳復辟後，全國一片譁然，除了直隸省長朱家寶和吉林督軍孟恩遠公開表示支持外，回應者寥寥。首先是馮國璋發表通電，歷數張勳復辟的八大罪狀，接著湖南督軍譚延闓、湖北督軍王占元、浙江督軍楊善德、直隸督軍曹錕、前海軍總長程璧光、淞滬護軍使盧永祥等人也紛紛表示反對。

安徽督軍倪嗣沖開始倒是表示贊同，並令安慶、蕪湖等地掛出龍旗並改用「宣統正朔」，但他後來發現風向不對，於是又通電反對，成了反復辟的急先鋒。福建督軍李厚基開始也打電報謝恩，並自稱「福建巡撫」，還訂製了大批龍旗準備懸掛，後來因為局勢變化而作罷。

張勳在得知各省督軍都反對復辟後，氣得辮子直豎、鬍子亂竄，他大罵道：「這些該死的混帳王八，之前都說得好好的，現在一個個竟然也做了革命黨了！看來，這沒辮子的到底是靠不住！」特別是安徽督軍倪嗣沖，他與張勳是兒女親家，這次也反對復辟，這下把老張氣得拍案大罵：「他媽的，連老倪都不與我認親了！」

罵歸罵，打仗還得要認真，這可不是開玩笑的。沒過幾天，各路討逆軍已經完成了對北京的夾擊之勢。搞笑的是，當部下將繳獲的「討逆軍」的旗幟送來時，張勳見後勃然大怒，將旗子上的「討」字挖去，於是變成了「逆軍」！

張勳本有五十營辮子軍（每營約五百人），這次只帶了十營五千人入京，這些真打起來了，兵力自然吃緊。據說，張勳從徐州北上的時候，曾經交代部下張文生說：「你在徐州好好看家，等到復辟後，我發電報『速運花四十盆來京』，你就立刻調這四十營兵力開往北京。」張文生聽後滿口答應，並表示一定照辦，絕不誤事。

等到段祺瑞宣布討逆，張勳慌忙給徐州發電報，讓張文生速速帶四十營辮子軍北上救援，不料等了兩天之後，卻見徐州來人送來了四十盆各種花卉，張勳一見，氣得跌落太師椅，連聲道：「壞了！壞了！連張文生這小子也抽我的梯子了！」

七月六日，東路討逆軍進逼豐台，與辮子軍發生激烈交火。七月八日，周邊的戰鬥基本結束，討逆軍兵臨北京城下，而辮子軍則退入北京城企圖負隅頑抗。

戰敗之後，張勳在走投無路之下，只好自請開缺，並憤憤不平地發了一個通電，說民國以來，戰爭迭起，國困民窮，這都是辦共和給鬧的，現在我老張順應天命民意，還政大清，欲行君主立憲政體，乃是誠心誠意，不為個人謀利益；所幸吾道不孤，凡我同袍各省（指各省督軍），多與其謀，東海（即徐世昌）、河間（即馮國璋），尤深讚許，信使往還，都有證據證明。現在好，一個個都翻臉不認人，把我老張當傻瓜，反正我沒啥要求，從哪裡來回哪裡去，不要把老子惹急了！

代理大總統馮國璋聽到這個通電後，卻下令將張勳的老職位如「長江巡閱使」等一概擼掉，打成罪人；而段祺瑞的討逆軍也不依不饒，非要張勳解除武裝，就地投降。消息傳來，張勳氣得是一佛出世、二佛升天，立刻迸發出他那牛蠻脾氣，將退入城中的殘兵敗卒重新搜集，並在天壇、東西華門和南河沿私宅等地布下重兵，並設下炮位，定要把京城這首善之區變成與討逆軍決一死戰的生死場。

張勳的拼命架勢擺好後，京師大震，老百姓們紛紛攜家帶口地出城逃命，就連在京的外交使團也連連提出抗議，並在辮子軍和討逆軍中斡旋調和，免得城門失火，殃及池魚。在各方的要求下，段祺瑞令討逆軍暫時停止攻擊，並派人去勸張勳立刻投降，免得毀壞北京古城遺蹟及傷及無辜百姓。

張勳的牛脾氣是人所皆知的，當來人將段祺瑞的話轉告給他時，他怒氣沖沖地說：「當時是黎元洪把我請到北京來的，如今要我走也可以，必須要黎元洪再把我送回到徐州去！」公使們也來勸他，張勳說：「我不離兵，兵不離械；從何處來，到何處去。聽說姓黎的跑到了你們那裡，我倒要把他找來評評理！」

見張勳毫無所動，非要回去做他的長江巡閱使，各方人士又讓遺老們去勸說張勳。眾遺老束手無策，問張勳現在該怎麼辦。張勳喝道：「怕什麼！此事與你們無關，也與清廷無關，是我老張一個人幹出來的，有什麼可怕的！」

七月十一日，眼看張勳不肯繳械投降，段祺瑞只好下令總攻。不過，在各國公使的要求下，討逆軍約定不准使用過多的實彈轟擊。戰鬥開始後，大部分辮子軍被擊潰並自願放下武器，割去辮子，接受改編或者遣散。唯獨在張勳私宅一帶的辮子軍進行了頑抗，戰鬥進行得十分激烈。當討逆軍向段祺瑞請示用炮轟擊張宅時，段祺瑞同意只能用一顆實彈，其他只能用虛炮恫嚇。當天晚上，討逆軍一炮擊中張宅，火光沖天中，只見留著長辮子的遺老們紛紛從宅中逃散。

到了這個時候，張勳還不肯屈服，直到京師員警總監吳炳湘聯繫了荷蘭使館派出汽車去接他，老張還仍舊倔強地不肯上車，直到幾個強壯的荷蘭人和他的部下連推帶拉地將他弄上汽車，並把他送入使館區，討逆之戰這才算是結束。

張勳的戲是演完了，但當事人的事情還沒有結束，譬如宣統皇帝溥儀，該如何處置？優待條件是不是取消？這下可把那些皇族嚇得不輕，因為這次復辟雖然是被脅迫，但終究是逃不過復辟罪名的。

好在這些問題都是由新的權力掌握者來決定，而在北洋系大佬們的眼中，由於溥儀在這次復辟中是被迫復位的，因此也不想追究，最終由太保世續發一個內務府聲明，說本次事件是「張勳盤據，沖人莫可奈何」的結果，由此輕輕地抹去了責任。

據說，溥儀原本是要再發一次退位詔的，但被徐世昌制止了，他將原先的退位詔改成了內務府聲明，這就表示溥儀和這次復辟是毫無關係的，而這種說法也得到了總統馮國璋和總理段祺瑞的認可。由此，溥儀可以繼續在皇宮中做他的關門皇帝，清室優待條件也得以繼續保留，一切都恢復了原狀。

唯獨徹底出局的，是那個大辮子張大帥和他的辮子軍。隨同張勳進京的辮子兵全部煙消雲散，在徐州留守的辮子軍則將辮子全部剪去，由張勳原來的部將張文生、白寶山照常管帶，只是改由安徽督軍倪嗣沖節制。

段祺瑞在返回京城後，隨後便發布命令，通緝復辟要犯張勳、康有為、梁敦彥等人。不消說，這些人老早就跑沒影了。也許是投鼠忌器，或者是覺得內心有愧，一些被張勳指名道姓的督軍如張懷芝、湖北督軍王占元等人紛紛通電或致函段祺瑞為張勳說情開脫，張勳的兒女親家張作霖更是多次致函段祺瑞，請求對張勳從輕發落。

不看僧面看佛面，中國人嘛，總歸要講人情和面子的。徐世昌在段祺瑞進京前也曾跟他說：「這次復辟，原非清室本意，幸勿藉此加罪清室。張勳雖為禍首，不過他原本就是個莽夫，還須念在舊日同袍的情意份上，不要逼迫太甚。」段祺瑞聽後說：「優待清室條件，自然盡力保留，就是少軒（張勳的字）也未必就逮。你就是不說，我也不忍心加害呢。」

有了老朋友撐腰，張勳自然無所顧忌。他老人家在荷蘭使館靜養的時候，有偵探奉命前來探察，把老張給惹火了，他跳出門外，左手挾著一把快槍，右手持著一包書函，怒氣沖沖地吼道：「徐州會議時，這些人贊成復辟，相率簽名，此等筆跡，都在我掌握中。他好賣友，我將宣示國人，屆時與他同死，休怪我老張手下無情！」

說到這裡，老張動不動就聲稱自己掌握了其他督軍大佬們贊成復辟的簽名筆跡或函電，那到底是有還是沒有呢？據說張勳後來將這些簽名、函電彙編成冊，做成了一本復辟實錄的書，但這本書誰也沒有見過。據說因為一次失火而被燒毀，因而此事也查無對證，究竟如何，只有老張和當事人最清楚。

張勳曾在私下裡跟人說過，這些老朋友中，段祺瑞是勸他不要幹並說如果要復辟就打他，他是心服口服的。至於其他督軍，都是些口是心非的傢伙，幹這事之前都答應得好好的，風向不對了就出賣朋友，哼哼，沒有一個是乾淨的！

從內心來說，徐世昌是認同帝制的，但他一向老謀深算，做事穩重，時機不成熟便不會貿然行事。他曾經對張勳說：「復辟我不反對，但現在時機尚未成熟。你要是不顧時機，妄行此等大事，對清室來說是不忠，對自己來說也是自殺。」洪憲帝制時期的復辟元老嚴復也說了句明白話：「張勳何人？康有為何人？徒以愛清室者害清室也！」

復辟失敗後，張勳逃進荷蘭使館，有朋友前來拜訪並提起復辟之事時說：「復辟是否適合國情，今不必談。倘若你及早宣布立憲以安人心，即使失敗也足以解嘲，為何你當時不做呢？」張勳歎道：「我哪裡懂得這套玩意兒，都憑著公雨（萬繩栻字）等人在瞎鬧。不過，你們要是以此責怪我，我也不生氣，這是我願意的。」

一九一八年十月十日，徐世昌就任民國大總統後，隨即下令赦免張勳，並發還了財產。晚年的張勳遠離政治，「採菊東籬外，轉道經商中」，據說投資金融界回報頗豐。此時，這個心境淡然、與世無爭的皓首一翁，當有人問起他當年的復辟偉業時，卻已不再有當年的誇誇其談，而頂多淡淡數句，便沉默不言。畢竟，屬於他的時代已經過去了，而且越去越遠，再也回不來了。

一九二三年九月十一日，張勳在天津病故，終年六十八歲。葬禮上，有一副輓聯特別顯眼：「仗匹夫節，挽九廟靈，其志堪哀，其愚不可及也；有六尺孤，無一抔土，斯人已死，斯人誰復為之」，係段祺瑞的「小扇子軍機」徐樹錚所擬。次年八月，張勳棺木啟運回鄉，並於當年十一月底下葬於奉新縣赤田鄉陶仙嶺下。張勳去世後，溥儀賜謚號「忠武」。

十五、復辟餘聞笑料多：就當是一齣喜劇

張勳復辟是一場鬧劇，同時也是一場笑劇，時人天懺生便在《復辟之黑幕》中將其間的種種笑料醜聞錄下，姑擷取數則，以饗讀者。

在復辟的季節裡，最寶貴的莫過於腦後的那條辮子。眾所皆知，張勳不但自己留辮子，他的軍隊也全留辮子，「辮子軍」實乃名至實歸。據說，張勳在去見清帝的時候，太保世續說辮子與時世不合，勸他將辮子剪去。張勳聽後大惱，便在清帝面前起而為辮子辯護：「我手下的兵，個個都有辮子。這些兵之所以要有辮子，這在軍事上關係重大。正因為我的兵都留辮子，所以奸宄之徒就難以混入。如今這些亂黨奸徒，豈不個個都是沒有辮子的？」

復辟的當天下午，當手下報告街上到處都是留辮子的人後，張勳樂不可支，拍腿掀鬚大笑道：「我說人心不忘舊主，今日果應其言。不然，哪裡來這許多有辮子的人呢？這就是民心所向啊！」

在這些復辟大佬中，眾人的辮子都保留得完好無損，唯獨康有為的辮子既短而禿，垂下來也不過六七寸，蓬蓬然如蒲草一般。當有人指斥他不像個復辟派時，康夫子辯解道：「我自從戊戌年後亡命海外，不得不剪髮易服。自從辛亥國變後，這才返回祖國，重新蓄髮，距今五年有餘，所以長不盈尺耳。」眾人問他，辛亥年後，別人都剪髮，為何你反而要蓄髮？康夫子得意地說：「我早料到必有今日也！」

康有為不但髮辮短，鬍子也因為化裝入京、掩人耳目的需要給剃掉了。當復辟大功告成之後，康夫子希望獲得首揆（首席內閣大學士）一席，張勳向宣統請示的時候，瑾太妃以為不可，說本朝從未有過沒鬍子的宰相。康有為得知後，極為懊喪，急忙從藥店買來生鬚水，一小時內抹上兩三次，且時時攬鏡自照，不啻於農夫之望禾苗也。

剛做了半個月內閣總理的李經羲得知復辟消息後，急忙來找張勳，質問他為何不通知自己，且未曾安排自己任何職位！張勳笑道：「老九莫怪，論你資格，當然有做宰相尚書的希望。不過呢，你的前程，生查查是被沒有一條辮子斷送掉了，我替你著想，委實有些不值得。」

李經羲憤憤地道：「真是這樣嗎？那李盛鐸（一九〇五年五大臣出洋考察憲政的成員之一）有辮子嗎？他又為何做了農工商部的尚書？」張勳說：「他雖然剃了頭髮，但對復辟卻很有點功勞，你若想再為清室大臣，快回去蓄髮，那時我再給你設法。」李經羲冷笑道：「只怕我的頭髮蓄成，那宰相尚書仍然挨不到我呢！」說罷，李經羲便出京跑了。

說到李經羲，張勳在赴京途中還特意在天津把他拉上，兩人一起上北京。在火車上，李經羲見張勳攜一巨匣，呵護備至，似乎裡面裝有極其重要的物件。李經羲覺得奇怪，便問張勳裡面何物，張勳故作神祕，笑而不答。李經羲禁不止好奇，一再發問，張勳這才神祕地低聲說，裡面乃是「靴帽、袍褂、翎頂也」（即清朝官服）。李問他帶這個幹嗎，張勳說：「我久不見幼主，這次順便去宮中叩見請安，你也是先朝大臣，何不跟我一塊去覲見？」李經羲心想我是民國的內閣總理，怎能去參見前朝廢帝，於是便以未攜帶官服為由加以推拖。張勳卻認真地說：「這個無妨，我這裡備有好幾份，屆時借你一套即可。」李經羲因為他開玩笑，便隨便答應了。

等到了北京，張勳真的馬上要去宮中覲見宣統，臨行前硬要把李經羲拉上，李經羲覺得多有不便，便以無官服而婉言謝絕。張勳很不以為然，隨手將自己頭上的官帽摘下，硬戴到李經羲的頭上，還大笑道：「張冠李戴，有何不可耶？」最後走到半路上，李經羲才找了個藉口跑掉了，這大概是張勳沒有給他封官的原因之一吧。

張勳復辟後，給總統黎元洪擬了一個奏請歸政的奏摺，但在批詞上卻對黎元洪的稱謂頗為躊躇，開始想稱之為「總統」，覺得不甚妥當；後又擬稱之為「該大臣」，但民國元首，終究不該用「大臣」稱之。想了半天，很費腦筋。最後，康有為說，不如稱之為「該員」，最為妥善。眾問其故。康有為說，中國本歸陛下所有，前因辛亥革命，陛下為息事寧人起見，這才將天下大事委託給袁世凱管理，袁世凱死了，黎元洪繼任，這兩人不啻於陛下之「管理員」也，因而稱「該員」最好！

隨後，張勳派梁鼎芬為代表前往總統府，要求黎元洪奉還大政，然梁鼎芬從未行過鞠躬禮，勉強行之，樣子實在令人發噱。只見他彎腰曲背，兩手置地，首低胯際，臀尖高聳，禮畢後面紅頸赤，氣喘如牛，遠不如跪拜禮來得自在。等到復辟失敗後，梁鼎芬又去見黎元洪，口稱大總統，行跪拜禮。黎元洪冷笑道：「閣下如何前倨而後恭耶？」梁鼎芬腆然道：「此一時，彼一時也！」

張勳復辟後，給自己印了個名刺，這個名刺不一般，長約九寸，寬約四寸，上面印有「前兩江總督兼南洋通商大臣、前江蘇都督、前長江巡閱使兼安徽督軍、現直隸總督兼北洋通商大臣、欽命御前議政大臣、晉封忠勇親王張勳」等字樣，官銜五行並列，見到的人無不發笑。而張勳卻得意洋洋，自以為有清一朝，就沒有比他更風光的了。

張勳受封「忠勇親王」後，其爪牙們興高采烈，樂不可支，唯獨部下某祕書卻忽然向張勳提出辭職。張勳愕然，問他這是何意。該祕書說，大帥既封親王，對於宣統就該自稱奴才，而我們這些人則要對大帥稱奴才了，我雖寒素，卻不願做奴才，更不願做奴才之奴才。張勳大怒，罵道：「你還沒有稱奴才的福命呢！要走就走！」說罷，立刻讓該君滾出。

張勳的老婆曹氏倒是反對復辟的，可惜她是婦道人家，張勳不肯聽她的勸。在復辟成功後，張勳得意洋洋地告訴曹氏自己已經被加封為「忠勇親王」，誰知道曹氏卻大罵他說：「民國待你不薄，你今天冒天下之大不韙，惹下滔天大罪，你就算不為自己考慮，難道不為子孫考慮一下嗎？你今天被封為忠勇親王，我就怕你明天要作平肩王了！」張勳不解，問：「平肩王是啥意思？」曹氏說：「你將來首領不保，一刀將你的頭砍去，你的頸不是與兩肩一字平了嗎？」張勳聽後大怒，摔門而去。

張勳有兩個侄子，一名弼廷，一名敏齋，他們也是反對復辟的，曾相與勸諫張勳說：「吾叔負天下之重，萬不可冒天下之大不韙。現如今在你身邊奔走獻策的人，都是為自己謀劃，豈可入其彀中？」張勳聽後，拍案怒罵道：「你們小孩子，懂得什麼！」其實張勳自己到底懂得什麼，恐怕他自己都不知道。

段祺瑞馬廠誓師後，東路討逆軍隨後進逼豐台，與辮子軍發生激烈交火。在這次戰鬥中，倒有一事值得記錄一筆，那就是南苑航空學校的討逆航空隊首次出戰，並向辮子軍的陣地和皇宮投了炸彈。這應該算是中國的第一次空軍作戰，而且還是轟炸了紫禁城。

據記載，紫禁城總共挨了三枚炸彈，雖然都是尺把長的小炸彈，但這足以嚇得宮中的小皇帝溥儀、太妃和大臣、太監們魂飛魄散了。在炸彈扔下來之後，這些人慌作一團，紛紛躲進床下，彷彿睡覺的那個地方是最安全的。這具有歷史意義的三枚炸彈，一枚落在隆宗門外，炸傷轎夫一名；另一枚落在御花園的水池邊，炸壞了水池一角；還有一枚則落在西長街隆福門的瓦簷上，雖然沒有爆炸，但把聚在那裡賭錢的幾個太監給嚇個半死。

陸軍部尚書雷震春，是最早參與復辟的，聽說張勳之所以讓他做陸軍部尚書，就是因為他的名字起得好，「春雷滾滾、震耳欲聾」！這位出身小站的震威將軍，曾做過江北提督、第七鎮統制，在袁世凱時期便是復辟老同志了。這一次被封為陸軍部尚書，雷震春穿著嶄新的朝服，乘坐摩托車去宮中謝恩。到宮門後，車尚未停穩，雷震春便從車中躍出，結果摔出四五尺遠，額頭都碰出了血。護兵急忙上前扶他，問：「大人，痛否？」雷震春說：「心樂則不覺痛。」

謝恩後，雷震春被賞在紫禁城騎馬，沒想到上任沒幾天，討逆軍就攻進北京，雷震春只好化裝成苦漢，拉著人力車倉皇出正陽門，想從東車站逃走。沒想化裝技術不過關，很快便被人認出，結果仍舊被抓。後來有人在報上畫了一個滑稽畫，並配了一聯：「不在紫禁城騎馬，卻來正陽門拉車！」

直隸省長朱家寶是積極回應復辟的地方大員之一，他原本是光緒年間的進士，寫得一手好書法。在辛亥革命的時候，這位安徽巡撫迫於形勢而「反正」，誰知革命黨卻不許他革命，結果這位自封的安徽督軍只好趁夜縋城逃走。這一次，他聽說自己被封為民政部尚書後，心情十分激動，不但命全城掛上龍旗，自己還命人在大堂上擺起香案，望闕謝恩，行三拜九叩大禮。

朱家寶行完禮後，由於久疏跪拜，竟至於起不來，最後還是靠身邊的兵丁將之掖起。回家後，朱家寶為防止屆時覲見時失儀，特意每晚練習跪拜，直至膝腿酸軟為止。沒想還不到三天，他便被段祺瑞的討逆軍逼出了督軍衙門，天津也重新掛上了五色旗。這下好，朱家寶尚書沒有做成，直隸省長也丟了，恨得他直罵：「共和誤我，復辟亦誤我！」

辮子軍與討逆軍作戰失敗後，張勳只好向清室請求辭去直隸總督及議政大臣之職。清室問張勳意欲何往，張勳說要率隊回徐州，並請清室給予黃金萬兩，以酬其勞。宣統說：「黃金萬兩便是四十餘萬元，我即位不過七天，給你四十萬豈不是花五萬元一天買個皇帝做？」張勳聽後很不高興，便說：「陛下自從辛亥退政後，六年以來，老臣先後報效不下五十萬元，我今天來要黃金萬兩，這也不算過分吧？」瑾太妃說：「如今復辟勢將消滅，民國每年優待的四百萬歲費，都要斷送於你之手，我們又向誰去討呢？」張勳聽後，默然而退。

討逆軍即將攻入京城之時，張勳任命的那些偽官個個如驚弓之鳥，四處逃散，唯獨法部尚書勞乃宣誓死不去，別人勸他趕緊跑路，勞乃宣說：「我在前清時，不過是個提學使司，今蒙聖恩高厚，薦升執掌全國司法機關，雖到任數日，關於各省民刑訴訟案件，一件不曾辦過，已有尸位素餐之誚，如果要是再擅離職守，越發對不住皇上了。如今之計，唯有抱定一個主義，生是法部的官，死是法部的鬼。我現在就在大堂之上，懸掛一條巨大索，若是叛軍入城，我就在這裡懸樑自盡，效忠皇上。」但查了勞乃宣的生卒年份後，卻發現勞老死於一九二一年，想必是當時自盡時為人所救。

說起這個勞乃宣，乃是一極頑固的老翰林，民國成立後便匿居青島，發誓不做民國的官。這次蒙張勳賞識，當上了法部尚書的大官，但此人乃是傳統功名出身，對現代法律一無所知。為防止別人譏笑他不知法律為何物，勞乃宣從琉璃廠買了一部《大清律例》，從早到晚，每日捧讀。友人見他一把年紀了還這麼用功，便勸他說：「公臨時抱佛腳，就算竭盡腦力，也記不得那麼多。何況新政以後，舊律例已不適用，你應該多看新法律，這才是解決辦法。」勞乃宣聽後很不高興：「大清帝國當然該用大清律例，什麼新法律，我不要看！」此人之頑固，可以想像。

倒是同時被任命為法部左侍郎的江庸，反有自知之明，他在接到任命上諭後，驚詫莫名，隨後致函張勳調侃道：「我既無復辟之資本，也未與公等之密謀，陡然間獲得這個職位，實在是百思不得其解，想必是我之前曾任司法次長，對民國新法律稍有知識與經驗的緣故。但我對於帝國之法律，從未問津，如公等非要我做這個職位，我只好先入帝國法律大學校，等學有心得並獲得畢業證書後，再效驅馳也不遲。如能虛位以待，亦可也。」江庸並非復辟一派，任命他為法部左侍郎，豈不荒唐？

復辟失敗後，之前積極參與的遺老們大部分都提前逃走了，只有幾個倒楣蛋被討逆軍捉住。最先逃走的夫子康有為，他老人家從戊戌變法失敗後便東躲西藏，逃跑的經驗最足，因此，這次他仍舊化裝成老農，逃之夭夭。

據說，康有為開始並不想逃跑，而是想去法源寺剃度出家，結果被同鄉梁鼎芬識破並大罵道：「你早不剃髮，晚不剃髮，偏偏在這晨光出家，這不明擺著是想脫逃嗎？」康有為說：「胡說，你幾曾看見我逃跑？」梁鼎芬大笑道：「戊戌之役，你若不逃，豈能活到今天？你這次來，既然想做復辟功臣，就不要怕死，怕死就別來。成則居功，敗則惜命，有你這樣的聖人嗎？從今天起，我不承認你是廣東人了。」

在復辟期間，康有為和張勳這「文武兩聖人」還鬧了不少笑話。在討逆戰開始後，馮國璋和段祺瑞都出十萬塊買張勳的人頭，康有為聽後很高興，說戊戌年慈禧太后也懸賞十萬兩銀子買他的人頭，看來自己和張勳的價值差不多，只不過通緝名單中沒有自己，想必是自己的弟子從中轉圜所致。

張勳聽後大笑道：「你當年才十萬兩銀子，我這次是兩個十萬元，頂多也就值我的一半身價。再說了，這次通緝名單上沒有你，是因為人家覺得你的人頭不值錢罷了！」取笑完康夫子之後，張勳又得意地說：「姓馮的和姓段的都出十萬元買我的人頭，他娘的，一個個都想在我身上發財，我若是有變身的法子，倒是想變出兩個張勳來！」

有一次，張勳和康夫子又在一起吹牛，張勳說：「老夫名張勳，今日果然建立了不世之勳。」康夫子笑道：「我名有為，今日也是大有為了。且我的名字，不但切於己身，即於國家，也有特別關係，《中庸》裡說『富有四海，貴為天子』，我的名字便是嵌入了『有』和『為』這兩字。」張勳聽後，想了一會，拍腿罵道：「他娘的，你取『有為』兩字命名，難道你還想做皇帝不成？」康夫子聽後，慌忙說：「不敢不敢，這我真不敢！」

還有一次，康夫子因為自己才得了個弼德院副院長，心裡很不高興，於是口出怨言，大罵張勳說：「既然以虛職安排我，那何必打電報招我入京呢？」張勳聽說後，怒道：「他啥事都不用幹，就得了個現成的弼德院位置，現在還貪心不足，真是腐儒不足與謀。」說罷，張勳還恨恨地說：「他若是再到背後毀謗我，我須用野蠻之手段對付他。」康夫子聽後，反莞爾一笑，道：「別人怕他，我偏不怕他。」旁人問為什麼，康夫子說：「他身邊有支小槍，我身邊還有支大手筆呢！比較起來，偏看是誰厲害些！」

張勳復辟失敗，輿論幾乎一邊倒地稱之為倒行逆施，唯獨一位復辟老同志卻站出來為張勳說了句公道話。此人是誰呢？原來是洪憲帝制的擁躉阮忠樞，這位袁世凱曾經的手下紅人卻力排眾議，稱張勳此番舉動，雖然近於粗率，卻不失為烈烈轟轟之好漢。張勳聽說後大喜，說：「我結交半生，尚得這個仗義朋友，便死也瞑目了！」

張勳的性格，最突出的特點是傳統、實心眼，有些憨厚，也很暴躁，這些特點結合在一個武人身上，那就幾乎是頑固不化。你想，在辛亥革命的時候，清王朝都已經明顯來日無多，多少當官帶兵的人在一夜之間便反了水，可唯獨張勳仍舊死不認輸，效忠到底，結果江浙聯軍攻打南京是整個辛亥革命中最慘烈的戰役，民軍血戰十天才將南京光復。

張勳的家鄉觀念極強，他對家鄉父老多有照顧，譬如老家江西奉新赤田村的人就沾了不少光，張勳給每家造了一座大瓦房，缺啥給啥。江西人在外地做生意需要建會館的時候，但凡找到張勳，他都會慷慨解囊。譬如民國時期在北京的江西會館，那都是張勳出的錢，宣武門外的江西會館算得上當時北京最豪華的西式建築，不僅有洋樓花園，還有最時興的戲臺，而且還配有發電機提供燈火，可供晚上唱戲。在北京讀書的江西子弟，特別是奉新縣的學生，張勳更是有求必應，提供了價值不菲的獎學金。

張勳有一個沉醉多年的愛好，這便是京劇，而且他也算得上發燒級的票友。在討逆戰中，張勳聽說段祺瑞派段芝貴、曹錕為東、西路司令前來討伐，他便對雷震春等人說：「各位不要驚慌，在我看來，這兩路兵指日便可蕩平。」眾問其故，張勳掀鬚笑道：「東路司令段芝貴，段者『斷』

也，我兵與他交戰時，包管一刀將他砍成兩段。至於西路司令曹錕，更不足慮。那《三國》上不是說得明明白白嗎，曹家軍最怕張翼德，長阪坡一聲大吼，嚇退曹兵百萬。我待曹錕兵到盧溝橋時，即單人獨騎，前去喝他一喝，他方知我老張的厲害。」

說到這裡，張勳得意得手舞足蹈……其實這些段子都來自京戲《長阪坡》，而張勳也一直自命是莽張飛第二。

一九二三年，復辟失敗已五年的張勳在家開堂會慶壽七十，一些戲苑名角如楊小樓、梅蘭芳、余叔岩等人在八十多歲的京劇界老前輩孫菊仙的帶領下，前來天津的張家花園給張勳祝壽，這也成為當時梨園一場空前的盛會。在張勳的面前，這些名角兒當然都很賣力，獲得的報酬也相當優厚。特別是孫菊仙，張勳是他的老戲迷，這次給出的報酬高達六百大洋，把孫菊仙感動得老淚長流，說：「懂戲者，張大帥也！知音者，張大帥也！」在張勳死後，孫菊仙甚至哭倒在地，說：「黃鐘大呂，恐自絕響！」

閣中帝子今何在，欄外長江空際流。袁世凱復辟失敗，張勳復辟也失敗，這說明在民國之後，假皇帝當不得，真皇帝也當不得了。正應了梁啟超的那句話，帝位如同牆上泥塑木偶的菩薩，一旦被人扔進了豬圈，就是洗乾淨再重新供奉，那也早已失去了其神聖性。

十六、原來馮國璋也是個復辟派

馮國璋，字華甫，出生於咸豐八年（一八五九年），家鄉直隸省河間縣西詩經村，等到他出名後，按當時以籍貫替代人名的慣例，人又稱他「馮河間」，如袁世凱籍貫河南項城，人稱「袁項城」；黎元洪籍貫湖北黃陂，人稱「黎黃陂」，以此類推。

詩經村，據說是漢學大儒毛萇傳授《詩經》的地方，後人遂以此為村名。馮國璋祖上一度很發達，但到了馮國璋的父親這代，家中開始敗落，馮國璋雖一度就讀於保定蓮池書院（當時極為有名的書院），但終究因為家境困窘而去津投軍，當了一個大頭兵。最開始的時候，馮國璋先從炊事兵幹起，但多年的學習經歷讓他顯得十分機敏聰明，因而很快便被營管帶發現並將他提拔為自己身邊的親兵。

馮國璋當普通一兵的時間只有一年，在他從軍的第二年（一八八五年），李鴻章在天津設立武備學堂，最初的幾期學員都是從淮軍低級官佐及有文化的士兵中選拔，馮國璋在當時那些大字不識一籮筐的粗笨士兵中當然是鶴立雞群，由此順利地進入天津武備學堂並成為步科首期學員（段祺瑞與王士珍均為炮科）。

值得一提的是，馮國璋在就讀期間還對功名念念不忘，他後來還曾回原籍應試並中了秀才，因為鄉試落第而重新回到學堂就讀。馮國璋之舉得到了李鴻章的批准並受到了表揚，因為李鴻章本人是文人將兵，而當時武人大都不重視文化學習，馮國璋中了個秀才倒可以起到表率作用。

在武備學堂畢業後，因馮國璋的學業優秀，總辦蔭昌將他留校任教。由於當時淮軍並不重視軍校畢業生，而馮國璋急欲立下軍功升遷，後來便再次投入聶士成的部隊並參加了甲午戰爭，其間在摩天嶺一戰中表現優異，為甲午陸戰中難得的亮點。戰後，被聶士成推薦為中國駐日本大使裕庚的隨員前往日本，由此留意考察日本軍事，並著有兵書數冊，回國後獻給聶士成。可惜的是，聶士成對近代軍事了解有限，因而馮國璋精心編寫的兵書明珠暗投，並未得到重視。

一八九五年袁世凱小站練兵後，馮國璋被老校長蔭昌推薦前去擔任教習，於是他再次獻書，這次歪打正著，遇上一位大大的伯樂。袁世凱見書後如獲至寶，並連連稱讚馮國璋是「軍中學子第一人」，由此馮國璋也受到了袁世凱的極大重視，並在新建陸軍擔當重任。在此期間，小站新軍的步法操典均出於馮國璋之手，而馮國璋也找到了施展身手的好地方，並先後任督操營務處幫辦、總辦等職，成為北洋軍政集團的骨幹。

一八九九年底，袁世凱出任山東巡撫，馮國章亦隨軍入魯，並奉命將山東舊軍改編為武衛右軍先鋒隊二十營。隨著袁世凱勢力的不斷膨脹，馮國璋也隨之步步升遷，先後出任各類軍事學堂的總辦、練兵處軍學司司長等職。一九〇三年，慈禧太后親臨保定視察新軍，馮國璋因練兵有功而由從三品晉升為正二品武官；一九〇五年，馮國璋與鐵良等人再度赴日考察軍事，在國內軍界的地位也日益重要；一九〇六年，馮國璋任正黃旗蒙古副都統兼陸軍貴胄學堂總辦，這在當時可是個極大的恩典，因為陸軍貴胄學堂的學員均為滿人貴族，包括載灃三兄弟（載灃後為攝政王，載洵後為海軍大臣、載濤後為軍諮府大臣）也都成了他的學生，而漢人出任八旗副都統更是前所未有的事情，由此可見清廷對馮國璋的重視與籠絡；一九〇七年，馮國璋調任軍諮處軍諮使；次年，光緒皇帝與慈禧太后相繼去世後，馮國璋受命為清西陵梁格莊值班大臣；軍諮處改為軍諮府後，馮國璋繼續擔任軍諮使，並一度擔任陸軍留學畢業生主考大臣。

一九一一年武昌起義後，袁世凱重新出山並督軍南下，馮國璋隨即率第一軍的李純、王占元、陳光遠等部猛攻漢口，並在激戰四晝夜後加以佔領，由此馮國璋也被清廷授予了二等男爵。據說，馮國璋在得知自己封爵後，竟然感動得大哭起來，說：「我一個窮小子，現在竟然封了爵了，這真是天恩高厚，一定要為朝廷效力……」倒也發自內心，並非笑談。

在攻下漢口之後，馮國璋一而再、再而三地向袁世凱請命，要求一舉拿下漢陽和武昌，建立不世功勳，但令他沒有想到的是，袁世凱此時卻將他調回京城，出任禁衛軍統領。

袁世凱將馮國璋調任禁衛軍統領，是經過深思熟慮的，原因一是馮國璋一意主戰，將影響到袁世凱與革命黨的談判大局；二是馮國璋練兵多年，又曾做過貴冑學堂的總辦（當時禁衛軍的各級軍官大都是他的學生或屬下），這有利於袁世凱通過馮國璋之手控制這支特殊的軍隊，保持京城的安全和穩定。

當時禁衛軍，共有兩個步協（即步兵旅），每協轄有兩個步標（步兵團），另外還有炮標、馬標和工程營等。其中，除了步兵第四標是由漢人士兵組成外，其他均為旗人，而原統領良弼是知名的宗社黨領袖之一，其誓死保衛大清的態度也讓袁世凱覺得非常為難，因為這支軍隊一旦不穩，很有可能讓京城陷入險境，或者中了日本人和宗社黨的計，將清帝護送出京城並成立獨立的滿洲國，這將導致中國分裂並讓東三省最終落入到日本之手。

在馮國璋剛立下赫赫戰功的情況下，袁世凱將他調任禁衛軍統領既名正言順，又具有「一石二鳥」之功效。所幸的是，原統領良弼在被排擠出禁衛軍不久被革命黨人彭家珍炸死，袁世凱也就順利地通過馮國璋加強了對禁衛軍的控制。

當然，當時禁衛軍之所以服從馮國璋，其中的一個主要原因還在於他們覺得馮國璋是忠於朝廷的，譬如在段祺瑞發表贊成共和的通電後，馮國璋最初的反應是不能理解也不予贊同的。據他的幕僚回憶說，馮國璋在看完電報後，非常生氣地道：「芝泉怎麼會發出這樣的電報？他本人現在保定，這個電報到底有人捏造，還是他的本意，我一定要問一下。」直到後來，段祺瑞親自派人來向馮國璋解釋，並透露這是袁世凱的意思，馮國璋這才默然許久，此事作罷。

在清帝接受優待條件並答應退位後，馮國璋便遇到一個棘手的問題，那就是如何去向禁衛軍的官兵解釋並加以安撫。禁衛軍大都是滿族人，他們一是忠於清廷，二是擔心清帝退位後軍隊會被解散，從而影響到自己及其家人的生計。由此，要是馮國璋處理不好，很有可能會引發兵變，甚至影響到清帝退位的進程和京城的穩定與安全。

據馮國璋當時的幕僚惲寶惠的回憶，在一九一二年二月初的某天，正當禁衛軍的官兵議論紛紛的時候，馮國璋來到駐地並命令吹號集合，他要親自向官兵們宣布清帝退位的優待條件和禁衛軍的安置問題。吹號後，全體官兵集合在操場，操場的前面則擺著三張大方桌，其中一張疊在上面，並在旁邊放了接腳的椅子，以臨時搭一個高臺，方便馮國璋向官兵們講話。

在全鎮官兵按照步、馬、炮、工程、輜重營的順序列隊後，馮國璋便拿著一張紙卷上了台，他先掃視了一下列隊的官兵，隨後開始講話：「我今天來，是和大家說一件要緊的事。大家知道，袁總理是主張君主立憲的，我也是向來贊成君主立憲。但現在獨立的省份太多了，要打起來，兵力不敷使用，軍餉也沒有著落，外國人又不肯借給我們錢。現在隆裕皇太后下了懿旨，說要將國體問題交給國民大會公決，但現在的局勢已經是萬分危險了，就算我們禁衛軍的官兵拼著性命去打，那護衛皇宮和保衛京師的責任又交給誰？」

看到下面已經有動靜後，馮國璋趕緊拿出那張紙卷開始念：「現在，總理大臣已經和民軍商定了優待條件：皇太后和皇帝的尊號、滿族和蒙古族的待遇，還有我們禁衛軍的一切，一概不動……」

當馮國璋念到「大清皇帝辭位」的時候，隊伍裡立刻出現了不小的騷動，一些旗兵嘴裡雖然沒有說什麼，但臉上無疑是那種又驚又愕的表情；而一些人乾脆就抹開了眼淚。隨著馮國璋越往下念，隊伍的騷動情況就越嚴重，很多官兵都已經脫離了原本整齊的佇列，開始相互議論並發表自己的意見，其中也不乏憤怒的舉動。唯獨屹然不動的，是由漢人組成的步隊第四標，他們仍舊整齊地列隊站著，絲毫不為所動，表現出無動於衷的表情。

馮國璋在念完優待條件後，見隊伍已經凌亂，便大聲宣布：「我剛才所說的事情，不論官長士兵，有什麼話都可以跟我說，你們大家可以推選幾個代表，請代表上前五步，由他們代大家申述意見。」

過了一會，佇列裡走出幾個代表，他們提了兩個問題，一是皇太后和皇帝的安全，馮總統（禁衛軍的統領當時稱總統）是否能夠擔保？二是禁衛軍今後歸陸軍部編制了，會不會被取消？馮總統能不能對此擔負完全責任？

馮國璋聽後，立刻上臺答覆說：「兩宮的安全，我馮某敢以身家性命擔保！並且，我敢擔保兩宮絕不離開宮禁，仍舊由我們禁衛軍照常護衛。至於我們禁衛軍，不論我今後調任什麼職務、走到任何地方，我保證永遠不和你們脫離關係！」

在代表們歸隊後，隊伍的騷動仍舊沒有完全平息下來。這時，馮國璋急中生智，他再次跳上高臺，大聲對下面說：「我還有話跟大家說！」這時，協統姚寶來、王廷楨趕緊對自己的隊伍高喊一聲：「立正！」

在隊伍稍微安定了一點後，馮國璋便大聲道：「現在你們不管是目還是兵，趕緊推選出兩個人來，今天就發給他們每人一把手槍，並且從今天起就跟隨在我的左右，以後不論在家出外，只要發現我和革命黨有勾結的情形，准許這兩個人立刻把我打死，並且不許我的家屬報復。」

旗兵們聽了這話後，當場便推選出兩個人，這兩個人都是步隊裡的正目（即班長），一個叫福喜，一個叫德祿，兩個人來到馮國璋面前後，馮國璋對隨從幕僚說：「今天就到鎮司令部擬兩份命令，委派這兩個人做本處的副官，領兩支手槍，並按每月五十兩銀子支餉。」

這事辦好之後，隊伍才安靜了下來，馮國璋也算是鬆了口氣。他回到鎮司令部後，一屁股坐在沙發上，只「噯」地長歎了口氣，一言不發。情勢所逼，馮國璋既覺得自己對不起清廷，又不得不做了袁世凱的馴服工具……袁世凱對他也是有知遇之恩的啊！

在沉默的氣氛中，馮國璋隨後便離開了鎮司令部。從此後，馮國璋的身邊便多了兩個拿手槍的旗兵，他們不但跟著馮國璋回煤渣胡同的私宅，而且真的是馮國璋去哪裡都跟著，這種情形一直持續了很長一段時間。

據稱，當時禁衛軍的軍心確實是不穩的，特別是在宣布優待條件的時候，旗兵們覺得已經到了生死存亡的地步，如果不是馮國璋的靈機一動，當時發生什麼事情還真不好說。

清帝退位之後，馮國璋對前朝的官服和官帽都是十分珍惜的，他的官帽仍舊掛在客廳的四足帽架上，為了防止落塵，他還特意讓人做了一個帽袱子蓋在官帽上。馮國璋身後的小辮，也是一九一二年八月去天津上任直隸都督時才剪掉的。這也許是為了維繫禁衛軍的軍心而有意為之，但一直到馮國璋死，禁衛軍也確實沒有和馮國璋脫離過關係。

在清帝退位時，禁衛軍被改編成陸軍第十六師，仍舊由馮國璋遙為領制，而且這個師也一直派出一個營給馮國璋做衛隊，馮國璋到哪裡，他們就跟到哪裡。後來，馮國璋做上了大總統，第十六師也分拆成了第十五師和第十六師，兩個師仍舊派出隊伍輪流到總統府擔任守衛工作。在馮國璋卸任回河間老家後，第十六師還派出一個連跟著下去，以示特殊關係。

馮國璋的保守並不是沒有原因的。首先，在袁世凱失勢之後，他在北洋集團中是最受重用的，馮國璋有報恩的心理，這與當時的傳統觀念相符，也是為人所稱道的；其次，馮國璋在當年的「北洋三傑」中年齡最長，他比王士珍大兩歲，比段祺瑞大六歲，與袁世凱倒是同庚，卻還要大上半歲，因而，如果沒有武昌起義的意外的話，他取代袁世凱的地位並不是沒有可能（後來他也確實當上了代理大總統）。

在袁世凱稱帝後，馮國璋是不贊成的，他認為袁世凱沒有這個天命。但由於馮國璋的續弦是袁世凱子女的家庭教師周女士，加上袁世凱對他有多年的知遇之恩，馮國璋也不好跟袁世凱鬧翻臉，只能在背後消極對待。等袁世凱死後，黎元洪繼任為大總統，馮國璋則成為副總統。一年後，大辮子張勳闖入京城搞起了復辟，他本以為會得到馮國璋的支持，誰知道馮國璋卻通電表示反對。

在復辟失敗後，老張動不動就聲稱自己掌握了其他督軍大佬們贊成復辟的簽名筆跡或函電，那到底是有還是沒有呢？從一些當事人的回憶來看，張勳似乎並沒有撒謊，其中馮國璋便是主要嫌疑人之一。據馮國璋的祕書惲寶惠回憶，在袁世凱死的時候，張勳的幾個謀士來馮國璋處活動，而馮國璋確實給張勳寫過一封信，這封信還是惲寶惠親自草擬的，內容是：「項城長逝，中原無主，義旗北指，此正其時。兄若鋒車先發，弟當部屬所部以隨其後。事貴速斷，敢布胸臆」。

這封信，馮國璋當時交給了惲寶惠的六叔惲毓昌送遞張勳，而惲毓昌本就是張勳手下的復辟健將。可惜的是，由於這封信被送到張勳那裡的時候已經是時過境遷，這次策劃也就只好作罷。隨著時間的推移，馮國璋與張勳的關係也逐漸拉遠，再加上馮國璋見黎元洪正處於風雨飄搖之中，由此也萌發了自己做總統的念頭。可笑的是，張勳卻仍舊認為馮國璋是支持復辟的，真可謂是寓言中說的「刻舟求劍」。逃進荷蘭使館避難的張勳，事後見到惲寶惠，還以極不滿意的口氣抱怨說：「就是你們總統，也有信給我！」殊不知，這封信本就出自惲寶惠之手，他豈有不知？

張勳復辟失敗後，馮國璋倒是撿了個大便宜，他入京成為代理大總統。對於清室的行為，馮國璋主張不予追究，理由是溥儀年幼，完全是被張勳脅迫的，因而民國的優待條件仍舊不變。馮國璋代理總統一年期滿後，便回到老家河間詩經村居住，直到一九一九年的十月，馮國璋為了調解十五師和十六師向陸軍部爭餉的問題再次返回北京。

沒想到的是，馮國璋竟然在北京病故，再也沒有回到詩經村了。事情是這樣的，在調解的過程中，由於馮國璋已經退職，雙方的利益關係沒有擺平，第十六師的師長王廷楨突然以陸軍部的命令為藉口，把跟隨馮國璋這一連的士兵調回，馮國璋十分氣憤，他覺得自己剛剛下臺不久，而且當年曾許下諾言要和禁衛軍的官兵永不脫離關係，而王廷楨作為自己多年的部屬，如何能做出此等絕情之事。在惱怒之下，馮國璋在家裡洗了一個冷水澡，結果引發了急性肺炎，沒有多久便於當年十二月二十八日去世，終年六十二歲。

馮國璋是「北洋三傑」中去世最早的，他也就比袁世凱多活三年而已。應該說，馮國璋本是民國初年政局的穩定力量之一，他的去世對當時的政局穩定乃是一大損失。

十七、黎元洪宦海沉浮終受辱

黎元洪是袁世凱的兒女親家（黎女嫁袁世凱第九子袁克久），有一日袁世凱曾對他開玩笑說：「今日之我，為的是將來之你。人多頌揚我的才，我看還不如你的福。」

素有「菩薩」之稱的黎元洪確實運氣不錯，每當危難之時，總能轉危為安、化險為夷，而且還節節高升。黎元洪的父親黎朝相，其早年曾加入鮑超的「霆軍」，後被擢升為遊擊（武職從三品），在各地起義被敉平後，黎朝相領了一筆休致費解甲歸田，遂將全家遷到漢陽，並用遣散費蓋了一所房子，一半供家人居住，一半對外出租，以換取一些生活費。黎朝相原本打算做個普通老百姓安度一生，但晦氣的是，承租黎家房屋的一個房客因為涉嫌謀反而被官府捉拿，結果黎朝相也被連帶「窩藏罪犯」之嫌，最後房屋竟被官府沒收。

走投無路之下，黎朝相只好重操舊業，跑到天津北塘再度投軍，又一次棲身於行伍之間。在最初的幾個月，黎家陷入窘境，好在這時黎朝相從天津將餉銀寄來，這才緩解了家中的衣食之憂。一八七七年，十四歲的黎元洪突然染上重病，黎朝相得知消息後心急火燎地從天津趕回來探視，好在黎元洪福大命大，度過這一鬼門關。

黎元洪病癒之後，黎朝相考慮再三，決定將全家遷到自己的駐地北塘，以免再次發生類似的後顧之憂。在父親的影響下，黎元洪常在讀書之餘去父親的兵營觀看操練，由此也棄文從武，並於一八八三年考中了北洋水師學堂，學習艦艇操作與海軍戰術。不幸的是，黎朝相於次年突然壯年猝死，好在黎元洪在水師學堂讀書有一筆不菲的津貼，他省吃儉用，就靠著這點錢勉強養家糊口，日子過得十分緊巴。為了省錢，黎元洪每次回家探視時都是徒步往返，來回要走上近百里的路程，就是為了省下一個光洋的路費。

一八八八年，黎元洪從水師學堂畢業後被派往「來遠」艦上見習。「來遠」艦是當時北洋艦隊中最新的裝甲巡洋艦（與「經遠」艦為同級姊妹艦），由德國伏爾鏗造船廠訂造，一八八七年剛剛下水。在見習一年多後，因為廣東水師急需人才，黎元洪被派到「廣甲」艦上充當三管輪。甲午戰爭爆發後，廣東水師的「廣甲」、「廣乙」、「廣丙」三艦也隨同北洋艦隊參戰。在黃海大戰中，由於與之編組的「濟遠艦」擅自撤離戰場，「廣甲」艦在管帶吳敬榮的率領下隨之逃跑，最後又在驚慌失措中擱淺於大連灣三山島附近。由於擔心被日艦發現，「廣甲」艦最終自毀以免資敵，而黎元洪等人跳海逃生，回到旅順。

甲午之戰，北洋艦隊全軍覆沒，廣東水師也是損失慘重，那些原本為人所欽羨的海軍將領也大都被朝廷革職，正當失業後的黎元洪彷徨無計之時，兩江總督張之洞此刻正在南京設立延才館，招聘武備人才。黎元洪得此信息後，急忙趕到南京去投奔，由於當時現代軍事人才奇缺，張之洞對黎元洪頗為讚賞，於是委派他負責監修南京城外的炮臺。由此，黎元洪棄水登岸，由一名海軍軍官轉型為陸軍將領。

一八九六年，張之洞調任湖廣總督，黎元洪也隨之返回湖北老家，繼續效力。在甲午戰後，鑒於舊式軍隊的拙劣表現，朝廷隨後出臺了編練新軍的政策，其中便有南北兩個試點，北是袁世凱的小站練兵，南就是張之洞編練的自強軍。由此，黎元洪得到了張之洞的極大重視，並於一八九八、一八九九和一九〇一年三次受命前往日本，考察學習東鄰強國的陸軍訓練和軍事工業等。湖廣總督張之洞對黎元洪頗為賞識，曾經贈給黎元洪一個「智勇深沉」的條幅，並上奏朝廷稱其「忠勇可靠，堪當重任」。由此，黎元洪官運亨通，由幫帶升管帶、千總，再升守備、都司，隨即又晉升為副將，成為武職中的從二品大員。一九〇六年，清廷計畫在全國範圍內編練新軍三十六鎮，湖北的計畫任務是兩鎮，當時暫時練成第八鎮和第二十一混成協（相當於旅），前者由總兵張彪任統制，後者則由黎元洪出任協統，黎元洪也由此成為湖北軍界中的第二號人物。

黎元洪是新派軍人，對手下的士兵也還不錯，但他在仕途上順風順水，因此對革命黨原本並無好感。據曹亞伯在《武昌革命真史》中的記載，在武昌起義爆發後，黎元洪親自坐鎮第四十一標並令關閉營門，禁止士兵外出參加革命。其間，一個名叫周榮棠的革命士兵翻牆而入，前來四十一標聯絡起義，但很不幸被抓獲，黎元洪為防止軍心動搖，當即下令處決。直到午夜時分，革命黨用蛇山和楚望臺上的大炮轟擊四十一標，黎元洪方知大勢已去，只得打開營門，各自逃生。

黎元洪逃出營門後，來到幕友劉文吉家中暫避。在慌亂當中，黎元洪感到大難將至，他語無倫次地對劉文吉說：「我身居協統，如今部下兵變，死也是死，不死也是死。如果革命黨失敗，朝廷必定要重罰我；如果革命黨成功，我恐怕也是性命不保，這下如何是好，如何是好？」劉文吉安慰他說：「現在事態不明，還是先觀望一下好，說不定會有出人意料的結果。」

劉文吉果然有先見之明，在一夜激戰後，革命黨雖然已經取得勝利，但有個棘手的問題擺在他們面前，那就是臨時指揮起義的首領都資望太淺，不能服眾，而原先的那些革命黨首領又下落不明，革命士兵們陷入了群龍無首的境地。

命運的改變也許就在不經意間。正當黎元洪惶惶不安的時候，革命黨人已經探得他的下落，並決定由他來出任軍政府的都督。黎元洪對此十分惶恐，連稱：「莫害我，莫害我！」革命黨哪裡管得了那麼多，大筆一揮，便在軍政府的布告上簽下了黎元洪的大名……這就叫霸王硬上弓，想不做都不行。三天後，黎元洪也想通了，反正這「黎大都督」的名聲已經傳遍全國，認與不認已無區別，倒不如乾脆就認了算了。於是，黎元洪積極投身革命事業，一舉成為了首義元勳，並進而當上了民國的副總統。

黎元洪在袁世凱時期明哲保身，無所作為，但在袁世凱稱帝並封他為「武義親王」的時候，卻能堅定共和立場，拒不受封，這也為他保住了政治資本。在袁世凱死後，黎元洪順利地繼任為大總統，這正是應了袁世凱的那句話：「今日之我，為的是將來之你！」

不過，黎元洪雖然貴為總統，但總理段祺瑞才是實權派人物。由於在多個問題上屢起衝突，黎元洪最後憤而將段祺瑞的總理職務免去，由此掀起了更大的政治風潮。在北洋系的督軍宣稱要獨立的情況下，黎元洪只好請求張勳入京調停，不料張勳暗懷鬼胎，結果引發復辟醜劇，國會被解散，黎元洪也被趕出總統府，最後自請辭職並隱居天津五年之久。

中國有句古話，叫「風水輪流轉，今年到我家」，在一九二二年直奉戰爭後，一個千載難逢的機會來臨了。原來，直系大佬曹錕、吳佩孚勢力相繼逼走皖系段祺瑞和北洋元老徐世昌，他們為了扶持曹錕當總統，需要中間有個人來過渡一下，這找來找去，便以「法統重光」的名義找到了黎元洪的身上。

所謂的「法統重光」，指的是黎元洪在張勳復辟的非常時期離任大總統，因為是被脅迫的，所以不能視為自動離職，應該將他迎回並補滿任期，等任期結束後再重新選舉大總統；第一屆國會也是被張勳非法解散，所以也應該重新恢復，大意如此。

黎元洪心裡也清楚，直系這些人並非真心擁戴他上臺。因此，開始他並不想去蹚這池渾水，而是直截了當地跟那些請他出山的人說：「你們直接選曹三爺做總統不就結了，何必搞這麼複雜？」

但是，擁戴的大戲既然已經開演，黎元洪想不參加也是不行的。在黎元洪拒絕後，曹錕、吳佩孚加強了邀請的力度，他們先後派出各路代表親赴黎府，盛情相邀。而各省督軍也在曹錕、吳佩孚的指使下紛紛發表通電，請求黎元洪以國事為重，出面挽救危局，說得是義正辭嚴、情真意切，連黎元洪看後都有點陶醉，不免怦然心動了……既然是眾望所歸，那我就勉為其難，姑且出山風光一次吧！

當然，黎元洪也不想被人隨意擺弄，於是他提出了出山的條件，那就是各省督軍應立即解除兵權，還政於國家，否則自己絕不當這個莫名其妙的總統。曹錕得知後極為惱怒，大罵道：「請他做個現成的總統，他竟然還要向別人提條件！我們捧他上臺，他卻叫我們下臺！真是狗咬呂洞賓，不識好人心，豈有此理，豈有此理！」

吳佩孚雖然也很憤怒，但他卻勸曹錕少安毋躁，姑且敷衍一下黎元洪。於是，在曹錕、吳佩孚的建議下，直系的各省督軍如蕭耀南等人也就假惺惺地隨聲附和，表示願意聽命。不料黎元洪這時卻得寸進尺，他派出代表到曹錕、吳佩孚處要求給予切實保證，並要求等到全體督軍都通電支持後才肯復任總統。曹錕手下的人氣得要命，連聲嚷嚷著踢開黎元洪自己幹算了，吳佩孚則按捺住自己的怒氣對黎元洪的親信代表金永炎說：「黃陂如果再要裝腔作勢，我就無能為力了。你回到天津後，請他說一句痛快話！」

黎元洪和幕僚們一番商議後，覺得臺階已經搭得差不多了，再弄下去恐怕都下不了臺，不如趁勢復任總統算了。於是，在闊別政壇五年後，黎元洪再次做上了民國大總統。

由於曹錕、吳佩孚只是想讓黎元洪暫時過渡一下，因而在黎元洪做了半年多總統後，便不斷暗示他主動引退，以便為曹錕騰出位置。在黎元洪不肯就範的時候，這些人乾脆就棄文從武，派出了陸軍校閱使馮玉祥、京津衛戍司令王懷慶、步軍統領聶憲藩、員警總監薛之衍率所部軍官三百多人去總統府索餉，隨後又有「公民團」去總統府門前鬧事，接著是北京的員警們罷工並前往總統府請願，目的就是要讓黎元洪趕緊自動下臺。

對於這些人的胡鬧，黎元洪卻頗有定力，他對身邊的幕僚說：「民國六年的時候（即一九一七年），我受到督軍團和張勳的脅迫，違法解散了國會，釀成大禍，一直沒有機會彌補。這一次我既然依法而來，就當依法而去，不能再犯糊塗。我的任期如何，應當由國會來決定，如果國會認為我任期滿了，我一天都不戀棧。但是，如果有人想要用武力來迫使我去職，那我就要為國家維持紀綱法律，絕不能重蹈覆轍，遺害百姓。」

黎元洪的節氣固然是令人敬佩的，但曹錕、吳佩孚這些人的手段更是層出不窮。先是內閣總辭職，接著京津衛戍司令、步軍統、員警總監都紛紛辭職，黎元洪發出去的命令如同泥牛入海，根本就出不了總統府。再接著，總統府的水電、電話也被掐斷，黎元洪在北京已經無法立足，但他還不想向直系屈服，而是決定離開北京，前往天津。

在逼走黎元洪後，辭職的王懷慶那些人立刻復職，罷工的員警也隨即上崗，公民團也一眨眼間就消失得無影無蹤。當這些人興高采烈地來到總統府接收的時候，卻發現總統的印信不見了，於是立刻打電話給直隸省長王承斌，要他在天津扣留黎元洪專車，索回印信。

黎元洪早就料到這些人會用這招，他在離京之前便把主要的五顆印信交給了如夫人黎本危，而黎本危此時已經躲進了東交民巷的法國醫院。所以，當王承斌和天津員警廳廳長楊以德帶領衛隊在楊村車站截住黎元洪的時候，並沒有找到總統印信。

王承斌開始還煞有介事地問：「大總統此次出京，是公事還是私事？」

黎元洪答道：「我在北京無法執行職務，所以要移到天津來辦公。」

王承斌便問：「既到天津辦公，那總統印信何在？」

黎元洪怒道：「你是什麼人？敢向總統索印？」

王承斌冷笑道：「我勸大總統還是把印信交出來吧，免得傷了和氣。」

黎元洪起身道：「我便不交，你能奈我何？」

王承斌哼了一聲，向楊以德努努嘴，楊以德便會意地一招手，隨即擁進幾十個丘八老爺，一個個拿著短槍，雄赳赳、氣昂昂往周圍一站，黎元洪和隨從頓時大驚失色，以為這幫人要動粗。此時，王承斌上前一步，逼問道：「總統還是趕緊把印交出來吧，我沒有閒工夫跟你扯談！」

黎元洪的隨從見勢不妙，慌忙說：「王省長別動怒，印在總統府，不曾帶來。」

王承斌厲聲道：「你別跟我裝傻！北京已經來了電話，總統府只有十顆不相干的印信，另外五顆呢？在哪裡？」

見黎元洪還不吭聲，王承斌便命人將火車頭摘除，另調來一個營的兵力將火車團團圍住，不准進也不准出，直到黎元洪交印為止。

僵持了一個多小時後，黎元洪明白要是不交印的話休想離開這裡，只得寫下紙條讓人送到如夫人黎本危那裡，讓她把五顆印信交出。王承斌說：「這一來一往太麻煩，還是請大總統親自打個電話吧！」

無奈之下，黎元洪只能在王承斌等人的監視下去車站電話室給如夫人打電話，讓她把印信交給參議院議長王家襄。光交印還不行，王承斌在曹錕、吳佩孚的授意下，又擬了一份電報讓黎元洪簽字，大概意思是「宣告自動辭職，由國務院攝行總統職權」云云。這一來一往，黎元洪最終捱到凌晨兩點多才回到天津私宅。

在後來曹錕緊鑼密鼓地進行賄選之時，黎元洪還想做最後一次抗爭。當時張作霖、段祺瑞、盧永祥、孫中山號召反直的議員南下到上海召開特別國會，以破壞曹錕的賄選。盧永祥也發出電報，邀請黎元洪到上海重組政府。

但黎元洪到了上海之後，他發現「反直聯盟」雖然歡迎他的到來，但並沒有人希望他組建政府，就連盧永祥的那封電報，原來也是安福系政客捏造的。黎元洪這才明白，這次又陷入了政治陷阱，這些人並非是真心擁戴他，而只是藉他的名氣來壯自己的聲勢罷了。

在曹錕賄選成功後，黎元洪也就對復任總統徹底死心，從此不再過問政治。一九二八年六月三日，黎元洪病逝於天津寓所內，享年六十五歲。在開祭之日，曾與黎元洪大鬧矛盾的段祺瑞也親自前往弔唁，對著遺像「三鞠躬畢，喟然而退，似有無限感慨」。

十八、曹錕賄選總統記

北洋系元老唐紹儀曾講過這樣一個典故，說袁世凱小站練兵時，一日靜坐幕中，聽到外邊有一壯漢子販布走售，呼賣聲甚為洪壯，袁世凱聽後覺得此人非同常人，於是讓人呼入，此漢子即曹錕也。待一見面，袁世凱見曹錕的相貌雄偉厚重，日後必有宏運，於是勸其投入軍伍，共襄大業。

唐紹儀跟隨袁世凱多年，其資歷幾乎可以與徐世昌相提並論，但對於同樣為北洋系基本幹部的曹錕，至少在這個典故的時間上是有誤的，因為曹錕販布固然不假，但他加入小站練兵時，早已是天津武備學堂的老畢業生而絕不可能仍在「街頭走販」。

細說起來，曹錕這個人還是蠻有意思的。曹錕，字仲珊，直隸天津人，出身貧困，因家中排行老三，人稱「曹三爺」。曹家兄弟眾多，等到曹錕發跡後，那些兄弟們也跟著雞犬升天，其中四弟曹銳做了直隸省長，六弟曹鍈做了天津鎮守使。

曹錕早年讀過一點書，頗有些悟性和志氣，等成年後，家中生計困窘，但他又不願當農民，於是自告奮勇去保定販布，因為他覺得這個職業比務農似乎要上流一點。其實，曹錕賣布或種田出身也沒有什麼，「英雄不須問出處」，在他後來的同袍中，出身低微的大有人在，江蘇督軍李純販魚出身，馮國璋在中南海代理大總統的時候，不也賣過魚嗎？

不過，做生意並不算曹錕的強項，因為他為人直爽，又好酒貪杯，經常喝醉了便席地而臥，街上的頑童趁機把他的錢偷走，他也不當回事，只是一笑了之。當別人告訴他，是誰誰誰拿了你的錢時，曹錕也不去追討，別人問他為什麼，他笑道：「我喝酒，圖一樂耳；別人拿我的錢，也是圖一樂耳，何苦再去追拿？」

由此，曹錕在當地便有了「曹三傻子」的綽號……圖一樂耳！

李鴻章在直隸練兵的時候，曹錕拋棄了他的販布事業應徵入伍，數年後，天津武備學堂成立，曹錕被選拔入讀，由此改變了他的命運軌跡。袁世凱小站練兵後，曹錕前去投奔並當上了右翼步隊第一營的幫帶。由此可見，曹錕投奔小站乃是年輕的軍官而非棄商從戎，唐紹儀所述，謬也。

由於曹錕性格寬厚，喜怒不形於色，從來不與人爭權奪利，因此在小站時並不出彩，提升的速度亦不算快。事實上，同他一起練兵的那些同袍基本上都做過鎮統制了，曹錕才在一九〇八年混上第三鎮的統制，晉升速度可謂慢矣。

以曹錕的性格，他這輩子鬧的笑話還挺多。據《民國官場現形記》中說，曹錕平時喜歡以老大哥自居，動輒呼人老弟。他對於部下的軍官兵士，一律實行有福共用主義。有一年冬天，曹錕特地購置了一萬件皮袍，凡屬直系軍官，每人發一件；又買了幾萬袋麵粉，每兵士賞給兩袋，因此部下歡聲載道，士卒樂於效命。曹錕在散給皮袍的時候親自演說道：「咱們軍人向來有個『同袍』的名字，所以我今天每人賞一件羊皮袍子，就是實行『同袍』二字的意思。」下面的人聽了曹三爺的這個歪解，不免忍俊不禁，開懷大笑。曹錕此舉，雖說是小恩小惠，卻很能買服人心，就這點而言，曹錕一點也不傻。

山東督軍張懷芝是曹錕的鐵桿擁躉，他常與人說「曹三爺是我長兄，他走一步，我隨一步；他跑一步，我亦跑一步」，這話直白卻也不假。民國六年（一九一七年）張勳率辮子軍逼黎元洪大總統出走時，黎元洪派人鼓動曹錕擁護，曹錕發電至總統府，張懷芝也跟著發電支持；爾後曹錕受段祺瑞鼓動，宣言否認，張懷芝也跟著宣言否認。後來，曹錕當了直隸督軍，張懷芝也要去當山東督軍，說是「要跟曹三爺走也！」

不過，張懷芝做參謀總長的時候，不識字而好弄文，某日下一命令，「派某人到參謀部」，卻把「派」字寫成了「抓」字，結果所派之人，被抓到參謀部等候發落，鬧出一個大笑話。北洋元老王士珍得知後，莞爾道：「懷芝事事學曹仲珊，仲珊不亂動筆，自為藏拙；懷芝獨對此事，未曾學得到家。」

曹錕做事一向沉穩，穩打穩紮，不像某些人衝動冒進（譬如段祺瑞），後來反而逐漸成了氣候。在袁世凱死後，曹錕、吳佩孚先在直皖戰爭中趕走段祺瑞，隨後又在直奉戰爭中趕走張作霖，直系勢力成為了把持北京政府的唯一軍政集團。這時，曹錕信心爆棚，在一些政客們的慫恿之下，可就不僅僅滿足於當個地方軍閥，而是要嘗嘗當總統的滋味了。

曹錕是軍人出身，政治上沒有什麼經驗，但他把握住了民國政治的最核心要素，那就是：錢！可不是，有錢能使鬼推磨，沒錢萬事莫開口，有錢什麼都好辦，古今一理。

一九二三年，在把臨時客串的黎元洪逼走後，曹錕的賄選便緊鑼密鼓地開始了。具體的工作，當然不需要曹錕親自出面，而主要是由他手下的政客吳景濂等人在四處活動。總統選舉在民國並不是什麼稀罕事，只不過這次來得更直接……那就是，賄選幾乎就是公開透明的，選票明碼標價，童叟無欺，議員投曹錕一票，便可得五千元支票，選舉成功後兌現。

在金錢的誘惑下，一些原本反對直系的議員也紛紛返回北京，準備領取這五千元去投曹錕的票。在九月十日的預選會上，出席議員高達五百餘人。不過，按臨時約法的規定，總統選舉須四分之三的議員投票，雖然當時的支票已經發出去五百七十餘張，但還是沒有達到法定出席人數。

為了能在十月十日的國慶日舉行總統就職典禮，曹錕隨後加大了賄選的力度。十月五日是總統正式選舉大會，為湊足大選的法定出席議員人數，曹錕派人成立了「暗察處」，防止議員擅自離京。搞笑的是，反對曹錕賄選的勢力也在六國飯店設點唱對臺戲，並以每人八千元的代價收買不投票的議員，但終因為財力有限，所收買的議員不過四十人，其中還有幾個是兩邊拿錢的。

十月五日，總統選舉會正式舉行，但吳景濂走進會場一看，簽到者遠未及法定人數，於是他宣布簽到人數夠了再進行選舉，但一直等到中午時分，簽到的議員也不過四百人。吳景濂這下急了，他在曹錕的同意下臨時決定，只要議員出席會議，即使不投曹錕的票，也發給五千元支票。隨後，吳景濂調來幾十輛汽車，派出可靠的議員分別去勸或去拉同鄉同黨的議員，並規定每人至少要拉一個回來。

於是乎，議員們分頭四出，會場外汽車喇叭聲嘀嘀亂響，好一派熱鬧非凡的景象。由於曹錕不能當選，支票就不能兌現，因而那些財迷心竅的議員們都費盡力氣前去拖人，好幾個正生著病的議員也被他們拉了來。一直捱到下午一時二十分，簽到的議員才達到五百九十名，這才搖鈴開始投票。下午四時唱票結束後，曹錕以四百八十票當選為民國新總統。

曹錕這次賄選總統耗費巨大，除了每張選票五千大洋外，還需要給那些上下奔走的政客們酬勞，另外還有招待費、祕密費，加起來不下千萬。這筆錢到底是誰出的，現在也無確切結論，但曹錕自己支付了一部分應屬無疑，至於其他，應有調用公款之嫌疑，如直系各省發行的公債、借款等。

令人哭笑不得的是，曹錕的賄選在程序上完全「合法」、完全公開，而且，他又沒有採取任何的暴力，即便是有人拿了錢不投票，他也不曾採取手段加以報復。「一個願買、一個願賣」，正如曹錕某部下說的：「花錢買總統當，總比拿槍命令選舉的人強多了！」

至於那些拿錢投票的議員們，則被人罵為「豬仔議員」，而這正是民國第一屆國會的各路俊傑們（宋教仁大獲全勝的那次）。民國初年的時候，國民都對「議會政治」充滿了幻想和無盡的希望，誰曾料到這幫人竟成了今天這副模樣？別說議員，就連一般的民眾也比不上啊（不過民眾是否會拒絕這五千大洋，這恐怕誰也不能保證）。

第一屆國會俗稱「八百羅漢」，但說實話，這裡卻沒有一個羅漢是民眾自己選舉出來的。他們這些人，原本是各省的革命黨和立憲派，或者是一些社團的領袖，或者一些要人指定的人選，說白了，這些人獲得候選資格，並不是選民推舉出來的，因此也不需要代表誰。

當然，這些人中間並不缺少才智之士，但民國初年的政治環境，那就是隨著時間推移而不斷腐爛的政治醬缸，眾多的革命黨、立憲派、社團領袖丟棄他們的理想而變成幫閒政客，為了五千大洋而甘做「豬仔議員」的人，實在是大有人在。宋教仁先生倘若地下有知，看到這些人又會做何感想呢？那些認為宋教仁不死便可以帶領中國走向憲政之路的想法，在殘酷的現實面前，實在是荒唐可笑的一廂情願罷了。

民國的政壇，可就是一個超級無敵大醬缸啊。

最可恨的是，這些議員們領著豐厚的年薪，每次會議還可以拿到的高額出席費補貼，但他們又幹了什麼呢？開會的時候黨同伐異、吵鬧不休，大部分事情都是會而不議，議而不決；而議員應該參加的會議，經常因為法定人數不足而流產。在一九一六年恢復國會後的數月之內，除了議定議員的薪酬一事，其他無一事議成，至為荒唐。

當時的很多議員，個人生活極其糜爛，吃喝嫖賭，抽鴉片，喝花酒，北京的「八大胡同」，便是當年國會議員們最愛光顧的地方。如此議員，焉能成為國民之表率，又豈能為國為民謀福利？

旅美歷史學家唐德剛說過，先進民主國家中的議會制度，都是數百年不斷的實踐而慢慢地一級一級發展起來的結果，民國來個速成班，搞東施效顰、一步登天，哪有這麼容易呢？此乃不是政黨政治而是幫會政治，所謂「朋黨制」也。

曹錕當選總統後，唯一值得稱道的是頒布了中國歷史上的第一部正式憲法，這也算是國會議員們近十年才完成的一項重大工作成果。可惜的是，這部憲法雖說是十年磨一劍，但在賄選的惡名下，又有幾人知，又起到了什麼作用，這都是難以猜想的未知數……在槍桿子說了算的年代，什麼狗屁憲法……何況還是賄選的。

倒是曹錕，因為這事而暴得大名（可惜是個惡名），為人所熟知。想來這「曹三傻子」花了大價錢去當這個賄選總統，恐怕也是性情中人，大概就是「圖一樂耳」。十二年前，袁克文曾經勸父親袁世凱「莫到瓊樓最上層」，但對曹錕來說，民國大總統便是他的最高層，此君有幸到此一遊，無怨無悔，所以後人們也就別為他惋惜了。

曹錕花大價錢弄來的這個總統，並沒有當多長時間。一九二四年十月二十三日，正當吳佩孚率領直系大軍在前線與奉軍大戰之時，馮玉祥的國民軍突然回師北京發動政變，曹錕一覺醒來，城中到處都是馮玉祥國民軍的安民布告，街上的交通要道也站滿了纏著「誓死救國，不擾民，真愛民」白色臂章的國民軍士兵。至於總統府與外界的電報、電話，早已被操練了多次的國民軍內應部隊切斷，總統府的衛隊被繳械，曹錕本人也被軟禁在中南海延慶樓內。

曹錕總統坐得好好的，一夜之間遭此變故，也是驚詫莫名，特別是他聽說自己信賴的部下孫岳、王承斌都造反了，更是氣得半天都說不出話來。當馮玉祥的代表薛篤弼與內閣總理顏惠慶去見曹錕的時候，曹錕口氣仍舊非常強硬，連問：「子玉在哪？子玉在哪？」在沒有得到回應後，曹錕又斷然說：「此次對奉作戰，雖是子玉主張，但也是我同意的，要辦子玉，就先辦我曹某（吳佩孚，字子玉，係曹錕的主心骨，曹即是吳，吳即是曹）。」

後來，孫岳等人趕來並勸曹錕說：「公身安全，某等可以保證。停戰為和平而發，不妨早下，至於吳佩孚，可以給予名義讓他下臺。」孫岳曾是曹錕屬下參謀，在清末時便是革命黨人，曹錕對他有恩並且信賴有加，現在連他都窩裡反了，可見大勢已去，再爭無益，最後只得對顏惠慶說：「責任內閣，一切可以負責辦理，你們自己看著辦吧。」

在停戰令和將吳佩孚解職的命令發布後，前線的吳佩孚還不肯相信，一再通電這是「偽詔」，企圖負隅頑抗，但由於此時軍心大亂，吳軍大敗，只得退守天津。就在這時，國民軍又相繼在楊村、廊坊一帶將吳佩孚的原駐軍擊潰，而那些北上的直系援軍也被山東督軍鄭士琦、山西督軍閻錫山所阻，至此，吳佩孚的失敗已經是無可逆轉。

在王承斌的勸說下，曹錕只得宣布辭職，但仍舊被軟禁在延慶樓。直到一九二六年，吳佩孚在湖北東山再起、而馮玉祥的國民軍被奉軍打敗，曹錕這才被釋放。重獲自由的曹三爺本以為段祺瑞既然下野，那自己就應該出來繼續當他的總統了，不料各方對此反應冷淡，就連鐵桿老部下吳佩孚也對此毫無熱情，還派人帶話說「三爺這個人在前臺是唱不好的，我看還是請他在後臺待待吧，等我把大局奠定，咱們再商量」，並說「好馬不吃回頭草」、「兵不再役」等。這話傳到曹錕的耳中，不免給他澆了一瓢涼水，也只好繼續耐心等待了。

北伐戰爭後，北洋系落花流水，曹錕見吳佩孚和當年的那批人馬已經是明日黃花，也就放棄了復出的幻想，回到天津隱居去了。曹錕的晚年，也和段祺瑞一樣改而吃齋念佛，他常常燒香念經，還買了一尊金佛放在天津「大悲院」中，並常去朝拜。在脫離了軍政二界後，曹錕的晚年倒也過得平淡安詳。在日本侵佔東北後，常有人奉日本人之命請曹錕出山擔任職務，但始終被曹錕嚴拒。就這點而言，曹錕是小事糊塗、大事不糊塗，民族氣節還是有的。一九三八年五月十七日，曹錕因肺炎在天津病故，終年七十六歲。

十九、北京政變：馮玉祥一飛沖天

作為首個登上美國《時代週刊》封面的中國人，吳佩孚當年被認為是最有希望統一中國的軍事將領，但正當他意氣風發，準備一舉打垮奉系張作霖、一統江湖的時候，其內部卻在毫無徵兆的情況下遭到沉重一擊，這就是在第二次直奉戰爭中馮玉祥的突然倒戈。有人或許要問，馮玉祥又是何許人也？

馮玉祥，字煥章，祖籍安徽巢縣，其父早年投入劉銘傳的銘軍，曾參加過鎮壓太平軍、捻軍、陝甘回亂等戰事，後來跟著左宗棠所部踏過幾千里的漠漠黃沙前往新疆平定阿古柏之亂，在這八天的行程中，每個士兵都背著生紅薯作為口糧，也許是這次吃得實在太多，以至於馮父後來看到街上賣烤紅薯的，都會忍不住噁心犯酸水。光緒年後天下太平，銘軍解散，馮父也就解甲歸田，但多年的從戎生涯已使他無心從事其他行業，最後還是投入李鴻章的淮軍並隨軍分駐直隸等地。

光緒年間的軍隊供給是極微薄的，馮玉祥的父親在淮軍中（後改為練軍）僅僅是個低級軍官，家裡的孩子又多，因而馮玉祥小時候的生活非常艱苦。其在回憶錄中曾這樣描述那段不堪回首的日子：自己家中房子極小，有時候客人來了，連坐的地方都沒有；四周的牆壁，年代久遠，風吹雨淋後都已經漸漸鬆弛崩塌；吃飯的時候，一掀開鍋蓋，頂上的灰塵就同秋天的落葉一樣掉落……

小時候，馮玉祥常跟著哥哥去拔草拾柴，幫襯家計。夏天，每到高粱擗葉的時候，馮玉祥都要在高粱地裡掰一整天，有時候累得連飯都吃不下，這種勞動者的苦楚，只有親身勞動過的人才知道；馮玉祥小時候從來沒有穿過新鞋，穿的都是重新修補過的「二鞋」；由於生活艱辛，馮玉祥經常要去當鋪典當家中物品（因為大人不好意思去），以勉強維持家中生計。正因為這樣的生活經歷，馮玉祥對清廷及舊社會極為痛恨。

馮玉祥的本名叫馮基善，「玉祥」這個名字得來也頗有意思。當時保定的練軍大都是父子兵（父親退役、兒子遞補進營），雖說軍中的薪水微薄，但畢竟有份固定的收入，外面不相干的人是很難補進去吃這碗軍飯的。因此，一年半載地出個缺，爭的人很多。馮玉祥的父親當時境遇困難，這是他的同袍都深知的，有一次營中正好出了個缺，當時一個姓苗的管帶便說：「這回補馮大老爺的兒子吧。」旁邊的人問：「那他叫什麼名字？」苗管帶一下想不起來，那人便說：「讓我問問去。」苗管帶怕他去一問而耽誤了時間，於是忙擺手道「我知道，用不著問」，隨後便在紙上寫了「馮玉祥」三字。由此，馮基善便成了「馮玉祥」。

馮玉祥補上學兵的時候不過十一歲，但他從小便身材高大魁梧，天生就是軍人的料。成年後，馮玉祥的身高超過一米九，膀大腰圓，人稱「馮大個兒」。但是，馮家沒有什麼顯赫的背景，馮玉祥小時候接受的教育也有限，因而他不像其他的軍官一樣讀過武備學堂之類軍校，而完全是靠著自己的努力，在軍隊裡摸爬滾打了多年才逐步升遷的。正因為如此，他的日常作風非常簡樸，也從不沾染當時的一些惡習，如吸鴉片、賭博、狎妓等，這和其他的高級將領完全不同。

由於當時的練軍已經疲弱不堪，馮玉祥後來便改投了袁世凱的武衛右軍。當時的武衛右軍，無論是在訓練還是待遇等方面都是最好的，由於馮玉祥身材高大，在慈禧太后從西安回鑾的時候，馮玉祥還在保定做儀仗兵時親眼見過慈禧太后（心裡那個恨啊）。在袁世凱的軍隊中，馮玉祥逐漸由副目、正目、哨長、隊官等一路升遷上去，並在清末的時候當上第二十鎮的營管帶（標統為范國璋，鎮統制前為陳宧，後為張紹曾）。

一九一一年武昌起義爆發後，潛伏在第二十鎮（駐紮灤州）的革命黨也開始活動，當時他們也暗中搞了一個名為「武學研究會」的準革命小團體，其中的骨幹便有營管帶王金銘、施從雲、馮玉祥及張樹聲、張之江、鹿鍾麟、李鳴鐘、龔柏齡、商震、石敬亭、劉驥等同袍或部屬。事實上，就連鎮統制張紹曾也是傾向革命的，由此也引發了後來的「灤州兵諫」，並迫使清廷公布了「十九信條」。

可惜的是，由於張紹曾舉棋不定，自請辭職，二十鎮後來只好由王金銘、施從雲等低級軍官組織發難，而此時清廷已有準備並派出通州鎮守使王懷慶前來鎮壓，灤州起義最終失敗，王金銘、施從雲等十四名革命黨被殺，而馮玉祥等參與者被解除軍職並押送回籍。

無巧不成書的是，軍法處的人押送馮玉祥路過北京的時候，正好遇上了曾經的老上級陸建章。原來，袁世凱復出後，他對之前編練的北洋軍已無絕對掌控之能力，因而急於要組建一支忠於自己的嫡系軍，這就是之後的五路備補軍。當時陸建章被袁世凱從廣東潮州鎮守使調回來擔任左路備補軍統領，他對當年馮玉祥帶兵的印象不錯，而他這裡又急缺優秀的中下級軍官，於是當即決定讓馮玉祥留下來幫忙。

陸建章在小站練兵的時候便一直跟隨袁世凱，可以說是北洋系的老前輩，當時押送馮玉祥的軍官也同樣是他之前的部屬。陸建章直截了當地說：「你是我的部下，馮玉祥也是我的部下，你們的長官，從協統到標統，也沒有一個不是我的舊部。你把人交給我，這事就算這麼結了。」

由此，馮玉祥便留在陸建章的左路備補軍中擔任營長，隨後又升為團長。在民國初年「剿白狼」中，馮玉祥被提升為旅長，並隨陸建章入陝。袁世凱稱帝後，馮玉祥的第十六混成旅奉命開進四川與護中國軍隊作戰，但未及半年，袁世凱便因病去世。

而在這時，忠於袁世凱的陝西督軍陸建章也被皖系軍閥陳樹藩驅逐，馮玉祥失去了靠山，第十六混成旅也險些被解散。所幸的是，後來張勳鬧復辟，第十六混成旅正好派上用場，這才被復任總理的段祺瑞給保留了下來。但是，馮玉祥終究不是段祺瑞的皖系，也不是馮國璋和曹錕、吳佩孚的直系，因而經常受排擠，有時候連軍餉都發不出。好在馮玉祥本人貧困出身，一向艱苦樸素，與士卒共甘苦，因此他帶的部隊很團結，凝聚力很強，其戰鬥力不容小覷。

吳佩孚掌握直系大權後，馮玉祥由河南督軍被排擠到有職無權的陸軍巡閱使位置上，兩人矛盾由此激發。早在第二次直奉大戰前，馮玉祥便通過部下與奉系接洽，密謀共同反吳。而張作霖在得知馮玉祥在京中極為苦悶困窘之後，他當即決定聯合馮玉祥並接濟了馮部一些軍械和錢餉，共組反吳聯盟。

馮玉祥雖然看上去高大魁梧，像個軍界老粗，但實際上膽大心細。第二次直奉大戰打響後，馮玉祥以訓練新兵為藉口，在城中留下一營兵力作為內應，其他部隊則陸續開出城外，但每日行程不過二三十里，行動十分緩慢。馮玉祥的司令部到達古北口後，隨即藉口籌措給養，並令鹿鍾麟部每日練習行軍，讓沿途居民見怪不怪，免得到時班師回京引起外間的注意。

鹿鍾麟學兵出身，在四川的時候投入第十六混成旅任營長，很受馮玉祥的器重。他在進入北京前，每次都派兩連人進入城內裝作拿東西的樣子，但每次都是進得多，出得少，這樣就在城內陸續聚集了近一個團的兵力，而早已結成反吳同盟的孫岳所部守城部隊對此也是睜一眼閉一眼。

據當時在孫岳手下任參謀長的徐永昌回憶說：某次馮玉祥與他談話間曾憤然說，「王懋軒（懷慶）是蝙蝠兩棲之物，怎能做步軍統領？步軍統領應當是孫二哥這樣的人做才對。」不錯，王懷慶與馮玉祥是有過冤仇的，當年灤州兵變時，馮玉祥的幾個革命同道便是被他所害。王懷慶這個人很迷信，他的部隊從北京開出去的時候，必定要從德勝門出，即便是繞道，也是如此。不過，徐永昌倒認為王懷慶這個人對自己的士卒還可以，部隊做冬衣的時候，他都要親自檢查，唯恐絮棉不夠厚，針線不夠密，可算是一恂恂長者。

在政變的當晚，孫岳令部下耿仁貴營長打開城門，拂曉以前，即將與馮相約所做的內鑲白月標誌之黑旗，轉送給城內部隊，開城時即互相以此為識。由此，鹿鍾麟部大舉進城，由於前面內應的士兵已經在各街道做指引，因而政變做得神不知鬼不覺，竟然未放一槍一彈。

政變後，馮玉祥與孫岳的代表到總統府請曹錕退位，曹錕不肯答應，大發脾氣。馮玉祥的代表碰了一鼻子灰後，曹錕的幕僚趙玉珂送他出門，問：「禹行是在幹什麼？我們覺得他的隊伍好，很信賴他，現在他到底是在幹什麼？」馮玉祥的代表敷衍說：「沒有什麼，只是覺得內戰不已，民不聊生，想請吳使勿再打仗，請轉告總統放心好了。」趙聞言，很倔強地說，「總統已是六十多歲的老頭子，有什麼不放心，他是不放心你們。」說罷，悻悻而回。

要說起來，曹錕其實待孫岳不薄。孫岳，字禹行，直隸高陽人，生於一八七八年，據說是明末名將孫承宗之後，他早年行俠仗義，曾因打死了當地的一個惡霸而隱姓埋名，削髮為僧，後來又不甘寂寞而考入了保定武備學堂炮兵科，畢業後被分派到曹錕所部的北洋第三鎮，在辛亥革命的時候孫岳任鎮參謀官。孫岳很早就加入了同盟會，並且是北方的重要負責人之一，也可以說是個老革命了。

武昌起義後，孫岳因為捲入了「灤州兵諫」，後來便南下投了革命政府，但孫岳到了南京後，革命同志誤以為他是袁世凱派來的探子，差點被自己人幹掉。受此打擊後，孫岳由一個積極的革命志士變成了一個頹廢主義者，最後還是找到自己的老領導曹錕，謀得軍官教導團團長一職，後來曹錕又提拔他升任了大名鎮守使兼第十五混成旅旅長。

馮玉祥與孫岳在清末便是熟人，在馮玉祥打算發動北京政變後便與他交了底，孫岳聽後表示贊同，並主動承擔了與陝軍胡景翼、岳維峻部的聯繫工作。在直奉大戰前，因為原負責北京治安的王懷慶被調往前線，馮玉祥便把孫岳推薦給曹錕，讓他做北京警備副司令。曹錕不知是計，便同意了馮玉祥的提議，將孫岳部由保定調入北京。事後，孫岳笑著對馮玉祥說：「弄了半天，原來你是特意把我弄來給你們開城門的啊！」

人在屋簷下，不得不低頭，曹錕最後不得不認栽，而吳佩孚在前線的軍隊也由此大潰，其所代表的直系軍閥勢力一敗塗地並最終一蹶不振。曹錕政權結束後，馮玉祥把另一位革命黨、蔣介石的把兄黃郛推出來組織臨時內閣。不過，這個臨時內閣是過渡性的，除了將清遜帝溥儀趕出皇宮外，基本沒有做什麼事情便被段祺瑞組織的執政府取代了。當時的北方政局，不是馮玉祥一個人說了算，因為合謀打垮吳佩孚的奉軍也已同時南下，張作霖說的話更有分量。按馮玉祥的本意，是希望孫中山來出任元首，但由於孫中山北上遙遙無期，馮玉祥在與張作霖協商後決定推舉段祺瑞出山收拾殘局。由此，在直皖戰爭失敗後潛伏了近四年的北洋大佬段祺瑞被再次推出來並當上了中華民國臨時執政（鑒於總統與總理經常打架鬧矛盾，這次乾脆不設了）。

在「北京政變」後，北方各省的軍閥勢力重新洗牌，原直系、皖系的地盤漸為馮玉祥的國民軍及奉系所瓜分，雙方旗鼓相當，各得四五省的地盤，馮玉祥也由此取代吳佩孚的地位，成為當時政局中一等一的角色。但是，一山不容二虎，馮玉祥與張作霖的矛盾隨即爆發，馮玉祥還暗中支持張作霖的部屬郭松齡反奉，這更是激化了國民軍與奉系的衝突。

一九二六年初，馮玉祥的國民軍與張作霖的奉軍在華北爭地盤，張作霖為了確保對國民軍的勝利，於是決定化敵為友，聯合在湖北收拾餘部的吳佩孚對國民軍南北夾擊。吳佩孚當年因為馮玉祥的倒戈而大敗，最後率殘卒二千餘人浮海南遁，由上海改赴武漢，以圖東山再起。他在接到張作霖的建議後，當時便回電說：「我平生最恨反覆不定的小人，沒想到我這裡出了馮玉祥，你那裡也有個郭松齡，叛亂相尋，紀律敗壞，真是可悲可歎。既然你已經開口，那我就悉力相助，共張撻伐，讓這些叛徒無所逃罪而後已。」

馮玉祥在得知張作霖與吳佩孚聯手後，便派人去遊說吳佩孚：「我之前曾開罪於公，現在後悔莫及，我決定即刻下野，國民軍全聽您的指揮。直系的大敵本是奉軍，如果我們能及時地攜手團結，敵愾同仇，則勝算可操，屆時全國都唯公命是聽，豈不更好！」

吳佩孚聽說後，啞然道：「馮煥章還知道有我這個人嗎？他之前不仁不義，假借外力顛覆吾輩，現在形勢不利了，又想藉我們的力量來保持他叛亂所得的成果，難道我會傻到被他這樣玩弄的地步嗎？如今他已經被我直系的全體袍澤所唾棄，這絕不是我私人所能曲予包容的。他現在還跟我說什麼團結，他這種人反覆性成，既能倒戈於前，誰又能保證他不會再次倒戈於後？像這種平生慣以偽善欺人的人，我要是再受其欺騙，那還有什麼是非和正義之分？」

最後，吳佩孚仍舊與張作霖聯手對付國民軍，並最終在南口大敗之。可惜的是，這已經是北伐戰爭的前夕，隨著北伐軍的北上，吳佩孚的勢力也隨著土崩瓦解，但終其一生，他都沒有原諒過馮玉祥。

「北京政變」前，前門樓上失火，一飯店的老掌櫃說：「前門樓脊冒煙這是第二次，第一次是在光緒二十六年，不久即有義和團之亂此次冒煙恐亦主亂」。這話說來也還不假。民國時期的戰爭，前期規模都不大，如直皖戰爭及兩次直奉戰爭，彼此投入的兵力不過幾萬、十幾萬人，但到了後期，規模越來越大，動輒投入幾十萬甚至上百萬（如中原大戰）的兵力廝殺，以至於老百姓家園被毀，流離失所，可謂是苦不堪言。

據說，名相士彭涵鋒曾給馮玉祥相過面，他後來對人說，馮玉祥這個人是「貌似劉備，才如孫權，而志比董卓，詐如呂布，運只袁紹」。基層士兵出身的馮玉祥，既沒有雄厚的背景和靠山，也沒有北洋系這樣的淵源及組織，就這樣一支「爺爺不親，姥姥不愛」的雜牌隊伍能發展成二三十萬人的國民軍，這在殘酷的軍閥時期已經是奇蹟了。畢竟，在混戰不止的軍閥年代，不是你吃掉我，就是我吃掉你，「道義」二字，不復問亦不可問矣。

二〇、土老頭兒王士珍

庚子年袁世凱巡撫山東時，曾請德國駐膠州總督前來觀操。巡閱一圈後，德國人對龍騰虎躍、軍容整齊的新軍嘖嘖讚歎，他揚起馬鞭指著正在佇列中督操的王士珍、馮國璋和段祺瑞三人說：「他們可真不愧是傑出的將才啊！」

德國人或許應該知道，袁世凱的新建陸軍系模仿德國操典並聘用了多名德國教習加以訓練的，這支軍隊與德國頗有淵源。譬如軍中大將段祺瑞，就曾在德國學習過數年的軍事並在克虜伯炮廠實習過，而李鴻章辦天津武備學堂的時候，總辦蔭昌也是從德國學成回國的。

清廷曾派遣過多批軍事留學生去海外學習，如北洋艦隊的大部分管帶都曾留學英國，可惜的是，這批人在甲午海戰中大都戰死或者自殺殉國，極為慘烈。庚子年後，清廷又派出了大批的留學生前往日本學習陸軍，但這批人回國後很難在袁世凱的軍中立足，因為袁世凱認為日本陸軍係學自德國，而自己的部隊本就是直接用德國操法；另外，留日學生人員蕪雜、思想不純，因此不能重用。後來攝政王載灃將袁世凱排擠走後，軍諮府（相當於參謀本部）在新軍中大量提升留日士官生為中下級軍官，這卻成了清廷覆滅的一個最直接原因。

在被德國人盛讚之後，王士珍、馮國璋和段祺瑞為「北洋三傑」的聲名不脛而走，漸為人知。後來，又有人給這「三傑」分別起了不同的綽號——「龍、虎、豹」：王士珍「北洋之龍」，因為他才氣最大，身出中樞，而且時隱時現，如神龍見首不見尾；段祺瑞「北洋之虎」，因為他性情耿介，脾氣暴躁，又剛愎自用；馮國璋被稱為「北洋之豹」，因為其所練之兵行動迅捷，作戰有力。不過，馮國璋還有另一個不太雅觀的綽號叫「北洋之狗」。因為馮國璋長得有點狗頭狗腦，笑容可掬，又喜好錢財，所以得了這樣一個不雅的外號。

讀者也許會疑惑，既然王士珍為「北洋之龍」，何以筆者稱其為「土老頭兒」呢？這事說來話長。王士珍，字聘卿，河北正定縣牛家莊人，他出身於耕讀世家，少年時投入淮軍統領葉志超的門下，後被保薦入天津武備學堂炮兵科深造，與段祺瑞、馮國璋等人為第一批學員。

武備學堂畢業後，段祺瑞被派往德國留學，王士珍與馮國璋則去了日本學習。不久，王士珍重新回到葉志超的部隊，並擔任了山海關武備學堂的總辦。後來陸續成為各省督軍的軍閥大佬如盧永祥（後任浙江督軍）、鮑貴卿（後任吉林督軍）、田中玉（後任山東督軍）都曾是王士珍的學生。

甲午戰爭爆發後，王士珍帶領炮隊學兵奔赴朝鮮戰場，在平壤之戰中，王士珍率領學兵隊奮勇殺敵，其左手的無名指即在此役中被炸斷。甲午兵敗後，清軍主將葉志超被定死罪，王士珍失去靠山，後來轉投聶士成麾下，隨後又被北洋武備學堂的總辦蔭昌推薦到袁世凱的新建陸軍中，由此一路升遷，飛黃騰達。

王士珍被人稱為北洋之「龍」、「三傑」之首，這並非偶然，而是他確實有幾分能耐。王士珍的父親秀才出身，他本人從小也喜好讀書，因而在練兵中不但善於謀劃，而且辦事能力很強，深得袁世凱的信任。有一次，直隸總督兼北洋大臣榮祿前來檢閱新建陸軍，袁世凱派王士珍前去迎接。王士珍當時為工兵隨營學堂總辦兼工兵營管帶，他帶領學兵在已結冰的海河上鋪設了特製的帆布橋，供榮祿的隊伍通過。等檢閱完後，天氣轉暖，榮祿返回時見王士珍仍舊用帆布橋架設在海河上，便有點猶豫，擔心冰面會有變化。這時，王士珍上前稟告說：「大人不用擔心，冰面三天之後方能解凍，請放心通過。」榮祿通過後，在三天後派人前去勘察，果然如王士珍所說，榮祿也對王士珍的精明能幹有了深刻印象。

一八九九年底，袁世凱署理山東巡撫，王士珍隨同入魯並擔任了參謀處總辦，成為袁世凱身邊最重要的親信。一九〇〇年六月，在義和團被清廷宣布「合法化」的時候，某義和團的首領拿著仇洋派端親王載漪的令箭來到山東，要求袁世凱允許義和團設壇操練。袁世凱一向視義和團為匪，但因為清廷當時的政策支持義和團而遲疑不定：因為答應設壇的話，好不容易被剿滅的義和團將再度興起；但要是不答應，萬一端親王得勢，難免有違令之嫌並會在日後遭到報復。

正當袁世凱左右為難的時候，王士珍摸透了領導的心思，他主動站出來說：「大人放心，這事交給我來辦！」言罷，王士珍便走出營門，當即下令將這位義和團首領綁了，隨後以「盜竊端親王令箭」的名義推出轅門外砍了。

王士珍回到營中，袁世凱的會議還沒有散，袁世凱見王士珍回來，便問：「你可將這人安置好了？」王士珍以手抹脖，很乾脆地說：「已經處決了！」袁世凱大驚，問：「你怎麼把這人殺了？萬一端親王怪罪下來，如何是好？」王士珍說：「這好辦，只須將令箭封起來，稱『有人盜用』，送還端親王即可。」袁世凱頓時醒悟，並連讚王士珍處事果斷明決。

在庚子年間，各省的傳教士、外國商人及教民等途經山東避難時，王士珍奉命加以保護，他命令手下士兵組成便衣隊，一方面資助糧食川資，另一方面還暗中抓捕義和拳。在八國聯軍佔領北京並向京津地區進行掃蕩的時候，王士珍命人在與直隸接壤的邊界均用白灰在牆壁上寫上大字：「此山東境！」說來奇怪的是，八國聯軍看見後還真就此止步，山東省在庚子年也因此未被侵犯。

李鴻章死後，袁世凱繼任為直隸總督兼北洋大臣，隨後又承擔了練兵等大任，一時間炙手可熱，忙得不可開交。好在這時有王士珍在旁邊輔佐，可以幫袁世凱分擔不少軍務。據袁世凱的幕僚稱，但凡是與練兵有關的上奏或下發文稿，袁世凱都要讓他過目，因此王士珍被人戲稱為「龍目」，也就是充當了袁世凱的「眼睛」。等到袁世凱上調京城當上軍機大臣後，王士珍也升任為陸軍部侍郎，這是當時北洋將領中官職最高的，足見袁世凱對王士珍的重視。

可惜的是，好景不長，在光緒皇帝與慈禧太后相繼離世後，袁世凱被攝政王載灃一腳踢回老家，北洋系勢力大受動搖。這時，王士珍正在江北提督任上，他主動藉丁憂之際自請開缺，在請求了兩次才獲得批准，以示與袁世凱共患難、同進退。武昌起義後，袁世凱再度出山，他首先派人把王士珍從老家找來，並立刻任命他為陸軍部大臣。

但隨後的政局發展令王士珍大跌眼鏡，袁世凱並沒有秉承清廷的意思，反而在前線一會攻打，一會談判，又打又拉，弄得王士珍無所適從。直到前線主將段祺瑞突然發出「共和通電」，王士珍才明白過來，袁世凱已經拋棄了清廷。事後，王士珍極為憤怒，他隨即發電質問段祺瑞，「皇恩浩蕩，如何出此之策」，以發洩自己的不滿。

在清帝退位後，正當北洋系的人歡呼雀躍、以為加官晉爵的機會到了之時，被大家認為是袁世凱身邊頭號「紅人」的王士珍卻突然稱病辭職，把周圍的人都搞得一團霧水。袁世凱也覺得很奇怪，便問他為何不肯繼續輔佐自己。王士珍氣呼呼甩下一句：「國家養兵千日，用在一時，亂民造反，不發兵征討，反要議和，這真是曠古未有之奇聞！」

言罷，王士珍便像很多遺老遺少一樣，回到老家正定縣牛家莊隱居去了。在退隱期間，王士珍仍自命為大清子民，他不但保留了腦袋後的小辮子，就連穿著服飾也全部是按照前清的規矩，一樣都不能少。在他家的大廳中央，一直懸掛著一幅光緒皇帝親賜的「福」字，每次晚輩來給他拜年之時，王士珍都要穿起清朝官服，讓人先參拜堂中「福」字，以表示不忘前朝皇恩。在此期間，王士珍在老家修了兩個祠堂，以分別祭祀他的生父母和養父母。當有朋友來看他並勸他出山的時候，王士珍總是一口拒絕，並表示從此後在家耕讀，不問世事。

王士珍雖為軍人，但他對中國的傳統文化和道德非常信奉，這在北洋系的那些赳赳武夫中是很難得的。在平時，王士珍就一向沉默寡言，思維縝密，他說話不多且語速很慢，跟他談話得有耐性。從他的外表上看，王士珍一點都不像軍人，因為他平時打扮都是長袍馬褂、頭戴小帽，活脫脫一個鄉村老學究。而且，他也不喜歡和軍人打交道，倒是與文人過往甚密，如清末翰林陳梅生、進士尚秉和等人都是他的文友。

王士珍的隱居生活並不算長，因為袁世凱急需他來平衡另一位大將段祺瑞的勢力。在鎮壓了「二次革命」後，袁世凱派出長子袁克定去請王士珍出山，並下了死命令，不把王士珍請來，自己也不要回來了。在袁克定的軟磨硬泡、連哄帶騙下，王士珍只得答應去北京一趟，看看老朋友。但是，等王士珍一到京城，袁世凱就任命他為陸海軍統率處辦事員，實質上是仍舊希望他擔任軍務。無可奈何之下，王士珍只好再做馮婦，繼續輔佐袁世凱。唯獨有一點，那就是他腦後的小辮子卻始終保留著，有人勸他剪去算了，王士珍正色道：「三年之制尚沒有滿！」直到一九一五年，王士珍才忍痛剪去了那條寶貝辮子。

在袁世凱稱帝圖謀暴露後，段祺瑞因為反對帝制而被免去陸軍總長一職，由王士珍接任。王士珍心裡雖然不悅，但仍舊照常上班，以維護袁世凱的威信。等到袁世凱死後，王士珍仍舊充任陸軍總長，在總理段祺瑞與總統黎元洪鬧翻跑到天津之後，王士珍又被黎元洪任命為京畿警備總司令。

一九一七年張勳復辟期間，王士珍倒很是興奮了一下。當時將張勳的辮子兵放進京城的，便是時任陸軍總長的王士珍親自下的命令。有人說他是受到了張勳的挾制，其實他是無可無不可，因為，像他這樣接受過傳統教育並且在清朝末年受恩於朝廷的人來說，對前清還是有一定感情的。從信念和感情上來說，王士珍和張勳頗有共同語言，因此，他不但隨同張勳一起入宮朝拜，還積極參與了其他事務。而在張勳擬定的六個「議政大臣」中，也給王士珍留了一個好位置；另外，張勳還任命他為參謀部大臣，以資重用，而他的學生張敬堯也被任命為長江水師提督。

說起張敬堯，他當時是第七師的師長，部隊駐紮在洛陽，張勳復辟後，王士珍立刻打電話給他，並讓他帶兵前來增援張勳。張敬堯得令後，隨後便親率一個旅進京，其中一個團駐永定門，另一個團駐豐台。在王士珍的引薦下，張敬堯分別拜見了張勳和醇親王載灃，載灃還送給他一套朝服，以便他去皇宮中參拜小皇帝溥儀。

關於這套朝服，張敬堯還鬧出一個大笑話，因為載灃送的褲子太長而靴子太小，匆忙間來不及修補，張敬堯第二天只好上身穿著朝服、下身仍舊著軍褲、軍靴入宮朝拜，模樣不倫不類，一時傳為笑談。好在段祺瑞宣布討逆後，王士珍見情況不妙，趕緊通知張敬堯立刻隻身離去，張敬堯得信後，立刻通知副官帶隊返回，自己則悄悄地先行返回了洛陽駐地，以免事後被追究。

在這段特殊的時期裡，京城中有個「兩國忠臣」的笑話，說有兩個大佬，一面依附清室，一面又通款中國軍隊；在朝見宣統的時候身著袍褂靴帽，而等天津方面派人來接洽的時候，則換成民國的大禮服，好比是戲子登臺演出，演一齣，換身衣服，不亦樂乎。有人問為什麼要這樣做，兩大佬說：「我等不忍心看到京城糜爛，所以不得不犧牲個人之名節，奔馳於兩者之間，以期和平解決罷了。」有人取笑說：「二位真不愧是兩國忠臣啊！」某大佬便忸怩說：「我非兩國忠臣，乃兩方面和事佬也。」

這兩位「兩國忠臣」，其中一位便是王士珍（另一位是步軍統領江朝宗）。但在張勳復辟失敗後，王士珍等人不但附逆無罪，反而因「維持北京秩序」有功。在這場鬧劇結束後，王士珍本來覺得無臉見人，想回正定原籍隱居，但段祺瑞和馮國璋趕緊跑來撫慰，勸他以北洋團體為重，繼續擔任參謀總長。既然老朋友盛情難卻，王士珍也只好勉為其難了。

作為同事及多年的朋友，王士珍的確與段祺瑞及馮國璋抹不開面子。在總統馮國璋與總理段祺瑞鬧矛盾的時候，段祺瑞被馮國璋罷了官，隨後便找到王士珍來做替手。王士珍和馮國璋是老哥們固然沒錯，但這「段去王來」，王士珍出任總理又覺得對不起段祺瑞，有賣友之嫌；可馮國璋不放過他，說：「老聘，難道你就忍心看我的笑話嗎？」

沒辦法，王士珍推脫不得，只好再次勉為其難了。不過，民國初年的總理是不好當的，有一次，馮國璋想讓他派個人到廣西督軍陸榮廷那裡去調停一下南北衝突，但王士珍請示川資如何開銷的時候，馮國璋卻又不肯出這筆錢，而是讓國務院自己去解決。王士珍聽後，私下裡大發脾氣，他憤憤地說：「這件事還不為的是他，我又不貪圖什麼！我一天到晚狗顛屁股垂似的，為的是誰？這一點錢，他還不往外拿！」

由於段祺瑞的皖系勢力很強大，王士珍的總理職位還沒有做滿三個月便自動下臺了。不久，馮國璋和段祺瑞也分別引退，換了徐世昌上去做總統。「北洋三傑」中，馮國璋最年長，也最先走完了他的歷程（一九一九年去世）。王士珍則在辭去內閣總理後便不問政治，甘心退隱。一九二六年張作霖出任安國軍總司令並把持北方政權後，派鮑貴卿請他出山組閣，被他堅決拒絕。後來張作霖親自來請他，王士珍無奈之下，跪著磕頭說，我幹不了啦，你饒了我吧！張作霖只好回去並對人解嘲說，聘老怎麼突然糊塗了！

一九三〇年，王士珍病逝於北京，終年七十歲。王士珍沒有兒子，只有二女，去世前有兩處房產和十餘頃田地，其在北京的房產還是學生鮑貴卿和盧永祥等人給他買的。總體來說，王士珍的一生為官清廉，不事鋪張，也算是出軍閥之淤泥而不染了。

二一、軍閥「楷模」段祺瑞

段祺瑞是民國初年叱吒風雲的大人物，這點固然不容置疑，但細說起來，他還真不能說是軍閥。所謂「軍閥」，從理論上來說，至少應具有兩個條件：一是要有自己直轄的軍隊（至少有個師長、督軍之類的封號，手下有一大幫槍桿子）；二是要有自己一手控制的地盤（可以抽稅養兵，如張作霖之於東北）。但段祺瑞做總理的時候，實際上是個「三無總理」，不但前兩項條件一個沒有，就連他領導的國務院，也沒有穩固的財政收入（在軍閥年代，除了英國人控制的海關能提供若干「關餘」之外，北京政府便難有收入，那些地方軍閥對於稅款解送中央大都置若罔聞，這既是清廷垮臺後各省軍閥割據的結果，也是民國初期各屆政府均要舉借外債的主要原因）。

沒有直接控制的軍隊，沒有自己的地盤，還沒有錢，那段祺瑞又如何能做上總理呢？說起來，老段還是有點資本的，他靠的是自己的赫赫聲名及多年來形成的門生故舊。在袁世凱死後，各省軍閥需要一個享有威望的人來組建中央政府以示統一，而當時那些手握重兵的督軍們，大半是段祺瑞曾經的同袍或者門生故吏，在舊道德和實際利益的驅使下，這些軍閥紛紛以段大哥或段老師為龍頭老大，唯其馬首是瞻，也就在情理當中了。

老段的聲名得來並不容易，他的一生也頗多磨難。段祺瑞出身於一個軍人家庭，祖父段佩早年因鎮壓捻軍有功而官居淮軍統領，年幼的他隨同祖父段佩住在兵營，從小便熟悉了軍旅生活。十四歲那年，祖父在宿遷駐地突然亡故，失去了庇護的小段在將祖父的靈柩扶送回合肥老家安葬後，隻身一人步行兩千多里趕到山東威海投奔了堂叔段從德，並在其手下做了一名小兵。

不幸接踵而至。就在段祺瑞來到威海的第二年，其父段從文在趕到威海看望兒子後，在回家途中被盜賊所害（離家不過三十里地），盤纏被擄掠一空，年僅三十九歲。噩耗傳到威海後，段祺瑞請假奔喪而未獲得批准。八個月後，段祺瑞的母親因為哀痛過度，也不幸亡故。一年之內，父母雙亡，段祺瑞這次才被批准回家奔喪。

回到家後，剛滿十八歲的段祺瑞看著自己年幼的弟弟妹妹（大妹啟英十二歲，二弟啟輔十歲，小弟啟勳九歲），心情十分沉重。家庭的變故和養家糊口的重擔，使得身為長子的段祺瑞心事重重，愁眉不展。作為普通一兵，段祺瑞感到前途渺茫，看不到生活的希望。但時來運轉的是，李鴻章在一八八五年創立了天津武備學堂並擬從淮軍中招收學員，段祺瑞聽說這一消息後喜出望外，他決心在抓住這改變命運的絕好機會，於是立刻報名應徵並在考試中名列前茅，最終被選入炮兵科學習。

兩年後，段祺瑞以「最優等」的成績從天津武備學堂畢業，隨後又被選派到德國柏林軍事學校留學兩年。在其他同伴已經學成回國後，李鴻章再次指派段祺瑞前往克虜伯兵工廠實習，以熟悉並學習世界最先進火炮的製造和使用技術。直到一八九〇年底，二十五歲的段祺瑞才返回國內，可謂是當時清廷最優秀的陸軍留學生了。

可惜的是，當時的清軍對這些軍校畢業生不甚重視，他們中的大多數人都是被委以教習之類的閒職而沒能進入軍營中做帶兵官。以當時的軍界風氣，那些行伍出身的舊派軍官大都看不起軍校畢業生，他們認為這些娃娃兵沒有實際作戰經驗，不能委以重任，即便段祺瑞這樣留洋回來的優秀軍官，也屢屢遭到這些舊軍人的排擠。

直到袁世凱的「小站練兵」後，那些軍校畢業生才開始得到重用。當時袁世凱請天津武備學堂總辦蔭昌推薦人才，蔭昌很自然地便想到了段祺瑞，隨後將他推薦到袁世凱的門下。袁世凱的新建陸軍是一支擁有步兵、騎兵、炮兵、工程兵等多兵種的新式部隊，其中炮兵有近兩千人，段祺瑞被委任為炮隊統帶後立刻大展身手，並得到袁世凱的極大重視。段祺瑞帶的這支炮隊雖屬首創，但已擁有速射炮、重炮等六十門，戰馬近五百匹，這也是中國近代歷史上第一支正規化的炮兵部隊，段祺瑞也可稱為中國炮兵司令的鼻祖。

隨著袁世凱的不斷升遷，段祺瑞也跟著沾光，他陸續做過隨營炮兵學堂、武備學堂等各類軍校的總辦及北洋六鎮的統制之職，由此門生故吏遍天下。在辛亥革命期間，段祺瑞在袁世凱的授意下領銜發出「共和通電」，立下「一造共和」的不世功勳；在清朝覆滅後，段祺瑞接著做陸軍總長，後來因反對袁世凱稱帝而隱居西山。袁世凱死前，命人將段祺瑞找來並將國事託付給他，段祺瑞由此做上內閣總理，所謂「二造共和」；一九一七年張勳復辟後，段祺瑞組織討逆軍並很快擊敗辮子軍，所謂「三造共和」。

這位「三造共和」的元勳，給人的印象卻是極為古板嚴肅，不好打交道的。老段平時一貫板著臉，不苟言笑，就算他家裡人，也不太敢輕易接近他。和袁世凱一樣，段祺瑞在生活上很刻板，一年三百六十五天基本沒有什麼變化。他當總理的時候，一向是在家吃早飯，隨後上書房看公事，看完公事後去衙門，中午再回來吃飯；吃過中飯後，在內客廳睡午覺，然後有客的時候會客，無客的時候就與棋手們下圍棋或者打牌（麻將）。

段祺瑞非常喜歡下圍棋，當時他還特意養了一批棋手，每月發給工資，以陪他下棋。在和段祺瑞下棋時，那些棋手都十分識相……既不能贏段祺瑞，因為老段自尊心很強，輸了他會很不高興；但也不能多輸，因為多輸的話，會讓段祺瑞看不起。

據傳，段祺瑞有一次和兒子段宏業下棋，棋到終盤，段祺瑞大負，氣得他跳起腳來，把棋盤掀翻，並怒斥段宏業道：「你這小子，一無所能，就知道玩這個，你以後有什麼出息？」段宏業被斥後，只得諾諾而退。（想必兒子輸給了他，段祺瑞又會笑罵：「你這小子，連個棋都下不好，你以後還能幹什麼？」）段宏業是段祺瑞的大兒子，平時吃喝玩樂，素無大志，在外面一向是花天酒地，唯獨見了老段就像是老鼠見了貓，大氣也不敢出一聲。

唯獨有個小棋手不畏懼段祺瑞，這就是後來名震一時的吳清源。吳清源在做段府棋手的時候年紀很小，也最受段祺瑞的喜愛，他在和老段下棋的時候毫不客氣，兩人經常能下個旗鼓相當。但隨著吳清源水準的不斷提高，段祺瑞和他對弈時往往輸多贏少，後來也就不再和他下了。吳清源後來入了日本籍，成為日本圍棋界的一流高手。

段祺瑞脾氣大，治家嚴，手下的人都戰戰兢兢，不敢犯錯，特別是不敢向來賓索取門包。按前清的規矩，一般大官的門房都有一個陋規，那就是收取門包，否則就進不了門。在前清的時候，段祺瑞大概吃過這個「門包」的虧，因而最恨別人收門包，他要是聽說誰收門包，還真能把人拉出去槍斃嘍。

但是，按中國人的習慣，過年過節的終究要禮尚往來，而地方上的官員來京辦事，也一般會給重要的京官送點禮，這本是稀鬆平常之事，但這個規矩，唯獨到了老段這裡行不通。每逢有人將禮物送到段公館，門房都是將之放在內客廳門口的條案上，等段祺瑞親自過目後再做定奪。段祺瑞每次路過時，總是仔細地看了又看，最後挑一兩件最不值錢的留下，其餘的全部讓人送回。

有一次，江蘇督軍齊燮元給段祺瑞送了一幅精美絕倫的圍屏，上面鑲有各種寶石，五顏六色，非常漂亮，段祺瑞也很欣賞，並把它留了下來。當晚，段家的人喜歡得不得了，到了半夜還偷偷起來觀看。當大家以為這個圍屏會被留下的時候，第二天一大早，段祺瑞便令人送回。張作霖有一次派副官給段祺瑞送了一些東北的特產，如江魚、黃羊等，直到那位副官一再懇求，段祺瑞才收下兩條江魚，這已經是非常大的面子了。不過有一次，馮玉祥給他送了幾個大南瓜，老段倒是很中意，沒有送回。

馮玉祥也曾在回憶錄中記載了這樣一個送禮的故事，說是清末翰林王鐵柵先生在四川灌縣做知縣的時候，有一次去見藩台，一等等了幾個小時，原因是沒有納門包；第二次去，納了八兩規銀，仍舊不得見，原來叔太爺和姨奶奶的那兩份沒有納。王老一怒之下大罵道：「我是個翰林，跑來做知縣，我是個冤枉官，我不納這冤枉錢！」門房說：「你不納，就別見」，王老說：「我不納，我走就是！」一時間吵鬧起來，藩台命召見，只說了三句話，就端茶送客。原來，接見時間也是按照門規的多少來定的。清末腐敗，可見一斑。

段祺瑞雖然貴為總理，但他連自己的房子都沒有。早年袁世凱和別人打牌，贏了一處宅院，袁便把它送給了自己的義女也就是段祺瑞的續弦居住。不想等到袁世凱死後，原房主找上門來，請時為總理的段祺瑞搬走，歸還這房子。原來，當時房契並沒有交給袁世凱……袁世凱要是在位，當然沒人敢去要回來，但袁世凱死了，就不好說了……段祺瑞不愧為守法總理，他在院子裡轉了一圈又一圈後，最後還是戀戀不捨地退還了這個住了兩年的公館。段祺瑞沒有錢去買房，他除了薪水外，並不像其他軍閥大佬那樣利用權勢進行投資以獲取額外收入，因而在他徹底下野後，家裡經濟十分緊張，以前從不過問家務事的老段，最後居然淪落到親自記帳的份上。

段祺瑞當官的時候，嚴禁家裡人說私情，有一次府裡的一個老媽子託段祺瑞的一位姨太太替他的一個親戚找個小差使，剛一張口，段祺瑞的鼻子就氣歪了。他大罵道：「好啊，你們想賣官還怎麼著？你拿了人家多少錢？快說！」因此，在段祺瑞的面前，誰也不敢亂託人情，不然肯定有自己好看。

段祺瑞不但對自己嚴苛，對屬下也非常嚴格。他手下有個姓蘇的軍需官，家裡買了個小丫頭，而他的老婆經常虐待這個小女孩，三天兩頭地把人家打得鬼哭狼嚎。這事傳到段祺瑞那裡後，頓時勃然大怒，立即派人將蘇軍需和小丫頭帶來，自己則怒氣沖沖在大客廳等著問話。當時的場面殺氣騰騰，如同舊時衙門上堂一樣，等蘇軍需到後，段祺瑞拍著桌子大罵，並令手下用軍棍重責四十大棍。蘇軍需被嚇得渾身發抖，連連求饒。段祺瑞罵了半天後，氣才消了下去，隨後便吩咐手下將小丫頭送到後院，讓自己的家眷收養。

段祺瑞脾氣大不假，而且每次生氣，鼻子就歪到一邊，所以有人說段祺瑞本有元首之運，但因為鼻子長得不正（其實是生氣時才有點歪），所以只能做到總理級別。其實段祺瑞做過一段時間元首的，那就是馮玉祥一九二四年發動「北京政變」後，由段祺瑞出任中華民國「臨時執政」，這個職位雖不是總統，其實是兼有總統與總理職能的。

說到「臨時執政」這檔子事，開始還有人反對，那就是與馮玉祥一起發動政變的國民三軍總司令孫岳。據孫之部屬、後來任南京國民政府軍令部長的徐永昌回憶說，當時馮玉祥開會討論誰來主持國家時，孫岳就說「誰都可以，唯段不可」，說完，還用手做推鼻之狀，表示不要歪鼻子（但馮玉祥在自己的回憶錄中又稱是孫岳請段祺瑞出山的，姑且存疑）。

孫岳反感段祺瑞是有原因的。在清末的時候，段祺瑞為第三鎮統制（師長），而孫岳為該鎮三等參謀（即上尉參謀），後由段祺瑞擢升為二等參謀。某日，段祺瑞校閱軍隊，孫岳也乘馬隨行，但他的馬不時超到段祺瑞馬的前頭，於是段祺瑞半開玩笑半責備地對孫岳說：「你官升得太快吧！」因為這事，孫岳對段祺瑞起了反感。不過，孫岳也曾對徐永昌說，光緒某年，即段祺瑞做第三鎮統制時，不記得是河南還是直隸，某處鬧變亂，段祺瑞帶兵去剿平，勝利歸來後，很多人去歡迎，表示賀意，段卻說：「自己人打自己人，有何可賀？」孫岳對此十分心服口服。儘管孫岳經常私下裡責備段祺瑞用人不當，如段芝貴之貪污，吳光新之無能，但他對段祺瑞本人的操守及識大體，卻是無話可說且深表欽佩的。

事實上，段祺瑞只是表面上看起來嚴肅，其實內心也是真性情。段祺瑞少年的時候隨祖父在宿遷軍營，在當地私塾讀書時認識了幾個同年好友，後來段祺瑞做了總理，發達了，其中的一個叫申孟達的好友便試著來北京找他。剛開始的時候，申孟達害怕段祺瑞已經認不得他了，於是先寫了封信讓人送到段府，不曾想段祺瑞在接信後便立即派人送上銀元二百元，三天後，段祺瑞親自來接，一下子就開來了十幾輛小汽車，並讓人好生招待。

當年跟隨段祺瑞祖父段佩的幾個老人，後來也被段祺瑞接到府上。其中有一個叫邢寶齋的，他每次提到段祺瑞的時候，常說段祺瑞小時候一天到晚鼻涕邋遢，邢寶齋看不上他，那時罵他：「你這叫什麼少爺啊，一點都不愛乾淨！」邢寶齋常跟公館裡的人說這事，有的人聽煩了，便反詰道：「你不是看不上他嗎？可人家如今幹出了一番驚天動地的大事業，你現在還在給他買笤帚！」邢寶齋被堵得沒話說，只好結結巴巴地說：「我哪知道他有這一天啊，我要知道，當初也對他好點啊！」

段祺瑞雖為軍人，但並不輕易殺人。在討伐張勳的時候，討逆軍抓到幾個辮子軍，手下部屬請示將這幾人正法以振軍威，段祺瑞很不高興地說：「罪在張勳一人，這些官兵們有什麼罪？殺幾個人有什麼用？你們總是好殺人，殺人者人恆殺之，哪一個好殺人的人有好結果呢？」

所以有人說，段祺瑞雖為「北洋之虎」，其實徒有虎相而無虎威，其人仁心宅厚，絕非草菅人命的軍閥之流。段祺瑞在政治上並不成功，在一九二〇年直皖戰爭失敗後，他便退居天津租界，開始吃齋念佛，還給自己起了一個法名叫「正道居士」。每到初一十五，段祺瑞都要親自到廟裡去做法事，由於段祺瑞是民國初年聲名顯赫的大人物，和尚們都以段祺瑞來自己的廟裡做法事為榮，每每奉承段祺瑞是菩薩轉世，為普度眾生而下凡。

被奉承久了，段祺瑞也有點飄飄然。直奉戰爭爆發的時候，老段就在講經大會上大罵：「這些軍閥，窮兵黷武，禍國殃民，他們都是阿修羅王轉世來造大劫的！」說到這裡，他又不免沮喪地說，「我雖是菩薩後身，具有普度眾生的慈悲願力，但道高一尺，魔高一丈，法力雖大，難勝群魔！」

阿修羅是古印度神話中的惡神，也是佛教中的天龍八部之一，因為它經常與天神交戰，因而戰場也被人稱為「阿修羅場」。老段把軍閥們稱作「阿修羅王」，但他自己當政的時候也推行「武力統一」政策，只不過他認為軍閥們混戰是窮兵黷武，而自己「武力統一」卻是為了「普度眾生」罷了！

在直皖戰爭失敗後，段祺瑞雖說已經吃齋念佛，但他並沒有真正地看破紅塵，做到四大皆空。每次有學生、舊部、朋友來拜見他，並說起國內戰火紛飛、人民流離失所的時候，老段總是板著臉，一言不發，唯獨他們說到「要收拾局面，非老師東山再起」之時，老段一貫冷若冰霜的臉上，才會多少露出點欣慰的笑容。

時隔四年後（一九二四年馮玉祥與張作霖聯手擊敗曹錕、吳佩孚的直系勢力後），老段再次出山任中華民國臨時執政，重新回到了政壇。和從前一樣，老段仍舊是上午辦公，下午下棋或者賦詩，晚上打牌，唯獨與之前不同的是，老段增加了一個內容，那就是早上必到公館中專門的佛堂去誦經。

一年半後，在執政府門口發生了震驚中外的「三一八」慘案，段祺瑞聞訊後趕到血案現場，曾長跪不起，為死者超度。不久，老段再次下野，從此徹底遠離了紛繁多變的政治漩渦而只在家中吃齋念佛，或者下下棋、寫寫字，不再過問世事。

一九三一年「九一八」事變後，日本人又把侵略的魔爪伸向了華北，並試圖拉攏段祺瑞出來充當代理人。為防止段祺瑞為日本人所用，蔣介石在一九三三年一月二十一日派人將段祺瑞從天津接到南京，在浦口乘船過長江的時候，蔣介石率一批高級將領親自前來迎接並執弟子禮（蔣介石留學日本士官學校前係北洋速成武備學堂統一送出，當時段祺瑞為學堂督辦，也算是有師生之誼）。此後，段祺瑞便定居在上海。

一九三六年十一月二日，段祺瑞因胃潰瘍引發大出血而去世，享年七十二歲。臨終前，段祺瑞曾寫下親筆遺囑，諄諄告誡後人：「國雖危弱，必有復興之望。復興之道亦至簡單，勿因我見而輕起政爭，勿信過激之說而自搖邦本。講外交者勿棄固有之禮教，求學者勿鶩時尚之紛華。所謂自立更生者在此，轉弱為強者亦在此矣。」

由於段祺瑞生前信佛，其葬禮也是照他的遺囑以居士禮簡葬。在各界名流的弔唁中，有幾副輓聯特別顯眼，一副是馮玉祥的：「白髮鄉人空餘涕淚，黃花晚節尚想功勳」；另一幅是吳佩孚的長聯：

「天下無公，正未知幾人稱帝，幾人稱王，奠國著奇功，大好河山歸再造；時局至此，皆誤在今日不和，明日不戰，憂民成痼疾，中流砥柱失元勳。」

段祺瑞死後，由於其長子段宏業堅持要將其靈柩送往北京安葬，但因為日本侵華導致的時局變動，以至於十多年都無法找到合適的下葬地，最後只能草草葬在段祺瑞三弟之前買好的墳地，位置就在人來人往的大道旁邊。對此，段祺瑞的一些生前故舊忍不住歎息：「想不到老頭子轟轟烈烈一輩子，死後竟然沒有一塊葬身的地方！」

直到一九六三年，在段祺瑞生前的好友章士釗、李思浩、曾毓雋等人的努力下，才最終將段祺瑞的遺骨起出，並重新安葬在北京西郊香山附近的萬安公墓中。作為民國年間的大人物，段祺瑞一生不蓄私財，不徇私情，不擁兵自重，這在軍閥中，無論如何都算是至為可貴了。

二二、少年英才顧維鈞的出道史

海外華人史家何炳棣先生在其回憶錄《讀史閱世六十年》中說，他於一九四五年底在美國留學期間入住哥倫比亞大學那座知名的研究生大樓時，心情十分激動，倒不是因為這個樓的十四層高度（作為宿舍樓，這在當時是比較罕見的），而是一進門就看見樓底櫥窗內陳列著校友顧維鈞博士的一個紀念銀盾，上面說明是哥倫比亞大學與耶魯大學在一九一〇年的辯論比賽中，哥大獲勝，其辯論組的領隊即為顧維鈞。何先生看到後，極為興奮，當即決定在這裡進午餐，並點了一份最貴的菜，以向多年前的師兄表示致敬。

顧維鈞是個大才子，張學良曾這樣評價他說：「顧維鈞這個人，我非常佩服，這個人實在是個能幹的人。」但是，張少帥又補充了一句：「他就是不賣力氣。他要真賣力氣他真行！可是他不賣力氣。」

張少帥哪裡明白，真才子大都是不需要賣力氣的，賣力氣的那就不是天才而是人才。顧維鈞這個人，當時應該算是罕有的才子，所以他不賣力氣。

顧維鈞，字少川，上海嘉定人，其父顧晴川曾入上海道尹袁觀瀾的幕府，因其精於商業與洋務，後來出任了交通銀行第一任總裁。顧維鈞出生在這樣一個中西結合、半傳統半現代的家庭，他先讀的舊私塾，十歲後入教會學校英華書院，不久又進入聖約翰大學（當時名「聖約翰書院」）；

一九〇四年，十五歲的顧維鈞在施肇基的陪同下與江蘇官費生一行七人前往美國留學（顧係自費留美），他先在庫克學院適應了一年，隨後考入哥倫比亞大學主修政治與國際外交。一九〇五年底，當清廷派出的憲政考察團訪問紐約時（施肇基也是成員之一），顧維鈞還曾作為中國學生代表前去歡迎。

學生時代的顧維鈞是個活躍份子，讀書對他來說似乎從不是問題，因為他從小就認為學習「既是學習，也是娛樂」，因而他有很多時間與精力去參與校內的活動，如演講、辯論甚至戲劇；後來，顧維鈞還擔任了校內刊物《旁觀者》、《哥倫比亞人》的編輯及《哥倫比亞月刊》的業務經理。更令人驚奇的是，在他大三的時候，他還參加了學生會的競選並當上了其中的一名委員，這對於一個外國學生而言，應該說是極不容易了。

不過，這時的顧維鈞卻在個人問題上遇到了一點麻煩，原因是他的父母在他十二歲的時候便給他訂下了一門親事，在他十八歲後，父母便不斷寫信來催促他回國完婚，因為按當時的風俗，女孩子超過了十八歲仍未結婚顯然是不合適的。顧維鈞並不想接受這門婚姻，但他的大哥也寫信來勸他回國一次，因為父親與對方是多年的世交，想要廢除這個婚約顯然是不現實的，而且父母已經為此感到焦慮而難過，他勸顧維鈞還是遵從父母的意思，至少也應該親自回來一趟，好好商量一下。

當時的人尚未開化，傳統觀念很重，退婚之事非同小可，加上他們對海外求學又多有誤解，往往看不慣這些接受了現代教育的年輕人，一旦有人反對這種「盲婚」，鄉民往往謠傳彼等在國外已經被巫醫割去睾丸製藥，以至於喪失性機能而被迫退婚云云。由此可以推論，顧君也難免有「割丸之譏」。

顧維鈞接到大哥的信後也意識到事情重大，他只好答應回國商議此事，但他剛一到家，他的父母立刻暗示要給兩人完婚，顧維鈞為此還與父親爭吵了一次，結果父親一怒之下竟然宣布絕食，除非兒子肯答應這門婚事。在大哥的苦苦勸導之下，顧維鈞被迫讓步，只得答應完婚。父親聽到後，立刻不絕食了，並吩咐馬上舉行婚禮。

顧維鈞不情不願走進了婚姻的殿堂，但在洞房之夜，他竟然拒絕與新娘同房，而且持續了好幾個晚上，這讓大家都感到十分不安。在父母的壓力之下，顧維鈞最終回到自己的房間，但他卻寧可睡在躺椅上也不與新娘子同床。紙裡畢竟包不住火，當顧維鈞提出要返回美國繼續學業的時候，父親說可以，但前提是帶上自己的新娘子。

顧維鈞把新娘子帶回了美國，但他一直把她當成自己的姐妹或者朋友來看待，在他回到紐約後，新娘子被送到費城去接受教育。三年後，顧維鈞和這位女子簽訂了離婚協議，結束了這段莫名其妙而且在事實上根本不存在的婚姻。

一九〇八年十一月，就在顧維鈞回到美國不久，袁世凱集團的主要幹將之一唐紹儀作為特使前來美國訪問，顧維鈞作為中國學生代表接待了唐使團，這給唐紹儀留下了深刻的印象。不過，唐紹儀這次訪美並沒有取得實質性的進展，因為他剛到美國不久，光緒皇帝與慈禧太后便先後離世，在失去了庇護者之後，清末權勢最顯赫的袁世凱集團也陷入了危機。

一九一一年，就在顧維鈞與第一任「名義」妻子解除婚姻關係的時候，清廷也開始了覆亡的倒數計時。這一年，也是顧維鈞最忙碌的一年，因為他要準備自己的博士考試答辯。顧維鈞的導師是莫爾教授，其精於國際法和外交，後被袁世凱聘為總統府顧問的古德諾教授也是顧維鈞的老師之一。古德諾在袁世凱稱帝期間發表一篇《共和君主論》的文章並引起了一場軒然大波，其與中國發生關係，恐怕是顧維鈞在其中牽線搭橋所致。

就是顧維鈞準備博士答辯的時候，中國駐華盛頓公館突然給他轉來了一封電報，在電報中，臨時大總統袁世凱親自邀請他前去擔任他的英文祕書。顧維鈞在看完電報後又驚又喜，但他考慮幾分鐘後說，他現在正忙於自己的論文答辯，他希望能獲得博士學位後再回國效勞。大使對顧維鈞的拒絕感到十分驚訝，因為這對於一個二十三歲的年輕人來說，應該沒有比這更好的機會了，何況電報的口氣十分肯定，回國後是肯定錄用的。

顧維鈞找到自己的導師莫爾，莫爾得知自己的得意門生拒絕了這樣一個極好的機會後十分生氣，他把顧維鈞教訓了一頓，說你攻讀博士學位本就是準備回國擔任公職，為自己的國家服務，如今有這樣一個絕佳的機會進入政府並參加一個新國家的建設與發展，如何能輕易拒絕呢？他告誡顧維鈞說，如果再有這樣的機會，絕不能輕易放棄了，而且必須要先跟他談談。

一周後，使館再次找到顧維鈞，並將總統府的來電轉給了他，電文中要求顧維鈞不要拒絕這個邀請，因為這是首任內閣總理唐紹儀親自舉薦的。顧維鈞拿著電文去見莫爾教授，莫爾十分高興，並答應以顧維鈞未完成的博士論文的前四章作為正式論文提交，並為他提前安排答辯。

哥倫比亞大學法學院的教授們在得知自己的弟子即將出任中華民國臨時大總統的英文祕書後，都十分高興並為顧維鈞的答辯大開綠燈，一切從簡。在他們眼裡，自己的學生能夠進入民國的新政府，不僅僅是顧維鈞一個人的光榮，也是哥大的驕傲，並必將加強哥大與中國甚至是美國與中國的關係。事實上，在顧維鈞稍後的一段時期中，哥倫比亞大學的中國校友也是名人輩出，其中便有蔣廷黻、胡適之、馮友蘭、金岳霖、張伯苓、蔣夢麟、侯德榜、馬寅初、張奚若等極具知名度的人物，這顯然是哥大對中國影響力的一個體現。

兩個月後，顧維鈞獲得了哥倫比亞大學的法學博士學位並返回國內。到達北京後，總理唐紹儀派人將他接到六國飯店，並告訴他次日由總理親自帶他去見總統袁世凱。第二天，唐紹儀帶著他進了袁世凱的辦公室，唐紹儀將顧維鈞介紹給袁世凱後，兩人開始談公事，顧維鈞則在旁邊傾聽。唐紹儀起身告辭的時候，說顧維鈞「除了在總統府任職外，還須兼做他的祕書」，唐紹儀的話惹得袁世凱老大不高興，他聲調有些激動地說：「『我請顧先生來是你保薦的啊！應該在我這裡做我的祕書，幫我的忙』」。唐紹儀說，「你這裡事情不多，我想他可以兩邊跑。」

在總統與總理為他產生的「小小的並無惡意的爭執中」，顧維鈞保持著恭恭敬敬的沉默。不久，他便被任命為總理的祕書，這是唐紹儀八個祕書中最年輕的一位，其他的人大都在四五十歲。顧維鈞的主要工作，是負責處理總理與外國有關的一切函件，他的工作相對輕鬆，但他在八大祕書中的排名卻是第四位。

很糟糕的是，唐紹儀不久便因為各種問題而與老上司袁世凱關係鬧僵，一氣之下他辭去了總理職位，跑到了天津。按慣例，顧維鈞與其他七位祕書也隨同辭職，顧維鈞還親自追隨唐紹儀去了天津。不過，這一趟也頗有收穫，因為在這段時間裡，顧維鈞與唐紹儀的女兒唐梅彼此產生了好感（實際上是唐紹儀看上了這個佳婿而有意介紹的），並開始了一段婚姻（唐梅在一九一八年於顧維鈞的歐洲任所不幸感染西班牙流感而病亡，遺下一子一女）。

袁世凱並不想失去顧維鈞這個人才，他派人給顧維鈞傳話，讓其回總統府任職，而唐紹儀也認為內閣任職與總統府的任職並不衝突，建議他回去復職。顧維鈞說，外交次長顏惠慶也邀請他到外交部任職，唐紹儀說，兩個都應承下來，這就像做總理祕書與總統府祕書一樣，並無妨礙，而且唐紹儀鄭重地告訴顧維鈞，外交部是他發揮所長、學以致用的地方，由此也指明了顧維鈞的事業發展方向。

當時的外交總長陸徵祥是一個經驗豐富的職業外交家，能說十分流利的法語，但不會說英語，國語也因為常年駐外而略顯蹩腳，不過，他和顧維鈞同為上海人，因而將這個小同鄉安排為自己的祕書，每次要會見英語國家的使節時，顧維鈞都要充當翻譯。

在此期間，最令顧維鈞感到不滿的是，外交總長在答覆外國使節提出的問題時，不是召其來外交部，而是派祕書前往使館答覆，而這種任務常常落在顧維鈞的身上。顧維鈞學外交出身，他十分清楚地知道，這是不符合通常的外交慣例的，但這種慣例卻通行於亞洲國家，特別是在庚子年後。

除了在外交部任職外，顧維鈞還擔任了總統袁世凱的英文祕書，因而幾乎天天都要去總統府，不過，顧維鈞並不是天天都能見到袁世凱，而只是在袁世凱會見外國使節或者顯要人物時，才會安排他做翻譯，其他時間則一般是處理大總統的英文函件和公告。在與袁世凱多有接觸後，顧維鈞認為袁世凱是一個極善於與外國人打交道的人，雖然他從來沒有留過洋，也不認識一個外國字。另外，顧維鈞還認為，袁世凱雖然是民國大總統，但他對共和國究竟是個什麼樣子並無認識，這或許是他在種種亂象後求助於帝制的原因之一。

袁世凱當政期間，其碰到的最為棘手的外交難題便是日本藉口對德宣戰而強佔青島並提出「二十一條」，這個問題的後患長達十幾年甚至幾十年。作為外交與國際法的專家，顧維鈞、伍朝樞（外交家伍廷芳之子）、金邦平三人應邀參加了袁世凱主持的內閣會議，由此了解了從提出「二十一條」到巴黎和會乃至華盛頓會議關於山東問題的全過程。

在國力大不如人的情況下做外交，是一件難度極高也極容易受人詬病的事情，陸徵祥、伍廷芳、施肇基、顧維鈞乃至曹汝霖、章宗祥等人便不幸生活在這個時代。不過，顧維鈞卻是個特例，他的升遷也是極快的，甚至可以說在中國外交史上絕無僅有：他在進入外交部一年後便升為參事，一九一五年七月即被任命為駐墨西哥公使，三個月後便被提升為駐美國公使，這在當時是不亞於駐英國公使的外交重要職位了。

顧維鈞出任駐美國公使時還不到二十七歲，而且這出自於袁世凱的親自安排。事實上，顧維鈞出任駐墨西哥公使不過是為他出任駐美國公使做個鋪墊，以免給人少不經事的感覺。但可惜的是，半年後，袁世凱死了。

此後，少年得志的顧維鈞便陷入了民國政治的大染缸中，任憑他有一身本領也無從施展，這或許是他在後來的各屆內閣中雖擔任過各種部長甚至是親自代理或組閣而又「不肯出力」的原因吧。就民國這樣的政治大泥潭，即便是顧維鈞想出力，恐怕也找不到著力點呢！

以顧維鈞的才能和地位，其在歷史上所留下的成就是那般的不成比例，唯獨的一個亮點是巴黎和會。雖然中國外交失敗了，但顧維鈞在和會上的抗爭，可圈可點，雖敗猶榮。

巴黎和會曾帶給中國人很大的憧憬和幻想，以至於它給中國人的傷害也同樣的深。在和會開幕前，中國外交代表團派出規模堪稱豪華的陣容（幾乎囊括了所有的駐歐洲使節），但大會只給中國安排了兩個正式席位，這給代表團團長陸徵祥出了一個極大的難題，因為他手下至少擁有五名出色的外交家：施肇基、王正廷、顧維鈞、魏宸組、胡惟德，好在席位可以不限代表，這幾名外交家才得以輪換出場。

和會上繞不過去的是「山東問題」，中國代表團受邀前去陳述意見，這個重任便落在了顧維鈞的身上。一九一九年一月二十八日，顧維鈞受命在和會主席團「十人會」上發表中國政府對「山東問題」的聲明，這次發言長達半個多小時，顧維鈞從國際法、歷史、現狀等方面闡述了中國的立場，並贏得了各國首腦們的一致稱讚。美國的威爾遜總統、英國首相勞合・喬治等人都走過來向他表示祝賀，並盛讚這次發言是一次「卓越的論述」，這與前一天日本代表發言後的冷清形成了鮮明的對比。

但外交與國家利益畢竟不是靠精彩的演說所能爭取來的，儘管顧維鈞表現出色，但中國代表團在巴黎和會上仍舊遭遇慘敗，非但「山東問題」未能解決，就連保留意見的權利都未能實現。在和會即將結束之際，中國代表團面臨著「簽還是不簽」的困境：簽，則使得日本侵佔青島及繼承原德國權益「合法化」；不簽，則可能失去加入國聯並獲得相應權利的可能性……

在這種情況下，「五四運動」爆發了，拒簽的聲音佔據了主流。在爭取「保留附於約後」失敗後，代表團於簽約（六月二十八日）的前一天電示北京政府，說明拒簽的理由，但吊詭的是，北京覆電稱對此事已有指示，為何代表團沒能收到？北京發來的這份電報事實上是在和會規定的時間（即六月二十八日下午三點）後才到達的，其訓令明確指示「拒簽」，但何以會在簽字時間之後才到達，其中是否有外人搞鬼，頗費思量。

代表團在不明確北京政府指示的情況下，斷然決定拒簽。顧維鈞在自己的回憶錄中記敘了和會的最後一天：「我自己驅車駛離醫院，緩緩行駛在黎明的晨曦中，我覺得一切都是那樣黯淡，那天色、那樹影、那沉寂的街道。我想，這一天必將被視為一個悲慘的日子留存於中國歷史上。同時，我暗自想像這和會閉幕典禮的盛況，想像著當出席和會的代表們看到為中國全權代表留著的兩把座椅上一直空蕩無人時，將會怎樣的驚異、激動。這對我、對代表團全體、對中國都是一個難忘的日子。中國的缺席必將使和會、使法國外交界，甚至使整個世界為之愕然，即便不是為之震動的話。」

顧維鈞的話是對的，中國可以缺席這次巴黎和約的簽字儀式，但中國能永遠缺席於世界的大舞臺嗎？

二三、「五四」狂飆的背後

一九一九年五月四日下午一點左右，來自北京十幾個學校的三千多名學生從四面八方聚集天安門，一幅碩大的對聯豎立在金水橋前的兩個華表下，格外醒目：

賣國求榮，早知曹瞞遺種碑無字；傾心媚外，不期章惇餘孽死有頭。

在對聯的另一頭，前一天晚上北大學生咬破手指所寫的血書也懸掛在那裡，「還我青島」四個大字隨著學生們的激憤而獵獵飄搖。

短暫的集會後，學生們隨即向東交民巷的使館區進發。在途中，教育次長袁希濤、步軍統領李長泰和員警總監吳炳湘聞訊趕來，但他們均未能阻止學生的前進。到東交民巷後，由於此日為節假日，公使不在使署，巡捕房未得命令，堅不放行，結果數千名青年學生在來來往往的例行公事中延宕了近兩個多小時，最終未能通過。

使館區請願受阻後，學生們激憤異常，隨後便決定改道前往賣國賊曹汝霖家示威。遊行的總負責人傅斯年擔心途中會出意外，但他已經無法阻止學生運動的洪流。

這一天的中午，曹汝霖和章宗祥應大總統徐世昌之邀前往總統府赴宴，學生遊行的消息傳來後，有人曾勸他們暫時不要回府，但曹、章兩人不以為然。三點左右，曹汝霖和章宗祥一起回到了趙家樓胡同西口的曹宅。不久，陸軍部航空司長丁士源和一位名叫中江醜吉的日本記者來訪，儘管他們已經得到學生要來趙家樓的消息，但此時曹宅外已有上百名員警保護，因此也就不以為意。他們覺得學生們不會搞出什麼名堂，即使出現暴烈舉動，也能被員警驅散。

四點左右，大批學生來到曹宅門口，形勢立刻為之改觀。儘管員警們嚴陣以待，但數千學生高呼「打倒賣國賊」的口號聲如同排山倒海一般，足以令宅內的人膽戰心驚。很快，一些學生一邊高呼：「賣國賊曹汝霖出來見我！」一邊猛烈地撞擊曹宅大門，局勢開始失控。員警們勸阻學生的時候，雙方發生衝突，在混亂當中，有學生繞屋而走，尋找其他入口，幾分鐘後，突然「嘩」的一聲，曹宅的大門被打開了，外面的學生們一下就衝破了員警的阻擋，他們蜂擁而入並四處尋找賣國賊曹汝霖。

學生們首先發現的是曹汝霖的老父和小妾，但他們並沒有對兩人動手，而是放走兩人，繼續尋找曹汝霖。但學生們找了半天，也沒有發現曹汝霖的蹤跡……那幾人哪裡去了呢？

很多人以為曹汝霖在大門被打破時逃出去了，事實上並非如此。據曹汝霖的回憶，他在學生闖進大門後，倉促間躲進了其妻與女兒臥室中間的一個隔間，但學生們卻並未細細搜查，而只是劈裡啪啦地砸門窗玻璃，然後扔擲屋內的瓷器，在亂嚷了一陣後，他們又出去了。

四點半左右，曹宅突然起火，躲在鍋爐間的章宗祥幾個人慌忙竄出，由於章宗祥穿著禮服，一下就被人認出，結果被堵在後門被學生痛毆（學生以為他是曹汝霖），有個學生拿個了鐵杆敲了章宗祥的腦袋，章宗祥順勢倒地，學生們以為他被打死了，一些人便嚷著「曹汝霖」被打死了，一邊逃跑了。另外一些人聽了這個消息後，紛紛趕來看，要證實這個消息。

趁著這個間隙，日本人中江醜吉衝了過來（他也與章宗祥素有交往），將章宗祥攙扶著，連拖帶拖地出了後門，並將章宗祥推進了對面的油鹽店。學生們見「曹汝霖」沒死，哪肯放過，他們隨即跟蹤而至，並要將「曹汝霖」拖出毆打，但這個日本人拼死護住，結果替章宗祥挨了不少打，也被打得頭破血流。所幸中江醜吉在挨打過程中不斷說著一口不熟練的中國話，學生明白他不是中國人，這才手下留情。

火起之後，大批的巡警趕來，最終將學生們和圍觀的民眾驅散，並當場抓捕了三十二人（其中便有著名的許德珩）。隨後，消防隊趕到現場將大火撲滅，但此時的曹宅已經被燒得只剩下門房和西院的一部分。所幸的是，曹汝霖及其家人也都趁著火起的時候偷偷溜走，並無人員傷亡（被打的章宗祥和中江醜吉除外）。

「火燒趙家樓、痛毆章宗祥」是當年「五四」的最高潮，很多人以為火燒趙家樓只是學生們的義憤所致，但事實上並非如此。據參與的學生回憶，這次行動是早有準備，只不過是在極小的範圍之內而已。

放火的人是誰呢？據現場目擊的學生回憶，此人乃是北京高等師範學校（北京師範大學的前身）的學生匡互生。當學生們正在到處尋找曹汝霖的時候，匡互生取出預先備好的火柴，準備放火。這時，另一名遊行的負責人段錫朋慌忙阻止，說：「我負不了這個責任！」匡互生說：「誰要你負責任！你也確實負不了責任！」

另有一位目擊者回憶說，他看見兩位穿長衫的學生，從身邊取出一隻洋鐵扁壺，內裝煤油，他們低聲說「放火」，然後進入四合院內北房，將地毯揭起，折疊在方桌上面，潑上煤油，便用火柴點燃，霎時濃煙冒起。這位目擊者名叫肖勞，他當時就跟在兩位長衫學生的後面親眼目睹，也認得這兩位就是北京高等師範學校的學生。

這兩位北京高等師範學校的學生，除了匡互生外，還有一個名叫周予同。在「五四」遊行前，他們甚至打算去弄一把手槍幹掉曹汝霖，可惜沒有成功。在五月三日的夜裡，匡互生等人祕密召集工學會的十幾名會員，並決定帶鐵器、小罐子煤油和火柴前去，預備毀物放火。匡互生和周予同幾個人還寫下遺書，準備犧牲。後來周予同回憶說，對於他們的祕密行動，遊行的總指揮傅斯年和段錫朋一點都不知情。事實上，打開大門的也是匡互生這些人，他們是打破曹宅圍牆上的窗洞後進去的。

或許有人要問，學生們為何如此痛恨曹汝霖、章宗祥及陸宗輿三人？他們又究竟幹了什麼？這事說來話長。一八九七年，兩名德國傳教士在山東曹州被一群身分不明的人士打死，德國隨後派出遠東艦隊直奔山東半島，並強迫清廷簽訂了《中德膠澳租借條約》，德國獲得了租借膠州灣九十九年、膠濟鐵路的鋪設權及其鐵道沿線三十里內的礦產開發權等項權利，山東由此成為了德國的勢力範圍。

第一次世界大戰爆發後，日本藉口對德宣戰，一舉奪下由德國人經營了近二十年的青島和膠濟鐵路，儼然以新主人自居。在洪憲帝制前，日本突然拋出「二十一條」，並以決裂的姿態逼迫袁世凱承認日本繼承德國在山東的所有權益，而當時參與對日談判的，正是曹汝霖、章宗祥等人。除袁世凱應負主要責任之外，這些外交人員亦可謂是「五七國恥」的製造者。

但直接引發這場狂飆的不是「二十一條」談判，而是中國代表團在巴黎和會上的徹底失敗。當時日本代表拋出「西原借款」中「濟順高徐鐵路借款合同」的換文，上面清清楚楚地記著北京政府代表章宗祥的回覆，其中便有「中國政府對於日本上列之建議，欣然同意」之語。

歷史的真相往往就在於細節的推敲，這個「濟順高徐鐵路借款合同」的換文到底是怎麼回事？日本又有什麼建議？章代表為什麼會「欣然同意」？

濟順高徐鐵路是膠濟鐵路的支路，當年德國人強租了膠州灣後，便在這裡建起了一個新興城市（青島）並修建了一條從青島到濟南的鐵路（膠濟鐵路）。膠濟鐵路是德國人投資修建不假，但整個鐵路的路權及其沿線的礦產開發權等也被德國人攫取，這種投資是帶有特權的。日本人把德國人打跑後，從國際法的角度來說，之前簽訂的《中德膠澳租借條約》實際上是歸於無效，而日本想繼承德國權益的話須重新簽訂條約，否則無直接的法理依據（即便是日本在「二十一條」中脅迫中國承認日本繼承了德國的所有權益，但中日之間仍無條約可以證明）。

所以，日本人設下了一個小圈套，這便是「濟順高徐鐵路借款合同」。從表面上看，中國政府是向日本興業銀行、臺灣銀行、朝鮮銀行借款二千萬日圓，以建造濟南到順德及高密至徐州的兩條支線。在談判過程中，中方提出膠濟鐵路沿線的日軍撤至青島，日本同意撤走，但須留下一小部分在濟南，其他全部調集到青島；膠濟鐵路沿線的治安由中國負責，但巡警本部等處須聘用日本人；待膠濟鐵路確定歸屬後，改由中日合辦。

當時主持此事的段祺瑞內閣覺得日本人提供的借款還算優惠，而且又答應將膠濟鐵路沿線的日軍撤回青島（之前鐵路和青島均由德國人控制），其認為是一件一舉兩得的好事，而且青島雖被日本人控制，但他們聲明過，等戰爭結束就會歸還的，所以這才有了章宗祥「欣然同意」的回覆。

但段祺瑞這些人沒有想到的是，日本人其實是以借款撤軍為誘餌，以換取中國在正式文件上對日本佔領青島並進而繼承德國權益的默許……既然段內閣「欣然同意」了日軍從膠濟鐵路撤回到青島，那豈不是說明日本控制青島得到中方正式文件的認可？儘管日本在事實上已經控制了青島和膠濟鐵路，但之前並無文本證據，這下好，中招了。

四月二十二日，英、美、法三國巨頭將陸徵祥和顧維鈞請來，將他們與日方達成共識的方案公布。美國總統威爾遜先是埋怨中方先有一九一五年的「二十一條」，後又有一九一八年「欣然同意」的換文，接著又勸說中方接受他們的「最佳方案」：「日本獲得膠州租借地和中德條約所規定的全部權益，然後日本將租借地歸還中國，但歸還之後仍舊享有全部經濟權利，包括膠濟鐵路在內。」

當顧維鈞反駁說，一九一五年的條約乃是脅迫所致，而一九一八年的換文是根據前約而來時，威爾遜不以為然地反問：「前約雖然是脅迫，但日本在後約中並未強迫，為何又『欣然同意』呢？」顧維鈞一時語塞……這就是貪圖二千萬的借款所引發的飲鴆止渴之後果。

四月三十日，巴黎和會最高機構在未經中國代表認可的情況下對山東問題做出最後裁決，承認了日本繼承德國在山東的一切權益（即《凡爾賽和約》的第一五六、一五七、一五八條）。至於日本須將山東權益交還中國的問題，日方只肯做口頭承諾而反對在和約中明文規定，因此這三個條款對中國是極其不利的。

中方代表在得知這一最後裁決後，在五月四日向和會提出了強烈抗議：「三國會議為了維持和會不致破裂，竟然以中國為殉葬品。中國的命運因為要加入國聯的緣故，反而要成為國聯的利益交換品。這種不信不義的處置，實在萬難承認！」

列強們對中方的抗議置若罔聞，他們在五月六日按照原計劃公布了《凡爾賽和約》。由於當時加入新成立的國聯必須在《凡爾賽和約》上簽字，這意味著中國必須在二難中做出選擇：要加入國聯的話，就必須簽字；不簽字就不能加入國聯。由此，中國在此次巴黎和約上的外交，已經宣告完全失敗。

「和會仍舊憑戰力，公理豈能敵強權？」作為戰勝國的中國，在標榜「公理、正義」的和會上竟然被以戰敗國對待，真是在國人頭上狠狠地澆了一盆涼水。說一千道一萬，中國外交在巴黎和會的慘敗只能說明一個問題，那就是「弱國無外交」。一個國家在談判桌上聲音的大小，往往是由其拳頭軟硬來決定的，你一個窮國弱國，就算你喊破了喉嚨，又有誰會理你呢？

在得知中國外交失敗後，《新青年》的主編陳獨秀發表了一篇名叫《兩個和會都無用》的短文：「上海的和會（當時的南北軍閥談判），兩方都重在黨派的權利，什麼裁兵廢督，不過說說好聽、做做面子，實際上他們哪裡辦得了。巴黎的和會，各國都重在本國的權利，什麼公理，什麼永久和平，什麼威爾遜總統的十四條宣言，即成了一文不值的空話」；「這兩個分贓會議，與世界永久和平、人類真正幸福，隔得不止十萬八千里！」

五四運動的風雲人物、北大學生許德珩曾回憶說，在「一戰」結束後的半年中，「學生們真是興奮得要瘋狂，而各種名流們也勤於講演」，「公理戰勝強權」的口號「激動了每一個青年的心弦，以為中國就這樣便宜地翻身了」。

但是，世間物往往是這樣，希望越大，失望也就越大。在巴黎和會開幕後，隨著各種壞消息的不斷傳來，國人的熱情也就從爛漫的春天回到了蕭瑟的冬日，各種希望也像被風吹起的五顏六色的肥皂泡，最後還是落在堅硬的地面，殘忍地破碎了。

五月二日，總統府外交委員會事務長林長民在北京《晨報》上發表文章，正式對外公布了巴黎和會上中國外交失敗的消息。三日下午，由北京政界中知名人士所組成的國民外交協會（其中有熊希齡、梁啟超、蔡元培等名流）召開會議，決定於五月七日（也就是日本在一九一五年「二十一條」談判時下最後通牒的那一天）的國恥日在中央公園召開國民大會，以抗議這強權的和會。

和國民外交協會那些文質彬彬的紳士相比，北京的學生們已經沒有這個耐性了。就在同一天的下午，北京各校的學生代表們決定晚上七點在北河沿北大法科大禮堂舉行全體學生大會，參會者除了北大學生之外，還包括法政專門學校、高等師範學校、中國大學、朝陽大學等十三所學校的學生。

當晚，北大學生和其他校的學生代表集合於北大法科大禮堂，大會上，丁肇青、謝紹敏、張國燾、許德珩及外校代表夏秀峰等人慷慨激言，謝紹敏同學更是激憤異常，他當場咬破中指，撕裂衣襟，在上面血書了「還我青島」四個大字！

在這一刻，整個禮堂都沸騰了，青年學生們的鼓掌聲、喝采聲和激動的淚光交相輝映，有的學生相互擁抱而泣，有的人則緊緊攥著自己的拳頭仰天長歎，會場上充滿了悲壯蒼涼的氣氛。這時，一個學生跳上主席臺高喊道：「哭有什麼用！我們要行動！同學們，我們現在就募捐，明天到天安門遊行去！」

聽了他的話，會場內的學生紛紛將身上的銀元、銅幣、手錶甚至戒指乃至帽子都捐了出來。隨後，學生們分頭準備，有制定遊行路線的，有製作標語橫幅的，還有外出聯絡其他學校的。這一晚，多少年輕的朋友一夜無眠。

羅家倫擬了一個宣言，「現在日本在萬國和會要求併吞青島，管理山東一切權利，就要成功了！他們的外交大勝利了，我們的外交大失敗了！山東大勢一去，就是破壞中國的領土！中國的領土破壞，中國就亡了！所以我們學界今天排隊到各公使館去要求各國出來維持公理，務望全國工商各界，一律起來設法開國民大會，外爭主權，內除國賊，中國存亡，就在此一舉了！今與全國同胞立兩個信條道：中國的土地可以征服而不可以斷送！中國的人民可以殺戮而不可以低頭！國亡了！同胞起來呀！」

許德珩擬的就激進多了：「我同胞有不忍於奴隸牛馬之苦，極欲奔救之者乎？則開國民大會，露天演說，通電堅持，為今日之要著。至有甘心賣國、肆意通姦者，則最後之對付，手槍炸彈是賴也！危機一發，幸共圖之！」

話雖如此，當時運動的組織者並不希望發生什麼激烈行動，據四日那天記者的報導，步軍統領李長泰得知學生聚集天安門後，學生代表向他解釋：「今天我們到公使館，不過是表現我們愛國的意思。一切行動定可謹慎，老前輩可以放心的。」李統領亦無言，旋取下眼鏡，細讀傳單，半晌後對群眾說：「那麼，寧憑汝們走麼，可是，千萬必要謹慎，不要別鬧出什麼國際交涉來。」言畢，囑咐警吏數語，即乘汽車而去，學生全體亦向南進發。

令人啼笑皆非的是，在「火燒趙家樓、痛毆章宗祥」後，那些學生回去休息了，而少數留下來維持秩序的、零星掉隊或者圍觀的，反被員警給抓了起來（火燒趙家樓後，員警總監和步軍統領親自前來督陣）。

據梁實秋的回憶，章宗祥的兒子當時與他同一寢室，五四運動後早已走避，但憤怒的學生仍舊衝進他的宿舍，將裡面的東西搗毀一空，這讓梁實秋非常不滿。在五月十九日北大學生開始外出演講後，梁實秋也隨著清華學生一起入城，但在途中憤怒的學生將一輛亂按喇叭的汽車砸毀，對此，梁實秋反思道：「我當時感覺到大家只是一股憤怒不知向誰發洩，恨政府無能，恨官吏賣國，這股恨只能在大街上如癡如醉地發洩了。在這股洪流中，沒有人能保持冷靜，此謂之群眾心理。」

「火燒趙家樓」的主角匡互生於當年夏天畢業後也曾對於之後的運動感慨地說：「七月後純潔之民群運動，漸為投機者藉以出鋒頭，失卻大眾信仰，而政府亦頗知應付之方，老調不可復彈矣！」至於當年積極參與這場運動的年輕人，一部分人隨之走上了革命的道路，如許德珩、張國燾、鄧中夏等；另一部分則改而走上了「學術救國」等相對溫和的道路，如傅斯年、羅家倫、段錫朋、聞一多、羅章龍、羅隆基、張申府等。不管是分道揚鑣還是殊途同歸，年輕人的血終歸是熱的，他們的崢嶸歲月，在歷史的豐碑上留下了不可磨滅的深刻印記。

二四、「五四」之後的大風潮

「火燒趙家樓」後，一些安福系政客對北大校長蔡元培十分不滿，他們認為學生之所以鬧事，主要是因為蔡元培之前過於鼓勵學生參與社會活動，這才引發了「五四」風潮的爆發。在這些人的眼中，蔡元培這個老革命黨，「老夫聊發少年狂」……賊心不死哪！

壓力之下，蔡元培在學生被釋放後的第三天便提出辭呈，並悄然離京出走。同時受到指責的還有教育總長傅增湘，他因為同樣鼓勵學生參與「一戰」後的慶祝活動而被迫提出辭職，安福系政客田應璜則擬出任教育總長。

蔡元培去職的消息傳出後，北大學生當晚便以「停課待罪」的方式來挽留自己敬仰的校長。隨後，北京各大專學校的校長們也宣布全體辭職，團結一致，與蔡先生同進退。這時，積極參與「五四」活動的北大學生郭欽光因激憤病逝，隨後因對同學的哀悼而引發了五月十九日的北京中等學校以上學生的總罷課，參與者達到二萬五千餘人。

這次總罷課較「五四」那次成熟許多，學生們明確提出「拒簽對德和約、懲辦賣國賊、挽留傅增湘總長和蔡元培先生」等項要求，也就是後來的八個字：「外爭國權，內懲國賊！」

上海、天津、杭州、南京等地學生也紛紛走上街頭，聲援北京學生的行動，這使得全國的罷課風潮愈演愈烈。但是，中國人一貫要面子，如果北京政府輕易答應了學生的要求，他們的面子往哪裡擱呢？於是總理錢能訓就「懲辦國賊」的問題答覆說：「學生如果有他們的賣國證據，政府自當依法懲辦；如徒憑空言，政府不能辦到。」

二十日，教育次長袁希濤親赴北京大學，召開大專以上學校校長會議，但官立學校校長竟然無一到會。不僅如此，學生們還展開了更積極的活動，他們組織了大量的演講團（十人一組，時稱「十人團」）上街宣傳，大街上、天橋下，甚至遊藝場，到處都有學生們的身影。

學生的演講贏得了市民們的熱烈歡迎，每一處演講都有大量的民眾前來聽講，聽到即將亡國的激憤處，很多人都跟著學生抹淚歎息；又有一些熱心的市民，給學生們送茶送水，甚至當場捐款捐物，以示對學生的支持。

不僅如此，學生們還掀起了「抵制日貨、提倡國貨」的運動，最早是北大學生將校內消費社的日貨全部起出並在文科大操場集中焚毀；隨後清華等學校也採取了類似的行動。五月十八日，北京各大中專學校的學生將他們自己買的日貨，一起拿到先農壇集中焚毀。學生們的行動引發了日本的惱怒，他們派出軍艦前往天津、吳淞等地進行軍事恫嚇，甚至派出日本浪人去破壞學生的演講。當東京的中國留學生進行抗議活動的時候，日本軍警橫加鎮壓，並將多名學生逮捕。

由於學生的風潮越鬧越大，加之以日本的壓力，北京政府派出軍警、馬隊前去破壞學生的演講活動，他們見到學生聚集便用馬隊衝擊，將圍觀民眾驅散並收繳了學生的旗幟、傳單等。除此之外，他們又用提前放假，進行文官、外交官、司法官考試等辦法進行分化，使得一部分學生退出了運動，此階段的學潮也就告一段落。

不料到六月一日，北京政府在不恰當的時間發布了兩道不恰當的命令，一道是為曹汝霖、章宗祥、陸宗輿辯護並溫言挽留；另一道卻嚴厲呵斥學生擾亂秩序，要求取締各種街頭活動並立即復課。

「愛國有罪、賣國有功」，一石激起千層浪，學生們都是熱血的愛國青年，哪裡受得了如此對待？他們隨即在六月三日恢復街頭演講，而在這一天，北京的軍警們也是嚴陣以待，你來一個我抓一個，你來兩個我就捉一雙，而這一天又恰逢雷陣雨天氣，天上怒雷轟轟，地上飛沙走石，黑雲滾滾，不見天日，好一派陰暗慘澹的人間地獄之景象！

當晚統計，計有一百七十多名學生被逮捕，其中北大學生佔了多數，另外也有清華學校、高等師範等學校的。因為人數眾多，這些學生沒有被送到看押所，而是被集體關在北大法科的講堂之內，從早到晚，學生們連口水都沒得喝。

但是，政府人士明顯低估了學生的能力和毅力，就在第二天，更多的學生靜悄悄地走出校門，他們來到街頭後，突然從懷裡摸出藏好的演講旗幟，便對著大眾開始演講。而這一天的軍警也比往日要分外的多，他們見有人群聚集，便放馬過去，先將聽講民眾驅散，隨後老鷹抓小雞一樣，兩個強壯的員警挾著一個弱小的學生娃娃，送到北大拘禁了起來。

四日這天，學生竟被拘禁了七百餘人，最後北大法科裝不下了，又送到馬神廟的理科宿舍做為臨時監獄。四日這天的天氣也很糟，大風大雨、大雷大塵，只見一對對的學生被擄了進來，而一隊隊軍警則在北河沿安營紮寨，陸軍第九師派來了一個團兼一個營的兵力，愣是把堂堂學府變成了兵營。

好好一個北京的首善之地，最後被弄成了黑暗世界，此天意乎？抑或上天示以天譴乎？

凶神惡煞的軍警們卻沒有嚇倒學生。五日，更多的學生背上行李，連牙粉牙刷麵包都準備齊了，他們這一天大隊集合出發，分路演講，人數達到二千多人。與此同時，他們又向各地發出通電，請求支援。據《每週評論》記者的報導：「五日上午，記者打前門經過，看見三個學生站在路旁演講，來了幾個員警，猶如城隍廟的閻王一般，把三個學生一人捉一個，那三個學生兩手雖然被他們捉住，嘴裡還說個不止，聽的人不知道有多少都流下淚來。後門外邊，有兩隊學生，一向西行，一向東行。這個地方只有十幾個員警，到東邊趕人，西邊又演說起來了；到西邊趕人，東邊又演說起來了。鬧得很久，聽的人個個拍手，幾個員警也就不敢動手了。」

員警不敢動手的另一個原因是，學生越來越多，再抓就沒有地方關了。一旦不慎，鬧出人命，那可不是好玩的。

令人感動的是，有許多學生自帶行李，主動前來北大法科要求被拘禁，而被禁的同學們知道後，紛紛登上法科大樓搖旗怒號，校內外連成一片，軍警們也無可奈何。就連女學生們也行動起來了，她們組織了十五校聯合會，集體向總統府請願，要求釋放那些被關押的男同學。

各校校長和教職員工也極為憤怒，他們不但為營救學生而上下奔走，而且發表聯合通電指責政府：「視學生為匪徒，以校舍為囹圄，蹂躪教育，破壞司法，國家前途，何堪設想？」北京社會各界團體也對學生被拘表示了同情，比如國民外交協會、北京教育會、紅十字會等都紛紛前去慰問，以示對學生的支持。

北京學生大批被抓被捕的消息傳出後，全國人民震驚了。六月五日，上海工商學各界人士為了聲援北京學生，第一次實現了「罷工、罷市、罷課」的三罷聯合行動。之前，黃日葵等北京學生領袖曾經來上海開展活動，在北京學生被拘後，上海學生也立刻行動起來，他們手持傳單，到大街上去挨家挨戶地宣傳，動員商家在六月五日實行罷市。在這一天的動員中，一些學生甚至採取了「沿街跪求」的哭諫方式進行哀告，很多來往行人和商家也都答應在次日一定支持學生們的行動。

五日實行「罷課、罷市」的消息傳出後，首先起來回應的卻是上海的工人們。在學生們的熱忱感動下，一些在日本企業如日本內外棉第三、第四、第五紗廠的工人首先在上午實行罷工，緊接著日華紗廠、上海紗廠的工人也隨之響應，接著便是商務印書館、中華書局、滬寧鐵路、杭甬鐵路等地的工人實行了罷工。

五日上午，各商家也按約定實行了罷市，原本熱鬧的大街上很快便冷冷清清，絕大部分商家都大門緊閉，停做生意，就連租界裡的永安、先施兩大商業公司也都杜門謝客。在大街上，唯見大中學生在上下奔走，分發傳單，而巡警們則在街上巡邏，防止有人搗亂。

人心齊，泰山移，上海「三罷」的消息傳到北京後，當局意識到事態非同小可，於是包圍北大校舍的軍警們當晚便撤去了，被拘禁的同學重獲自由。但是，由此形成的風潮並未停息，六日後，上海的「三罷」非但沒有停止，規模反而有所增大，越來越多的企業和工人加入了罷工的行列，而商家們也仍舊實行罷市，街上除了幾家賣早點的還半掩半閉地開著門，向路人賣些糕點行個方便，其他商家仍舊像昨天一樣，一律實行「關門主義」。上海當局派員警前去干涉，強迫開市，但商家答覆「買賣自由」，警官們也無辦法。

在上海實行「三罷」後，天津、南京、安慶、武漢、濟南、九江等地均以上海為榜樣，實行「罷工罷市罷課」，「五四運動」也由此變成了「六三運動」，前者以北京的學生為先導，後者卻以上海馬首是瞻了。

商人一向被人認為是傾心謀利的，但在這次運動中，商家卻表現出令人刮目相看的愛國熱情：先是一些大型商業公司主動實行罷市，隨後各中小商鋪也都閉門謝客，並在大門上貼著標語「萬眾一心，同聲呼籲，力抗漢奸，喚醒政府」，就連理髮店也貼上了「國事如此，無心整容，請君不必光顧」的標語。至於那些娛樂場所，也都停止售票，不再娛樂。一些說書人甚至發起義務說書，將所有收入捐給學生聯合會。

唐朝詩人杜牧曾說「商女不知亡國恨，隔江猶唱後庭花」，但在此次上海「三罷」運動中，就連青樓中的女同胞們也紛紛響應，她們主動站了出來，自費印刷傳單發放並呼籲花界同胞捐助學生聯合會。在學生進行遊行和宣傳活動時，這些女同胞在路口設立飲茶休息處，以示對愛國學生的支持。

在社會各界的壓力下，北京政府只得於六月十日將曹汝霖、陸宗輿、章宗祥三人免職。在「內懲國賊」的目標實現後，各地的「罷工罷市」風潮才告一段落。

緊接著，中國代表是否應該在巴黎和會的對德和約上簽字又再次成為焦點，各地學生和社會團體紛紛派出代表到北京向總統府請願，要求政府保證不在和約上簽字。由此，五四運動的第三個階段，也就是「拒簽和約運動」再次如火如荼地開展了起來。

這時，一直對學生運動保持沉默的段祺瑞突然發表看法，他說：「學生們有愛國心，這是可喜可賀的。但有一言相勸，盡心求學，成為人才，將來鼎新政治和工商實業，這樣才可以強國。」說到這裡，段祺瑞話鋒一轉：「如果受人愚弄，只能助長某些人的囂張之氣，誤己誤國則是錯誤的。」

段祺瑞的大概意思是同意簽字，因為不在和約上簽字的話，中國將不能加入國聯，到時一些有利條件都不能得到保證，兩害相權，學生不應該在簽字問題上繼續向政府施加壓力。老段的話，不但遭到學生的反駁，就連他的政敵們也紛紛向他發難，比如直系大將吳佩孚公開通電支持學生說：「大好河山，任人宰割，稍有人心，誰無義憤？」

事實上，在巴黎的中國代表們也不甘心就此簽字，他們先是提出一個「保留簽字」的方案，即中國在和約上簽字，但對山東問題的解決辦法有所保留，不能承認。但是，這個方案也遭到了和會的拒絕，當時中國代表面臨的選擇只有無條件簽字或者拒絕簽字，別無他途。

北京政府最初是傾向於簽字的，但在社會各界的反對下，只好把這個皮球踢給了專使團，說：「國內局勢緊張，人民要求拒簽，政府壓力極大，簽字一事請陸總長自行決定。」

六月二十八日下午三時，巴黎和會在凡爾賽宮舉行對德和約的簽字儀式。這一天，中國代表團函告和會主席，表示中國將不派代表出席，也就是拒簽和約。這一天，從上午開始，中國代表團住所的外面便圍滿了中國留學生和華工，他們公然宣稱：如果代表團去簽字的話，就要發起「致命行動」。

事已如此，倒也不必苛責外交人員。畢竟，在一個「力大為王」的強權社會中，但凡國力比不過別人，難免不低聲下氣。如此，弱國的外交家，豈不更是難當！

不管怎麼說，「拒簽和約」算是完成了「外爭國權」的目標，而「罷免三賊」則完成了「內懲國賊」的任務。但是，山東問題並沒有因此而解決，一直到一九二一年底召開的華盛頓會議上，日軍才最終撤出山東並歸還青島，但中國須花錢贖回膠濟鐵路，並且中日共同經營，這又為後來北伐時的「濟南慘案」埋下了伏筆。

一九一九年是躁動的一年，其中的表現之一是民眾特別是年輕的知識份子們開始覺醒，他們迅速成為新生的政治力量崛起於中國的舞臺之上。在五四運動中的一些學生領袖，如張國燾、周恩來等人，還有新文化運動中的知識份子如陳獨秀、李大釗等人，甚至新崛起的北洋第二代人物如吳佩孚等，他們即將在未來的政治進程中大放光芒，而學生也將在某種程度上改變中國的歷史進程。

倒是被學生指名要誅殺的賣國賊「曹汝霖、陸宗輿、章宗祥」三人大呼冤枉，如曹汝霖在宅子被燒後為他當年的所為自辯「不敢言功，何緣見罪」；而陸宗輿也是滿腹牢騷，「百思不得其故」；無故挨了一頓打的章宗祥則提出辭呈，稱「所有辦理中日交涉事宜，無一不恪遵政府訓令，往來文電，有案可稽」——我等三人不過是主事人，「賣國」大帽，如何能全落到我們的頭上呢？

若把曹、陸、章三人的生平履歷捋一遍，這三位均可算得上標準的「海歸」。他們三人不但籍貫接近，而且生平也頗為類似。譬如曹汝霖，他原籍浙江，生於上海，清末赴日本留學，畢業於日本中央大學法政科。回國後，曹汝霖參加了留學生考試並勇奪第二名，被欽定為「洋翰林」。由此，曹汝霖在仕途上一帆風順，並成為了袁世凱的親信。陸宗輿，浙江海寧人，清末赴日留學，畢業於早稻田大學，回國後參加留學生考試獲舉人出身。陸宗輿曾隨載澤出國考察憲政，為徐世昌所賞識，後來也成為了北洋系的一員。章宗祥，浙江吳興人，留學日本時畢業於東京帝國大學，回國後獲進士出身，為袁世凱所賞識，並與曹汝霖、陸宗輿一起參與了清末立憲活動。

清廷覆滅後，曹汝霖、陸宗輿和章宗祥均在袁世凱或段祺瑞的手下出任要員，其中也因為職務的緣故參與了賣國行為，譬如曹汝霖做過外交總長與交通總長，是「二十一條」的簽約代表；陸宗輿是簽訂「二十一條」時的駐日公使；章宗祥是「中日軍事祕密換文」的經辦人，時任駐日公使。冤有頭債有主，學生不找你們三個找誰？

最可逗的是，章宗祥與陸宗輿在「五四」風潮中均被家鄉父老開除鄉籍，成了中國「沒有籍貫」的人。當然，其中最觸霉頭的是章宗祥，四月中旬他從日本啟程回國時，有很多日本政界要人和駐日外交界人士到東京火車站送他，不料忽然來了很多中國留學生，章宗祥本以為他們也是來歡送的，誰知道這些人卻把寫了「賣國賊」、「禍國」等字的送喪白旗拋進車中，還大呼道：「章宗祥、章公使，你既喜賣國，為何不賣妻？」

聽了這話，章宗祥頓時臉紅如豬肝，章夫人也是氣得花枝亂顫、淚影漣漣。

後來，曹汝霖在其回憶錄《一生之回憶》中坦陳：「此事距今四十餘年，回想起來，於己於人，亦有好處。雖然於不明不白之中，犧牲了我們三人，卻喚起了多數人的愛國心，總算得到代價。」

誠然，在主理賣國事務的時候，來往電文均有據可查，畢竟賣國事大，也不是這「三賊」能私下賣得了的。但是，在經過了「五四」被罷官風潮後的一段沉寂後，這三人在日本侵華時期又分別出任了不同偽職。如此看來，「賣國賊」這三字，真不算冤枉了他們。

二五、狗肉將軍張宗昌

當裡格當，當裡格當，民國有個張宗昌，山東的民謠就這麼唱：「張宗昌，吊兒郎當，破鞋破襪子破軍裝」；「張長腿，有三多，兵多錢多姨太太多……」

大文豪林語堂曾在一九四〇年出版的《愛情與諷刺》一書中寫過一篇名叫《狗肉將軍回憶記》的文章，讓亂世軍閥張宗昌大名遠揚，幾乎超過了他在歷史中應有的地位。不過，「狗肉將軍」這個綽號的來歷並不是人們想像的那樣，「張宗昌喜歡吃狗肉」，非也非也。

「狗肉」者，非張宗昌愛吃狗肉，乃是喜推牌九、好賭之緣故，因為當時牌九俗稱「狗肉」；另外，也有人說，張宗昌做山東督辦時，某次閱操突然闖入一條不識相的野狗，這無主的畜生不但咬了他的坐騎，還咬破了他的皮靴。張宗昌被這麼一嚇一咬，大發雷霆，隨後就下令在濟南城內全員出動打狗（打死後大家吃狗肉）。此令一下，濟南的大街小巷裡滿是手持大棒的員警士兵，他們見狗就打（也不看主人面了），數天之後，狗屍遍地，狗蹤全無，張宗昌由此也被人稱為「狗肉將軍」。

張宗昌的綽號前面還有三個字，那就是「三不知」。所謂「三不知」，就像民謠裡唱的那樣，這位「狗肉將軍」從來不知道他自己「有多少兵、有多少錢、有多少姨太太」是也。

先說第一個「不知」，張宗昌的部隊成員複雜，有華人、有俄人，有土匪、有正規軍，器械也是各種制式，新舊不一。由於張宗昌特別喜歡招兵擴大自己的勢力，他對那些投奔他的土匪流寇基本是來者不拒，如後來也成為軍閥之一的孫殿英，便是張宗昌做山東督辦的時候收編的。張宗昌擴軍也不管人數，投奔的人報多少是多少，還沒多長時間，就搞十幾個軍出來了，所以他確實不知道自己到底有多少條槍、多少人馬。

第二個「不知」，說張宗昌不知道自己有多少錢，也沒有冤枉他。和其他軍閥相比，張宗昌的搜刮能力是一流，當時山東的各種捐稅、攤派、軍用票，完全就是隨心所欲地亂來，碰上其他軍閥，好歹都要顧及點自己的鄉土情誼，但張宗昌對自己的家鄉也一點不放過，這點做得夠狠。不僅是各種苛捐雜稅，張宗昌還公開地走私販毒來養活他的軍隊，父老蒙羞亦在所不惜。

第三個「不知」就更搞笑了，說張宗昌不知道自己有多少個姨太太，但這事還真的一點不假。據民國報紙報導，有一次張宗昌去千佛山登高，只見他身穿長袍馬褂，口裡含著雪茄走在前面，後面跟著四十幾個奇裝異服的年輕女人，一個個油頭粉面，身旁還有眾多的丫環侍候，其姨太太之多，可見一斑。事實上，張宗昌不但姨太太多，據說還是「八國聯軍」，日本、韓國、俄國的，品種齊全，應有盡有。最荒唐的是，張宗昌喜歡逛窯子，看上了哪個窯姐就帶回去做姨太太，並在外面弄個房子，派兩個衛兵，掛個「張公館」的牌子，就算多了一個。但過段時間，張宗昌忘記了這位「新人」，衛兵撤回，這「姨太太」也只好重操舊業，所以有嫖客經常戲言：「走，跟張宗昌的老婆睡覺去！」這話傳到張宗昌的耳朵裡，他也不惱，一笑置之，其荒唐可知。

「狗肉將軍」荒唐固然不假，但其成名立業也不容易。張宗昌，字效坤，山東掖縣人，其父是個吹鼓手（農村婚慶喪儀中不可缺少的氣氛製造者），住鄉間一破屋中。據說，張父某日從外面做事回來，餓甚，就爐煮粥卻老打不著火。這時，一貧婦路過看到，便笑道：「大男人怎麼做得來這個，我來幫你吧！」粥做好了後，張父邀請這女子一起進食，由此常相往來，結成伴食夫婦，並生下了張宗昌。

據鄉人傳說，張宗昌的母親身材高大，力氣過人，用一隻手便可輕輕地挾起一口袋糧食，鄉人常嘲笑她，給她取了個綽號叫「大腳」。由於張家田少家貧，有一年鬧災荒，家裡揭不開鍋，張父便外出謀事，張母在家餓得不行，於是乘著傍晚，拿了根棍子出去，準備劫道自救。出門沒多久，正好有一個人拿著十餘枚烙餅蹣跚而來，這時因為天黑不能分辨是誰，於是張母當頭一棒，將其打暈後搶了人家的烙餅奔回家了。

回家後不久，張父回來，連呼晦氣，說自己在路上被人打暈，做事後人家給的烙餅被搶走了。張母大驚，說：「拿棍子打你的，就是我，所幸肥水不流外人田，餅我吃了幾個，剩下的你趕緊去吃吧。」張父大怒，罵道：「我們家雖窮，但怎麼能做這種強盜的勾當？你趕緊走吧，這裡不能留你了！」張母大怒，後來外出討飯便改嫁了他人。

因為家貧無計，張宗昌少年時便跟著別人去闖關東，他曾在哈爾濱淘過金、修過鐵路，也做過鏢局的鏢手。後來，張宗昌來到符拉迪沃斯托克（海參崴）的華商總會中做了一名小協警，並在當地混得如魚得水。因為經常和俄警打交道，張宗昌學了一點簡單的俄語，但千萬別小看了這個細節，這在後來可是幫了他的大忙。

或許是得到其母的遺傳，張宗昌身材高大魁梧（可與馮玉祥相媲美），為人行俠仗義，加上工作性質的緣故，因而很快便在符拉迪沃斯托克的黑社會中嶄露頭角。武昌起義後，上海的革命黨，也是會黨中人陳其美派李徵五等人來符拉迪沃斯托克招收革命義士，張宗昌這時也想投機一把，於是便代革命黨招撫了一股土匪，隨後坐俄國郵船到了上海去鬧革命。

張宗昌這批人抵達上海後，受到革命黨的熱烈歡迎，並大造輿論說是「東北革命軍」開抵上海，一時間風光無限，為各界所注目。按之前的約定，「東北革命軍」本應由匪首劉彈子出任騎兵團團長，但不知張宗昌用了什麼手段，最後自己當上了團長，徐源泉做了團副，而幫主劉彈子只混了個營長。這位老兄後來也不知道是不是為革命獻身了還是怎麼樣，總之是沒沒無聞、未見記載，倒是張宗昌投機成功，由此順風順水，屢遇貴人，最終成了民國的一段傳奇。

「二次革命」的時候，作為革命黨陣營一方的張宗昌率騎兵團在徐州與馮國璋、張勳等北洋軍激戰，但他們的隊伍畢竟不是專業出身，結果一戰即潰。張宗昌在這場戰鬥中被打得很慘，手掌受貫通傷，他在失敗之後，身穿和服裹著傷，投降了馮國璋。馮國璋見張宗昌相貌體格皆屬不凡，因而將之納入麾下並令他去收服舊部，也藉以宣傳並瓦解革命黨的軍心。

由此，張宗昌便拜到了馮國璋的門下，後來還當上了江蘇軍官教導團的團長。馮國璋去北京代理大總統，張宗昌也跟著出任總統府的侍從武官。每次閱兵的時候，都是張宗昌身著筆挺的將校服，騎著馬在前面做引導，因而也引起了總理段祺瑞的關注。不久，張宗昌便奉命回江蘇成立第六混成旅，後來參加了湘鄂之戰。

在一九二〇年吳佩孚率軍北撤後，張宗昌部慌忙退入江西，最終被江西督軍陳光遠繳械，張宗昌僅以身免。回到北京後，張宗昌結識了曹錕軍官教導團的教官許琨，於是想通過他的關係去走曹錕的門路（此時老領導馮國璋已死）。這時，他與陸軍部結算的二十萬軍餉拿到手，於是便打了八個金壽星送給曹錕做壽禮，這在當時可稱得上驚人之舉。

曹錕是個非常隨和的人，他收了金壽星後很滿意，加上許琨在旁邊說好話，於是便答應將直皖戰爭中繳獲的一批軍械撥給張宗昌，讓他組織一批人馬。可惜的是，張宗昌當時有槍無人，而後來吳佩孚得悉此事後又堅決反對，使得張宗昌藉機復起的願望落空。

許琨在曹錕面前幫他說了幾次話也不成功，於是憤而對張宗昌說：「此處不留爺，自有養爺處，咱們走吧！」於是張宗昌便與許琨到關東投奔了張作霖。在最開始的時候，張宗昌並未受到重視，而他的舊部如程國瑞等人也都陸續到瀋陽投奔了他，因而有一段時間張宗昌十分困窘。直到後來，張宗昌接受了一項剿匪的任務，張作霖和吳俊升分別給了他一些簡陋武器，張宗昌帶著他的舊部卻抓住這次機會，一舉端掉了近千人的土匪窩子，張作霖也由此對張宗昌刮目相看，並有心要培養他一下。

後來，張宗昌便被任命為綏寧鎮守使兼吉林防軍第三混成旅旅長，而這時他的好運氣又來了。當時因為俄國革命引發國內戰爭，中俄邊境上湧來了很多俄國沙皇的潰兵，這些人在被紅軍趕入東北的情況下，願意把武器交給張宗昌，只需折算一點遣散費即可。由此，張宗昌在獲得了大批俄國軍隊槍械的同時，又編成了一支五百人的白俄軍，後來更是發展成為張宗昌的「鐵甲兵團」。

張宗昌通過收編這支白俄軍，獲得了大量的俄國武器，計有六千支步槍、二十多門大炮和四十幾挺重機槍，還有整箱整箱的手榴彈，這在當時可算是發了一筆軍火財的。張宗昌收編白俄軍的消息傳開後，一些走投無路的沙俄潰兵也都紛紛趕來投靠，人數擴大到二千人左右，「鐵甲兵團」也就成為張宗昌手下一支能征善戰的外國雇傭軍。

張宗昌對這支白俄雇傭軍愛如至寶，有人將這支白俄師稱作「張宗昌的白毛子隊」，這些白俄官兵也自認是「張宗昌的老毛子」。白俄兵不會講中文，只會說「張宗昌老毛子」這幾個字。在作戰的時候，友軍問白俄兵口令時，他們就答「張宗昌的老毛子」，當時很多人就和他們開玩笑：「你爸爸是誰？」白俄兵就答道：「我爸爸是張宗昌！」一時傳為笑談。

一九二三年秋，張作霖急於報第一次直奉戰爭的一箭之仇，於是在奉天舉行陸軍演習，以考察自己的部隊是否能對曹錕、吳佩孚開戰。當時的張宗昌雖然收了很多人馬，但有很多是土匪出身，紀律敗壞，儘管張宗昌力加整頓，但隊伍中的土匪氣還是很濃。另外，為了給部隊發軍餉，張宗昌又偷偷地種鴉片煙，這事被捅到張作霖那裡去後，總參議楊宇霆便說：「每年花一百多萬，養著這幫人種鴉片煙，那太不成話了。這次演習，要是看著他們不行，就把他們就地解決，遣散算了。」

由此，檢閱大員郭松齡對張宗昌的這支部隊要求特別嚴格，而演習那天正好下了一場大雪，田野裡的莊稼已經收割，但地裡全是高粱稈子，硬挺在地上，又被雪給遮蓋了。張宗昌的士兵在雪地臥倒，因為看不見高粱稈，結果很多人因此受了傷。張宗昌看到後，心裡就很不痛快。

據說，在休息的時候，張宗昌帶著幾個隨從找了間房子進去暫避風雪。進屋後，張宗昌滿腹牢騷地蹲在炕上，把隨身帶著的燒酒拿出來喝，他邊喝邊罵道：「他媽的，這是哪個龜孫制定的計畫，把我們弄成這樣！」

正罵著，郭松齡突然推門而入，他聽到張宗昌的牢騷話，便問道：「你在罵誰？」張宗昌愣了一下，說：「這是我的口頭語，並不是罵誰。」郭松齡頓時大發雷霆，氣勢洶洶地指著張宗昌的鼻子大罵道：「我×你媽，這也是我的口頭語！」

聽了這話，張宗昌的臉色由紅變黑，從炕上一翻身跳了下來，他的隨從們大驚失色，以為他要翻臉拿手槍打郭松齡。不料張宗昌跳下炕卻突然改口對郭松齡說：「郭二大爺，你×俺媽，你是俺的親爸爸，還有什麼說的？」郭松齡無話可說，氣呼呼地走了。

郭松齡走後，張宗昌的參謀還想去拉住他，替他們勸解一下，但張宗昌一把拽住參謀，不讓他去勸。之後，張宗昌滿不在乎地對參謀說：「你聽我說，我叫他爸爸……反正他不是我爸爸！」

張學良在得知郭松齡與張宗昌的罵架之後，便親自來視察張宗昌的部隊，並試圖加以勸慰。張學良到後，看見張宗昌的部隊器械一新，武器精良，不免有些吃驚，便問張宗昌這些武器是哪裡來的。張宗昌回答說是收編白俄潰兵時接收的，並且主動送了十箱手榴彈給張學良。

張學良回去後，向張作霖報告了張宗昌部隊情況，張作霖也認為張宗昌可以重用。於是張學良讓與張宗昌關係不錯的另一位奉系大將李景林去把張宗昌請到瀋陽，然後又把郭松齡請來，說：「我們這個團體，內部不要鬧意見。我們現在要做的是聯合起來，同心協力地對付直軍，打倒吳佩孚。茂宸（郭松齡的字）和效坤（張宗昌的字），不要把你們彆扭的事情擱在心上。」

由此，郭松齡向張宗昌賠禮，彼此表示歉意後，這事也就算過去了。李景林趁熱打鐵，提議四個人結為兄弟，於是彼此關係更進了一步。由於在這次的聯合秋操中表現出色，張宗昌所部被改編為奉軍第三混成旅，成為奉軍的正規軍，各方面待遇也得到了提高。一年後，張宗昌的這支部隊便作為奉軍的主力軍參加了第二次直奉戰爭。

雖然張作霖對張宗昌的部隊待如親兵，但張宗昌心裡卻不糊塗。在出戰之前，張宗昌對部下說：「這回我們要是戰勝了，毫無問題，什麼都有……要是戰敗回來，奉天是不會養活閒人的，到時我們就找個山窩去落腳吧！」

開戰後，張宗昌的第三混成旅作為奉軍第二軍的前鋒進攻熱河北部，首先遭遇的是直系勁旅董政國部，在經過一番血戰後，張宗昌迫其退卻，並攻克冷口，奇襲灤州。而此時正好馮玉祥倒戈，直軍一片混亂，張宗昌趁機揮兵追擊，並大肆收編潰散的直軍，其部隊一下就膨脹了七八倍，成為奉軍中一支不可小視的力量。

只有到了這時，張宗昌才算是揚眉吐氣，多年寄人籬下的他，終於佔據一方，成為國內屈指可數的軍閥之一。不久，張宗昌就此衣錦還鄉，當上了山東督辦。但是，張宗昌這個人，帶兵打仗固然勇猛，卻是好賭好色、草菅人命的混世魔王。他督魯三年，壞事幹得不少，好事幹得不多，他的綽號「狗肉將軍」、「三不知」，一點都沒有說錯。

在民國中的大小軍閥中，張宗昌大概是文化程度最低的一個，他沒有正兒八經地上過一天學，但這位「三不知」將軍平時卻喜歡附庸風雅，因而也鬧出不少笑話。

在當年的湘鄂戰爭中，有一日軍中無事，張宗昌便邀集一幫人到江邊亭子間喝酒，喝著喝著，張宗昌忽然詩興勃發，非拉著同座聯句不可。好在席上的人都有點文化，此等風雅之舉也不在話下。開始後，先是首席念了一句「風景一天秋」，次席的人接道「潯陽百尺樓」，第三個說「登臨思帝子」，最末到了張宗昌，他卻對不上來，幾如《紅樓夢》裡那個薛蟠，眼瞪得銅鈴那麼大，抓耳撓腮，久思不得其句。這時，忽然看見江岸有兩漁人互毆，張宗昌觸景生情，便急忙對道：「兩個漁翁揪打。」

席上的人聽後忍俊不禁，大笑不止。有一人說：「六字不能聯，不如截去最後那字，這樣不但意思對了，而且還押韻。」張宗昌並不懂押韻不押韻的，聽人家這麼說，也就唯唯而已。回來後，張宗昌把這個事告訴他的祕書。祕書也大笑，撫掌頓足道：「該打該打。」張宗昌莫名其妙，說：「本是有『打』字的，他們非勸我改去。」

這些武人，平時耀武揚威慣了，難免也要弄點文的，但有的人弄得好，有的人則不咋地。譬如張作霖，他也是綠林大學畢業的，但看他留下來的一些字帖題字，還是有可觀之處的，但張宗昌除了留下一大堆的笑話，題字倒不曾見。

張宗昌雖然沒有留下字帖，但人家是有詩歌傳世的。各位或許以為這是在開玩笑，這樣一位大字不識一個、連韻腳都搞不清的粗鄙武夫，還會寫詩？非也非也，這位張督軍非但會寫詩，還出過詩集呢。您要不信，就給您抄幾首：

一、《俺也寫個大風歌》

「大炮開兮轟他娘，威加海內兮回家鄉；數英雄兮張宗昌，安得巨鯨兮吞扶桑。」

二、《遊泰山》

「遠看泰山黑糊糊，上頭細來下頭粗；如把泰山倒過來，下頭細來上頭粗。」

三、《天上閃電》

「忽見天上一火鏈，好像玉皇要抽煙；如果玉皇不抽煙，為何又是一火鏈？」

四、《笑劉邦》

「聽說項羽力拔山，嚇得劉邦就要竄；不是俺家小張良，奶奶早已回沛縣。」

前面三首都好理解，最後一句恐怕有點文不對題，什麼叫「奶奶早已回沛縣」，其實是這句裡少了一個字，那就是「奶奶（的）早已回沛縣」，張宗昌作詩，一向是把罵娘的話寫進去的，也是古今詩壇一大特色。

說到這詩集，其實是張宗昌請的前清狀元公王壽彭給他做的，因而雖說粗鄙，終究還是有打油詩的風味。張宗昌在督辦山東時，為了表示自己重視教育，而不惜花費重金將王壽彭請來做山東教育廳長。不僅如此，張宗昌還故作姿態，拜王壽彭為老師，向他學習如何作詩，於是便有了張宗昌的個人詩集——《效坤詩鈔》（效坤為張宗昌的字）。詩集弄好後，凡是親朋好友，人手分贈一冊，張宗昌總算是甩掉了「文盲」的帽子。

張宗昌在得勢之後，派人將他的父母接到城裡居住。由於其母早已改嫁，張宗昌只好買了兩個宅院同時奉養兩個爹，一個親爹，一個繼父，他對繼父及母親都很尊敬；另外，他還給親爹另找了個繼母。

張宗昌雖然是個粗人，但他對傳統的東西還是很尊重的，譬如尊孔，他當時不但出過詩集，而且還大量出版印刷過儒學的十三經。據印刷界人士評價，張宗昌弄的十三經，那可能是歷史上紙張、印刷和裝幀最好的一套版本。在張宗昌主政山東期間，不知道是教育廳長王狀元的意見還是張宗昌自己的意思，山東的各學校裡都大力提倡尊孔讀經，儒學經典是各級學校的必讀課程，說是當時世風日下，尊孔讀經是為了挽回道德人心。

在張宗昌的在任期間，曾在曲阜孔廟舉辦過一次規模盛大的祭孔典禮，主祭人便是張宗昌。在禮成後，張宗昌說了這樣一番話：「我張宗昌小的時候，是個窮人，又是個粗人，長大之後闖關東，闖到今天，倒成了武人。我今天同許多文武官員來到孔老夫子的家鄉，恭恭敬敬地祭拜這位老聖人。祭祀的禮節，我本來不懂的，前天來後，先請司禮官講解了祭孔的禮儀，參觀了廟堂禮器，叫我心裡更加敬佩。我的祝辭和講稿，全是王狀元作的，已經印出來了，準備每人發給你們一張，希望大家回去好好地念念，好好地想想，將來就好好地做去。咱們大家要一同向孔夫子學習，才配來祭孔老夫子，這些年有人要打倒孔家店，我看打不倒。現在我撥一筆款重修孔廟寢殿，修完這裡，再修奎文閣。打的讓他們打，修的我們還是修，陳煥章會長（康有為弟子，孔教會會長）在外國還參加重修孔廟，並且親自運過大梁，何況是我們？」

張宗昌的這段話倒是情真意切，有點像人話，後來中原大戰，蔣介石、閻錫山、石友三的軍隊在曲阜大戰，就毀壞不少孔廟建築。就這點而言，這些人尚不如張宗昌呢。

不過，張宗昌雖然表面尊孔，但骨子裡對頭上的三尺神明其實是大不敬的。他初到山東的時候，正好遇上一場大旱災，好幾個月不下雨，按當地風俗，老百姓請地方長官向老天爺祈雨。張宗昌本是不信這套的，但初來乍到不好違逆民意，所以還是命人在龍王廟前設祭壇，並答應親自去祭祀。等到了祈雨那天，張宗昌來到龍王廟壇前，等了半天也不下雨，一怒之下他既不拈香，也不祭拜，而是大跨步走到神案前，照著龍王像左右開弓扇了幾記耳光，還惡狠狠地罵道：「媽個巴子！你不下雨，看害得老百姓多苦！」

罵過後，張宗昌丟下那些驚駭的民眾，逕自坐上汽車走了。打也打了，罵也罵了，但老天爺還是不下雨，張宗昌心裡憋著氣，於是命炮兵團搬來十九門大炮，氣勢洶洶地排於龍王廟前，並下令齊向天空轟擊。可惜的是，張宗昌用的不是專業人工降雨的炮彈，一陣胡亂轟炸後，還是一丁點雨都沒有下來。

不久，北伐戰爭爆發，張宗昌所屬的奉系戰敗退回關內，其山東地盤也在後來歸了韓復榘。一九三二年，張宗昌久靜思動，正好另一個失勢的軍閥石友三前來撮弄，邀他一起去濟南見韓復榘，弄點地盤和銀子花花，結果到濟南後，被仇人之子鄭繼成在火車站刺殺（也有說是韓復榘一手策劃的）。這其實也怪不得誰，因為張宗昌在前幾年把人家的爹——敵軍軍長鄭金聲給槍殺了嘛。

在軍閥中，張宗昌對地方的勒索是比較狠的，正如當時民謠說的：「你如有十畝八畝田，可以過你的太平年；要是有二三十畝地，你就欠下我的錢；如有頃兒八十畝，你是永遠還不完。」張宗昌任山東督辦的時間只有一年，但斂財達二百萬，其親戚舊友來訪者無不滿意而歸，以至於張宗昌死時竟沒有餘錢。張宗昌的朋友們都稱讚他仗義疏財，但是，張宗昌所疏者，乃是三千萬魯人之財，又有何可取之處哉？

二六、郭松齡倒戈為哪般

一九二五年，張作霖的奉軍在第二次直奉戰爭中擊敗曹錕、吳佩孚並準備一統北方時，其內部卻在毫無徵兆的情況下鬧出了一個大亂子，這就是歷史上所稱的「郭松齡倒戈」。

郭松齡，字茂宸，學院派出身，其在清末時入讀奉天陸軍小學堂，後來又相繼進入北京將校研究所和中國陸軍大學深造，畢業後被北京講武堂聘為教官。後來，在陸軍大學的同學、時任奉天督軍署參謀長的秦華介紹下，郭松齡先進入督軍署任少校參謀，隨後又調任東三省講武堂充當中校教官，由此結識了一位貴人，這便是少帥張學良。張學良當時只有十九歲，他是張作霖的公子爺，難免有紈絝子弟的氣息，因而其他教官也就對他放鬆要求甚至放任自流，唯獨郭松齡對其要求反而更加嚴格。

郭松齡是個出類拔萃的優秀教官不假，但令張學良折服的還不僅僅是這個。張學良是個生活浪漫、耽於享樂的花花公子，而郭松齡是個學識淵博、好學深思的學院派軍人，嚴於律己，格調很高，這種性格上的互補，使得張學良很快便為之傾倒並尊之以師、待之以友，由此確立了信任關係。

一年後，張學良從講武堂畢業，隨後被張作霖委派為衛隊旅旅長。張學良上任後的第一件事，便是將郭松齡調為參謀長並兼任第二團團長，郭松齡也由此成為帶兵官並在之後的軍旅生涯中一再升遷。

郭松齡長方臉，微黝黑，身材高大，雙目炯炯有神，人送綽號「郭鬼子」，生平素有大志。無論春夏秋冬，郭松齡都是一身制服，生活簡樸，作風一向井井有條。在平時的生活中，他也總是面容嚴肅，對人不假以顏色。郭松齡的夫人韓淑秀是燕京大學畢業生，與馮玉祥的夫人李德全為莫逆之交，這也為後來的事變埋下了伏筆。

在直皖戰爭後，張學良擔任奉天陸軍第三混成旅旅長，郭松齡為第八旅旅長，由於張學良另外擔任了其他職務，因此兩旅合署辦公，其訓練、人員管理等工作也全部交由郭松齡負責，時人稱之為「三八旅」。在此期間，張學良和郭松齡的關係親密無間，張學良對郭松齡是疑人不用、用人不疑，完全放手讓郭松齡訓練軍隊；而郭松齡也對張學良衷心擁戴，恭順服從，兩人甚至結為了異姓兄弟。就像曹錕和吳佩孚的關係一樣，張學良也常說一句話：「郭茂宸就是我，我就是郭茂宸。」郭松齡的決定與作為，張學良基本都給予支持。

奉軍在第一次直奉戰爭中被吳佩孚打得大敗，但「三八旅」表現出色，由此也獲得了張作霖的極大重視。在直奉一戰失敗後，張作霖整軍備武，其中舉措之一便要將張學良與郭松齡的部隊打造成奉軍中的王牌軍，即後來的「一三聯軍」。由於郭松齡是靠著少帥張學良而青雲直起的，他這派勢力的崛起難免和其他老的派系產生矛盾。

當時的奉系可以分為這樣三派：第一派是「綠林元老派」，譬如張作相、張景惠、湯玉麟等人，他們原本是一群綠林豪傑轉化來的軍中老粗，已經跟隨了張作霖多年，地位根深蒂固；第二派是「日本士官派」，如楊宇霆、姜登選、韓麟春等人，這些人都是清末從日本士官學校畢業歸國的畢業生，當時這種現象不僅存在於奉軍，其他軍閥中也是屢見不鮮，譬如李烈鈞、蔡鍔、閻錫山等人，均可劃入此派；第三派則是以郭松齡為首的「北洋陸大派」，這一派人既包括了陸軍大學的畢業生，也包括了「東北講武堂」訓練出來的學生，其中便有魏益三、劉偉等中高級將領。

從古至今，中國人在一起便喜歡拉幫結派，可以說是無處不黨、無處不派；黨中有黨、派中有派；黨中無派、千奇百怪。奉軍也是如此。作為後起之秀的郭松齡這派人，他們年輕、有衝勁，思想也比較先進，因而難免與那些「綠林元老派」、「日本士官派」發生矛盾衝突。畢竟，「綠林元老派」、「日本士官派」當時已經在位攘權，郭松齡這派人想要上位的話，必然引起另兩派人的警覺和反感。

在這些人中，郭松齡與楊宇霆的矛盾最大，因為這兩人都剛愎自用，恃才傲物，誰也不把誰放在眼裡。當時楊宇霆任奉軍總參議兼參謀長，無論是政務還是軍事，張作霖都倚之甚重，言聽計從，可謂是奉軍中極顯赫的人物；而郭松齡掌握了奉軍勁旅，背靠少帥張學良，可謂是旗鼓相當。兩人的政見一向不合，因平時的爭權奪勢而積怨很深。

在第二次直奉戰爭後，李景林當上了直隸督辦，張宗昌當上了山東督辦，楊宇霆做了江蘇督辦，姜登選則上任安徽督辦，出力最大的郭松齡反在戰後的地盤分配中顆粒無收。張作霖原本是準備安排姜登選做江蘇督辦而讓郭松齡當安徽督辦的，但楊宇霆突然跳出來把江蘇督辦的位置給搶去，因而姜登選便代替了郭松齡出任安徽督辦。

按張作霖的想法，固然是傳統的按資排輩，先照顧老同志，但對於郭松齡一派人來說，這就是獎賞不公，由此引起了他們的強烈不滿。在此之前，郭松齡已經派出一個旅前往安徽蚌埠並做好了出任安徽督辦的準備，誰知道最後還是竹籃打水——一場空，心中的激憤可想而知。

張學良也理解郭松齡當時的心情，事後他回憶說，「分配權力郭松齡沒分配著。郭松齡他自己就跟我講，他說，算我倒楣，當你的部下。旁人都起來了，都是督軍了。我不但沒有督軍，還是在你底下當個副手。可是你被你爸爸壓著，我可倒楣了。換句話說，那時候要人打仗幹活都是我的軍隊，可是請功領賞不是我。」為了安慰郭松齡，張學良讓郭松齡的參謀長魏益三傳話說：「將來他（郭松齡）想要地盤，黑龍江、吉林任他選擇。但是，現在還不是時機，尚須少安毋躁，屆時一定會解決好這個問題。」但是，郭松齡此時已經忍無可忍，不想再等待了。

第二次直奉戰爭後，前往各地佔領地盤的大都是奉軍的次級部隊，其精銳部隊「一三聯軍」改由「京榆駐軍司令部」管轄，其中包括六師十二旅，騎兵一師兩旅，炮兵兩旅，外加工兵一團，兵力達七萬五千人，這些便是奉軍的最精華部分，而軍權掌握者為張學良，郭松齡副之。張學良所兼職務太多，軍權實際上掌握在郭松齡手中。

由於郭松齡夫人韓淑秀與馮玉祥夫人李德全的特殊關係（據張學良稱，郭松齡與馮玉祥的聯繫便是通過兩位夫人進行的），馮玉祥的「北京政變」難免會對郭松齡產生影響。郭松齡和一般的北洋軍人不同，他在辛亥革命的時候參加過革命，經歷和馮玉祥類似，因此對軍閥的那一套作風很看不慣。另外，馮玉祥成功倒戈後，勢力擴展迅速，這事實上是給郭松齡樹立了一個榜樣。相比而言，郭松齡在奉軍中的地位和實力遠比馮玉祥在直系中更為優越，既然馮玉祥能夠取得如此大的成功，那他也同樣搞一下「反奉倒張」，自己當個東北王，勝算應該是很大的。

據說，郭松齡倒戈還有一個原因，那就是當年他奉派前往日本觀操時，偶然得知了日本與張作霖的賣國密約，出於愛國熱忱而憤然倒戈。此次日本觀操，馮玉祥也派了部下韓復榘前往同去，於是郭松齡便通過韓復榘與馮玉祥達成七條攻守同盟的密約，共同反奉。與此同時，郭松齡又與同樣受到排擠的另一個奉系勢力李景林達成默契，準備合作。

一九二五年十一月二十二日，張作霖突然電召郭松齡返回瀋陽，討論對馮玉祥國民軍的作戰問題。郭松齡以為事已洩露，時不可待，便當機決定倒戈反奉，並於當天發出三道通電，宣布主和拒戰，並要求張作霖下野，請張學良主政，嚴懲主戰的罪魁禍首楊宇霆。

當天晚上，郭松齡在灤州召集軍事會議，到會的「一三聯軍」軍官有近百人，郭的夫人韓淑秀也參加了這次會議。當時的會場氣氛緊張，戒備森嚴，擔任警戒的衛兵一個個荷槍實彈，來回巡查。郭松齡在宣布「反奉倒張」之後，請願意參加的各師長、旅長、團長在參戰書上簽字，不簽的也不勉強。

由於事發突然，這些中高級軍官一個個面面相覷，不知所措。最後，齊恩銘、裴春生等四位師長公開表示反對，後來這幾個人被送到李景林處軟禁，而其他人大都在參戰書上簽了字，表示願意跟從郭松齡倒戈反奉。

郭松齡倒戈的消息彷彿一枚重磅炸彈，幾乎把張作霖給炸懵了，張學良也是十分驚詫，幾乎不敢相信自己的耳朵。當時的張學良正忙於招撫渤海艦隊，還真沒想到郭松齡會在背後這麼搞他一下。更要命的是，郭松齡最初都是打著「清君側」、「擁護張學良主政」的名義反奉，這讓張學良顯得更加被動。十一月二十四日夜，張學良乘火車南下，但因陸路被阻而改由海路到達秦皇島，他先派自己的日本顧問儀峨誠也少佐與在灤州給郭松齡治病的日本醫生守田福松通電話，希望能親自見一次郭松齡，但遭到婉拒。

無奈之下，張學良只得託人給郭松齡送去一封親筆信，信上說：「承兄厚意，擁良上臺，但我對於朋友之義尚不能背叛，又豈能見利忘義，背叛自己的父親呢？所以兄台所謂統馭三省、經營三省者，兄台可自為之，我雖萬死也不敢承命，免得落下千古忤逆之罵名。」

儘管張學良一再向郭松齡保證，只要停止軍事行動，一切善後問題由他負責，但郭松齡此時已是開弓沒有回頭箭，除了往前，並無第二條退路。在此情況之下，雙方也只能兵戎相見，在戰場上一決高低了。

和張作霖相比，郭松齡這個人在政治權謀上還是欠穩妥的。比如郭松齡宣稱自己這次倒戈是要「清君側」、「擁少帥上位」，張作霖將計就計，很快便將楊宇霆撤職查辦並讓張學良前往招撫。但郭松齡拒絕與張學良見面的事實，等於不打自招，不但讓自己的這兩個號召在無形中化為烏有，反而讓自己這種口是心非的司馬昭之心，將士皆知。畢竟，奉「少帥」伐「老帥」，這不僅違背了中國傳統的基本人倫大道，在策略上也並不高明；而率少帥之兵行逼迫之實，也是一種不忠不義的不恥之舉。

在處理與其他奉軍將領的關係上，郭松齡也是剛愎自用、舉止操切。比如擅殺奉系將領姜登選，便是一例。姜登選是「士官派」的重要成員，此人一向沉默寡言，性格沉穩平和，在奉軍中很得人心。但郭松齡在第二次直奉戰爭中與之發生矛盾，姜登選還曾在張作霖面前告過郭松齡一狀，郭松齡由此懷恨在心。在後來的安徽督辦問題上，儘管姜登選擠掉郭松齡出任了督辦一職，但原因並不是姜登選要搶，而是因為楊宇霆搶掉了本該由他出任的江蘇督辦，這個事情主要應怪罪於楊宇霆而不該遷怒於姜登選。但姜登選在孫傳芳軍隊奪下蘇皖後，在返回奉天途中被郭松齡截住並下令槍決，藉口便是「為窮兵黷武者戒」。

說姜登選「窮兵黷武」，顯然是帽子大了點，而未經審判便槍殺一位陸軍上將，更是讓奉軍內部人心惶惶，人人自危。郭松齡這種挾嫌報復、草菅人命的做法，實在是給對手加分而給自己減分的愚蠢之舉。據筆者的揣度，郭松齡殺姜登選固然有個人嫌隙之原因，但很可能是要拿姜登選來「祭旗」，以表明自己「有進無退」的決心（亦可杜絕僥倖之心）。

郭松齡統率的軍隊是奉軍中的最精銳，從宣布起事不到半個月，郭軍便相繼擊潰了張作相、汲金純、張學良的守衛部隊並進佔錦州，此時離攻下瀋陽已是指日可待。可惜的是，由於進兵速度過快，加上後勤等方面原因，郭軍已經疲憊不堪，郭松齡也只好命令部隊在錦州休整三天。由於郭軍未能猛追窮寇，以至於奉軍得到寶貴的喘息時間，而吉林等方面的援軍此時也源源不斷地開到，這對郭松齡是極其不利的。

更重要的是，張作霖利用此機會加緊了與日本的勾結，並不惜簽下密約，以獲得日本關東軍的支持。在郭松齡起兵造反之後，日本方面也是極其關注，他們分別派出代表前往張作霖和郭松齡處打探，希望獲得對他們有利的信息。對此，郭松齡只希望日本保持中立，並未答應他們的侵略要求；而張作霖則在失敗的陰影下孤注一擲，答應了日本在滿洲享有土地商租權和雜居權等要求，條件就是日本關東軍協助奉軍擊敗郭松齡部隊。

在得到張作霖的保證後，日本隨即向東北調集軍隊，並警告郭松齡部不得進入南滿鐵路二十里內，否則關東軍將採取非常措施。換句話說，南滿鐵路以東便成了張作霖的安全地帶，而郭松齡的部隊只能沿著錦州北上進攻瀋陽。不僅如此，日本關東軍還為張作霖刺探軍情，指引目標，甚至派日軍穿上奉軍的服裝幫助張作霖作戰。

在此情況下，郭松齡部北上佔領新民之後，與奉軍在瀋陽北邊的巨流河一帶展開決戰。由於奉軍以逸待勞，又有空軍和大隊的騎兵相助，而郭松齡的部隊久經跋涉，補給不足，此時已成強弩之末。在奉軍的猛烈進攻下，郭松齡部全線崩潰，後方司令部也被吳俊升的騎兵所包圍。兩天後，郭松齡夫婦率少數隨從逃出白旗堡，但很快又被奉軍王永清所部騎兵追上。在混亂之中，郭松齡的隨從幕僚林長民被亂槍打死，另一名重要幕僚饒漢祥在混亂中逃走，而郭松齡夫婦失蹤不見。

值得一提的是，林長民是民國初年的知名政治活動家，他當年在日本留學時便已是明星式的人物，在留學生中很有名氣。可惜的是，民國的政壇是以槍桿子來說話的，林長民、梁啟超這些人空有一身智慧和理想，儘管他們組織了「憲友會」、「進步黨」等一個又一個的政黨，做過參議院祕書長、司法部長之類的要職，但終究是仰人鼻息，有志難酬。當年的五四運動，便是時任總統府外交委員會事務長的林長民首先在北京《晨報》上披露外交失敗的消息，最終引發了一場軒然大波。在郭松齡起兵後，林長民受郭之邀，欣然入幕，不料遭此慘敗，死於亂軍之中，也屬可惜。林長民是福建閩侯人，有一女名林徽因，得一佳婿曰梁思成（梁啟超之子），皆為民國男女才子，在此特記。

另一個幕僚饒漢祥也是不甘寂寞，他原本是大總統黎元洪的主要幕僚，當時有「文膽」之稱，其獨創的駢體電文更是風靡一時。在黎元洪失敗並退出政壇後，饒漢祥也隨同歸隱，或許是久靜思動，這次他也參與了郭松齡的起兵，並為之起草討奉電文多篇。郭松齡兵敗後，饒漢祥僥倖逃脫，回鄉兩年後去世。

至於郭松齡夫婦，當時躲進了一個農家的菜窖裡，但後來被人舉報，結果雙雙被擒。在報經張作霖批准後，郭松齡夫婦於十二月二十五日被槍殺於遼河之畔。行刑前，郭松齡說：「吾倡大義，不濟，死固分也。」夫人韓淑秀說：「夫為國死，吾為夫亡。吾夫婦可以無憾矣！」

郭松齡夫婦被殺的當天，正好是西方的耶誕節，關外大地白雪茫茫，狂風嗚咽。是年，郭松齡四十二歲，韓淑秀三十四歲。

帶著張家的子弟兵去造老張家的反，郭松齡的失敗應該說並非偶然。民國初年，中國人傳統的觀念如「君君臣臣」、「忠義孝悌」等「封建道德」仍舊是當時的主流，張作霖經營東北數十年，有禮於士大夫，有恩於士卒，其軍心所向，仍在老張家，這在郭松齡進軍途中不斷有部隊投奔奉軍可以看出。既然郭松齡不能一鼓作氣拿下奉天，其敗走麥城的結局，應是定數。

郭松齡之失敗，其夫人之鼓動亦難辭其咎，誠所謂「女人有野心而男人無決斷，其家必毀於一旦」。郭松齡夫婦被殺後，張作霖命將其屍體拉至瀋陽曝屍三天，後由張學良派人收容火化，算是對舊友的一個交代。事後，張學良也感到很難過，但他也認為郭松齡這個人性情過於暴躁，正如郭松齡自己下的考語：「魯莽躁切，跋扈侵權。」事實上，郭松齡要叛變，張學良也看出幾分，但他過於自信，認為郭松齡不敢這麼做，即使叛變，他也能制止，但事情最後還是發生了。

郭松齡從起兵到失敗，時間不過一個月，其經歷如同劃過夜空的閃耀流星，固然是曇花一現，卻在歷史中留下了凝重一筆。郭松齡的失敗不僅是他個人的悲劇，對張作霖父子也是一個沉重的打擊。張作霖原本是希望靠張學良、郭松齡的這支精銳之師去幫助他實現武力統一大業的，但郭松齡的反戈一下就把這個迷夢打了個粉碎。由此，奉系也就由盛轉衰、精神氣大不如前了。

二七、「落水狗」張敬堯

一九三三年五月七日的清晨，北平城內的六國飯店裡突然傳來了幾聲清脆的槍響，眨眼間，兩名年輕人從飯店裡奪門而出，他們迅速跳進門口一輛早已啟動的汽車，隨後便一溜煙似地跑了。

突如其來的事變如槍聲一般突如而去，卻驚醒了店中房客們的晨夢。當人們帶著詫異的表情循著槍聲來到一個豪華客房時，只見房中有一具中年男子的屍體臥倒在血泊之中。受害者長方臉，鼻樑挺直，兩腮瘦削，嘴上留著兩撮小鬍子，最顯著的特徵則是下巴底下有顆痣，痣上還有一撮長毛。

各位，六國飯店（今華風賓館）是啥地方？說起來那可是赫赫有名，它地處東交民巷，歸屬租界管轄，歷來是那些軍閥政客們失勢後的高級避難所，也被認為是當時中國最安全的地方，在民國時期，老有名了。更讓人吃驚的是，在血案發生不久，一個爆炸性新聞很快傳播開來：被殺的不是別人，乃民國初年赫赫有名的軍閥張敬堯是也！

說起張敬堯，熟悉歷史的朋友可能會立即想起毛潤之先生所領導的「驅張運動」，沒錯，這個「張」，指的就是當時的湖南督軍張敬堯。

民國是亂世固然不假，但亂世有人間的苦難，也有亂世的精彩，這各路英雄好漢、軍閥梟雄，如同八仙過海，各顯神通，其中難免會出幾個混世魔王，譬如這姓張的就是有兩個：張宗昌與張敬堯。巧的是，這二位是同年所生（一八八一年），就連死也是連著的，一個是一九三三年，一個是一九三三年，而且都是為人刺殺、死於非命。

張敬堯，字勳臣，安徽霍丘人，自幼頑劣，後流落到山東等地，趕巧遇上袁世凱小站招兵，由此時來運轉，搖身一變成為新軍中的大兵一名。不過，可別小看了這批大兵，因為當時正是北洋系崛起的時候，只要肯努力，這批人的機會多得很。比如袁世凱在軍中設隨營學堂，這就是一個好機遇，因為學員都是從新軍中挑選優秀士兵進入學習的，如後來的靳雲鵬等人，便都是行伍出身、然後入讀軍校脫穎而出的。

張敬堯的運氣也不賴，他不久就混進了隨營學堂，而當時新軍中又趕上年輕軍官奇缺，由此，張敬堯佔得先機、步步升遷，等到民國初年，他已經由排長、連長、營長、團長拾級而上，最後爬上了旅長的位置，而當時的他也不過三十來歲。

不過話說回來，這時的張敬堯還是有點本事的，譬如在一九一三年的剿「白狼」中（「白狼」非真狼，實則為中原一帶的流民起義），剽悍的他就親率隊伍五千里奔襲，連續追殺，最終為剿滅「白狼」立下大功。此戰告捷後，張敬堯隨即升為北洋軍第七師師長並官拜陸軍中將，這在他這個年齡段的軍人中，可謂是鳳毛麟角。

張敬堯升官升得快，主要還是因為老領導袁世凱賞識他。因此，張敬堯只要一有機會，就要向袁世凱大表忠心，譬如在「籌安會六君子」之一、交通系魁首梁士詒等人搞帝制運動的時候，張敬堯便是積極參與者之一。有一次，梁士詒等人邀請各省督軍代表和軍政要人在同興館赴宴，張敬堯也在被邀之列。當晚的節目，主要是籌備組織各省請願聯合會為帝制運動推波助瀾，張敬堯席中的表現極為出彩。只見這老兄手持旱煙管，一邊吸，一邊捶腿大呼道：「大總統高升一級，做大皇帝，只要下一道上諭就行了，誰敢不從？這有什麼可討論的？還請啥子願，費那勁幹嗎？」

袁世凱事後聽說，心頭竊喜卻佯作大怒道：「變更國體，應徵得全國同意。張敬堯這個莽夫，竟敢在大庭廣眾中信口開河，看我怎麼罰他。」但話雖如此，老袁實際上卻「貌怒而心許」，這不，在蔡鍔等人舉起護中國軍隊大旗後，袁世凱首先派去鎮壓的部隊，正是「愛將」張敬堯統率的第七師。

張敬堯在四川與護中國軍隊交戰時頗為賣力，初戰告捷後又被遙拜為陸軍上將，可惜老袁此時已經病入膏肓，不久就一命嗚呼，張敬堯也就失去了蔭護。在段祺瑞當政後，張敬堯見風使舵，隨後又以同鄉的名義投靠老段，附於皖系。

段祺瑞掌權之後推行「武力統一」政策，正在南方彷徨的張敬堯受命率第七師與吳佩孚所部共同出擊湘桂聯軍。本來呢，吳佩孚的第三師攻擊在前，張敬堯的第七師跟進在後，不料段祺瑞厚張而薄吳，反將湖南督軍授給了張敬堯，讓吳佩孚所部在衡陽為張敬堯看守南大門，這吳佩孚心裡恨啊，也為後來的張敬堯垮臺埋下伏筆。

張敬堯做了督軍之後，湖南人可就倒大楣了。張之為人，極為貪婪，其督湘三年，搜刮之狠，一時罕見。舉例而言，當時長沙城內，誰家死人了，都必須呈報到督軍署中，由署中派員監督收殮，然後納印花稅費一元，方可舉棺出城；不然的話，守城兵士就扣押不放，以此為斂財之手段，令人髮指。有一次，某劉姓人家沒有呈報，出城的時候便被張敬堯的兵士所阻攔，喪家百般哀求而不得出，最後還是要開棺檢驗，並罰銀百元以儆效尤。湖南人一貫民風淳樸，以孝為重，張敬堯斂財居然把主意打到死人的頭上，實在是千古未有、駭人聽聞，必然導致民怨沸騰。

當上大官後的張敬堯，開始嗜好吸鴉片，每天要吸上阿芙容膏一兩有餘才能治事。平日裡，張敬堯除了吞雲吐霧之外，則擁抱妻妾，尋歡作樂，所謂軍政民政，一概讓他的幾個弟弟去打理。張敬堯不是好人，他的幾個弟弟更不是東西，湖南人當時送他們弟兄四個諢號，曰：「大草包、二飯桶、三亂子、四混蛋。」而看這幾個人的舉止行事，確是混蛋草包。

張敬堯的四弟張敬湯最為無賴，此人自封「四帥」，還經常裝斯文穿八卦衣，動輒問左右：「我這個樣子，像不像孔明啊？」左右阿諛道：「孔明哪裡能跟四帥比！」張敬湯聽後，喜不自勝。更荒唐的是，張敬湯常出入於當地的豪紳富貴之家，見到別人家裡的寶貝，必撫摸再三，讚不絕口。識相的主人明白他的意思，趕緊將之贈送；碰到不識相的，張敬湯也要託詞假用，強行索取。因此，湖南士紳見到張敬湯故來了，便私下裡偷偷相告：「孔明又來做賊了！」

張敬堯武人出身，缺乏文化，他在接見賓客的時候，也經常是衣冠不整，有時候光著腳就出來了。某次湖南士紳朱某因事謁見張敬堯，侍從將他引至督軍花廳後，見一人光著膀子倚在榻上吸煙，腳丫也光著，形似黃包車夫，朱某就問他：「督軍在哪？」此人聽後說：「咱老子就是督軍。」朱某不信，以為他在戲弄自己，便與之大罵：「我孫子才是督軍！」所幸這時有人走出，告訴朱某這的確是張敬堯張督軍，鬧劇才算結束。

張敬堯的部隊，軍紀敗壞，縱兵為盜，老百姓前來投訴，張敬堯卻無端發怒道：「本軍紀律嚴明，秋毫無犯，無知細民，竟敢毀我軍譽耶？」說完，便令手下士兵以軍棍將投訴的百姓打出。湘人對張敬堯極度痛恨，呼之為「張毒菌」，時諺又稱：「堂堂呼張，堯舜禹湯；一二三四，虎豹豺狼；張毒不除，湖南無望。」

民初的風氣，往往主張「湘人治湘」、「鄂人治鄂」、「川人治川」，什麼意思呢？就是說各省的督軍省長應該由本省的人來擔任，以示自治之意。張敬堯是安徽人，在湖南又為非作歹，因而湖南省籍的人在一九一九年前後發起了一場「驅張運動」，上至達人熊希齡，下至年少毛潤之，都紛紛投身於這場地方主義運動之中。只可惜張敬堯臉厚皮粗、心黑手硬，任你風吹浪打，我自巋然不動；你說我是「毒菌」，笑罵由你笑罵，好官我自為之；偏要戀棧不去，你又能奈我何?!所以，「驅張團」雖到北京請願，但也難動張敬堯的一根毫毛……槍桿子在他手裡嘛！

張敬堯之所以巍然不動，和段祺瑞的皖系在背後支持有莫大的關係。因此，張敬堯也投桃報李，對皖系操縱的選舉鼎力支持。在湖南搞選舉的時候，皖系政客本以為有張敬堯的強力外援，當選應不成問題，不料投票後，非皖系的人當選頗多，而皖系指定的人反而落選。皖系的人大駭，急忙請張敬堯想辦法，張敬堯笑道：「你們這些人哪，虧你們還讀書識字，就這點屁事還搞不定？小事一樁嘛！」

皖系的人問他怎麼辦，張敬堯說：「這又什麼難辦的？把選票都毀嘍，再重新搞一套就是了，一句話而已。」旁人說：「這萬一犯了眾怒，可怎麼辦？」張敬堯拍著胸脯保證說：「有我張某承當，湖南人還敢捋虎鬚耶？」後來選舉結果一公布，皖系的人全部上榜，輿論一片譁然，但在張敬堯的淫威之下，又能奈何？

可惜好景不長。一九二〇年後，皖系段祺瑞與直系曹錕、吳佩孚矛盾激化，雙方劍拔弩張，形同水火，由此連帶張敬堯的好日子也就到頭了。原來，張敬堯在湖南的兩年太平日子，完全是倚仗吳佩孚的第三師替他守住了山門、擋住了南軍（滇、桂、粵的護法軍），但此時吳佩孚的軍隊已經在衡陽待得再也不耐煩了：你想，督軍是他張敬堯，我吳佩孚有什麼好處、又憑什麼給他看家護院呢？

在吳佩孚的第三師下令北撤後，其他直系的北洋軍也紛紛撤防，張敬堯這下慌了手腳，因為他的第七師早已因腐敗而孱弱不堪了。在初入湖南的時候，第七師本與第三師戰鬥力相當；但入湘之後，這些大兵們養尊處優，不耐勞苦，加上軍紀敗壞，水準已經遠不如前。主將張敬堯更是如此，當年剿「白狼」時還算能吃苦、敢打仗，但做了督軍之後只知道吸鴉片、玩女人，非但置公事於不問，其人也變得膽小如鼠。

某日，長沙南門外銀盆嶺有土匪百人乘夜沿途搶掠，槍聲四起，該處駐軍以為是南軍大至掩襲，竟嚇得倉皇四竄。有人以電話報告到督軍署，此時張敬堯正在吸煙，他聽到後即刻坐一小轎，出小西門，藏到了往來湘漢的一艘日本商輪上。直到午後，張敬堯才返回督軍署，手下報告說昨夜乃是土匪而非南軍，張敬堯抹了抹頭上的汗，大罵道：「既是土匪，怎麼謊報南軍？害得老子白受了一夜的驚嚇。」

這樣的軍隊，在南軍的攻擊之下自然是不堪一擊。由於吳佩孚撤軍前已經與南軍達成協議，吳軍一走，湘軍趙恆惕部隨即北上接防，不到一周，衡陽、萊陽、祁陽、寶慶等地便落入了湘軍手中，而張敬堯屬下的湖南暫編第一師吳新田部、暫編第二師田樹勳部很快潰逃，兵敗如山倒。

眼見大勢已去，張敬堯能做的就是趕緊把這兩年來搜刮的錢財緊急北運，隨後便放棄長沙，撤往岳州。在撤出長沙之前，為免資敵，張敬堯還下令將軍火庫放火焚燒，結果長沙城內一片火光，在轟隆隆的炮彈爆炸聲中……張督軍逃了。

兵敗之後，張敬堯發電報指責其他北洋部隊坐視不救，不戰先逃，以推卸自己的責任。可惜的是，此時的北京政府對他早已失去了信心，隨即便下令將張敬堯革職查辦，由段祺瑞的小舅子吳光新接任湖南督軍。張敬堯逃到漢口後，吳光新讓他把湖南督軍和省長的兩顆大印交出來，張敬堯開始還不相信，吳光新便拿出電報給他，張敬堯看後氣呼呼地要求吳光新拿二百萬大洋作為交印的條件。吳光新哪肯理會這一套，當場便令衛兵將張敬堯的印奪了下來。

後來，惶惶然如喪家之犬的張敬堯又跑到武昌去找湖北督軍王占元，詭稱自己還有一師一旅的兵力，希望老朋友拉他一把，接濟點軍餉和派點援兵，以便打回湖南，繼續做他的督軍。王占元坐鎮湖北已經七八年，早已是官場老狐狸，他哪裡肯相信張敬堯的鬼話，當場便不客氣地拒絕了。被拒絕後，張敬堯還想發火，王占元呵呵一笑，又掏出一張電報給他看，張敬堯一看，一屁股在椅子上半天都沒有起來：電報上明明白白地寫著，令吳新田代理第七師師長並收容張敬堯的殘部！

督軍沒了，軍權也沒有，張敬堯嚎啕大哭，這次是徹底地栽了。想當年，張敬堯也是北洋系中的一名驍將，沒想到在湖南做督軍腐敗了兩年，居然成了現在這副熊樣。而張敬堯的弟弟張敬湯，也因為之前無惡不作，最後在鄂州被抓住後執行了死刑。

在安靜了兩年後，張敬堯賊心不死，隨後投奔了當年的死敵吳佩孚，不料運氣實在糟透了，他剛被委任為某路援軍總司令，結果又趕上馮玉祥發動兵變推翻了曹錕、吳佩孚的直系集團，他也被當成共犯給抓了起來。據稱，張敬堯當時與曹錕之寵、原總統府收支處長李彥青關押在一起。李彥青為人貪婪成性，有一次馮玉祥派人去領槍支補給，李彥青有意拖延不給，直到馮玉祥送了十萬元才撥給。因此，馮玉祥對其極為痛恨，政變成功後便立刻下令將李彥青槍斃。不知道是有意還是故意，張敬堯也被拉到刑場陪綁，差點把他給嚇死。

事後，馮玉祥命人將張敬堯綁來並痛斥其禍湘之罪（當年馮玉祥的部隊也在湖南駐紮），張一再求饒，馮玉祥見他可憐，便交給他一冊《新舊約》和《三民主義》全集（馮是基督徒），並對他說：「你要是能熟讀這兩部書，我便放你走。」張敬堯拿書讀了兩個月，竟能成誦，也是個奇才。

從馮玉祥那裡僥倖逃得一命後，張敬堯又投到奉系集團張宗昌那裡當了一個掛名的軍長，由此具備了皖、直、奉三系的從軍經歷，這在當時的軍閥中實在難得一見。但不到一年，張宗昌和奉系被北伐軍擊敗，張敬堯再次失去靠山，只好躲進大連日租界做了寓公。

一九三三年初，日軍關東軍參謀長阪垣征四郎為製造「華北特殊化」以分裂中國，其首先從原北洋的殘餘軍閥及失意政客中挑選合適的人選，失勢的段祺瑞、曹錕、吳佩孚等人都是日本人的拉攏對象，寓居大連的張敬堯也有幸進入了這個名單。北洋系的那些將領雖然都是軍閥，但大多數人的民族氣節還是有的，唯獨張敬堯恬不知恥、蠢蠢欲動，企圖藉日本人的勢力東山再起。不久，日本關東軍司令部便暗中任命張敬堯為「平津第二集團軍總司令」，並撥給巨額的活動經費以協助他召集舊部，為日軍做內應。

張敬堯收了錢後，欣欣然地搬進北平六國飯店，開始了他的漢奸生涯。他的舉動很快被國民黨駐北平特務站所發現，在勸告無效的情況下，南京方面決定對張敬堯實行暗殺。據稱，國民黨大特務戴笠在受命後，隨即將任務派給自己的副手，也是當時負責華北地區行動的鄭介民執行。經縝密的偵察和策劃後，鄭介民決定派人化裝成南洋商人住進六國飯店，在將張敬堯的活動規律摸清楚後伺機暗殺。數日後，華北特區北平站的特務王天木及特別行動員白世維在其他特務的協助下一舉將張敬堯刺殺並成功脫身，由此也發生了前文的一幕。是年，張敬堯五十三歲。

張敬堯督湘之時，湖南人稱之為「民賊」，而後來因受日本人豢養，最後被殲於特務之手，國人又謚之為「國賊」。軍閥為賊者不在少數，但像張敬堯那樣禍國殃民、身兼兩賊而又跨皖、直、奉三系的三姓家奴，卻是軍中罕有呢。

二八、徐樹錚：天生有才，死於非命

民國有幾個相當有才的人物，徐樹錚是其中之一。徐樹錚，江蘇蕭縣人，自幼聰穎過人，三歲識字，七歲能詩，十三歲中秀才，有「神童」之稱。據說，有位老先生象棋下得很好，自以為打遍天下無敵手，一時自負，竟把「將」釘死在棋盤上，以為沒人能撼動它。徐樹錚聽說後，便去找他下棋，雙方在一陣猛烈廝殺後，老先生被逼得臨時找來斧頭起釘子，讓自己「將」能離開原位，一時被傳為笑談。那一年，徐樹錚才十一歲。

世間千里馬常有，而伯樂不常有，不過徐樹錚頗為幸運，他遇見了自己的伯樂段祺瑞。一九〇一年，段祺瑞在濟南一家客店中訪客時，偶遇二十二歲的徐樹錚，據段祺瑞的回憶：「至旅店拜客，過廳堂，見一少年正寫楹聯，字頗蒼勁有力。時已冬寒，尚御夾袍，而氣宇軒昂，毫無寒酸氣象……約與長談，深相契，遂延攬焉。」

徐樹錚先在段祺瑞手下做一名司書，後來被送到日本士官學校留學。回國後，徐樹錚立刻扶搖直上，成為老段跟前的頭一名紅人。段府的人都說，老段起來得快是老袁一手提拔，而老段提拔小徐也像袁世凱當年提拔他自己一樣，甚至有過之而無不及。

譬如民國初年，老段做陸軍總長，徐樹錚就當次長，另外還有一個次長蔣作賓，可陸軍部裡的事大小都是徐樹錚說了算，不但蔣作賓當不了家，就連段祺瑞本人說的都不一定算數，因為小徐在老段面前是說一不二，從不被駁回；而老段吩咐下來的事，小徐卻不一定照辦。有一次段祺瑞的一個老部下被軍隊撤職了，窮得沒辦法來找老段，請求給個差使。老段看他可憐，就答應下來，並批交徐樹錚辦理。不料徐樹錚後來卻簽呈上去，說「查該員無大用處，批駁，驗過」，這事就算拉倒。

據段祺瑞身邊的人說，徐樹錚去段府，從來就是隨來隨見，不等號房的人通稟，他就揚長直入。段府的那些人，見了小徐都躲得遠遠的，因為大家都知道他脾氣大，又好挑毛病，惡狼惡虎似的，當面就給你一個下不來，小者挨一頓申斥，搞得不好，他跟老段一說，飯碗就被他砸了。旁人還有個靈活，但在徐樹錚這裡從來都是言不二價，所以大家都不願意沾他。

老段會客一般是在外客廳，但小徐一般是逕直走進內客廳，而且只談公事，三言兩語，交代完了就走。他很少參加公館的宴會，也不大陪著老段打牌，照例是公事公辦，態度很嚴肅。正因為如此，不但段府的人對徐樹錚抱著敬而遠之的態度，就是老段身邊的親信，那些軍政界的要人們也對小徐十分煩惡。有些事，大夥都避諱他，不願意讓他參加，因為只要一沾上徐樹錚，就得實行獨裁，聽他一個人的了。

也許有人會覺得奇怪，為什麼老段會對小徐這麼信任呢?原來，小徐不但對老段忠心耿耿，一心護著老段，而且他這個人也真是有學問、有能力，才氣過人。段祺瑞在武昌起義時領銜發出共和通電，便是由徐樹錚撰寫的，後來反對袁世凱稱帝和張勳復辟，都少不了徐樹錚的謀劃和參與。

徐樹錚的記性極好，幾乎可以說是過目不忘，不管是公文或是條例，他看得既快，記得又熟，只要老段一問他，他總是能對答如流，誰要是不信，找出公文來一對，還真是一字不差。所以段府的人都說：「這是人家有才，你想，老頭子能不喜歡嗎？」

據民國將領陳調元回憶說，他在任北洋第七十四混成旅旅長的時候，有一次來北京辦公事，在朋友做東的宴席上遇到徐樹錚。經朋友介紹後，徐樹錚便說已經看到他的公文，並將他要求補充多少槍、多少發子彈，以及要多少軍餉等全部說出。陳調元聽後十分驚訝，因為他自己都沒有徐樹錚記得那麼清楚。數天後，陳調元到陸軍部拜訪徐樹錚，只見徐樹錚一邊與他談話，一邊還在批著公文，中間又有電話響起，徐樹錚拿起話筒聽電話，正當陳調元不自覺地把話停了下來的時候，徐樹錚向他示意：「沒關係，你繼續說。」回去後，陳調元見人就說徐樹錚五官並用之能耐了。

有才歸有才，但天底下有才的人大都有個恃才傲物的臭毛病。袁世凱死後，段祺瑞做國務總理、徐樹錚做國務院祕書長的時候，就與黎元洪的總統府發生了激烈的矛盾衝突。按照約法規定，國務院所決定的重大事件，應當呈遞給總統府，由大總統蓋印發布。徐樹錚是國務院祕書長，因此經常要往返於國務院和總統府辦事，但這個小徐經常不給黎總統說明事件來由，只管催促總統趕快蓋印。要是黎元洪多問上幾句，小徐脾氣上來就敢當面頂撞。

有一次，徐樹錚拿著福建省三個廳長的任命書來請總統蓋印，黎元洪剛剛問了幾句這三人的從前來歷，小徐就不耐煩地說：「大總統問這些幹什麼？請趕快蓋印，我事情忙得很！」黎元洪被這麼一頂，當場被氣得半死。等徐樹錚走了，黎元洪恨恨地跟手下人說：「我本不想要做什麼總統的，可你們看看，這些人目無總統到了什麼地步！」

徐樹錚非但不把總統府的人看在眼裡，就連國務院內部，他也是經常自作主張，凌駕於同事之上，譬如內務總長孫洪伊就與他發生過多次衝突。孫洪伊是清末著名的立憲黨人，在民國初年的組黨熱潮中大出鋒頭，他此時與黎總統及馮副總統的關係打得火熱，自然免不了與老段、小徐發生矛盾。徐樹錚壯著老段的信任，在國務院一手遮天是人所皆知，偏偏遇到孫洪伊也是眼高手低的朋友，他為人爭強好勝，而且政治能量也不小，用當時人的話來說，這兩位在一起幾乎是「日日在火拼之中」。

老孫是直隸人，年紀比小徐大十歲，哪裡看得慣小徐這個囂張勁。兩人的日常口角就不消說了，這裡說幾次大的衝突。第一次衝突是徐樹錚擅自以國務院的名義發布調令，命廣東、福建、江西、湖南四省軍隊會剿護中國軍隊李烈鈞部的事情引起的。本來這事已經在國務會議上討論過，決議是去電調解，而小徐卻私自擬了一個討伐的命令拿給黎總統蓋印，結果被拒絕了。小徐一怒之下竟然擅自以國務院的名義將討伐之令發出，結果引起其他內閣成員的一片譁然，孫洪伊當面指責小徐違法越權，而小徐也不甘示弱，兩人結下樑子。

緊接著，在八月下旬的時候，眾議院將湖南議員提出的一個議案轉給了國務院，其中對現任福建省長的胡瑞霖提出查辦要求，理由是其在任湖南財政廳長時有貪污等劣跡。胡瑞霖是皖系的人，徐樹錚接到議案後擅自以國務院的名義為胡瑞霖辯護，並將議案駁回。

孫洪伊得知後十分惱怒，他怒氣沖沖地找到老段說：「對民政長官的處分問題屬於內務部的職權，我自己分管的事情，我竟然一點都不知道，這算哪門子王法？如果祕書長可以包辦一切，那我這個內務總長還要它作甚？」被這麼一鬧，老段也覺得這事做得荒唐，隨即命小徐將諮文追回，徐樹錚表面上答應，實際上卻不了了之。

一個月後，孫洪伊為整頓內務部，裁減了部裡的三十多名職員。由於這些被裁者大都和北洋系的頭腦們有著各種的關係，他們豈能善罷甘休，而徐樹錚也想利用他們來把孫洪伊給搞下去，於是便慫恿他們向平政院上訴。結果，平政院裁定撤銷內務部原令，被解職的那些人仍舊回去上班。

平政院是袁世凱時期設立的一個政治仲裁機構，孫洪伊不但不接受這樣的裁定，反認為平政院是一個非法機構，隨後他擬將此案提交國會審議。徐樹錚害怕國會接受孫洪伊的意見，於是決定先下手為強，他在經過老段的同意後擬定了一道執行平政院裁決的命令，準備交總統府批准。

徐樹錚的這道命令，不但內務總長孫洪伊拒絕副署，黎總統也拒絕蓋印，府院之間反覆爭執，釀成政治風波。老段自上次就對孫洪伊十分不滿，於是暗地裡給孫洪伊傳話，讓他辭職算了。但是，孫洪伊非但認為自己沒有錯，而且口氣十分強硬，拒不辭職。

老段一怒之下，下了一道將孫洪伊免職的命令，讓小徐拿給黎總統蓋印。黎總統見後十分震驚，堅決不肯用印。徐樹錚為這事來回跑了四趟，黎總統連拒四次，絲毫不肯讓步。最後一次，徐樹錚威脅黎元洪說：「總統不肯蓋印也無妨，以後我們不准孫洪伊參加國務會議！」黎總統大怒：「你說的這是什麼話?!」徐樹錚冷笑道：「什麼話？這是段總理的原話！」鬧到最後，黎元洪只好把北洋系的大佬徐世昌請出來調解，最後孫洪伊和徐樹錚兩人同時被免職。

後來，黎元洪與段祺瑞的「府院之爭」更是鬧得不可開交，段祺瑞則藉「張勳復辟」之際趕走黎元洪，獨掌政權。在此期間，徐樹錚倒是做了一件大事，那就是將辛亥革命期間宣布獨立的蒙古加以收復。事情的原委是這樣，俄國「十月革命」的一聲炮響，不但給中國送來了馬列主義，也提供了一個解決蒙古問題的契機。徐樹錚在被任命為西北籌邊使兼西北邊防軍總司令後，於一九一九年十月率兵進入外蒙古，並迫使其取消自治，回歸中國。為此，孫中山還電賀道：「吾國久無班超傅介子其人，執事（指徐）於旬日間建此奇功，以方古人，未知孰愈？」

徐樹錚字寫得漂亮，文才也很好，他在庫倫曾寫下的一首《念奴嬌．笳》，試錄如下：

砉然長嘯，帶邊氣，孤奏荒茫無拍。坐起徘徊，聲過處，愁數南冠晨夕。夜月吹寒，疏風破曉，斷夢休重覓。雄雞遙動，此時天下將白。

遙想中夜哀歌，唾壺敲缺，剩怨填胸臆。空外流音，才睡濃，胡遽烏烏驚逼。商婦琵琶，陽陶觱篥，萬感真橫集。琱戈推枕，問君今日何日？

一九二五年孫中山死後，正在歐洲考察的徐樹錚用電報發回一副輓聯：百年之政，孰若民先，曷居乎一言而興，一言而喪；十稔以還，使無公在，正不知幾人稱帝，幾人稱王。此聯上句典出《論語．子路》，下句典出曹操《讓縣自明本志令》，據報人周遊所記：「中山先生之喪，全民哀悼，舉國偃旗，輓詞之多，莫可紀極，而當時竟共推徐氏此聯為第一。余曾分別詢諸李協和、胡展堂、汪精衛、張溥泉諸先生：何以國民黨內文人學者盛極一時，而竟無一聯能道出孫先生心事，以堪與徐氏抗衡者？所得答覆，雖各不相同，但一致認定：徐之才氣，橫攬一世，遠不可及。」

可惜的是，徐樹錚也在當年殞命，而且是死於非命，這事得從陸建章說起。與段祺瑞等人一樣，陸建章也是小站舊人，而且一直是袁世凱的心腹親信。清廷覆滅後，陸建章擔任了右路備補軍統領（後改為警衛軍）和北京軍政執法處處長，對異己份子向來就是毫不手軟，因其殺人如麻，人送綽號「陸屠夫」。在民國初年的「白狼」之亂中，陸建章率兵進入陝西並擔任了督軍一職，在袁世凱稱帝失敗後，陸建章被攆出了陝西地盤，後來他便投靠了馮國璋並暗中奔走贛、鄂，為和議出力。

而此時正在幫助段祺瑞推行武力統一政策的徐樹錚，對陸建章的幕後行動十分氣惱，於是便將之約請到天津的奉軍司令部（小徐此時正和張作霖打得火熱，被委為關內奉軍副司令）一談。陸建章也知道小徐不懷好意，但想自己也是段祺瑞的同輩中人，去了又有何妨。

進得營後，徐樹錚開始還好言招待，大家言笑如初。等酒席吃到一半，徐樹錚突然對陸建章說：「後面有個花園，裡面景色極佳，我想請你進去遊玩一番，順便談點私事。」陸建章不知其中有詐，便欣然入內。不料兩人進去後，徐樹錚立刻翻臉厲聲喝斥道：「你知罪否？」陸建章大驚失色，說：「我有何罪？」徐樹錚罵道：「你為南方做走狗，成天裡東奔西走，妄談和議，破壞段總理的統一政策，你還敢說自己無罪？」

陸建章冷笑道：「主和之人，又不止我一個，難道都要歸罪於我？」徐樹錚變臉道：「哼，今天恐怕容不得你說什麼了！」說罷，徐樹錚手一揮，令左右將陸建章綁上，陸建章見勢不妙，慌忙改口願為段總理效力，但小徐完全置諸不理，掏出手槍親自把昔日威風凜凜的陸將軍給槍斃了。

事後，徐樹錚稱陸建章「公然大言，顛倒撥弄，寧傾覆國家而不悟，殊屬軍中蟊賊，不早清除，必貽後戚。當令就地槍決，冀為國家去一害群之馬，免滋隱患。除將該員屍身驗明棺殮，妥予掩埋，聽候該家屬領葬外，謹此陳報，請予褫奪該員軍職，用昭法典」。

徐樹錚妄逞辣手，擅斃將軍陸建章，此舉真可謂是膽大包天。消息傳出，海內震驚，就連段祺瑞得知消息後，都驚得半天沒說話，隨後便令人給陸建章的遺屬送去五千大洋，以示慰問。馮國璋在接到要將陸建章勳章擼去的命令時才知道此事，據說，馮國璋開始不肯給這道命令蓋印，並憤憤地對手下人說：「你看看，這有多麼荒唐！徐樹錚這麼胡鬧，難道芝泉就一點都不管嗎？」

冤冤相報何時了，徐樹錚也為此惹下殺身之禍，雖然這是七年後的事情了。原來，國民軍將領馮玉祥的結髮夫人劉德貞，其姑母乃是陸建章的夫人，在清末民初的時候，陸建章不但將侄女嫁給了馮玉祥，而且對馮玉祥多次提拔，恩重如山。一九一八年陸建章被殺之時，馮玉祥的勢力還不夠大，但一九二四年發動「北京政變」後，已經成為極其顯赫的人物，他顯然不會忘記這段仇怨的。

一九二五年底，在段祺瑞當上臨時執政後，本在外國遊歷的徐樹錚也興沖沖地回國，並在北京到處活動。但是，京津一帶正處於馮玉祥的國民軍控制之下，當時的空氣對徐樹錚非常不利。段祺瑞似乎也感覺到點什麼，他一見到徐樹錚便說：「這時候你回來幹什麼？」說完，老段便攆他快走。

但小徐並沒有把這當回事，他在北京待了近半個月後才準備經天津南下上海，但就在去天津的路上，徐樹錚在廊坊車站被人刺殺了。據說，當徐樹錚要出京的消息被鹿鍾麟偵知後，他用長途電話向駐在張家口的馮玉祥報告，馮玉祥當時沒有說什麼。過了兩個小時，馮玉祥突然給鹿鍾麟打電話：「處置徐樹錚的辦法，就是逮捕槍決！」鹿鍾麟猶豫了一下，說：「這個問題太大了吧？」馮玉祥厲聲答道：「天塌了，有柱子接著！」

隨後，鹿鍾麟又用電話將命令轉給駐廊坊的張之江，讓他執行這個任務。張之江說：「此事重大，不宜魯莽！」鹿鍾麟說：「這是命令！」於是，張之江便讓衛隊馳往車站守候。

據徐樹錚之女徐櫻在《先父徐樹錚將軍事略》中的說法，等到徐樹錚的專車抵達廊坊後，張之江的參謀長便持張的名片登車，稱張司令請徐下車一敘。徐樹錚恐有意外，便拒絕下車。參謀長聽後立刻聲色俱厲，令隨行的士兵將徐樹錚強行押下車，同行的隨員也被趕下車。到張之江的司令部後不久，突然聽見幾聲槍響，徐樹錚便由此斃命。

更離奇的說法是，鹿鍾麟在當天夜裡派人把陸建章的兒子陸承武從天津送到廊坊，然後讓他扮演為父報仇的角色，以此來免除此事與國民軍的關聯。不管是誰下的手，總而言之，這個在民國初年極具才華但又飛揚跋扈的徐樹錚是死了。

徐樹錚死後，屍首由他的一名衛士用騾車運到北京，段祺瑞痛哭之餘，買了一口極好的棺材加以盛殮。葬禮上，前任總統徐世昌送了一副輓聯：「道路傳聞遭兵劫，每謂時艱惜將才。」這副輓聯看似平常，但奇特之處便在於，當年陸建章被徐樹錚所殺時，徐世昌送的也是這副輓聯，想必是有意而為之。

更離奇的是，徐樹錚在從國外返回後，曾到南通拜訪末代狀元、著名的實業家張謇，當時兩人探討了很多時局與學術等問題，徐樹錚對張謇的學識佩服得五體投地，臨別時還一再表示：「今後將奉嗇老（張謇號嗇庵）為師。」徐樹錚酷愛昆曲，擅長花臉和貼旦兩種角色，曾與徐凌雲、項馨吾、俞振飛等名角同台，張謇曾贈詩曰：「將軍高唱大江東，勢與梅郎角兩雄。」

徐樹錚走後不久，張謇突然感到煩躁不安，一夜突然夢見徐樹錚來向他告別，並吟出一首絕命詩：「與公生別幾何時？明暗分途悔已遲。戎馬書生終誤我，江聲澎湃恨誰知？」

張謇驚醒後，立刻下床把夢中所聞之詩寫下。細讀之後，他心裡不免有些發毛，覺得「徐樹錚必有事故，難道來與我作夢魂之別？」果然，數日後便傳來徐樹錚在廊坊被殺的消息。

孔夫子曾經說過，「君子有三戒，少之時，血氣未定，戒之在色；及其壯也，血氣方剛，戒之在鬥；及其老也，血氣既衰，戒之在得。」可惜的是，對於老夫子的這句話，大部分中國人都不曾認真對待，所以但凡有中國人，便有內鬥；內鬥不休，方是真正的中國特色呀。

二九、唐紹儀自毀前程慘遭「斧劈」

唐紹儀是民國首任內閣總理，其在清末民初的政壇上一度風光顯赫，但民國成立未及一年便憤而掛冠而去，其中緣由，頗值一歎。

唐紹儀，字少川，出生於一八六二年（比袁世凱小三歲），廣東香山人，與孫中山是地道的老鄉。唐紹儀的父親係上海經營茶葉的買辦，其族叔唐廷樞曾在李鴻章門下幫辦洋務，後來做過上海輪船招商局和開平礦務局的總辦。由於家族的緣故，唐紹儀在十二歲的時候成為清廷第三批留美幼童，並在美國學習生活過七年之久（當時已入讀哥倫比亞大學），後來因為國內頑固派們的阻擾和責難，這些留美學生在未完成學業的情況下便被全部召回，唐紹儀回國的時候只有十九歲。

由於學業未成，李鴻章覺得這批半拉子「海歸」閒置可惜，於是便將這批人分別送到天津的各洋務學堂回爐再造，唐紹儀不久即進入天津稅務衙門任職，後又被派往朝鮮協辦稅務，由此與駐朝鮮商務代表袁世凱結下不解之緣。

在朝鮮的時候，唐紹儀是袁世凱的書記官，也可以說是袁世凱最早的部下，憑藉這層關係，唐紹儀也隨同袁世凱的升遷而水漲船高，他先後做過天津海關道員、外務部侍郎、奉天巡撫和郵傳部尚書等職，直到袁世凱被攝政王載灃踢下臺，唐紹儀才因此而賦閒。

武昌起義後，袁世凱再度出山，唐紹儀應召入幕並被派往南方與革命黨談判。在袁世凱當上臨時大總統後，唐紹儀則被提名為首任內閣總理，成為僅次於袁世凱的第二號人物。有意思的是，在南北議和及南京組閣過程中，唐紹儀與南方革命黨人頗有共同語言，而且在孫中山與黃興的介紹下欣然加入了同盟會。這件事，在唐紹儀看來，可能是想藉此調和南北矛盾，但在袁世凱眼裡，唐紹儀未免與革命黨人走得太近。由此，唐紹儀也與袁世凱埋下了不和的禍根。

民國初年政壇的混亂，主要問題出在總統和總理的許可權上，其中以總理的副署權最為棘手。就拿袁世凱與唐紹儀的關係來說，從十九世紀八〇年代開始，唐紹儀便一直追隨袁世凱，其僚屬身分保持了近三十年，忽然有一天，袁世凱發布命令還需要唐紹儀來副署，非經唐總理的簽署不能生效，這叫袁世凱如何接受得了。

唐紹儀雖然追隨袁世凱近三十年，但他的骨子裡卻還是個書生。在清帝退位前，唐紹儀受命前去南北談判時，他登上南下的火車後便剪去了腦後的長辮，這似乎有利於談判，實則是與清廷決裂。在南北談判和南京組閣過程中，唐紹儀與南方的革命黨相處甚歡，這就不得不引起袁世凱的懷疑與猜忌了。

按袁世凱最初的想法，他本是希望老友徐世昌出任總理的，但徐世昌顧及名節，不願擔「貳臣」之名而退隱青島，袁世凱這才退而求其次，舉薦唐紹儀為內閣總理。袁世凱的最初想法，可能是希望唐紹儀做自己的副手幫助處理政務，而如今唐紹儀與革命黨過往甚密，那就未免有藉南邊的勢力與自己對抗之嫌了。

不過，唐紹儀雖然與革命黨關係密切，但實際上仍是袁派中人，只是因為責任內閣起見，為政見而屢屢與袁世凱相爭。袁世凱系舊派人物，他對總統、總理、責任內閣相互牽制的道理既不理解也不認同，在他看來，唐紹儀未免書生意氣甚至是以下凌上了。唐紹儀的作為，當時就連總統府的人也在私下裡憤憤不平地說：「今日唐總理，又來欺負我們總統嗎？」（下人的觀念尚且如此，身為大總統的袁世凱，他的角色如何轉換得過來？）

某次，唐總理因為某事與袁總統起了爭執，老袁聽得不耐煩了，勃然作色道：「少川，我現在已經老朽了，你來做這個總統，可好嗎？」唐紹儀驟然聽得這麼一句，當場就被嚇得冷汗直流，這多年的僚屬在官長面前，腰桿子終究是硬不起來。

由於與唐紹儀之間的抵牾過多，袁世凱後來乾脆就撇開他這個國務總理，直接指揮各部總長趙秉鈞、段祺瑞等人。趙、段等人，原本就對袁言聽計從，現在又有袁世凱撐腰，他們凡事繞開唐紹儀，弄到後來，連國務會議都不去參加。如此一來，唐紹儀這個總理就難過了，用他自己的話來說，「我之內閣，乃背包內閣，多任總理一日，即多負罪一日！」

唐總理不但和總統府的關係搞得很僵，連國會也時時刁難他。由於民國初年財政收入毫無保障，唐紹儀曾自作主張，向外國借了幾筆貸款，但一些議員隨即要求唐紹儀前往參議院說明情況。在會議上，年輕氣盛的議員們對唐紹儀群起責問，他們不但追問借款的用途，還指責唐總理失信於國民、見嫌於鄰國，甚至有人大罵唐紹儀是「亡國總理」。

唐紹儀哪裡見過這般架勢（這下知道民主的厲害了吧），在會場疲於應付之餘，到後來他乾脆就失去反應，坐在那裡呆若木雞，一言不發。在無端受了參議院的這番逼迫之後，唐紹儀也是氣得無處發洩，當天晚上就向袁總統提請辭職。袁世凱雖然對唐紹儀不滿，但他也不想讓首任內閣這麼快就垮臺，只好溫言挽留，勸唐紹儀少安毋躁，姑且忍耐一二。

一波未平，一波又起，直隸都督的人選問題又起波瀾。原來，在辛亥革命後，各省都流行由本省人擔任都督，如黎元洪督鄂、李烈鈞督贛等，當時直隸一些議員如谷鍾秀等人便提議由王芝祥擔任直隸都督。王芝祥是直隸通縣人，原為廣西布政使並兼巡防營統領，在辛亥革命時反正，後因陸榮廷出任廣西都督，王芝祥立足不住，於是率部前往南京準備參加北伐。後來北伐未果，南方革命黨便想讓他出任直隸都督，以擴大革命黨的勢力。

但是，直隸乃北洋軍的心腹地帶，臥榻之側，豈容他人酣睡？因此，袁世凱對南方革命黨的提議置之不理，而是任命了自己的心腹張錫鑾出任直隸都督。唐紹儀在南京組閣期間，試圖調和南北矛盾，當時也附和了南方革命黨的要求，並向袁世凱提出由王芝祥出任直隸都督。袁世凱雖然心中不快，口頭上卻不反對，只說讓王芝祥先來北京。唐紹儀以為袁世凱已經同意任命王芝祥出任直隸都督，於是便邀王芝祥來京。

等王芝祥到了北京，唐紹儀請求袁世凱發布任命書的時候，袁世凱卻拿出直隸五路軍界反對王芝祥就任都督的通電，唐紹儀看後極為氣憤，說：「大總統前面已經答應，如何能失信於人？何況，軍人干涉政治，恐怕非民國之福。」

袁世凱對此並不認帳：「我何曾答應？王芝祥是革命黨，他要是來做直隸都督，豈不是引狼入室？」唐紹儀忿忿然道：「任命不任命那是內閣的職權，豈能因軍人干涉就隨意改變？再者，王芝祥已經到京，叫我這個內閣總理如何交代？」袁世凱掀鬚一笑：「這並不難，老夫自有辦法。」

隨後，袁世凱單獨召見了王芝祥，並答應給他一筆豐厚的經費，讓他改任南方軍隊宣慰使，回南京協助江蘇都督程德全遣散軍隊。唐總理的面子畢竟不如袁總統的大，王芝祥原本也是個見風使舵的官僚，他在得到袁世凱的保證後，竟對朋友的支持置之不顧，一口答應了袁世凱的新任命。

等到王芝祥拿著任命書到了唐紹儀那裡要他副署時，唐總理竟然完全蒙在鼓裡，絲毫不知道這回事。在得知自己被上司袁總統和朋友王芝祥雙雙出賣後，唐紹儀憤懣之下斷然拒絕了副署的要求，而王芝祥竟然拿著沒有內閣總理副署的任命書，逕直赴南京就任去了！

當天晚上，唐紹儀一夜未眠，彷徨終夜。此時的他，想起就任總理一個多月來的種種挫辱和非難，心中彷彿打翻了百味瓶，傷心、憤懣、孤獨、無奈，真是百感交集，都上心頭。獨坐寒窗，唐紹儀不免自言自語道：「民主共和，乃《臨時約法》所定。既然大總統的命令不需要內閣副署，我這個總理還當它做甚？」言畢，唐紹儀心意已定，待到天色漸亮，他就收拾行囊，攜家眷直接奔火車站往天津去了。

唐紹儀的不辭而別，看起來是個偶然事件引起（即王芝祥任命書的副署問題），但實際上卻隱含著權力體系構建與現實情況衝突的基礎性問題，而這在很大程度上又是由《臨時約法》中不切實際的規定所引發的。如果從遵守法律、遵守《臨時約法》的角度出發，唐紹儀的辭職是一件值得讚揚的事情，因為他用自己的個人犧牲挽救了法律的尊嚴，而不至於使責任內閣制陷於袁世凱的淫威之下。但從功利主義角度出發的話，唐紹儀的辭職顯然是不合時宜的，因為民國初建最需要的是大局穩定，而當時唯一具有號召力的莫過於大總統袁世凱，可惜的是，唐紹儀的第一任內閣未及三個月便以這種鬧劇收場，這也實在是出人意料的。

唐紹儀可能沒有想到，他這一辭職，後來就再沒有獲得與他之前的經歷相匹配的職務。在袁世凱死後，段祺瑞組閣，原擬提名唐紹儀為外交總長，但北洋軍人認為唐紹儀已經叛出北洋系、投靠了革命黨，因而對此堅決反對，唐紹儀也最終未能就任。直到一九一九年南北議和時，唐紹儀被任命為議和總代表，不過，在清末那次他是代表北方，而這一次則代表的是南方。

南北和談開始後，由於各派系矛盾紛繁複雜，談判毫無進展，而期間爆發了震驚中外的「五四運動」，這更是給和談增加了不少的變數。在五月十三日的第八次正式會議上，唐紹儀在未告知其他南方代表的情況下提出了類似於最後通牒的八項條件，最終導致和談破裂，這也是唐紹儀在民國政治上最後的驚人之舉（其做事之毛躁，可見一斑）。

在接下來的歲月裡，唐紹儀淡出政壇，成為了民國的點綴和看客。蔣介石上臺後，黨國元老唐紹儀也只是擔任一些閒職，如國民黨中央監察委員、國民政府委員等職，蔣介石聘他為高級顧問，他也並不到任。在平日裡，唐紹儀或遊山玩水，或閉門吟詩，似乎已經過著了遠離政治的生活。

直到一九三一年，已近古稀之年的唐紹儀突然春心萌動，做了家鄉香山縣（已改名為中山縣）的縣長。唐紹儀此舉，的確令眾人大跌眼鏡，人家官是越做越大，唐紹儀卻由清末的道台、巡撫、尚書，再到民國的內閣總理、護法政府七總裁，最後越做越小，做起七品芝麻官來了！話雖如此，唐縣長倒也認真負責，芝麻官做得有板有眼，絕不糊弄。

不過，好景不長，唐紹儀後來得罪了兩廣實力派人物陳濟棠，最後被排擠出廣東，連小小的縣長也做不成了。爾後，毛澤東曾在文章中戲稱，（做官）要能上能下，上能做內閣總理，下能當中山縣長，所指非他，唐公紹儀也。

卸下公職的唐紹儀，後來遷到上海並在法租界福開森路（今武康路）的一座花園洋房裡當起了寓公，過著平靜的生活。但抗戰爆發後，上海淪陷，日軍當局打起了唐紹儀的主意，即所謂「南唐北吳計畫」，主要內容是「起用唐紹儀及吳佩孚等一流人物」，「建立和平政權」，以取代蔣介石為「談判」對手。

當國民黨在上海的黨政要員紛紛外逃香港時，唐紹儀此時卻仍舊遲遲不動，這很快引起了軍統特務的注意，特別是日本人及「下水」的漢奸陳中孚、溫宗堯等人拉攏唐紹儀的活動被戴笠的特務所偵悉後，唐紹儀可能出任偽職的傳聞在一定程度上被散播開來，這令蔣介石十分不悅，隨後便派人對唐紹儀進行勸誡，如孔祥熙就派人傳話，「少老如有所需，擬請隨時電告」；唐紹儀的女婿諸昌年也受命來滬，勸其早日脫離日偽包圍，移居香港，如果肯去武漢的話，當委以外交委員會主席之職；特務頭子戴笠也請杜月笙從香港寫信給唐紹儀，勸他離滬赴港，免遭不測之虞。

以唐紹儀多年的政治經驗，他應當知道自己身處孤島的險境，儘管他向各方來人表示自己不會當漢奸並一定要去香港，但他又藉口要料理一些家務事而沒有馬上動身的意思。唐紹儀這種曖昧不明的態度，非但引起了各方的揣測，也為自己引來了殺身之禍。

由於唐紹儀遲遲未見動靜，戴笠在綜合各方面情報後，認為唐紹儀可能會出任日偽維持會之職，於是向蔣介石彙報後發出了刺殺令，以防今後出現被動。由於唐紹儀喜好收藏古董，刺殺行動小組也以此為切入口，由謝志磐假扮成古董掮客，在取得唐紹儀的信任後，謝與唐約定某日帶一古董商人上門交易，殊不知，這正是軍統特務的行動之機。

一九三八年九月三十日，謝志磐帶著一個古董商人、兩名僕役來到唐宅，假扮商人的是老牌軍統特務趙理君，兩名僕役則是軍統殺手王興國、李阿大，他們提著一個裝有古董的大皮箱，箱內藏有一隻南宋御製大花瓶，另有古玩數件，而在大花瓶中，則提前預備了一把鋒利的小鋼斧。

唐紹儀對古董十分入迷，他在鑒定時十分專注，往往要摒退僕役，關緊房門，不讓外人窺見，而這正是特務下手的好機會。謝志磐等人到後，寒暄一番便請唐紹儀鑒定古玩，而趙理君假裝抽煙找火柴，正好客廳裡沒有，唐紹儀便讓室內的傭人去找。等到傭人離開後，趙理君見時機已到，他先請唐紹儀鑒定花瓶，趁著他低頭細看的時候，趙理君向身邊的「僕役」一使眼色，所謂「圖窮匕見、瓶露斧出」，只見寒光一閃，軍統殺手迅速從瓶中抽出小斧頭，照著唐紹儀的頭部猛然砍去，可憐唐紹儀這位「三朝元老」，尚未來得及哼一聲便腦漿飛濺，當場身亡。

軍統特務見行動完成，隨後便迅速撤離，在退出房門時，趙理君與謝志磐還煞有介事地假裝客套：「唐老太爺不必送了，請留步，請留步。等有好的，我們再送來。」說完，還替唐紹儀輕輕地帶上房門，隨後便不緊不慢地走出唐宅，鑽進汽車，一溜煙地跑了。唐家的傭人見事態平和，開始不以為意，等到發現唐紹儀已倒在血泊中時，這幾個人早跑沒影了。

次日，唐紹儀被殺的消息很快傳遍全國，一些人已經猜到是軍統特務所為。為了遮蓋自己的嫌疑，蔣介石故作大度，他一邊致電唐紹儀家屬表示慰問，另一邊又由國民政府明令褒揚並撥發治喪費五千元，隨後又令將唐紹儀的事蹟宣付國史館立傳，讓其身後哀榮體體面面，「漢奸」嫌疑一事，也就絕口不提。

曾經在清末民初政壇上風光無限的唐紹儀，其晚節究竟失與未失，就如同其被殺之謎一般，早因「斯人已去、死者為大」的種種糾葛而不便為人所知。而同遭此等命運的，並非唐紹儀一人，張敬堯、周鳳岐等也是與日偽有所來往而遭殺身之禍，軍統「鋤奸」，大抵如此。

三〇、韓復榘的真假幽默

在近代史上，因大字不識而鬧笑話的軍閥不少，但有一個卻挺冤枉，那就是韓復榘。侯寶林先生有個著名的相聲段子叫《關公戰秦瓊》，這個笑話的來源據說就出自韓復榘的一次演講。說韓復榘有一次前往齊魯大學視察，那天也不知道發什麼神經，他突然發表了一場妙語連珠卻又錯謬百出的演講：

「諸位，各位，在其位：

「今天是什麼天氣？嗯，今天是演講的好天氣……開會的人都到齊了沒有？……好，看樣子大概有個五分之八啦……沒來的舉手！……很好，都到齊了。你們來得很茂盛，敝人也實在很感冒……今天兄弟召集大家，來訓一訓，兄弟有說得不對的地方，請大家互相諒解，因為兄弟和大家比不了。你們是文化人，都是大學生、中學生和留洋生，你們這些烏合之眾是科學科的，化學化的，都懂七八國的英文，兄弟我是大老粗，連中國的英文也不懂……你們是筆筒裡爬出來的，兄弟我是炮筒裡鑽出來的，今天到這裡講話，真使我蓬蓽生輝，感恩戴德。其實我沒有資格給你們講話，講起來嘛就像……就像……對了，就像對牛彈琴。」

下面的人聽得哭笑不得之時，韓復榘又接著往下說：

「今天不準備多講，先講三個綱目。蔣委員長的新生活運動，兄弟我雙手贊成，就是一條，

『行人靠右走』著實不妥，實在太糊塗了，大家想想，行人都靠右走，那左邊留給誰呢……還有件事，兄弟我想不通，外國人都在北京的東交民巷建了大使館，就缺我們中國的。我們中國為什麼不在那兒也建個大使館？說來說去，中國人真是太軟弱了！」

第三個綱目則講他的進校見聞，也就是學生的籃球賽，韓復榘痛斥總務處長道：

「要不是你貪污了，那學校為什麼這樣窮酸？十來個人穿著褲衩搶一個球像什麼樣子，多不雅觀！明天到我公館再領筆錢，多買幾個球，一人發一個，省得再你爭我搶。」

最後，韓復榘故作神祕地說：「今天這裡沒有外人，也沒有壞人，所以我想告訴大家三個機密：第一個機密暫時不能告訴大家，第二個機密的內容跟第一個機密一個樣，第三個機密前面兩點已經講了，今天的演講就到這裡，謝謝諸位。」

這個笑話被改成相聲後流傳甚廣，但歷史上的韓復榘並非草莽之徒，更不是土老帽。事實上，韓復榘的父親是個秀才並以教書為生，韓復榘本人在父親的訓導下幼年讀書頗有功底，而且寫得一手好字，後來還在縣衙裡做過「帖寫」（大概相當於現在的文書、抄寫員之類），這應該是具備相當的文化程度方可勝任的。

另外，說韓復榘不懂體育、不懂籃球，也不符合事實。馮玉祥早年帶兵的時候，部隊裡組織了籃球隊、足球隊等，年輕時的韓復榘與軍中的另一位大將孫良誠都是積極份子，馮玉祥在自己的回憶錄裡都曾提到過。在主政山東後，韓復榘曾在濟南專門搞了一個名叫「進德會」的體育組織，裡面有室內游泳池和各種健身場所，這在當時可是很時髦的。

與韓復榘有過交往的京劇名家趙榮琛在《粉墨生涯六十年》中說，「他（韓復榘）喜歡多種體育運動，尤愛騎馬、游泳、踢足球和打籃球。他當團長時，他那個團的球隊很有名氣，每次比賽他都親自上場參賽。到山東後他雖已四十歲出頭，仍不能忘記球場，有空常去足球場玩球，向小兒子傳教頂球、壓球等技巧。從這一點說，關於韓復榘看籃球比賽大鬧笑話的譏諷是靠不住的。如果虛指某些不學無術、胸無點墨的大官，作為文藝典型，當然可以，若具體指韓復榘就不合適了。」

梁漱溟曾在北京南苑給馮玉祥所部官佐講授過儒家哲學，韓復榘由此結識了這位國學大師，兩人一見如故。後來韓復榘主政山東後，將鄒平縣劃給梁漱溟做「鄉村建設運動」的實驗區，並對梁漱溟待以師禮，十分尊敬。解放後，梁漱溟回憶說：「我印象中的他（即韓復榘）對儒家哲學頗為讚賞，且讀過許多孔孟理學之作，並非完全是一介武夫。」「對於民間流傳的關於韓復榘的種種笑話……許多不合事實。」

說到這裡，韓復榘還有個流傳頗廣的作詩笑話，說濟南有個大明湖，四面荷花三面柳，一城山色半城湖，韓復榘有一次前來遊玩，看到大明湖的風景是如此優美，一時間詩興大發，於是當場作詩一首：

「大明湖，明湖大，大明湖裡養荷花；荷花上面有蛤蟆，一戳一蹦達。」

還有一次，韓復榘去參觀濟南名勝趵突泉，他看到了翻滾如柱的泉水後又賦詩一首：

「趵突泉，泉趵突，三個眼子一般粗，咕嘟，咕嘟，咕嘟。」

這個呢，也不真實。像這種打油詩，安到張宗昌的頭上可能比較合適，但韓復榘不行。因為韓復榘是個有文化的人，他當時有兩項特長，一是書法，二是詩文。當年他投入馮玉祥的隊伍中時，就因為這兩項才能而在半年之內由正兵提升為營部「司書」，那可是公認的軍中「知識份子」。

馮玉祥對韓復榘還是很看重的，凡事都帶著他。在清末的時候，馮玉祥搞了一個反清的祕密組織「武學研究會」，韓復榘也是成員之一。事情敗露後，馮玉祥和韓復榘等人均被開除軍籍，所幸馮玉祥後來得到老長官陸建章的幫助並重整旗鼓拉起一支隊伍。韓復榘得知後，隨後再次投奔馮玉祥，並由連長到營長、由團長到旅長，最後成為師長、軍長。

在馮玉祥的眼裡，韓復榘是能打仗的，他當時與孫良誠、石友三、孫連仲四人並稱為「四小虎將」，為馮玉祥所器重。在北伐戰爭中，韓復榘指揮所部先後擊潰張宗昌的直魯聯軍和張作霖的奉軍，一時間名聲鵲起，成為舉足輕重的方面大員。

一九二九年，李宗仁率桂系反蔣的時候，蔣介石派人聯絡馮玉祥一起打李宗仁，而馮玉祥則企圖趁蔣、李打得差不多的時候來個漁翁得利，因而派韓復榘率軍南下武漢，但不出力只是暫時觀望，誰打贏了就幫誰。不料桂系部隊突然發生譁變，蔣介石很輕鬆地便擊敗了李宗仁並佔領了武漢，結果馮玉祥計謀未得逞。

這時，蔣介石也看出馮玉祥不懷好意，於是便試圖收買韓復榘、分化西北軍，以削弱馮玉祥的勢力。蔣介石夫婦把韓復榘請到武漢好生招待，一口一聲「向方兄」（韓復榘字向方），並送了十萬大洋當禮物，這下讓韓復榘很感動，而這時卻有人趁機造謠說，蔣介石把韓復榘收買了。這話傳到馮玉祥耳中後，馮、韓之間便開始出現裂痕了。

原來，西北軍是馮玉祥一手經營的，像韓復榘、石友三、孫良誠等這些將領原來都是馮玉祥帶出來的兵，但正因為如此，馮玉祥一方面把他們當子弟兵，另一方面則動輒在軍中搞家長式統治，一些高級將領都已經當到師長、軍長甚至省長了，也經常被馮玉祥訓斥或者派去站崗甚至罰跪。據說有一次，吉鴻昌不知道因為什麼事情被人告了一狀，馮玉祥隨後打電話給吉鴻昌，第一句話就是「跪下」，吉鴻昌一邊拿話筒、一邊就跪下了。跪下後，馮玉祥還問：「跪下了沒有？」吉鴻昌說：「報告總司令，跪下了。」馮玉祥這才開始訓人。韓復榘也被罰在院子中跪過，當時他已經是河南省長了，與蔣介石春風化雨的作風相比，馮玉祥的做法未免太傷人的自尊了。

另外，一九二六年馮玉祥在蘇聯訪問期間，張作霖的奉軍在南口之戰中大敗西北軍，各路將領潰不成軍，紛紛西撤，一時間極度混亂。為了自保，韓復榘與石友三率所部暫投了閻錫山，這既讓馮玉祥心存芥蒂，也為蔣介石後來收買韓、石兩人埋下了伏筆。

在一九三〇年中原大戰中，閻錫山、馮玉祥聯合起來對付蔣介石，韓復榘、石友三不同意馮玉祥的意見，結果背馮投蔣，由此韓復榘被任命為山東省主席，讓開河南戰線給蔣介石的部隊，韓復榘則在津浦線上對付閻錫山的晉軍。

中原大戰的結果是馮、閻大敗，韓復榘也就保住了山東省主席的地位，由此督魯達七年之久。不過，韓復榘雖然脫離了馮玉祥，但並沒有與馮玉祥反目為仇。馮玉祥失勢後，曾兩次去泰山避世，當時韓復榘不但安排了馮玉祥的一切食宿，還包括馮玉祥所帶的一個營衛隊，這說明馮、韓還是有感情的。

事實上，馮玉祥的思想作風對韓復榘影響至大，比如儉樸、平民化思維，韓復榘做大官後，認為人拉人和人抬人是最不平等的，因而從來不坐人力車和轎子。像馮玉祥一樣，韓復榘總喜歡扮演「為民作主」的包公形象，他在做山東省主席的時候，經常坐著火車到各地去「坐堂審案」，而且也不講什麼程序和規則，火車一停，他就在月臺空地上擺開架勢「受理冤情」。那些前來告狀的，經他問明之後當場判決，該抓的抓，該斃的斃，完全憑個人的感覺與好惡來判案，而且不准別人有異議。

更可怕的是，韓復榘的判決一下，就得立刻執行，他也不管人命關天，會不會製造冤假錯案。不過，有些老百姓倒是認同他的這種審案方式，當時就有人在判決完後給他叩頭，高呼「韓青天」。這時，韓復榘就十分得意，自以為是在為民伸冤，為民除害，儼然以「青天」自居。等到了下一站，韓復榘又如法炮製。

好在韓復榘只審了一年多的案子，後來因為時間精力不濟，也就停下來不審了（不然都讓你審了，人家法院豈不沒飯吃）。不過，有三種案子他是要親自審理的：一是匪案，山東向來以出響馬聞名，韓復榘到任後大力整治，成效明顯（學習曾國藩，以殺為主）。二是禁煙，凡是販賣大煙的一律槍斃，無論數量大小。那些抽大煙的人，第一次、第二次都打一頓，第三次槍斃，倒也嚇阻了不少人。三是貪官，韓復榘搞了祕密偵探隊，專門負責對下面的官員進行調查，那些貪污受賄的官員，弄不好也要槍斃。

韓復榘審案，沿襲的其實還是西北軍的作風。有這樣一個笑話，說馮玉祥手下有個團長叫李團沙，他被馮玉祥派到下面去做縣長，八個月後回來報告說，他治理的那個縣原本以好訟聞名，但他去後便一件官司都沒了。馮玉祥問他是怎麼做到的，李縣長說：「我上任的第一天，有兩個親兄弟為了分家產來打官司，兩人各執一詞，讓人無法分辨是非曲直，我就說，不管你們誰有理，你們是親兄弟，竟然鬧到打官司的地步，哥哥不像哥哥，弟弟不像弟弟，不孝不友，太不像話！於是我將他們先打了一頓軍棍，並對那些看熱鬧的人說，本縣長最厭惡好訟的惡習，今後誰來打官司，我先打他二十軍棍！所以八個月內，一件訟案都沒有。」

在新生活運動中，韓復榘也很有見解，他說：「既然是新生活，公務人員的服裝與髮型都要一律。」於是，在他的規定下，山東的公務員都要穿布制服（馮玉祥的作風），夏天一律穿白，白衣、白帽、白襪、白手套；春秋冬三季則一律穿黑，黑衣、黑帽、黑襪。他手下的幹部有時候開玩笑說：「夏天是一群白羊，冬天是一群黑豬！」

更有意思的是，韓復榘還不准公務員留髮，要一律剃光頭（類似於軍事化管理）。誰要是違反了被他發現的話，輕則侮辱戲弄一頓，重則要撤職。有一次省政府開會，韓復榘發現一個青年公務員留髮，他上前就把人家的帽子摘下來，並扯住人家的頭髮罵道：「你特別，你漂亮，你留洋頭；你留狗頭！」

韓復榘雖然歸順了蔣介石，但他轄下的山東仍舊是一個半獨立的地區，因此難免與蔣介石發生矛盾。韓復榘為了保存實力，在山東擴編了不少隊伍，當時蔣介石本答應中央撥款的，但一看韓復榘擴編得太厲害，於是找各種藉口推掉，而韓復榘也沒有乾等著，上面不撥款，他就擅自截留地方稅款。另外，蔣介石派到山東去的國民黨黨部人員，也經常被韓復榘刁難，個別官員甚至被殺，這難免激化了他與蔣介石的矛盾。

不過，韓復榘雖然有時候膽大妄為，但由於當時華北的局勢已經非常微妙，日本在侵佔東三省後，又把魔爪伸向了熱河、察哈爾、河北等地，而山東作為交界地帶，位置十分重要。因此，只要韓復榘服從中央並堅決頂住日本人，蔣介石也就沒有跟他過分計較。

但一九三七年中日戰爭全面爆發後，情況就不一樣了，山東很快便成為抗戰第一線，形勢極為急迫。重壓之下，馮玉祥曾派人攜親筆函去濟南見韓復榘，信中勉勵韓復榘要做民族英雄岳飛，流芳千古。（據稱，馮玉祥還在其日記中寫道：「複榘，複榘，你是好孩子，要做民族英雄，要為抗日而死！」）但可惜的是，韓復榘的表現令全國人民都感到十分失望。

在日軍的大舉進攻下，韓復榘自知不敵，但他還想保存點實力，不料剛一接戰，他的軍隊便被打散，韓復榘只好將黃河大鐵橋炸毀，以防日軍渡過黃河。還未等韓軍喘息，日軍很快從清河鎮以南渡過黃河進行包抄，韓復榘只好將省府再遷曹縣，並繼續南撤。

撤到泰安後，第五戰區長官李宗仁要韓復榘據此天險防守，韓復榘竟然回電稱：「南京不守，何守泰安？」等蔣介石電令韓復榘死守泰安時，韓復榘已退到了濟寧。一九三八年一月，日軍兵分兩路，向濟寧進逼，韓復榘繼續撤退並打算退出山東、進入河南，以圖東山再起。

韓復榘保存實力的做法，早在一九三〇年中原大戰時就使用過，當時閻錫山的晉軍攻佔濟南後，韓復榘也是帶著軍隊邊打邊撤，始終不肯全力對敵，最後還是靠蔣介石的軍隊才把晉軍打敗。這一次，韓復榘是故伎重演，但他這回是看錯形勢了，因為這不是內戰，而是民族的生死存亡關頭，任何有節氣的軍人都應以死抗戰，豈容保存實力一說？如果人人都保存實力，中國豈有不亡之理！雖然韓復榘與蔣介石有矛盾，但身為高級將領，大敵當前，不戰而退，這無論如何都是說不過去的。

一月十一日，蔣介石、白崇禧到開封召集各前線將領舉行軍事會議。韓復榘心裡頗為忐忑，此時他又接到劉湘的密電，稱這次會議可能會對他不利，於是他藉口前線危急，覆電不去。蔣介石接電後，立刻派蔣伯誠去見韓復榘，命他務必到會。蔣伯誠先找到韓復榘的駐開封代表靳文溪，說：

「韓司令與蔣主席的確有些誤會，不過這些事情都不要緊，大家一見面，把問題說清楚了，也就過去了。要是韓司令不來的話，這意見越鬧越深，到時大家更不好下臺。」

靳文溪聽了覺得有理，於是給韓復榘發電報勸他參會，韓復榘還不放心，又發電報給戰區長官李宗仁，李宗仁也勸他去開封一次。韓復榘到開封後，劉峙、白崇禧與李宗仁都來接他，韓復榘的衛隊也得到妥善的安置，於是韓復榘也就稍微放心。

軍事會議上，蔣介石厲聲批評某些將領保存實力、作戰不力甚至不戰而退，但並沒有指名道姓，不過會上的各將領心裡都清楚蔣介石說的是誰。在說到濟南問題的時候，韓復榘忍不住就頂撞了一句：「濟南不守，該我負責，那南京上海不守，又由誰負責？」蔣介石一聽火冒三丈，當時就拍著桌子說：「那自有人負責，不用你管！」

其實不管韓復榘頂撞不頂撞，蔣介石早已在之前安排好了，一散會就抓人，後來韓復榘便被特務扣押並連夜用火車送到武昌看管。不久，報紙上公布了韓復榘的十大罪狀：一、違抗命令，擅自撤退；二、按兵不動，擁兵自保；三、勾結日寇，陰謀獨立；四、收繳民槍；五、縱兵殃民；六、派銷鴉片；七、破壞司法獨立；八、擅徵和截留國家稅款，破壞稅制；九、侵吞國防經費；十、擾亂金融。由此，軍事法庭判處韓復榘死刑。一月二十四日，韓復榘在未經軍法審判的情況下被看管的特務從背後開槍打死（對外稱槍決），年四十八歲。

曾在韓復榘手下工作過的陸立之曾寫過一篇文章，說從待人接物的各種姿態、談吐表白及心態流露來看，韓復榘是一個不平凡的人，「在當時國民黨所謂『儒將』中，還很難找到第二人」，但最後落得如此下場，也是可惜可憐。

三一、神祕之旅：蔣介石訪問蘇聯

蔣介石於一八八七年出生在浙江奉化溪口鎮，乳名瑞元，學名蔣志清，「介石」一名是他一九一二年在日本辦雜誌《軍聲》的筆名，在一九一八年投奔孫中山後改名「蔣中正」，後來正式場合即用此名，「蔣介石」一名使用反而不多。

蔣介石出生於一個中落的商人家庭，其祖父及父親分別於一八九四年和一八九五年去世。在與異母長兄蔣錫侯分家後，其母王采玉僅依靠鎮上的一個小商鋪及微薄田租維持生計，但蔣介石的早年教育還算正常。十四歲的時候，蔣介石奉母命與同縣毛福梅結婚，新娘比新郎要大五歲之多。清末新政後，蔣介石於一九〇六年東渡日本學習軍事，但因為入讀日本士官學校須清廷保送，所以學習了半年日語後即回國。

回國後，蔣介石投考保定陸軍速成學堂（浙江有四十個名額，但多數為浙江武備學堂的保送生佔去），當時社會報考者超過千人，蔣介石雖帶病投考，卻獲得了這份幸運。經過一年的學習訓練後，蔣介石因曾在日本學過半年日語而被選中為留日士官生。一九〇八年春，蔣介石與張群等同學抵達日本，隨後進入振武學校學習了兩年，專業是炮科。一九一〇年冬，他以士官候補生的資格進入日本野炮兵第十三聯隊實習，準備在一年後正式進入日本士官學校。

日本野炮兵第十三聯隊的駐地為新瀉縣高田鎮，這裡是日本最多雪的地方，天氣寒冷，伙食又差，新兵們往往被軍官和上等兵呼來喝去，蔣介石也不能例外，他每天早上五點鐘就起床，然後到馬廄去給拖炮的戰馬擦身，以保證戰馬渾身的血液流通。據十三聯隊的師團長長岡外史回憶說，當時實習的二等兵蔣志清「內蘊不露，說不出有什麼出人頭地的表現」。

還沒有等到蔣介石好好表現，武昌起義就爆發了。其實長岡外史不知道，蔣介石在振武學校的時候就已經加入同盟會，並與陳其美、黃郛等人歃血為盟，革命一爆發，陳其美就急召黃郛、蔣介石、張群等人回國鬧革命，蔣介石二話沒說，他先請了兩天的假到了東京，隨後脫下軍衣寄回聯隊，表示自己不再回聯隊，也不打算進入日本士官學校學習了。在革命的召喚下，與蔣介石一起返回國內的士官生或者候補士官生有二十三人，後來日方將這些人全部開除。除張群在一九一三年「二次革命」失敗後重返日本繼續學習外，其他人都沒有拿到日本士官學校的文憑。

回國後的蔣介石雖然被陳其美任命為滬軍第五團團長，但也沒什麼好的表現機會，因為不久後南北雙方便開始議和，隨後清帝退位，辛亥革命很快宣告結束。在這段時期裡，蔣介石倒是在盟兄陳其美的指使下幹了件大事，他親自帶人執行了刺殺光復會領袖陶成章的任務。事後，蔣介石跑到日本避風頭，而陶成章被刺一事，在很長時間都是一樁謎案，當時誰也沒想到是「蔣委員長」幹的。

一九一六年，在陳其美被人刺死後，蔣介石轉而跟隨孫中山。最初，蔣介石並沒有引起孫中山的重視，直到後來那些革命元老如朱執信等人相繼被人刺死之後，曾學習過軍事的蔣介石才進入孫中山的視線，因為在當時的革命陣營中，除了許崇智是正宗的日本士官生外，蔣介石這種半拉子軍校生已經是稀缺人才了。

在屢遭失敗後，蘇俄向孫中山伸來了援助之手，在孫中山和蘇俄代表越飛在上海會談後，蘇方答應向國民黨援助二百萬金盧布並幫助創辦軍校和提供軍事物資。一九二三年五月，孫中山覆電越飛，表示將派代表去莫斯科磋商一切，而這個代表人選便是蔣介石。

在一九一七年到一九二二年這五年間，蔣介石混得並不如意，因為他手裡無一兵一卒，每次應召到許崇智或陳炯明的軍中任職，都是為他人做嫁衣裳，而且經常被軍中的粵派或者福建派排來擠去，因而他在這段時間也極想出國考察一次，以增加自己的政治資本。一九一七年「十月革命」後，蔣介石也極有興趣，他為此還學習過一段時間的俄文並多次向孫中山及黨內個別重要同志提起他想去蘇俄遊歷一次的想法。因而，孫中山在考慮代表人選的時候，自然而然地想到了蔣介石。

一九二三年八月，在與蘇方代表馬林商議後，孫逸仙代表團赴俄一事最終確定，蔣介石出任團長，團員包括沈定一、張太雷、王登雲及當時已在歐洲的邵元沖。沈定一早年參加過中國同盟會，後來又參與組織過中國共產黨，但不久即脫黨；張太雷是中共黨員，時任青年共產國際執委會委員；邵元沖係孫中山的機要祕書，當時在歐洲考察國民黨海外組織；王登雲是美國留學生，時任代表團的英文祕書。

在多年的夙願即將達成後，蔣介石極為興奮，他一會趕製軍服、一會回鄉探親；一會量衣照相，一會看病補牙，還要利用各種時間去拜訪同志及朋友，交代各種事宜，一時間忙得不亦樂乎。在即將啟程之際，蔣介石自稱心情悲喜參半，喜的是可以擺脫國內的「污垢社會」，「前程發軔有望」；悲的是「國內缺乏人才，苦我黨魁」，另外就是兒女情長，不忍離開陳潔如和蔣經國及蔣緯國兩個兒子。

一九二三年八月十六日，蔣介石一大早便起來了，他先給在廣東的許崇智、廖仲愷、胡漢民及妾侍姚冶誠寫信，隨後外出拜訪在滬的張靜江、邵力子、汪精衛等人；忙到正午時分，蔣介石返回大東旅社，陳潔如帶著蔣經國和蔣緯國，還有陳果夫都已經在那裡等著給他送行了。下午一點一刻，蔣介石在眾人的送行下，與沈定一、王登雲和張太雷三人登上日輪「木神丸」前往大連，然後換乘火車，直達莫斯科。

令蔣介石頗為感慨的是，從大連到長春再到哈爾濱，所謂的「滿鐵事業」，一路上都是日本的勢力，所見所聞，如入日本之境。到哈爾濱後，代表團換乘俄方經營的火車繼續前行，二十五日到滿洲里後，便是中蘇的邊界。蔣介石在寫給陳潔如的信中說，滿洲里只有千戶人家，半數為華人，半數為俄人，而所謂「真正的邊界，不過是一條無人防守、狹長的小道，人們完全可以自由地出入」。

進入蘇聯境內後，蔣介石對窗外的風景頗為關注，在通過赤塔的途中，他稱這一路上山明水秀，森林濃鬱；在路過貝加爾湖時，則稱其「一望無際，風濤如海，誠佳景也」；等到了二十九日之後，道路住宅便開始成了歐洲景色。

經過半個多月的長途旅行，蔣介石率領的代表團於九月二日抵達莫斯科。在稍事休息後，代表團得到了蘇聯方面的熱情接待，對此，蔣介石也很激動，他甚至提出國民黨就是蘇聯共產黨的「姐妹黨」，並希望聽取蘇俄革命的成功經驗。隨後，雙方談及具體的軍事合作計畫，首先是蘇方承諾為中國國民黨建立兩所軍事學校，一所為高級軍校，設在莫斯科或者列寧格勒；一所為中級軍校，設在靠近邊境的地方，如符拉迪沃斯托克。

與蘇聯合作的軍事作戰計畫是蔣介石這次訪蘇的主要任務，也屬於高度機密。但在蔣介石表述完他的初步計畫後，蘇方提議他將整個計畫用書面的形式加以闡述，以便進一步討論。在之後的幾天裡，蔣介石便帶著代表團集中精力撰寫這份計畫書，名字就叫《中國革命的新前景》。

在這份計畫書中，蔣介石大膽提出在蒙古庫倫和新疆的烏魯木齊建立兩個軍事根據地，他認為，庫倫在地理位置、作戰距離、戰略位置等方面要優於烏魯木齊，庫倫根據地可以從平漢鐵路招募工人、從災區招募農民為兵員，在蘇聯的幫助下進行訓練，兩年後開始進攻；同時，蔣介石又建議以烏魯木齊為永久根據地，並主張在兩地同時建立軍隊，庫倫方面為主力部隊，烏魯木齊方面為增援團隊。

文件擬好後，蔣介石並沒有立刻向蘇方提交，而且先在內部討論修改，因為在這段時間裡，蘇方為代表團安排了很多活動，其中最令蔣介石感興趣的是參觀蘇聯紅軍和軍校。在一次演說中，蔣介石盛讚紅軍是「世界上最勇敢、最強大的軍隊」，他情緒激動地表示：「我們是革命者，是革命的國民黨黨員，我們是軍人，我們是戰士，我們也準備在同帝國主義和資本主義的鬥爭中犧牲。……我們來這裡學習並與你們聯合起來。當我們回到中國人民那裡時，要激發他們的戰鬥力，戰勝中國北方的軍事勢力！」

事後，蘇方陪同的官員在上報的絕密報告中也稱蔣介石當時「情緒很高，也很激動，講話時充滿著熱烈而真摯的感情。他在結束講話時幾乎是在吼，雙手在顫抖」。不錯，蔣介石的確很激動，他的講話不時被紅軍戰士經久不息的掌聲所打斷，在講話結束後，全場滿是「烏拉」聲；離開軍營的時候，蔣介石甚至是被紅軍戰士抬起來送到汽車邊的。

實事求是地說，蔣介石這次確是真情流露而非矯揉造作，他在當天的日記中就著重寫道，紅軍的軍紀及內務整理雖然不如他當年接觸的日軍，但其隊伍「上下親愛、出於自然，毫無專制氣象」；即便是紅軍中實行的政治委員制，蔣介石也認為分工恰當，感覺很好。

但是，莫斯科的物價讓蔣介石感到十分驚詫。有一次他出去買皮鞋，發現定價居然要九十金盧布，一向揮霍無度的蔣介石也忍不住叫了起來：「太貴了！」等到彼得格勒參觀後，蔣介石發現這裡市況蕭條，海軍的士氣也很低落，與莫斯科看到的情況大不一樣。

而在這時，蔣介石及代表團成員與蘇方外交委員會的工作人員發生過幾次小摩擦，讓他的心情頗受影響。更讓蔣介石不高興的是，代表團內部討論計畫書的時候發生爭論，一向剛愎自用的蔣介石心裡很不痛快，他在當晚的日記中感歎道：「交友實難！」過了幾天，蔣介石又記道：「同伴參差，蕭然寡欣。交友之難，可歎！」

說到交友，蔣介石對代表團中的四人褒貶不一，四個人後來的命運也大不一樣。最受蔣介石賞識的是從歐洲趕來的邵元沖，兩人還在莫斯科換了蘭譜、拜了把子（邵比蔣小三歲），在蔣介石得勢後，邵元沖也在仕途上一帆風順，先後擔任過國民黨中執委委員、考試院委員長、立法院副院長等要職，可惜在一九三六年十二月十二日的「西安事變」中，邵元沖被流彈擊中，兩天後便在醫院去世，時年四十六歲。

沈定一是二十世紀二〇年代政壇的活躍份子，他比蔣介石大四歲，參加革命也更早，既參與過反清鬥爭，也在民國後從事過議會政治，又因為反對袁世凱而流亡海外，後來還成為創立共產黨的早期成員。在國共合作之後，沈定一附和戴季陶的新「三民主義」，後來又成為「西山會議派」（國民黨右派）的成員，最後於一九二八年被蹊蹺地暗殺，年四十五歲。

相對而言，張太雷和王登雲要年輕很多。張太雷出生於一八九八年，他既是中國共產黨早期的重要領導人之一，也是中國社會主義青年團的創始人。在蘇方代表維經斯基、馬林、鮑羅廷來華的時候，都是由張太雷充當祕書和翻譯，他是與蘇方溝通的重要角色，即便是在這次的代表團中也不例外。在國共合作破裂後，張太雷於一九二七年十二月十二日的廣州起義中身亡，時年二十九歲。

王登雲早年畢業於北京大學，後來在美國威斯康辛大學及華盛頓喬治亞城大學留學，期間還擔任過華人報紙《醒獅報》的主筆。在一九二一年回國後，王登雲受到孫中山的賞識並擔任了孫中山的英文祕書，後來受國民黨元老謝持的推薦擔任訪蘇代表的英文祕書。不過，在代表團出發前，中共領導人瞿秋白曾說王登雲是個「無賴」並反對他出訪蘇聯，但未成功。在這次訪問中，王登雲似乎也沒有得到蔣介石的青睞，他後來雖然也繼續擔任蔣介石的英文祕書，但在仕途上表現平平，最後不過擔任一些虛職的委員、參議等職。王登雲後來隨蔣介石到了臺灣，並於一九七七年在臺北去世。

十月六日，蔣介石最終將計畫書定稿並以備忘錄的形式遞交給蘇方，由此主要任務完成，接下來就是等蘇方的答覆了。而在這時，蘇方也安排了一些娛樂性的活動招待代表團，比如觀看晚會、芭蕾舞演出等，另外還參觀了工廠、克里姆林宮等。

在訪問蘇聯的這段時期裡，蔣介石對馬克思主義的學習花了不少工夫。從他的日記中看，他先後閱讀了《馬克思學說》、《馬克思學說概要》、《經濟學》、《共產黨宣言》、《馬克思傳》、《德國社會民主黨史》等書，而且對《馬克思學說》一書看了至少不下三遍，到了「樂而不能懸卷」的地步。另外，蔣介石還讀了《資本論》，並評價說「前半部枯燥乏味，後半部卻深刻動人」。《資本論》是馬克思最重要的一本經濟學巨著，真正讀過的人其實極少，讀懂的人更是鳳毛麟角。蔣介石自稱讀過，但是否讀懂，恐怕還是個未知數，不過，這已經難能可貴了。

在備忘錄交上去後，蔣介石等待了半個多月仍舊不見蘇方答覆，這時他就開始變得煩躁起來了，據蘇聯外交委員契切林在十一月一日寫給季諾維也夫（共產國際主席、聯共政治局委員，托派）的信中，就說蔣介石已經「神經過敏到極點，他認為我們完全不把他放在眼裡」。有意拖延似乎是蘇聯人在外交談判中的慣用手法，後來毛澤東去蘇聯談判的時候也遭到同樣的對待。

更令蔣介石極度失望的是，蘇方在對計畫書的最後答覆中完全否決了蔣介石所提出的建立兩個根據地的計畫，他們果斷而堅決地告訴蔣介石，革命需要「很長的準備時期」，「純軍事計畫要推遲到歐洲局勢明朗和中共完成某些政治準備工作之後」。蘇聯革命軍事委員會副主席斯克良斯基在會見蔣介石時，非常尖銳地批評了蔣介石的軍事計畫，並認為是「事先注定是要失敗的風險」。

在計畫被拒絕後，蔣介石一下從迷夢中醒悟了過來，他在日記中極度憤懣、極為失望地寫道：「無論為個人，為國家，求人不如求己。無論親友、盟人之如何親密，總不能外乎其本身之利害。而本身之基業，無論大小成敗，皆不能輕視恝置。如欲成功，非由本身做起不可。外力則最不可恃之物也。」話雖如此，蔣介石仍不死心，他提出在十一月二十二日回國前，仍舊希望再見一次史達林和紅軍總司令加米涅夫，並寫了一封信給革命委員會主席托洛斯基。由於當時列寧已經病重，蔣介石代表團不便拜訪，而此時蘇聯史達林派與托洛斯基派也已經開始內鬥，這一點，就連來蘇不久的蔣介石都能感覺到。托洛斯基當時也在病中，但他最後還是會見了蔣介石代表團一次，不過，令蔣介石失望的是，托洛斯基也同樣堅決地反對其在蒙古的軍事計畫。

在幾次對計畫書的爭鋒之後，蔣介石也似乎意識到蘇方並不希望他們在蒙古搞什麼軍事行動，因為這會影響到蘇聯的國家利益。很顯然，蘇聯已經將蒙古視為中蘇間的緩衝地帶，他們擔心蔣介石的軍事計畫會使得蒙古重新被中國所控制，這是他們所不願意看到的。至於在烏魯木齊的軍事合作，一直到抗戰爆發後才付諸實施，蘇聯曾通過烏魯木齊經星星峽進入河西走廊這一條路線對中國的抗戰進行過物資援助。

一九二三年十一月二十九日，蔣介石一行登車回國，這一次，邵元沖仍舊回德國，而張太雷留在莫斯科，回國的只有沈定一、王登雲及蔣介石三人。蔣介石之前因為與沈定一吵了一架，加上這次訪蘇成果甚微，因而在歸途中感到「抑鬱無聊至極」。十二月十日，代表團抵達大連，隨後登船返回上海。在船上，蔣介石開始撰寫《遊俄報告書》，準備向孫中山彙報。十五日上午，蔣介石返回上海家中，發現陳潔如還沒有起床。

儘管之前擬定的軍事計畫被蘇方否決，但這次蘇聯之行還是給蔣介石的發跡提供了極好的條件，因為在他回國後不久，孫中山即命他籌備黃埔軍校建校事宜，這顯然是與這次訪蘇有關的，因為蘇方對援助建立軍校的計畫做了調整，而蔣介石作為參與人，顯然是當時最合適的人選。對此，蔣介石在他後來的文章中也常提及此次訪問，並認為這是自己一生中的「重要一環」。

不過，蔣介石通過這次蘇聯之行的了解，卻對蘇聯的政治制度極為反感，他同時提出，「俄共政權如一旦臻於強固時，其帝俄沙皇時代的政治野心之復活並非不可能。則其對於我們中華民國和國民革命的後患，將不堪設想」。對此，孫中山不以為意，並批評他「未免顧慮過甚」。從這些細節或許可以看出，蔣介石在一九二七年發動政變並與蘇方分道揚鑣，並不是沒有原因的。（本文寫作過程中參考了楊天石先生的《一九二三年蔣介石的蘇聯之行》一文，特此表示感謝。）

三二、蔣介石的槍桿子是怎樣煉成的

黃埔軍校開設之時只有極少軍械，後來蔣介石通過私人關係從石井兵工廠搞到五百支步槍，而黃埔軍校第一期學生於一九二四年六月十六日入學為四百九十九人，同年十一月三十日畢業合格者為四百五十六人，這五百支步槍及第一批學員，也就成為蔣介石發家的第一筆本錢。

在訪問蘇聯期間，蔣介石將其主要精力用於考察蘇聯紅軍各兵種、軍事院校、兵工廠以及紅軍的編制、管理、政治工作、黨代表制度等，而在後來的黃埔軍校及軍隊建設上，蔣介石也運用了其中的部分經驗，但這點並不是最重要的。對蔣介石來說，訪蘇的經歷奠定了其出任黃埔軍校校長的堅實基礎，並為其之後的飛黃騰達打開了通衢之路。

在孫中山所領導的革命團體中，蔣介石的排名並不靠前，但前面的幾個人如胡漢民、廖仲愷、汪精衛三人都不具備軍事經驗，唯獨蔣介石擁有正規的軍校學習履歷並具備相當程度的軍事經驗（其在許崇智的粵軍多次擔任過參謀長）。許崇智是早期的日本士官學校畢業生並在清末時已經做上協統（其叔祖父曾任浙閩總督），論資格比蔣介石要老得多，但他過於奢靡的軍閥生活作風則為黨人所不喜。

在當時來看，黃埔軍校校長在國民黨內可能並不算是特別顯赫的職位，但其潛力卻是無窮的。一九二四年一月二十四日，在蔣介石被任命為陸軍軍官學校籌備委員會委員長後，孫中山親自前往擬定校址察看，最終將校址設在黃埔島，也就是原廣東陸軍學校及廣東海軍學校校舍，因而新辦軍校又名「黃埔軍校」（正式名稱應為「國民革命軍陸軍軍官學校」）。

黃埔島位於離廣州二十多公里的珠江下游，島上有一座長洲要塞，這裡四周環水，雖環境幽靜，卻是拱衛廣州之水路要衝。孫中山認為，在這樣一個軍事重地進行學習與訓練實屬相得益彰，這也符合了蔣介石當時的辦學理念：「不要以為學習與打仗是兩回事！」

據黃埔軍校教授部主任王柏齡回憶說，軍校籌辦之時，各人都認為訓練期間至少一年，而蔣介石獨稱三個月，並說如果再延遲的話，中國可能在此期間已經亡國云云；最後，才折中為六個月。軍校開辦之初，蔣介石幾乎將全部的時間與精力都傾注於此，從教官的選任、教學的內容，到學員的訓練、校務的管理，甚至到軍服的設計、校舍的衛生，無一不經蔣介石親身的參與並決定。

蔣介石常說，「第一期學生可說是我個人親自指導出來的多」，正因為如此，黃埔一期生最為蔣介石所重視，其中出人頭地的比比皆是，如宋希濂、胡宗南、余程萬、關麟徵、蔣孝先、黃維、王耀武、鄭洞國、杜聿明、孫元良、李仙洲、李默庵、范漢傑、陳明仁、鍾偉、賀衷寒（以上為國民黨方面）、左權、徐向前、陳賡、周士第、侯鏡如、宣俠父（以上為共產黨方面）等。一九二六年一月，在黃埔一期生畢業未及一年半，蔣介石在對後幾期學員的講話中透露：「第一期學生原只有四百六十名，但連第二、三、四期已畢業、未畢業的，今天共有五千四百四十名學生了。可是第一期學生，而今只存一百四十名，其餘非死即傷。」蔣介石的這段話，也從側面揭示了軍功升遷的殘酷性。

在經濟上，黃埔軍校開創之初也是極端困難的。當時廖仲愷名義上雖然是黨代表，但實際任務卻是為黃埔軍校籌款。據廖仲愷的夫人何香凝回憶說，黃埔軍校開辦時常無隔宿之糧，廖仲愷為了籌措米飯菜肴經費，時常要忙到深夜兩點多鐘才回來。有一次，廖仲愷凌晨四點才回來，他說：「我晚上在楊希閔家，等他吸完了大煙才拿到這幾千元錢給我，不然，黃埔學生再過兩天就無米食了。」王柏齡也說，蔣介石當時為了籌集經費，也是經常親自出面向外借錢，有一次借來的尚是汪精衛夫人陳璧君的私蓄，條件是日後加倍奉還！

當時的廣東，東江一帶係陳炯明勢力控制，南路有軍閥鄧本殷，廣州一帶的稅收則是滇系軍閥楊希閔、桂系軍閥劉震寰所把持。滇軍將領范石生曾對李宗仁述及當時廣州的情景：「有時我們正在煙榻上吸煙，忽然部屬來報告說『大元帥來了』，我們便放下煙槍，走出去迎接大元帥，回到煙榻房間坐下，請問大元帥來此有何指示。如果是譚延闓或胡漢民來訪，我們就從煙榻坐起，請他們坐下商談。有時蔣介石也來，我們在煙榻繼續抽鴉片，連坐也不坐起來的。」李宗仁聽後，覺得無限心酸，但他也承認，范石生說的確是實情。當時孫中山的大元帥府因政府財源無著，有時甚至無米為炊，黃埔軍校之艱難，可想而知。

創業固然艱苦卓絕，但從一九二四年黃埔建校到一九二六年進行北伐前的這段時期，則是蔣介石打造自己幹部隊伍及發展壯大嫡系軍隊的關鍵時期，其間又主要有四大事件可圈可點，即平定廣州商團叛亂，第一次東征，平定楊希閔、劉震寰軍閥叛亂及第二次東征。

一九二四年八月初，就在黃埔一期生入學不久，一艘懸掛著挪威國旗的洋輪「哈佛號」從香港駛至廣州，經查，船上計有長短槍近萬支，子彈三百餘萬發，係廣州商團向香港南利洋行訂購的。此事件發生後，這批槍械被扣，廣州商團則發動罷市抗議，要求發還槍械。

罷市發生後，靠截取廣州、佛山一帶稅收自存的滇軍介入調停，其以商團向政府報效五十萬元為條件，請求當局將槍械發還，但數天後因為「江浙戰爭」爆發，孫中山認為北伐時機已到，隨後親率大本營北上，歸還槍械也就無從實施，因為部分槍械子彈已經北調（北伐隊伍斷無不使用新式槍械的道理）。為籌措北伐軍費，大元帥府提出商團須額外代籌北伐經費三百萬元為發還軍械的條件，雙方在爭持不下的情況下，廣州商團於十月初聯絡廣州及一百餘個縣鎮發動第二次罷市。

在此期間，孫中山命蔣介石率領黃埔軍校學生北上韶關參加北伐的軍事行動，但遭到蔣介石的拒絕，蔣介石覆電稱：「埔校危在旦夕，中正決死守孤島，以待先生早日回師來援。必不願放棄根據重地，致吾黨無立足之地也。中正料不久逆敵必反攻韶關，各軍非準備南下，擊滅逆敵，斷難北伐。中正當死守長洲，盡我職務。」

蔣介石所說的「危在旦夕」，實指商團之亂，因為黃埔軍校訓練剛剛開始，「三個月內，必有一支勁旅，可作基幹之用，以之掃蕩一切殘孽，先圖鞏固革命根據地之廣州」，一旦廣州有失，非但北伐失去後方基地，「吾黨永無立足之地」。正因為蔣介石的堅持，黃埔軍校才沒有變成「韶關軍校」，而從後來的歷史來看，蔣介石的堅持是對的，孫先生的北伐仍以失敗而告終。

所幸的是，第一批蘇聯援助的武器在「沃羅夫斯基」號的載運下於十月七日抵達廣州，計有步槍八千支、子彈四百萬發，另有野炮、山炮、輕重機槍等重武器，商團武器及實力已無足輕重，解決商團引發的危機也恰逢其時。在孫中山的命令下，大元帥府從韶關調回的三千湘軍為主力，以民團及黃埔一期的第二、第三隊學員為輔助，向商團武裝發起了最後的猛攻。這次戰鬥進行得並不激烈，天未明前開戰，至晚間商團即戰敗乞和（商人畢竟捨不得本錢）。三天後，黃埔一期的學員舉行了畢業典禮。

在黃埔軍校的學員陸續入校的同時，蔣介石又在江浙、安徽等地募兵（以陳果夫在上海的交易所為中轉站），準備建立教導團。黃埔一期的學生畢業時，教導團也已編練成軍，黃埔軍校軍事總教官何應欽出任團長，軍事教官陳繼承、顧祝同為營長，連長則由原畢業生中的隊長充任，一般畢業生任排長或者班長。一個月後，教導二團成立，王柏齡出任團長，蔣鼎文、鄭洞國等出任營、連長。這支武裝，其骨幹力量均為黃埔軍校人員所組成，因而當時又被稱為「校軍」，這也是蔣介石親手打造的第一支隊伍，後來的軍隊擴張均以此為基礎。這支部隊的成員，後來大都成為國民黨的高級將領或官員，即「黃埔系」之搖籃也。

在此期間，蘇聯的援助至為重要。在第一批軍械解了燃眉之急後，蘇方又於一九二五年後運來第二批軍械，價值五十六萬盧布。一九二六年運來四批軍械，第一批有日本製造的來福槍四千支，子彈四百萬發，軍刀一千把；第二批為蘇聯制來福槍九千支，子彈三百萬發；第三批有機關槍四十挺，子彈帶四千條，大炮十二門，炮彈一千發；第四批為來福槍五千支，子彈五百萬發，機關槍五十挺，大炮十二門。除此之外，還提供了一定數量的通訊器材等。

蘇聯援助的這些軍械及器材，蔣介石拿到了大頭，但在北伐之後也分出一批給其他部隊，如李宗仁的第七軍也曾領到過一千支步槍和少量通訊器材。不過，蘇聯在北伐前後不僅給廣東革命軍提供過軍事援助，其在北方也給馮玉祥的國民軍提供過至少同等數量的武器援助。除了軍事援助之外，蘇聯還為廣東革命政府提供了一定的經濟援助，其中光黃埔軍校的辦學經費可能就達到二百萬盧布之多，這也是黃埔軍校每一期的學員從幾百迅速擴展到上千的重要原因。

一九二四年十月下旬，在擊敗商團武裝之後，著名的蘇聯軍事顧問布留赫爾，也就是為中國人所熟知的加倫將軍，來到了廣州（加倫的前任、原蘇聯軍團長巴·安·巴甫洛夫，在當年七月赴東江前線視察時意外落水身亡）。這位不太帶政治色彩的蘇聯軍事將領的到來贏得了包括蔣介石、李宗仁等在內的中國將領的一致稱讚，其影響與當時的政治總顧問鮑羅廷稱得上並駕齊驅。除了加倫之外，蘇聯還派有步兵、炮兵、工兵等教練官不下百人，另有至少同等數量的蘇方政治顧問，活躍在廣東革命政府的各級機構中，這也給各省軍閥及英、日等列強誣稱廣東「赤化」落下了口實。

對於蘇聯在人力、物力、財力上的多方支持，蔣介石在與蘇方鬧翻前曾半客觀半感謝地說過：「我們今天能夠消滅叛逆，達到這個目的，大半可說是蘇聯同志本其民族的精神、國際的實力與革命的使命，以至誠與本黨合作，幫助我們中國革命的效力。」不錯，蔣介石訪蘇期間不能說是滿載而歸，但在北伐前的這段時間裡則無疑是最大的獲益者。

一九二五年二月，陳炯明趁孫中山北上之際，企圖向廣州反撲。廣州革命政府得訊後當機立斷，決定以黃埔軍校「校軍」為右路、楊希閔的滇軍及劉震寰的桂軍為左路，向陳炯明勢力所控制的東江地區（今惠州以東至汕頭一帶）發起進攻，時稱「第一次東征」。當時的黃埔軍校「校軍」雖只有兩個教導團，兵力也不多，但其骨幹均為黃埔軍校畢業生，因而戰鬥力特強，成為東征軍的絕對主力。

東征軍兵至常平時，蔣介石作《常平站感吟》一絕：「親率三千子弟兵，鳴鶴未靖此東征。艱難革命成孤憤，揮到長空涕淚橫。」此次東征是蔣介石及黃埔軍校學員所面臨的第一次重大考驗，容不得半點的猶豫與閃失。在淡水一仗，黃埔教導第二團第一連連長孫良因抵擋不住而擅自退卻，蔣介石下令當場處決；而擔任主攻的教導二團一營營長沈應時作戰英勇，負傷不下火線，蔣介石立即提拔其為第二團團長。在子弟兵的奮勇作戰下，右路軍在淡水之役中大獲全勝，降敵千餘人，繳槍千餘支，奠定了第一次東征勝利的基礎。

但就在右路軍一路凱歌之時，左路的楊希閔、劉震寰兩部非但懈於作戰，還暗中與陳炯明部相勾結，致使東征右路軍陷於險境。三月中旬，蔣介石親自指揮的右路軍與陳炯明部將林虎部在棉湖、鯉湖一帶激戰，當時何應欽的教導一團被十倍於己的敵人包圍，幾不能支（蔣介石與廖仲愷亦被圍）。在苦撐一天後，教導二團、粵軍第七旅等援軍及時趕到，林虎部主力被一舉消滅。黃埔「校軍」的兩個教導團二千人，加上隨軍行動的黃埔學生五百人，在這次棉湖之戰中共陣亡六百人，僅教導一團即陣亡三百人。

值得一提的是，兩軍激戰之時，孫中山於一九二五年三月十二日九時三十分去世，此消息一直被封鎖到棉湖之戰結束才宣布。而在這時，雲南軍閥唐繼堯勾結楊希閔及劉震寰等部軍閥，企圖東進奪取兩廣地盤，這使得蔣介石不得不指揮東征右路軍回師廣州，而陳炯明也由此苟延殘喘，再獲生機。

楊希閔與劉震寰原本是起家於雲南、廣西的舊軍閥，他們在陳炯明叛變之時曾與許崇智所率的粵軍在一九二三年初將陳炯明趕出廣州，但此後即把持了省府一帶的稅收，以廣州為采邑，並通過保護煙賭而大肆斂財，已成廣東革命政府之毒瘤。在唐繼堯攻佔廣西南寧之後，楊希閔、劉震寰也率兵撤回廣州，以策其亂。在此情況下，蔣介石將兩個教導團擴編為黨軍第一旅（旅長何應欽），於五月中旬向廣州挺進。在譚延闓、朱培德、李濟深、李福林等友軍的協助下，楊、劉叛亂被一舉平定，此戰共俘虜一萬七千人，繳槍一萬六千支。六月十三日，蔣介石率師凱旋，隨即被任命為廣州衛戍司令。

通過第一次東征及平定楊、劉叛亂所獲得的大量兵源（俘虜）、武器及銀元，蔣介石迅速將自己的兵力擴張為兩個師，分別由何應欽、王懋功充任師長，並在此基礎上成立國民革命軍第一軍。九月，許崇智被蔣介石軟禁並驅逐，所部粵軍或遣散或改編（其中一部被改編為第三師，隸屬於蔣介石的第一軍）。十月，廣東革命政府以第一軍、第四軍為基幹組成東征軍，再次征伐陳炯明，意在徹底消滅之。至十一月底，陳炯明所部三萬餘人除七八千人投奔山東直魯聯軍外，其餘全部被殲，被國民黨人所痛恨的陳炯明自此一蹶不起，而蔣介石的威名由此傳遍了整個廣東。

黃埔軍校的校門上，高掛著蔣介石親筆書寫的「親愛精誠」四個大字；二道門的兩旁，掛著的也是蔣介石手書的「先烈之血，主義之花」對聯；北校場大門的對聯：「升官發財請往別處，貪生畏死勿入斯門。」主義雖好，但都是靠鮮血與性命換來的。所謂「亂世抓槍桿」，蔣介石辦軍校這條路算是走對了。在三十年前，一代梟雄袁世凱也是通過編練新軍打造出自己的「北洋系」，這與蔣介石一手製造的「黃埔系」，豈非異曲同工？

三三、閻錫山、馮玉祥與蔣介石鬥法

北伐戰爭結束後，原直系的吳佩孚、孫傳芳勢力被一掃而空，張作霖在退回關外時被日本人炸死，奉系元氣大傷，蔣介石、馮玉祥、閻錫山及李宗仁的桂系則異軍突起，成為主宰大局的新軍閥。

「共患難易，享富貴難」，新崛起的這四家很快便在戰後的地盤分配上發生了尖銳的矛盾。原來，西北軍長期侷促於西北瘠苦之地，他們迫切希望向外發展，正如馮玉祥說的：「我們連個海口也沒有，向國外購買一些軍事裝備，真是太不方便。」北伐後期，馮玉祥派鹿鍾麟指揮韓復榘等部在河北擊退奉軍並直取平津立下汗馬功勞，因而馮玉祥認為論功行賞，河北、平津理當劃到西北軍的名下。

對此，閻錫山與蔣介石不以為然，閻錫山也想向外發展，這塊地盤同樣志在必得；蔣介石則認為西北軍擴張太快，將影響到自己的領袖地位，所以要挑撥並利用馮玉祥與閻錫山之間的矛盾。搞笑的是，馮玉祥這個人一向擔心別人說他爭權奪利，儘管他是想拿下這塊地盤的，但他又不明說，因而蔣介石趁勢將河北、平津劃給了閻錫山，理由是馮玉祥已經有了魯、豫、陝、甘、寧、青六省的地盤，而閻錫山只有冀、晉、察、綏四省，應該平衡一下；再者，列強在平津兩地勢力深厚、關係複雜，馮玉祥性格剛直，對外交並不內行，因而交給閻錫山應付為宜。

馮玉祥吃了個啞巴虧，但他又不便當場反對，因為在之前的一段時期，馮玉祥與蔣介石的關係搞得一團火熱，蔣介石答應幫西北軍解決經濟上的困難，馮玉祥則公開表示了對蔣介石的擁戴。從名義上來說，蔣介石、馮玉祥兩人還是剛換譜的弟兄，特別在北伐戰爭結束後，馮玉祥為了表達對蔣介石的擁護，甚至要在鄭州為蔣介石鑄造銅像（經左右勸阻未果）。

話雖如此，兄弟之間翻臉不認人也實屬正常，何況是這種「萍水弟兄」。在失去河北和平津後，馮玉祥給自己的部隊講話，說「地盤要小，軍隊要少，工作要好」，說白了就是對此事大發牢騷。

緊接著，各派系又於一九二九年一月在南京召開全國編遣部隊的會議，馮玉祥對此倒是非常積極，他提出了一個編遣準則：「強壯者編，老弱者遣；有槍者編，無槍者遣；有訓練者編，無訓練者遣；有革命功績者編，無革命功績者遣。」按照這一準則，馮玉祥提出一個方案，即第一、第二集團軍（即蔣介石、馮玉祥）各編十二個師，第三、第四集團軍（即閻錫山、李宗仁）各編八個師，其他不屬於各集團軍的軍隊共編八個師。

馮玉祥原本以為，西北軍「兵員最多、素質最好、訓練最精、戰功最大」，理當多編幾個師，但要超過蔣介石的話，也不太好，於是計畫將第一、二兩集團軍拉平，把閻錫山、李宗仁的第三、四兩集團軍和其他雜牌軍壓低，他自以為這樣就可以蔣介石、馮玉祥的團結為中心，控制其他方面……但馮玉祥的想法也未免太天真。

蔣介石是北伐後名義上的領袖，當然無法容忍其他派系的兵力超越或者與之平行，而閻錫山也不會被馮玉祥給輕易地打壓下去，於是他也提出一個方案，那就是第一、二、三、四集團軍各編十一個師，另設一個中央編遣區十一個師。這個方案實質上是要「抬蔣壓馮」，因為「中央編遣區」的十一個師是由蔣介石掌握的。蔣介石對這個方案很滿意，而勢力最小的李宗仁、白崇禧的桂系見自己與馮玉祥、閻錫山平起平坐，當然也就雙手贊成。

馮玉祥見自己的方案遭到眾人的反對，於是在正式開會時「稱病」不再出席。有一次，馮玉祥正與部屬談話，孔祥熙突然來訪，馮玉祥趕緊鑽進被子，捂得大汗淋漓並假裝呻吟不止。此事傳出去後，得知內情的人都暗笑馮玉祥患的其實是「心病」！到後來，馮玉祥乾脆離開南京，跑到豫北輝縣百泉村「養病」去了。

在蔣、馮矛盾尚未完全公開化時，李宗仁、白崇禧、黃紹竑的桂系因爭奪湖南地盤而與蔣介石集團搶先翻臉，結果引發了一九二九年初的「蔣桂戰爭」。在進軍之前，蔣介石以行政院長和兩湖地盤為條件，拉攏馮玉祥南下夾擊桂系，馮玉祥則玩起了「卞莊刺虎」的把戲，他一方面暗中許諾李宗仁出兵相助，另一方面則答應蔣介石南下進攻，實際上是坐山觀虎鬥，兵發遲遲，既不攻桂，也不援蔣，而是等蔣桂兩敗俱傷後坐收漁翁之利。

但「蔣桂戰爭」的發展卻出乎了所有人的預料，由於桂系將領李明瑞的突然倒戈，李宗仁等的軍隊迅速潰敗，蔣軍則以迅雷不及掩耳之勢攻佔了武漢。這下，馮玉祥投機不成反弄巧成拙，非但失去了奪取武漢的時機，就連被他催促南下的手下大將韓復榘也被蔣介石暗中收買了過去。

眼見自己的圖謀被蔣介石識破，馮玉祥乾脆撕下面紗，決定武裝反蔣並自任護黨護中國軍隊西北路總司令。開戰之際，馮玉祥認為西北軍的戰線拉得太長，為防止腹背受敵，馮玉祥決定收縮兵力，放棄山東、河南地盤並將軍隊全部西撤，集中在豫西、陝西待命。用馮玉祥的話來說，這叫

「拳頭收回來之後，打起來更加有力」。

但是，馮玉祥的一些部將並不理解這個策略，因為陝西連年荒災，生活困苦不堪，他們之前是嘗過這個苦頭的，因而不願意回到貧瘠的西北去。在蔣介石的拉攏和分化下，韓復榘、石友三及西北軍的周邊部隊劉鎮華、楊虎城、馬鴻逵等部紛紛叛馮附蔣，令馮玉祥軍力大損，未戰而敗。無奈之下，馮玉祥只好通電下野並聲稱入華山讀書，實則是以退為進，避戰自守，令蔣軍失去進攻的口實。（注：韓復榘與石友三在一九二六年南口大戰時，曾因西北軍大敗而短暫投靠了閻錫山，頗為西北軍將領所不齒，這次投蔣也與此相關。）

馮玉祥的下野並沒有得到蔣介石的認可，其堅持馮玉祥必須離開軍隊、出國遊歷，戰爭方可結束，在這種情況下，閻錫山跳出來表示願意做個和事佬，為雙方做個調停。蔣介石對此未置可否，馮玉祥則積極回應，於是閻錫山便親赴運城將馮玉祥接到太原，並隨後將之安置在自己的家鄉五台縣（離閻錫山的老家河邊村有數里之遙）。

在李宗仁、馮玉祥相繼失敗後，閻錫山的舉動頗引人關注。據閻錫山手下的炮兵司令周玳回憶，閻錫山這一時期經常對手下的高級將領和幕僚縱談國家大勢，說「蔣介石雖然佔據江南，但他的內部很不穩固。如汪精衛、胡漢民等恨蔣的人很多，李宗仁、白崇禧更是恨他」；又說「袁世凱是最厲害不過的，我都應付過去了，蔣介石不如袁世凱多了」；「蔣介石這個人器量狹小，排除異己，遇事操之過急，終不能成大事」；閻錫山還說「漢陽兵工廠只能製造輕武器，我們還能製造炮兵等用的重武器」（當時太原兵工廠能批量生產迫擊炮和手提機關槍即衝鋒槍）。閻錫山的話，隱約透露出逐鹿中原的打算。

以閻錫山的資格，當然比馮玉祥、蔣介石、李宗仁都要老得多，在辛亥革命的時候，他已經當上了山西都督，時年不過三十歲。在袁世凱時期，閻錫山韜光養晦、戰戰兢兢，未有大的作為，直到袁世凱死後，閻錫山才真正掌握了山西的軍政大權並成為地方軍閥中的不倒翁。相比馮玉祥，閻錫山要更圓滑也更有心計，譬如在開編遣會議時，閻錫山提前裝病，直到馮玉祥等人已經出好牌後，他才後發制人，佔了很大的便宜。事後，閻錫山還得意地對手下說「我們遲來的辦法做對了」，「等到他們鬧成分裂之局的時候我再去，那時雙方都需要我，那就好了」。

正因為如此，閻錫山邀請馮玉祥入晉既有討好馮玉祥的意思、也有「挾馮自重」的用意。馮玉祥到山西後，實際上是被閻錫山變相軟禁了起來，而閻錫山卻對外宣稱要與馮玉祥偕同出洋考察，消弭戰禍。蔣介石接電後大為驚異，急忙對閻錫山加以挽留而只要求馮玉祥一個人出國。由此，閻錫山又將自己的地位提高了一大截，幾乎可以與蔣介石平起平坐了。

蔣介石雖然比馮玉祥、閻錫山年輕幾歲，但也不好對付。之前蔣介石雖然把平津分給了閻錫山，但蔣介石很快派宋子文到北平劃分國家稅和地方稅，閻錫山只好將平津稅收機關的晉方人員撤回，條件是財政部支付京津地區晉軍的餉項。但財政部實行一個月後便停止支付，閻錫山大呼上當，於是藉口北伐時期山西省銀行曾墊付三千萬元作為軍費，因而向財政部申請發行省公債作為彌補，不料蔣介石很快將之駁回。

閻錫山氣得要命，他怒氣沖沖地把桌子一拍說：「以前，我以為蔣介石還可以相處，不料他這樣排除異己，現在居然逼到我的頭上來了！」「我很後悔北伐時墊此巨款，這件事我們做錯了。現在蔣要用經濟手段把咱們困死，咱們沒有錯，他不敢用兵來打咱們，只有在經濟上來困死咱們。」

像閻錫山這種凡事都要打算盤的人，蔣介石的做法對其刺激很大，於是堅定了他反蔣的決心。

而在馮玉祥被閻錫山軟禁期間，西北軍群龍無首，部分將領開始與蔣介石來往，甚至密謀攻打山西，這讓閻錫山感到十分不安並感到軟禁馮玉祥毫無用處，於是便親赴建安村將馮放出，並表示願與之合作，共同討蔣。馮玉祥對此當然是求之不得，隨後便於一九三〇年三月初返回潼關，準備對蔣開戰。

馮玉祥屬下的鹿鍾麟等將領本已策劃好向山西進攻，但馮玉祥的歸來及轉變令他們措手不及。西北軍與晉軍在歷史上頗有仇怨，如一九二六年初的南口大戰，西北軍（當時叫國民軍）被張作霖的奉軍及吳佩孚的直軍打得大敗，而閻錫山又趁機腰擊其後路，差點令西北軍全軍覆沒；在北伐戰爭後期，正當晉軍與奉軍在保定方順橋苦戰之時，馮玉祥突然令前線的韓復榘部撤至石家莊，幾乎令晉軍陷入重圍。因此，雙方將領都存在互不信任的對立情緒。

在馮玉祥宣布聯合閻錫山共同討蔣後，其手下的大部分將領都默不作聲，因為他們認為西北軍屢次吃閻錫山的虧、受閻錫山的騙，倒不如把閻錫山打倒，就連馮玉祥最寵信的將領孫良誠會後也發牢騷說：「我看先生（指馮玉祥）一點覺悟也沒有，我們這些年來一直受閻老西的害，為什麼還要和他一起幹？」

西北軍將領對「聯閻打蔣」計畫普遍抵觸的原因還不僅僅是歷史仇怨，更重要的是，他們對馮玉祥與閻錫山的能力特點多有了解：馮玉祥只會打仗，對政治完全外行；閻則是一個錢鋪老闆，只會算小帳，不能成大事；聯閻反蔣，縱然在軍事上取得勝利，在政治上也毫無辦法。正如鹿鍾麟的一個幕僚說的：「如與閻合作，勝亦過不了長江，蔣退江南憑險固守，閻馮之間就會出問題，那時，西北軍仍然處於腹背受敵的不利地位。如果打了敗仗，那就更不堪設想了，甚至求得退據關中以自保的局面亦不可得。」

但是，馮玉祥對此卻很樂觀，他曾對幕僚說：「這次舉動，在軍事上，二、三、四三個集團軍聯合對付蔣介石一個集團軍，其他受蔣排斥的軍隊也都傾向於我們，我們的兵力佔有壓倒的優勢；再從政治上看，汪精衛先生已表示和我們合作，西山會議派的中委也和我們合作，張學良表示也很好，足見我們是得道多助，蔣介石是失道寡助，勝利一定是屬於我們的。」除此之外，馮玉祥暗地裡還認為，只要消滅了蔣介石，那閻錫山就不難對付（馮玉祥私下裡常罵閻錫山是個「窩囊廢」），屆時不但北方全歸西北軍所有，一統天下也不是沒有可能。

可笑的是，閻錫山打的也是這樣的算盤。當部下提醒他馮玉祥係屢屢倒戈之人並在保定方順橋所做之事時，閻錫山擺擺手說：「你們不能老是看過去。要知道蔣介石幾次要收拾馮玉祥，馮玉祥對蔣介石恨極了。現在我要他和我共同打蔣介石，這是他求之不得的，一定會竭盡全力，並且，他好貪眼前的小利，只要我們在物質上能滿足他的欲望，哪能再生半途搗亂之心呢。他固然很狡猾，打完蔣介石之後，可能會搗亂，但他是個老粗，沒有遠見，我自有辦法對付他。」

在馮玉祥與閻錫山正式聯起手來後，其他反蔣勢力也紛紛靠攏，如之前被蔣介石打敗的李宗仁之桂系及張發奎之粵軍，還有在政治上與蔣爭權失敗的汪精衛一干人，甚至張學良的東北軍也有信使來往。開戰之初，各方面反蔣聲浪很高，陣容也很強大，但桂系及粵軍在湖南發動的攻勢很快失敗，自顧不暇，而西北軍、晉軍在津浦線、隴海線、平漢線與蔣軍的交戰也是各有勝負，誰也沒有取得壓倒性優勢。

在幾個戰役之後，西北軍方面的兵員損失及械彈消耗明顯加大，而閻錫山答應的補充遲遲不到位，西北軍難免心存疑慮，由此產生了保存實力的想法。在此情況下，蔣軍越打越強，反在津浦線上將晉軍擊敗，收復濟南；而西北軍在隴海線上的八月攻勢也因為雨季而受阻，雙方態勢為之一變。就在這時，張學良於九月十八日發出通電擁蔣，東北軍大舉入關，閻錫山、馮玉祥的失敗已無可挽回。

在敗局已定的情況下，閻錫山與馮玉祥只得於十月八日通電下野，整個中原大戰於十一月初結束。中原大戰是中國近代史上一次規模僅次於解放戰爭的國內戰爭，其間歷時七個月，各方動員兵力一百一十萬人以上，支出軍費五億元，死傷三十萬人，戰火波及二十多省。

戰後，閻錫山宣布出洋考察，但他只到大連躲了一段時期便於次年回到山西老巢；馮玉祥則始終沒有出國，但他慘澹經營二十餘年的西北軍則在這場大戰中土崩瓦解：孫連仲、吉鴻昌、梁冠英等部投蔣；張自忠、劉汝明、趙登禹等部及之前隨韓復榘變節的石友三部投張學良；韓復榘之前已經自立門戶……

馮玉祥的失敗並非偶然。正如原國民三軍徐永昌說的，馮玉祥所部最初有「五虎將」之稱，即張之江、李鳴鐘、鹿鍾麟、石敬亭、宋哲元，皆前清第二十鎮同事或有關係者，後來在第十六混成旅當團營長。但後來又有小「五虎將」出現，即韓復榘、石友三、孫良誠、孫連仲、張維璽，皆第十六混成旅士兵出身。馮玉祥的老朋友、西北軍的交際處長張樹聲也說：「馮先生是一定要親自孵出的雛娃，才會下蛋。」意思是馮玉祥只相信自己教育出來的將領，而且喜歡越級指揮，中間的高級將領往往被架空，造成指揮紊亂。

另外，馮玉祥統率的西北軍就像一個封建大堡壘，馮玉祥就是大家長，作風專斷，缺乏民主，一些由士兵提撥起來的帶兵官如韓復榘等，即使已經當了軍長乃至當了省主席，馮玉祥對他們仍然像對待子侄一樣，不肯給予應有的尊重和禮貌，甚至他們在他面前連吸支香煙的自由都沒有。因此，部分高級將領便覺得太受拘束，開始另謀出路了。

經此沉重打擊後，馮玉祥一蹶不振，不再有東山再起的機會；蔣介石則利用這次戰爭擴展了自己的地盤並大大提高了在國內的威望；另一個獲利者張學良，也趁機殺回關內，並從閻錫山的手中重新取得了京津地區的控制權；閻錫山的晉軍也分出了商震和傅作義派系，力量有所削弱。一言以蔽之，中原大戰實則是北伐戰爭之後的又一次大洗牌。

三四、公共租界裡的「八一三」抗戰

一九三七年八月十一日，上海閘北區的居民一覺醒來，發現街道上全是軍服筆挺、威風凜凜的中國軍隊士兵，清一色的德式鋼盔、德式槍械，一時間目瞪口呆，其錯愕的表情後面，一則以喜，一則以憂……

所謂「一則以喜」，這要從一九三二年的「一二八抗戰」說起。當年日本人藉口「僧人被殺」事件對上海發起侵略，蔡廷鍇、蔣光鼐率領的十九路軍和張治中率領的第五軍奮起抵抗，最終中日簽訂《淞滬抗戰協定》。但戰爭雖然停止了，上海周邊地區卻被劃為和平區，中國的軍隊不能入駐，這豈不是令國人氣煞？如今推門一看，自己國家的軍隊不顧什麼狗屁協定，一夜之間便齊刷刷地開了進來，老百姓怎能不感到揚眉吐氣、不感到興奮莫名呢？

那，「一則以憂」又怎麼講呢？不說大家也明白，這打仗嘛，難免生靈塗炭，禍及己身，何況這還是人口密集的城市區。子彈炮火都不長眼，真打起來，老百姓還是先退避三舍的好。於是乎，當天便有數十萬百姓攜家帶口，從閘北區湧進了公共租界，以至於租界內的人口激增，並帶動了房租、物價的暴漲……戰爭迫在眉睫！老百姓從來就沒有離它這麼近過。

中國軍隊突然進駐閘北後，日本人大驚失色，他們派出大量的軍人戴著防毒面具，並令虹口區（日本租界）的所有商鋪住宅都關門關窗，說是有大量軍隊要由兵艦登陸，以恫嚇來虛張聲勢。在鬧騰一夜後，又有數十萬的虹口居民在次晨逃進公共租界，直到後來，居民們才知道這是日本人的緩兵之計，因為他們當時根本沒有想到中國軍隊會先發制人。

八月十三日，日本人送出一個最後通牒，聲稱只要「中國軍隊撤退，一切可以談判」，其態度軟化，也是因為他們尚沒有做好準備。「七七事變」後，日軍行動主要集中在華北，對華中、華東地區則採取緊急撤退僑民的措施，到八月份後，上海的日本租界裡已經集中了數萬僑民，另外還有三千多海軍陸戰隊駐紮在虹口區。

中國軍隊搶先採取行動是由一個突發事件引起的，那就是八月九日的「大山勇夫」事件。大山勇夫是日本海軍陸戰隊的一名中尉軍官，他於當天帶著水兵齋滕要藏駕駛摩托車來到虹橋機場並企圖強行衝入，結果被守衛機場的中國保安隊當場擊斃。此事件發生後，日方要求撤退中國保安隊、拆毀防禦工事等無理要求，蔣介石接報後，隨即下令向上海進軍。

事實上，中國軍隊這次「先發制人」的行動並不是突然之舉，早在七月三十日，京滬警備司令張治中便向南京提出，如果上海情況異常，「似宜立於主動地位，首先發動」。蔣介石隨後覆電，「應由我先發制敵，但時機應待命令」，張治中將所部正規軍化裝為保安隊進駐虹橋機場，便是未雨綢繆之舉。

日方見中國軍隊這次來真格的，也是十分驚慌，因為他們當時在上海的兵力十分有限，而要從本土調兵的話至少需要一周的時間，這才會做出又是恫嚇，又是談判的反覆之舉。就在日方發出最後通牒的當天，進駐閘北區的中國軍隊精銳八十七師、八十八師便向日軍發起了猛烈的攻擊，戰略意圖就是要將日本在上海的兵力全部消滅。

戰鬥打響後，中國軍隊迅速攻入虹口，但日軍在租界經營多年，早已修建了很多堅固的壁壘，加上停泊在黃浦江上日軍艦艇的炮火支援，因而中國軍隊的進展並不快。開戰沒多久，八十八師二六四旅旅長黃梅興便在戰場上為國捐軀，所部傷亡近千人，足見戰鬥之激烈與殘酷。次日，中國軍隊出動空軍對日本艦艇、海軍陸戰隊司令部、匯山碼頭等進行轟炸，海軍也出動僅有的兩艘魚雷快艇，並將日本旗艦「出雲」號炸傷，大大鼓舞了前線的士氣。經過數日苦戰之後，中國軍隊先後佔領了滬江大學、五洲公墓、寶山橋、八字橋、日本海軍俱樂部等要地，並將日軍壓縮在虹口與楊浦的黃浦江左岸狹窄地帶。

但是，要想將日軍徹底消滅也不是一件容易的事，因為參戰的中國軍隊雖然都是德式軍械，堪稱中國第一流的軍隊，但因為嚴重缺乏重武器，因而日軍得以負隅頑抗，等待後援。十九日，與八十七師、八十八師淵源頗深的第三十六師（這三個師均由中央軍校的教導總隊擴編而來，長官為張治中）從西安被急調而來，並立刻投入左翼戰鬥。二十一日，中國軍隊攻入匯山碼頭，嚴重威脅到正在死守的日本海軍陸戰隊。

儘管日軍在戰鬥中損失嚴重，但中國軍隊的損失更大，最終未能徹底拔掉日軍的據點、全殲在滬日軍，而在二十三日，日本援軍已經在松井石根的率領下，分別於吳淞口、川沙等地登陸，迫使中國軍隊將兵力北移，以堵截增援的日軍。由此，虹口、楊浦之圍便在無形中被化解。

蔣介石令中國軍隊在上海進攻日軍，其中的一個戰略意圖便是希望英美等國捲入戰爭，但由於這些列強都處於觀望態度，而日軍對此也十分謹慎，儘管其一度誤傷了美國的一艘巡邏艇，但隨後便迅速賠償了事。因此，蔣介石的意圖並沒有實現。

但是，這並不代表公共租界就絕對安全。就在中國軍隊與日軍激戰之時，日軍飛機在南京路「大世界遊樂場」扔下了一枚大炸彈，當場炸死了一千多人，傷者更是不計其數。「大世界」位於公共租界與虹口區的邊緣地帶，原本是人來人往的繁華中心，這下立刻變成了人間地獄。據當事人回憶，周邊樓宇都被爆炸聲震得搖晃了起來，很多人被震暈，過了好幾分鐘才清醒過來；等到睜眼一看，周圍全是飛沙走霧，街上的人群驚慌得四處逃散，而炸彈爆炸的中心，更是被炸得面目全非，到處都是死屍和斷手殘臂，極其可怖。過了幾十分鐘後，前來尋找親人的人哭聲震天，而一排排完整或者不完整的屍體，還在地上淌著血，構成了公共租界當年最恐怖的畫面。幾天後，南京路先施公司門前也同樣被炸，死傷人數也很多。

在日軍登陸以後，雙方在獅子林、月浦、新鎮、羅店至瀏河口一線（今寶山區一帶，戰線從閘北、楊浦擴散到上海郊區）形成對峙，在此期間，雙方的後援部隊源源不斷地開來，中國軍隊這邊有羅卓英的第十五集團軍、薛岳的第十九集團軍、上官雲相的第十一軍團，張鈁的第十二軍團，這四個部隊與江防軍組成左翼軍，由陳誠擔任總指揮；中路軍方面，除了之前的八十七師（師長王敬久）、八十八師（師長孫元良）、三十六師（師長宋希濂，以上三人均為黃埔一期生，此階段番號均上升為軍），另外又開來了桂系的廖磊第二十一集團軍、胡宗南的第十七軍團（此時中路軍總指揮由朱紹良替換了張治中）；右翼軍的壓力稍小，除了桂永清的中央軍校教導總隊較有戰鬥力外，其餘大都為暫編或雜牌部隊。

在這一階段，雙方投入的兵力遠遠超過前期，戰鬥也比前一階段更加激烈。正可謂「一寸山河一寸血」，國運相搏，寸土必爭。守備寶山的第十八軍姚子青營，全營六百餘官兵在九月七日的戰鬥中全部殉國，秦慶武團在九月十八日的戰鬥中全團殉難，其他參戰部隊的傷亡也大都接近一半，很多補充上來的新兵，官長甚至連他們叫什麼都不知道，便在當晚的夜襲中為國捐軀（大部分中國軍隊的武器遠不如日軍，只能利用夜間和對地形的熟悉將白天失去的陣地奪回來），而正是這些無名英雄，用他們的血肉之軀鑄造了中國的鋼鐵長城。

日軍這邊的消耗也很大，只好由國內繼續增派第九師團、第十三師團、第一〇一師團及特種兵一部的重藤支隊（臺灣旅）前來參戰，雙方隨後在羅店、蘊藻濱、大場鎮等地展開激戰，反覆爭奪。戰鬥進行到十月二十六日，大場鎮被日軍所奪，蘇州河北岸的中路軍腹背受敵，只得向上海北站與江灣間的陣地轉移，這時的戰鬥已經開始向上海周邊轉移了。

在中國軍隊主力撤退後，只有一支小部隊留了下來，這就是抗戰史上著名的「八百壯士」。「八百壯士」其實是八十八師第五二四團第一營的官兵，對外稱一個團八百人，實則是一個加強營，官兵只有四百一十一人。當時南京方面決定讓這樣一支小部隊繼續留在閘北，主要也是向國際社會表明抗戰決心並鼓舞士氣，而「八百壯士」駐守的四行倉庫位於蘇州河北的西藏路橋，其建築原本是上海四家銀行（即金城、中南、大陸、鹽業四銀行）共同出資建設的倉庫（建於一九三一年，佔地〇．三公頃，建築面積二萬平方米，屋寬六十四米，深五十四米，高二十五米，係一座鋼筋混凝土結構的六層大廈，也是這一地塊的高層建築，非常堅固）。

第五二四團第一營的營長為楊瑞符，謝晉元為團附（對外稱團長，原團長為韓憲元，後在南京保衛戰中殉國），他們在接到命令後即率所部官兵四百一十一人入駐四行倉庫並掩護大部隊撤退。等到大部隊都撤走後，四行倉庫的西面、北面已被日軍佔領，東面、南面則為公共租界，四行倉庫成為一個「孤島」，而駐守的「八百壯士」也就成了名副其實的孤軍。

「八百壯士」進入倉庫不久，日軍出動飛機坦克向四行倉庫發起了猛烈的進攻，謝晉元、楊瑞符率領所部官兵頑強抵抗，屢創日軍。在公共租界這一邊，數以萬計的民眾不顧北岸日軍的流彈四射，聚集在蘇州河南岸，不斷為官兵們加油鼓氣，並利用夜間將食物等物品送過去，還有人用旗語向官兵們提供日軍情報。十月二十八日黎明，女童子軍楊慧敏冒著生命危險，將一面國旗裹在身上後衝過火線，獻給了「八百壯士」，以表示對壯士們的崇高敬意。次日黎明，四行倉庫的樓頂高高升起了一面國旗，隔河觀望的民眾激動得滿臉淚花，無不拍手歡呼。

「八百壯士」的精神很快傳遍了國內外，國際上的一些知名報紙紛紛報導了以「八百壯士」為代表的中國軍隊頑強抗戰的英勇事蹟，為中國的抗戰事業贏得了國際輿論的支持。不久，《八百壯士之歌》（作詞：桂濤聲，作曲：夏之秋）也很快被創作出來了：

「中國不會亡，中國不會亡，你看那民族英雄謝團長；中國不會亡，中國不會亡，你看那八百壯士孤軍奮守東戰場。四方都是炮火，四方都是豺狼。寧願死、不退讓，寧願死、不投降。八百壯士一條心，十萬強敵不敢當。我們的行動偉烈，我們的氣節豪壯。同胞們，起來！同胞們，起來！快快上戰場，拿八百壯士做榜樣。中國不會亡、中國不會亡、不會亡！」

由於事前被租界當局警告，日軍對四行倉庫的進攻也不敢過分使用重武器，但他們絕不能容忍這種情況繼續發生下去。這時，租界當局也害怕殃及自身，在各方協調下，「八百壯士」最後奉命退出四行倉庫。經過四晝夜的血戰之後，謝晉元、楊瑞符率剩餘的三百多名官兵於十一月三十一日撤入公共租界。但令壯士們十分氣憤的是，他們在進入租界後便被繳械，隨後被羈留在膠州路的一個營地裡，除了少部分官兵在營長楊瑞符的率領下歸隊外，其餘官兵都一直被扣押在租界。一九四一年四月，幾名被敵人收買的叛兵利用早操的時候將謝晉元刺死，噩耗傳來，舉國震驚，國民政府隨後通令嘉獎，追贈其為陸軍少將。謝晉元將軍如今被安葬在宋慶齡陵園，每到清明，前去弔唁的民眾絡繹不絕。

中國軍隊撤至上海周邊之後，日軍大本營改變策略，其試圖以速戰速決的方式攻下國府南京，迫使國民政府投降，以盡快結束整個戰爭。十一月五日至十一日，日軍從國內、華北、東北抽調大量部隊在杭州灣登陸，試圖迂迴到中國軍隊的側後並與在淞滬地區的日軍形成包圍圈，一舉全殲中國軍隊主力。在這種情況下，蔣介石下令淞滬戰區各部隊迅速後撤，浦東、松江等地的中國軍隊也全部撤往後方。由此，上海除了公共租界外全部淪陷，淞滬戰役結束。

淞滬戰役共歷時三個月，在一個窄小的江南水網地區，雙方投入了近百萬軍隊廝殺，其中日軍參戰兵力為二十餘萬，傷亡四萬多；中國參戰兵力為六十餘萬，傷亡近十六萬，雙方的傷亡率為一：四，這與中國軍隊的武器裝備、訓練指揮等方面是有直接關係的。當時中國軍隊最精銳的部隊（譬如八十七師、八十八師），可能只相當於日本的一個二流師團，就整體實力而言，中國軍隊是明顯要差於日軍的。

但是，中國軍隊士兵在國難面前所迸發出來的愛國熱情和頑強精神足以垂範千古，正是因為他們的浴血奮戰，最終迫使日軍轉移了戰略主攻方向，「三個月滅亡中國」更是被證明為一場迷夢。

從歷史上來看，如果任由強敵由北攻南、從容實施既定戰略的話，南方政權幾無勝利的可能，如蒙古滅宋、清兵入關，都證明了這點。從戰略意圖上來，蔣介石將中國軍隊主力放在江南（上海）這樣水網交錯的地帶牽制敵軍並將其拖入泥潭，比在華北大平原與日軍進行主力決戰要來得高明，因為在北方這種開闊地帶，中國軍隊在日軍機械化的野戰部隊面前毫無優勢可言，而主動開闢淞滬戰場則打亂了日本的既定計劃，並迫使其改變戰略，而其試圖速戰速決的冒進策略顯屬失算，由此也徹底陷入漫長的持久戰而不能自拔。在大部分時間裡，戰略不是萬能的，但沒有戰略是萬萬不能的，日本的失敗，很大原因就在於此。

中國軍隊撤離淞滬戰區後，上海也成為真正的孤島。聽不到中國軍隊的槍聲炮聲，租界內的民眾一度激昂的熱情開始變得消沉，洋場裡的娛樂場所反而興旺了起來，最顯著的就是舞廳，原本租界只有十幾家，淞滬戰役結束後反而增加到幾十家，很多人都靠「篷恰恰」來解脫苦悶。儘管戰爭暫時平息下去了，但對於未來，民眾都感到十分迷惘，一些有辦法的人便通過各種途徑離開了上海（當時英國太古及怡和輪船公司仍舊通行），但對於大部分民眾而言，他們無處可去。

但公共租界也不可能長久維持。一九四一年「珍珠港」事件爆發後，日本對英美宣戰，隨即派軍隊開進了公共租界，上海由此徹底淪陷，成為了日本人的天下。在此期間，日本人利用大批的流氓特務在上海進行極其黑暗的統治，光天化日之下殺人綁架、暗殺搶劫，幾乎成了家常便飯，上海民眾也只能極痛苦的忍受到抗戰結束。

不過，上海抗戰的最後一幕慘劇不是發生在中國人身上，而是發生在日本人自己身上。據留守租界的上海醫生陳存仁說，就在日本宣布無條件投降後，他被強迫去給某跑馬廳替日本人看馬的馬夫看病時，正好現場目擊了這場慘劇。據他所述，當時「跑馬廳的正門已經打開，無數的運兵大卡車接踵而至，門口站了兩行憲兵，見了一輛車開入便高喝一聲，舉槍致敬……往東望是一望無際的軍車陸續入門，朝西望也有無數軍車等候著，待軍車進入跑馬廳內後，軍人下車分別列隊，站在一個固定的地方，而海軍空軍也開到指定的地方，排列得很整齊，軍車依次進入，源源不絕……在最遠的一隅，有不計其數穿著白色衣衫的人，排隊站立著，這些人都有手銬和腳鐐，每行十二個人，有鐵鍊連串著……」

令人吃驚的是，當高級軍官全部到齊後，「片刻間升起日本國旗，在場的軍人同唱國歌，唱畢，由一個軍官對著話筒講了一輪話，只見遠處一隅地上，擺著一排計算不出數目的機關槍，對著那些穿白色衣衫的囚犯，在旗幟一揮之下，跟著就是一陣軋軋的機關槍聲，無數白衣囚犯，紛紛應聲倒斃，也不知道死了多少人。之後，有一個長官模樣的人在話筒中講了幾句話，只見剩餘下來的白衣囚犯，立即跪到地下，帶著手銬，表示降服，這一些囚犯，總算是逃出鬼門關了。」

陳醫生後來才知道，這些白衣囚犯是被關押的日本反戰軍人，人數大概在一兩千人，這一次少說也槍殺了一千人以上，其目的就是要殺雞給猴看，免得這些人回國後搗亂，因為接下來，日本人就要用留聲機播放天皇的停戰詔書了，所以這些反戰軍人被提前處決。據陳醫生所說，當時的慘劇並非他一個人所見，因為跑馬廳（今上海人民公園）周邊的高層建築還有國際飯店、金門飯店等，當時的屋頂都擠滿了人並親眼目睹了這可怕的一幕。

事後，日本人架起篝火，將那些被殺的反戰軍人毀屍滅跡，據說燒屍體的臭氣，在很長一段時間後才消失。戰爭就是這樣的殘酷，但不管怎麼說，它終於結束了，中國人民最終取得了正義的勝利。

三五、唐生智的大野心與小本領

一九三七年十一月十一日，在淞滬會戰失敗後，蔣介石召集各高級將領討論南京守衛問題。會上，各將領大多表示南京係三戰之地（唯北面有長江天險），易攻難守，而日軍士氣正旺，中國軍隊死守無益，不如將之宣布為「不設防城市」，以保護平民不受戰爭傷害。蔣介石沉吟再三後說，南京為國府及中山先生的陵寢地，斷不能不戰而退。正當各將領沉默之時，唐生智忽然起立，大聲疾呼道：「南京係總理陵墓所在，值此大敵當前，如果不犧牲一二大將，如何對得起總理的在天之靈？我本人主張死守南京，和敵人拼到底！」

唐生智的表態聲色俱厲，大義凜然，蔣介石於是就坡下驢，隨即委派唐生智為南京衛戍司令並籌畫指揮南京防衛事宜。由此，近十萬中國軍隊在唐生智的指揮下，開始了極其悲壯的南京保衛戰。蔣介石其實也知道南京守不住，但南京畢竟是國民政府所在，不加抵抗便輕易棄守未免會嚴重打擊抗戰的士氣，在民族氣節上也說不過去，因此，唐生智的主動請纓實際上是給了蔣介石一個解圍的機會，不然他還真是下不了臺。

因此，儘管唐生智信誓旦旦地要與南京共存亡，蔣介石還是在十二月十一日電令唐生智，告訴他「如情勢不能持久，可相機撤退」，但唐生智久疏戰陣，其指揮的部隊又並非嫡系，因而在撤退過程中極其混亂，導致數萬官兵滯留南京城內外並被日軍俘虜或殺害，對此，唐生智應負有相當的責任。

事實上，唐生智在一個月前的慷慨發言之時，與會的李宗仁便暗中揣測唐生智乃是「靜極思動」，想乘機掌握一部分兵權，這一觀點被一部分史學家認同，因為唐生智當時只是一個沒有實權的「訓練總監」，他此時的主動請戰，很大程度上是因為不甘寂寞、出於功名心的考慮。在自己的回憶錄中，李宗仁還暗諷唐生智「與南京城共存亡」的表態不過是「空頭支票」罷了！

唐生智的出道史並不算顯赫，但他在北伐後期也曾有過大場面，只可惜機會稍縱即逝，他沒有把握住，因此一直引以為憾並試圖復出，這本也在情理當中，不必苛責，只是身處亂世，野心很大但本領卻又太小，這就未免誤國誤人又誤己了。

唐生智，字孟瀟，一八八九年生，籍貫湖南東安縣，其祖父唐友耕曾跟隨湖南巡撫駱秉章進剿太平軍並在金沙江畔擒獲翼王石達開，最後以軍功升至廣西提督。也許是因為殺人太多、陰氣太重，唐友耕一連娶了十四房姨太太卻只有一根獨苗，即唐生智的父親唐承緒。唐生智自幼受祖父指點，先後入湖南武備學堂、湖北第三陸軍中學學習軍事，民國後又進入保定陸軍軍官學校，一九一五年畢業後投入湘軍，算得上標準的名門之後、科班出身，前途頗為可觀。

唐生智的父親當時在湖南省長趙恆惕的手下做實業司長，唐生智也很快在趙恆惕的湘軍中混到團長，父子倆都很受趙恆惕的賞識。一九二〇年，原湖南督軍譚延闓大戰趙恆惕的時候，唐生智被提升為旅長並在此戰中大敗譚延闓，由此做上了湘軍第四師的師長，坐鎮湘南。此時的唐生智，年紀不過三十出頭，但手裡有三萬多條槍，儼然已經是個小軍閥了。

軍閥不論大小，難免都要稱王稱霸，因而唐生智也很快與領導趙恆惕鬧起了不愉快，最後乾脆武力逼宮，把在湖南經營了五六年的趙恆惕趕出長沙，自己當上了湖南省長。但是，趙恆惕手下有四個師長，唐生智只是其中的一個，趙恆惕雖然下臺了，但其他三位師長葉開鑫、劉鉶、賀耀祖卻不買唐生智的帳，他們在直系首領吳佩孚的支持下，很快又將唐生智趕回了湘南，甚至老地盤都可能不保。在這種情況下，唐生智決定加入北伐軍。

最開始的時候，廣東革命政府並不相信唐生智真的會投身革命，比如被唐生智打得大敗的譚延闓便以一種完全不相信的口氣對說服唐生智加入北伐的李宗仁說：「你要唐生智加入革命？他恐怕靠不住吧？」另一個唐生智的手下敗將程潛則說：「你想唐生智那小子能加入革命？他以前倚靠北洋軍閥打我們，現在吳佩孚打他，你要我們去救他？」言外之意，似乎對前事耿耿於懷而對唐生智餘怒未消。

不過，唐生智當時可能沒有想到，他誤打誤撞的這步棋，其結果卻好極了。在張發奎第四軍及李宗仁第七軍的幫助下，唐生智的第八軍很快便擊潰葉開鑫等部並佔領湖南全境，一時間風光無限，成為革命陣營中冉冉上升的超新星。一九二六年八月十四日，國民革命軍總司令蔣介石在長沙檢閱第七、第八軍，其間發生了一個小小的意外，這卻讓唐生智產生了一個大大的幻想。

事情是這樣的，受閱部隊兩萬餘人在長沙東門外大校場接受總司令的檢閱，當時蔣介石騎著一匹高大的棗紅色戰馬，第七軍軍長李宗仁、第八軍軍長唐生智等高級將領十餘人也騎著馬跟隨在後，隨同檢閱。按序列，首先受閱的是第七軍，蔣介石騎著馬緩緩前進，時而舉手答禮，一切正常，但進入第八軍的序列後，排頭卻多了一列軍樂隊，蔣介石一過來，號兵隊長立刻下令奏樂，十多名號兵舉號吹奏，只見金光一閃，號聲大作，蔣介石的坐騎突然受到這一驚嚇，猛然間大嘶一聲，前蹄高舉，並向前狂奔。

蔣介石平時大概不善騎馬，一時間勒韁不住，反被座騎掀下馬去，結果手足朝天不算，右腳還套在腳踏蹬裡，被馬倒拖前行，可謂是危險萬狀！跟在後面的李宗仁等人見狀大驚，但事發倉促，來不及做出反應，好在蔣介石命大福大，他當時穿的馬靴很容易鬆動，被馬拖了兩丈遠後便與馬分離，蔣介石匍匐在地，逃過一劫，不然的話，委員長可能就此報銷了。

李宗仁、唐生智等人見蔣介石伏在地上，急忙翻身下馬，將驚魂未定的總司令扶起。在數千人的檢閱隊伍前，當時的情景可謂尷尬，只見蔣介石的軍服上滿是污泥，帽子掉了，軍靴也脫了，白手套上全是泥，情狀十分狼狽。不過，蔣介石的後續反應還算鎮定，他隨後一瘸一拐地帶著眾將領以步行的方式完成了這次閱兵，才算是應付了過去。

古代大將出征，如果被大風吹折了纛旗，往往被認為是極不吉利甚至是不祥之兆。蔣介石閱兵的時候陣前墜馬，這固然很不雅觀，但畢竟只是一次意外，但迷信的唐生智卻不這麼認為，特別是經過「顧和尚」的添油加醋後，他就更加想入非非了。

唐生智的幕中養了一個「顧和尚」，其人能掐會算，據說十分靈驗，因而唐生智尊稱其為「顧老師」，對他言聽計從，十分推崇。「顧和尚」其實是個花和尚，吃喝嫖賭樣樣都來，但他對陰陽讖緯似乎頗為精通，蔣介石墜馬一事發生後，他當然不能放棄這個絕好的機會向唐生智進言。

據「顧和尚」所說，蔣介石這次北伐必然是凶多吉少，最重要的是，他將爬不過第八軍這一關，今後必定被第八軍所剋；因此，唐軍長應當好自為之，珍惜機會，將來蔣介石失敗的話，取代他的必然非唐生智莫屬。唐生智聽後，自然十分興奮，心裡也就暗存了「彼可取而代之」的念頭。

在北伐軍一舉攻下湖南、湖北、江西、安徽、浙江、福建等地後，各軍都有所擴展，但其中以唐生智的第八軍擴張最厲害，一個軍竟擴成了四個軍，唐生智部原師長李品仙、葉琪、何健、劉興都升任為軍長，勢力一下就膨脹了好幾倍，頓成尾大不掉之勢。

而在這時，北伐軍內部也出現了分裂的態勢，先是蔣介石發動「四一二政變」，接著是「反共清黨」，隨後又有「寧漢對立」，蔣介石與汪精衛鬥得不亦樂乎。本來呢，唐生智的資歷在革命陣營中是比較淺的，但當時他手下有四個軍並控制了湖南、湖北、安徽三省的地盤，因而成為了舉足輕重的人物，特別是在蔣介石下野之後，唐生智更是野心膨脹。他一邊扶持汪精衛的武漢國民政府對抗南京國民政府，另一邊還勾結北伐的主要對象孫傳芳，意圖藉孫傳芳之力消滅「寧方」勢力，為自己坐大創造條件。

「龍潭之役」便是在這樣的背景下爆發的，唐生智一面東進，一面與孫傳芳互通聲息，目的在謀南京。之前被北伐軍打敗的孫傳芳在得到直魯聯軍張宗昌的支持後孤注一擲，率軍渡江突襲南京，但在龍潭之戰中全軍覆沒。而在「龍潭之役」之後，在孫傳芳部俘虜中也查獲了孫、唐勾結的證據，孫傳芳的作戰命令中就有「友軍唐某所部已到達某線」等語。

龍潭戰役之後，北伐軍決定西征唐生智，解除心腹大患。一九二七年十月二十日，南京討唐軍以李宗仁所率的第七軍為主力，沿長江北岸西進；與唐生智素有舊怨的程潛第六軍等沿長江南岸西進；朱培德在江西奉命策應，伺機夾擊；何應欽所率的第一軍則在津浦線防守奉魯軍，掩護西征軍；另有馮玉祥的國民第二軍沿平漢線南下，威逼武漢。

在各軍進逼之下，唐生智所部很快戰敗，最後不得不通電下野，並潛往日本避難，餘部李品仙、廖磊等為李宗仁的桂系收編。據李品仙等人稱，唐生智在下野前，為洩己憤，竟將屬下第八軍第一師師長張國威殘忍勒斃，說來令人髮指。

事情的原委是這樣的，在桂系軍隊攻入湖北後，唐生智曾調張國威部死守漢口周邊，以掩護大軍撤退。但張國威見大勢已去，死守無益，便勸唐生智迅速撤退為宜，唐生智聽後極為惱怒，後召集各軍長、師長在其私宅開會，會畢後，各將領紛紛下樓，唐生智忽然叫住張國威：「張師長你留一下，我有話跟你說！」張國威聽後便留下，等到其他將領走出大門後，唐生智又對張國威說：「沒什麼事了，你走吧！」張國威走下樓梯口後，唐生智之弟唐生明帶著幾名士兵突然躥出，拿著一根麻繩套住張國威的脖子，張國威大驚，其被按倒在地上後大呼：「唐總司令饒命啊！」李品仙等人剛走出不遠，聽見張國威的慘叫後急忙回頭探視，但張國威此時已經被勒死在地上，其狀慘不忍睹，唐生智之心狠手辣可見一斑。

唐生智在失去基本部隊後，一度十分沉淪。不過蔣介石後來又與李宗仁的桂系發生矛盾，唐生智乘機復出，並受命去說服投桂的原部屬，但因為李品仙、廖磊等人本係廣西人，而「蔣桂戰爭」因為桂系內部倒戈而迅即結束，唐生智這次未能東山再起。一九三一年「九一八」事變後，唐生智重回南京政府擔任軍事參議院院長，後出任「訓練總監」等職，但一直未獲實質性兵權。

唐生智就任南京衛戍司令的時候身患慢性痢疾，其身體狀況並不好，但其抗戰決心是有的，正如其在就職後對新聞記者的談話：「本人奉命保衛南京至少有兩件事有把握。第一，即本人所屬部隊誓與南京共存亡，不惜犧牲於南京保衛戰中；第二，此種犧牲定將使敵人付出莫大之代價。」唐生智在上任之後，便下令封鎖南京通往江北的道路並銷毀大量渡船，以示破釜沉舟之精神，但必須指出的是，唐生智此舉也使得大量平民不能及時撤離，以至於日軍攻破南京後，很多平民及士兵不能逃往江北或者因爭奪渡船而淹死江中。

南京保衛戰的時間很短，但有一點應當說明，那就是：唐生智是在蔣介石下令撤退後才向部隊下達撤退命令的，但其在撤退過程中指揮不當，安排欠妥甚至是毫無計畫，結果造成了不必要的大損失。據稱，唐生智在下達撤退命令後，官兵茫然失措，各自逃生，而少數勇敢的部隊未接到撤退令，他們以為友軍畏縮、擅自撤退，竟在城樓上架起機槍，向潰退出城的友軍掃射，以至於自相殘殺，其慘烈如此。

至於唐生智，則在十二月十二日下達棄城命令後乘坐自己保留的汽艇渡江北去，臨行前還電話告知之前的部下李品仙為他在浦口準備一輛列車，準備經蚌埠、徐州後轉隴海路去武漢。李宗仁在得知唐生智過徐州後，親自到徐州車站去接唐生智，據他所敘，唐生智「神情沮喪，面色蒼白，狼狽之狀，和南京開會時判若兩人」。

南京之戰後，唐生智回到家鄉湖南閒居，後來還辦起了一所中學，在此期間，他主要研究佛學。解放戰爭末期，唐生智曾領銜通電擁護湖南和平解放。一九七〇年，唐生智死於直腸癌，時年八十一歲。

三六、哀憤之戰台兒莊

一九三七年十二月，日軍在攻佔國府南京後，氣焰極為囂張，其後續作戰計畫為打通津浦線，將平津到長江以北地區連成一片，而這一中間地帶，正是李宗仁將軍所負責的第五戰區。

面對日軍的南北夾擊，李宗仁手裡可以指揮的部隊卻少得可憐，其中又大都是一些雜牌部隊，「三四等的貨色」，如龐炳勳的第三軍團，其出身為原西北軍，名義上為一個「軍團」，實質上只有五個步兵團而已，作戰能力十分有限；原屬東北軍的于學忠第五十一軍及繆澂流第五十七軍，裝備尚可，但算不上什麼勁旅；韓德勤的第八十九軍，原是江蘇保安隊改編，非正規軍出身，戰鬥力薄弱；韓復榘手下的第十二軍（軍長孫桐萱）與第五十五軍（軍長曹福林），雖說訓練及裝備還可以，但蔣介石都指揮不動他，何況是李宗仁呢？

唯獨可靠的，是廣西調來的第三十一軍（軍長劉士毅，下轄三個師），因為這個軍是李宗仁在家鄉親自徵調成立的，各級幹部多為北伐期間的老班底，雖然新招募的士兵訓練不足，也無作戰經驗，但指揮起來終歸要強於其他部隊。

李宗仁在擔任第五戰區司令長官後，指揮部便設在了徐州。從軍事上來說，徐州屬四戰之區，歷來就是兵家必爭之地，在之前的短短十年間，徐州已經經歷過多次重大戰爭，如一九二五年奉軍南下、一九二七年北伐軍北上及一九三〇年的中原大戰（包括後來的淮海戰役），徐州都是各方力爭的重點，因為控制徐州後，北上可以直逼濟南、平津，南下可以直達蚌埠、南京，其戰略意義毋庸多言。

日軍在攻下南京後，隨即以八師之眾分別從鎮江、蕪湖、南京三路北上，光進攻津浦路正面的就有三個師。對此，李宗仁令第三十一軍在明光一帶進行阻擊，日軍在遭到頑強抵抗後大為驚異，只好從南京調來野炮、坦克進行支援。但日本援軍到後，第三十一軍卻突然讓開津浦路正面，等日軍進佔蚌埠之後，于學忠的第五十一軍前來防守淮河沿岸，而之前撤退的第三十一軍轉從側後出擊，將津浦路截成數段，從淞滬戰場上撤下來的廖磊第二十一集團軍（同為桂系軍隊）也增援到合肥，日軍首尾不能相顧，雙方隔著淮河對峙，陷入了膠著狀態。

但在津浦路的北段，情況就不容樂觀了。山東軍隊與日軍甫一交戰，便損失了三個團，韓復榘在自知不敵的情況下，為保存實力而下令將手下兩個軍撤入魯西北，致使津浦路北面門戶洞開，日軍在攻下濟南後迅速南下泰安、濟寧、兗州，離第五戰區司令部所在地徐州已經不足二百公里。

韓復榘也為此付出了沉重的代價。據李宗仁回憶，蔣介石隨後召集軍事會議，散會後，正當眾人紛紛離去之時，劉峙突然起立大呼道：「韓總司令請慢點走，委員長有話要同你講！」韓復榘聞言留下，離去的眾人遂議論紛紛，齊說：「韓復榘糟了，韓復榘糟了！」據李宗仁所說，散會的時候他走在最後，「只見會場內留有委員長的便衣衛士四五人。劉峙便指著衛士對韓復榘說『韓總司令，你可以跟他們去』，韓氏臉上頓時發青，低著頭，蹣跚地隨衛士去了」。韓復榘最後未經軍法審判便告槍決，死得很不光彩，但也令軍中為之一震，起到了殺一儆百的作用。

殺了韓復榘，戰爭仍在繼續。當時沿津浦路正面南下攻打徐州的是日軍磯谷廉介的第十師團，另外還有從青島、濰坊方向西進的第五師團（由當年策劃「九一八事變」的板垣征四郎率領）。磯谷廉介、板垣征四郎與土肥原賢二當時被稱為日本的三大「中國通」，這三人，與後來的「中國派遣軍」總司令岡村寧次以及荒木貞夫、本莊繁、松井石根、阿部信行等人，都是日本士官學校第十六期畢業（與中國留日士官生第三期蔡鍔、蔣百里、許崇智、曲同豐等人共同上課、同期畢業）。

磯谷師團與板垣師團都是日軍中最精銳的機械化部隊，其兵力和火力也遠遠超過了中國軍隊。從編制上來看，日本的師團、旅團、聯隊、大隊、中隊、小隊可分別對應中國的師、旅、團、營、連、排，但當時中國一個基準師的兵力大約為一萬人左右，而日軍一個常設師團的兵力超過兩萬人；從火力上看，日軍在輕重機槍、榴野山炮等武器配置方面都遠遠超過了中國軍隊，而日軍擁有的飛機坦克及機械化程度也都是中國軍隊所不可比擬的，因此，就戰鬥力而言，一個日本甲種師團可能比中國軍隊一個王牌軍還要強大。

日軍的作戰計畫是，磯谷師團由北向南，板垣師團由東向西，與北上的日軍彼此呼應，最後合圍徐州，一舉消滅該戰區的中國軍隊。一九三八年三月十二日，阪垣師團猛攻徐州東北方向兩百里的臨沂，當時防守的部隊是只有五個團兵力的龐炳勳軍團。龐炳勳從戎多年，當時已經五十多歲，他在之前的內戰中曾腿部受傷，腳有點拐，人送綽號「龐拐子」，但其屬下的子弟兵卻極為團結，因為龐炳勳本人一向廉潔愛兵，能與士卒共甘苦，因此龐炳勳在之前的戰爭中雖然數經敗陣，但隊伍仍舊得以不散。

論年紀和資歷，李宗仁恐怕還比不過龐炳勳，但李宗仁善於察言觀色，知人善用，他對這位老前輩也是優禮相待，並推心置腹地說，我們這些人，打了二十多年的內戰，現在仔細回想那種生活，實在是太沒有意義了。黑白不明，是非不分，敗不足恥，勝不足武，所幸現在有一個抗日報國的機會，可以為國家、為民族而戰死沙場，能夠真正地死得其所，如此，才不愧做一軍人，以終其生。

龐炳勳一向以保存實力而聞名，他聽了當即表示為了抗日，「絕不再保存實力，一定同敵人拼到底」。李宗仁問起他們有什麼困難時，龐炳勳歎了口氣，說中央要將他們的特務團裁去，五個團歸併為四個團，但他們的部隊兵額都是足額的，不能歸併就只有遣散，那弟兄們怎麼辦呢？可要是不歸併的話，中央就要停發整個部隊的糧餉，這可如何是好？李宗仁聽後當即表示要為他們解決此事，最後龐炳勳軍團得以保留原建制；與此同時，李宗仁又令兵站總監盡量補充龐炳勳軍團武器彈藥，令全軍上下士卒歡騰，隱然已成一支勁旅。

日軍進攻臨沂後，龐炳勳果然沒有保存實力而是與敵力拼，號稱精銳的板垣師團竟然在數日間不能得逞，一時中外哄傳，贏得了各方的交口稱讚。板垣征四郎被挫於一支名不見經傳的「雜牌部隊」，臉上很掛不住，隨即加強攻勢，龐炳勳軍團這時傷亡過大，有點吃不住了。

好在這時一支新部隊開到了第五戰區，這就是張自忠的第五十九軍。張自忠也是西北軍出身，但他不太願意去援救龐炳勳，因為他倆在之前的內戰中有過私怨，張自忠曾遭遇龐軍的襲擊，險些丟了性命。在李宗仁的勸說下，張自忠最後服從了命令，迅即開往臨沂前線。

說到這裡，還有一段小插曲。馮玉祥在中原大戰失敗下野後，西北軍四分五裂，韓復榘、石友三等人在山東等地獨立門戶，另一些較為忠誠的部隊如孫連仲、張自忠等部則在宋哲元的整理下，分駐在華北、西北等地。在日軍策劃「華北特殊化」時期，張自忠被宋哲元任命為北平市長，很長一段時間為人所誤解，其忍辱負重被民眾視為「漢奸」，特別是「七七事變」北平失陷後，張自忠被指責為「擅離職守、不事抵抗」，其本人來京請罪，而有輿論竟要求對其進行軍法會審。

李宗仁在得知情況後，他親自把張自忠請來，勸他不要灰心，將來要將功贖罪，並表示願意向蔣介石進言，讓他重新回去仍帶他的五十九軍（當時有人想瓜分張自忠的部隊）。張自忠聽後極為感動，表示中央能夠寬恕他的罪過的話，他必將戴罪圖功。在李宗仁的努力下，蔣介石同意將張自忠放回去。張自忠在返回之前，特意到李宗仁處致謝，他至為激動地說：「要不是李長官一言九鼎，我張某縱不被槍斃，也當長陷縲絏之中，為民族罪人。今蒙長官成全，恩同再造，我張某有生之日，當以熱血生命以報國家，以報知遇。」（後來張自忠為國捐軀，恐怕也是出於自洗清白的「孤憤」之舉。）

正因為有這段機緣，張自忠在李宗仁「捐棄前嫌」的勸導下，二話沒說就以急行軍的速度開赴臨沂前線。張自忠的部隊裝備較好，士氣也很旺盛，每一士兵還按西北軍的老傳統配有一把大刀。在接敵之後，張自忠的先頭部隊出其不意地突入敵陣，並使用大刀、手榴彈與之短兵相接，直殺得日軍落花流水，驚呼：「馮玉祥的大刀隊來了！」

由此，張自忠不但解救了龐炳勳軍團，而且打了一個不小的勝仗，迫使日軍撤去臨沂之圍，前往台兒莊會師的計畫也就成了泡影。此戰之後，張自忠與龐炳勳重歸於好並成為莫逆之交，也是抗戰史上的一段佳話。

在臨沂大戰的同時，日軍磯谷師團也從兗州南下，在攻克鄒縣後直撲滕縣，此地離徐州只有百里之遙。這時，川軍鄧錫侯部沿隴海路趕到徐州增援，李宗仁急調其第四十一軍（軍長孫震）的第一二二師（師長王銘章）及第一二四師（師長稅梯青）前去堵截，因日軍已佔領鄒縣，川軍二師便分別在滕縣城內外布防，王銘章率一二二師駐防滕縣城內，一二四師則在城外策應。

磯谷師團是日軍中高度機械化的重炮部隊，其攻打滕縣的火炮力量更為強大，計有一個野炮兵聯隊、一個野戰重炮兵聯隊、一個榴彈炮大隊及兩個山炮中隊，另有一個機關槍大隊及兩個輕型裝甲車中隊，而川軍一二二師和一二四師的兵力不足七千人。在日軍的重炮轟擊與坦克衝鋒下，王銘章率全師官兵與強敵血戰三晝夜，王師長身中七彈，屬下二千多人壯烈殉國。三月十七日，滕縣失守。滕縣之戰，也是台兒莊戰役中最壯烈的一幕。

七十二年後，滕縣之戰中的唯一在世者、八十九歲的老兵葉光文，凝望著成都「川軍陣亡將士紀念碑」上的雕像說，「當年我們出川抗日，就是這個樣子。我們就這樣踩著戰友的屍體，抱著必死的決心向前衝鋒……」紀念碑上矗立著一尊無名戰士的雕塑，他腳踏一雙破爛的草鞋，身上穿著一身破舊的軍衣，肩上背著一桿老舊的步槍，戴著斗笠，插著大刀。這就是當年川軍的形象。

從民國建立以來，四川就不曾安靜過，各路軍閥你爭我奪，戰火不斷，四川幾乎就是中國連綿內戰的一個縮影。這一次，川軍激於民族大義，奮然請纓出戰，但川軍因為地處偏僻，加上多年內戰的緣故，其裝備極其窳劣，士兵使用的步槍老舊不堪，有些膛線都已磨平，有的乾脆就是土作坊製作的。

更鬱悶的是，這些川軍因為倉促出師，遠道跋涉的途中又無糧草補給，因而難免發生一些強買強賣的糾紛。在開赴太原戰場後，川軍尚未上陣便在潰敗的大軍裹挾之下狼狽後退，兵荒馬亂之中更無物資供應，於是川軍遇到晉軍的軍械庫便自行補給，惹得主人閻錫山大為震怒，電告統帥部稱「川軍是一群『抗日不足、擾民有餘』的『土匪軍』」，蔣介石接電後將他們調到第一戰區，誰知司令長官程潛一口回絕：「閻老西不要的東西，你們要送給我？我不要這種爛部隊！」

此時正值南京失陷，蔣介石正在氣頭上，他大怒道：「沒人要就把他們調回去，讓他們回四川稱王稱霸去吧！」好在這時副總參謀長白崇禧在一邊為之緩頰：「他們都不要，不如問問第五戰區李長官，看他們那邊怎麼樣？」

李宗仁接到白崇禧的電話後，說：「好得很，我們這裡正缺人，你把他們調到徐州來！」白崇禧說「這些部隊作戰力可能要差一點」，李宗仁說：「諸葛亮紮草人為疑兵，他們總比草人好吧？」於是川軍便被調到了第五戰區，而對於其中的原委，川軍將領也大多知曉，但凡有點愛國心和自尊心的，都無不為此感到羞愧。是啊，天下之大，竟無處容身；有心殺敵，豈料報國無門！可這又能怪誰呢?!

李宗仁在見到鄧錫侯總司令及孫震軍長後，安慰他們說：「咱們在中國內戰中打了二十餘年，回想起來太無意義。如今總算有一個機會讓我們各省軍人停止內戰，大家共同殺敵報國。希望大家都把以往忘卻，從今之後大家一致和敵人拼命。」由於川軍的裝備實在太差，李宗仁又立刻從第五戰區的庫存中撥給一些新槍、迫擊炮和大量彈藥，川軍上下，無不感奮，在滕縣之戰中，川軍將士奮勇殺敵，死而無憾，書寫了川軍抗戰史上最光彩、最光榮的一頁。

滕縣的犧牲絕不是無謂的，因為它為其他部隊增援台兒莊贏得了時間和空間。在北上日軍被困淮河、板垣師團受阻臨沂後，磯谷師團仍舊十分囂張，其在攻佔滕縣後繼續南下，試圖與板垣師團會師台兒莊，最後總攻徐州，大有「先入關者為王」的氣焰。

但是，正因為這種驕橫的心態，為日軍的失敗埋下了伏筆，滕縣失守後，第五戰區也有兩支勁旅被調來，一是湯恩伯的第二十軍團，該軍團係國民黨軍隊的精銳之師，下轄兩個軍（關麟徵第五十二軍和王仲廉第八十一軍），下屬五個師（鄭洞國第二師、張耀明第二十五師、陳大慶第四師、張雪中第八十九師、張軫第一一〇師），這個軍團的裝備很好，步兵均配備捷克式步槍，重機槍、大炮等重武器也很齊全，還有一德制重炮營，實力不容小覷。特別值得一提的是，湯恩伯係黃埔軍校畢業後保送日本士官學校並於次年（一九二六年）畢業。

另一支勁旅是孫連仲的第二集團軍，這支部隊原係馮玉祥西北軍的隊伍，雖然實力比不過湯恩伯的第二十軍團，但至少也可以被列入「第二等」。第二集團軍名義上有兩軍（田鎮南第三十軍、馮安邦第四十二軍），但因為之前剛參加山西會戰，當時可參戰的部隊實際上只有三師（黃樵松第二十七師、張金照第三十師、池峰城第三十一師）。

正因為日軍的驕橫，李宗仁決心要打一個「不大不小的勝仗」，在他的計畫中，善於防守的孫連仲部被派往台兒莊，將日軍主力誘至該處並予以打擊後，再乘日軍疲憊之時，由湯恩伯所部及其他周邊軍隊出擊包圍，實施殲滅。後來戰局的發展，雖如他的所料，但其中的艱難與犧牲，取勝的時機間不容髮，實在來之不易。

台兒莊是徐州東北方向六十里的戰略要地，其北連津浦路，南接隴海路，西臨大運河，正好位於津浦路台棗（莊）支線和台濰（坊）公路的交叉點上，當磯谷師團攻下滕縣後，計畫與繞道台濰公路的板垣師團在此會師，最後合攻徐州。因此，台兒莊也成為保衛徐州的最後一個門戶。

在得知中國軍隊布防台兒莊後，磯谷師團沿津浦路突入棗莊，隨後又沿著臨棗支線佔領嶧縣，據當地游擊隊員的報告：「磯谷師團約三四萬人，配有山炮、野炮、重炮不下百餘門，上有飛機掩護，下有坦克、裝甲車七八十輛開路，並有騎兵部隊擔任兩翼搜索，殺氣騰騰，直奔台兒莊方向前進。」

此時，孫連仲所部的池峰城第三十一師已於三月二十一日渡過運河，布防台兒莊，其他部隊則布置周邊，湯恩伯的第二十軍團讓開津浦路正面，撤入臨近的姑婆山區隱蔽，待機而動。三月二十三日，磯谷師團的瀨谷支隊已開至台兒莊外，以超過一個旅團的兵力展開進攻，炮聲幾乎傳到了六十里外的徐州（據李宗仁所敘）。

日軍自以為有強大的炮火支援，可以摧毀前進道路上的任何阻礙，但在台兒莊卻碰到了一塊堅硬的石壁，因為台兒莊一帶盛產石塊，房屋大都是疊石而造，因而每一棟房屋都是一個堅固的堡壘，儘管日軍以炮火強轟、以坦克開道，但進展遠不如他們想像的那樣順利。池峰城所部官兵則發揮了大無畏的精神，他們沒有強大的炮火掩護、沒有坦克車，更沒有空中支援，只能身綁手榴彈群，用自己的生命去摧毀敵人的裝甲戰車，前仆後繼，視死如歸，以血肉之軀同日軍展開了殊死的搏鬥。在小小的台兒莊寨內，一方依恃強大的炮火和精良的裝備，一方憑藉頑強的精神和堅固的壁壘，並輔以夜襲、反衝鋒等激烈戰法，雙方在此展開了反覆的拉鋸戰，戰況極為慘烈。

日軍磯谷師團步兵第十聯隊的《戰鬥詳報》中說，「敵自昨日以來之戰鬥精神，其決死勇戰氣慨，無愧於蔣介石的極大信任，憑藉散兵壕，全部守兵頑強抵抗直至最後。此敵於如此狹窄的散兵壕中，重疊相枕，力戰而死之狀，雖為敵人，睹其壯烈亦為之感歎。曾使翻譯勸其投降，應者絕無。屍山血河，非特日軍所獨有。」這裡說的，是黃樵松第二十七師於四月二日在台兒莊周邊的戰鬥。

當時任第三十師八十八旅一七六團三營營長的德厚老人後來提起這場慘烈的戰鬥時說，「敢死隊中，我們一個營的八個人，五個人被炸死了。人頭落到我懷裡，腸子掛到帽子上。嘴裡、手上都是鮮血。就是這樣，我們把人頭一放，抱著機槍再跟敵人打。日本人並不是多麼頑強，只要我們不怕敵人，那敵人就怕我們。」

在經過數晝夜的血戰後，孫連仲的第二集團軍傷亡過大，城內的池峰城所部已經傷亡殆盡，台兒莊也已被日軍攻佔了三分之二，形勢十分危急。這時，第三十師的一個團全部投入城內，第三十軍軍長田鎮南、第四十二軍軍長馮安邦也分赴左右兩翼督戰。而此時，從臨沂方向增援的板垣師團阪本支隊在多重阻擊下也已經開到台兒莊，並決心一舉拿下。

在最緊要的關頭，池峰城請示孫連仲，能否轉移陣地，暫時退到運河南岸，孫連仲接電後，向李宗仁直接通電話：「報告長官，第二集團軍已傷亡十分之七，敵人火力太強，攻勢過猛，但是我們把敵人也消耗得差不多了。可否請長官答應暫時撤退到運河南岸，好讓第二集團軍留點種子，也是長官的大恩大德！」

我軍傷亡大，日軍的消耗也不小，李宗仁此時已經向湯恩伯所部下達攻擊命令，並預計次日中午即可達到台兒莊北部，因而嚴厲地對孫連仲說：「敵我在台兒莊已血戰一周，勝負之數決定於最後五分鐘。援軍明日中午可到，我本人也將於明晨親來台兒莊督戰！你務必守至明天拂曉，這是我的命令，如違抗命令，當軍法從事！」

孫連仲聽後，只好說：「好吧，長官，我絕對服從命令，整個集團軍打完為止！」這時，據守台兒莊最後一角的池峰城師長再次來電請求撤退，孫連仲咆哮道：「士兵打完了，你就自己上前填進去！你填過了，老子就來填！有誰敢退過運河者，殺無赦！」非但要死守，孫連仲還按照李宗仁的指示，要求池峰城組織敢死隊利用夜晚對日軍發動夜襲。日軍萬萬沒有想到，已接近絕境的中國守軍竟然還能發起進攻，而他們自己也已經筋疲力竭，因而台兒莊反在當夜被奪回四分之三。

最終的勝利，往往取決於最後五分鐘的堅持。當晚午夜時分，李宗仁親率司令部前往台兒莊，指揮最後的總攻。黎明後，台兒莊北部炮聲漸隆，湯恩伯兵團已經趕到並對疲累的日軍展開包圍。在此情況下，日軍撤退不及，陷入了重重包圍，聚殲的時機已到！

四月六日，在李宗仁的命令下，台兒莊及周邊的守軍全線出擊，向敵人發起反攻。光榮的時刻到來了，戰場上殺聲震天，而日軍此時已成強弩之末，彈藥汽油也使用殆盡，最後不得不依靠殘存的裝甲車強行突圍，在遭到極其嚴重的打擊後，殘部退到了北部嶧縣，苟延殘喘。至四月七日凌晨，台兒莊會戰已取得決定性的勝利。

從周邊臨沂保衛戰、滕縣之戰算起，台兒莊戰役總共打了將近一個月。在這次戰役中，中國軍隊投入兵力二十多個師約十二萬人，基本摧毀了磯谷、板垣兩個精銳師團的主力，據中國方面的戰報，此役殲滅日軍一萬餘人，俘虜七百餘人，繳獲步槍一萬多枝，輕重機槍九百三十挺，步兵炮七十七門，戰車四十輛，重炮五十門。這是中國抗戰以來的最大一次勝仗，也是甲午戰爭後中日交戰的第一次大勝仗。日軍挾南京之戰的餘威，驕橫異常，沒想到在台兒莊卻被大多數為雜牌軍的中國軍隊打了個人仰馬翻（據一九三八年六月日軍華北方面軍參謀部編制的資料，第五師團與第十師團的傷亡數為：第五師團戰死一千二百八十一人，負傷五千四百七十八人；第十師團戰死一千零八十八人，負傷四千一百三十七人，兩師團的總傷亡數在一萬二千人左右，其損失不可謂不大）。

「二十七師血戰功，奮勇殲敵運河東。襲擊敵側背，攻佔前後棚。微山湖畔麥青青，台兒莊上血腥腥。擊潰阪垣柳家湖，擊斃大阪燕子景。運河百折東南流，台兒莊十日建奇功。粉碎敵迷夢，洗盡民族羞。完成先烈未盡志，誓將大捷報國仇。恢復舊神州，豪氣壯千秋！」一寸河山一寸血，勝利之餘，這首豪邁的《台兒莊戰役勝利歌》更是令人盪氣迴腸。

《老子》第六十九章中說：「禍莫大於輕敵，輕敵幾喪吾寶，故抗兵相加，哀者勝矣。」「哀」者，「沉痛」也，「悲憤」也，所謂「哀者必相惜，而不趨利避害，故必勝」，因而受壓而悲憤的一方，定能克敵制勝。南京之役，日軍屠殺我數十萬軍民，此等血海深仇，凡我中華男兒，無不義憤填膺，誓除強敵，即便是那些常年內戰的隊伍，也都激於大義，奮勇出擊，想和日軍一拼，正是憑藉著這種精神，雜牌軍才在戰場中成為了勁旅。

國破山河在，城春草木深，四月初的台兒莊依舊春光明媚，但硝煙散去的戰場上，沿途村莊人煙一空，越是接近台兒莊，看到的景象就越為慘烈。據目擊者的描述：「各村房屋幾乎全被摧毀，有的餘燼尚未熄滅，軍民屍體遍地可見。山野炮、迫擊炮、重輕機槍及炮彈箱、彈藥箱、手榴彈箱所在皆是。這時正是麥黃時期，順著麥壟望去，只要有一個屍體，就有一枝步槍一掛子彈，有的麥田被機槍掃射後只剩半尺來高的麥稈兒。台兒莊車站房屋皆毀，斷壁上彈痕累累。進入台兒莊北門，一片瓦礫，這是敵我往返爭奪，巷戰激烈的地點。街道上手榴彈碎片有三四寸厚。敵我兩軍逐屋相爭，每座牆上都有兩軍對峙的射擊孔。有的射擊孔伸出一枝步槍筒，用手往外拉槍，竟然呼的一聲射出一粒子彈，原來死者的食指仍扣著扳機，往外拉槍用勁，所以擊發了。幾乎每屋都有陣亡士兵……」

他們並沒有白死，歷史永遠記下了這些英勇的愛國者和真正的戰士。

三七、一將成名李宗仁

台兒莊大捷後，主將李宗仁的威名傳於四海，無人不識、無人不曉，但要細說起來，李宗仁其實是少年得志，早在抗戰前，他已經是名揚海內的國中名將了。

李宗仁，字德鄰，光緒十七年（一八九一年）出生於廣西臨桂縣，比蔣介石小四歲，比白崇禧大兩歲，與胡適同年。德公的家鄉，是桂林府的首縣，據他自己所說，風景其實比陽朔、桂林都要好（通常都是「陽朔山水甲桂林」的說法嘛），只可惜地非要津，遊人罕至，所以名聲遠不如前兩者。

在中國近代歷史上，廣西人給人的印象是能征善戰，如太平軍中的「老長毛」，他們從廣西一路打到南京，又北伐到天津靜海縣，差點就拱翻了清廷，那些人可都是極剽悍的角色。不過，德公卻不喜歡別人提「長毛」之事，因為他的老家兩江圩民風淳樸、文風盛行，正如廣西諺語說的「廣西考桂林，桂林考兩江」，科舉才是正途出身，造反並非其所長。

據德公自述，其小時實無大志，一日他與二哥去田裡拔黃豆，兩人談起今後的職業問題，二哥說希望以後做個米販子，因為米販子買了鄉民的穀子碾成米可以到集市上賣，穀糠又可以餵豬，因為常年有豬肉吃，所以這個理想很實惠；德公說今後想做個「養鴨的」，因為養鴨人都是在農忙之後趕著鴨子去收割完的田裡吃掉下的穀子，趕上幾百隻鴨子，不需要很大的成本，屆時鴨生蛋，蛋生鴨，前途無量，十分可羨。由此可見，兄弟倆當時考慮的都是溫飽問題，什麼救國救民，那是八竿子打不著的事情。但話說回來，小時無大志，長大往往成大事；小時蓄大志，長大後往往一事無成，原因無他，挫折感太強的緣故。

德公的父親秀才出身，平日裡半耕半讀，另外還需授館維持家庭生計。在十六歲以前，德公也斷斷續續地接受了十餘年的傳統教育，直到一九〇七年，德公報考廣西陸軍小學，他的人生道路從此開始轉折。

說到投考陸小，德公其實考了兩次，第一次報考時，報名者有一千餘人，而錄取名額為一百三四十。放榜後，正榜一百三十名，德公榜上無名，但在備選十名中，名列首位（也就是第一百三十一名），因此錄取無虞。去報到的那天，德公預備了一套乾淨的衣衫和鞋襪，等走到城外數里的地方才換上；入城後，又臨時雇了一個挑夫幫忙挑行李，等在夥鋪安頓好後才去報到，不料事出意外，校方拒絕了德公的報到，理由是超過了報到時間十分鐘。

當時陸小的負責人係留日士官生，執法如山，毫無通融，德公因十分鐘之差，失去了這次入學的機會。正當德公垂頭喪氣地離去之時，校方教官把他叫住並希望他下期再考，因為在這次的體格檢查中，德公的體質被列為甲等，這在應考者當中是不多見的。

在此鼓勵之下，德公認真讀了一年書，之後再次投考。這次的錄取名額照舊，但應考者已經達到三千餘人，德公倒是被順利地錄為正取，由此進入了廣西陸軍小學第三期。據德公的回憶，那時的「陸小」是很牛的，新校舍、新樓房、大操場，教官們多半是從日本士官學校畢業的，他們穿著「整潔鮮明、繡有金色花紋的藍呢制服，足上穿著長統皮靴，光可鑑人，腰間更掛著一柄明亮的指揮刀，在校內走動時，這柄刀總是拖在地上。因而他們走起路來，刀聲靴聲，鏗鏘悅耳，威風凜凜，使我們剛自鄉下出來的農家子弟看到了真是羨慕萬分」。至於總辦蔡鍔將軍，那更是讓這班小學員視為「神人」了。

德公在讀期間，學科並不優秀，但術科即槍械訓練、器械體操、劈刺等成績拔尖，原因是他的身體非常強壯，鍛鍊有勤，因而得了個諢名叫「李猛仔」。「李猛仔」在與人劈刺的時候，動作敏捷勇猛，一出手就取攻勢，同學中罕有對手。

當時陸小學員的待遇還是很不錯的：飲食上，一日三餐，八人一桌，每桌四菜一湯，三葷一素，全部公費；服裝上，制服全是呢料子，還有一套嗶嘰的，冬季發呢大衣；每人每學期發兩雙皮鞋；助學金方面，一年級新生每月領八錢銀子，二年級生每月一兩，三年級生一兩二錢，成績優秀者可增發兩錢至四錢。對小學員來說，一年下來這可是一筆巨款，因為那時一兩銀子可兌換一千四五百文，而桂林的物價極低，一碗叉燒麵不過十文錢，一個月可以買到一百五十碗的叉燒麵，這比當米販子、放鴨子可是強多了。

一九一一年武昌樓上一聲炮響，清廷被推翻，德公也結束了他在陸小三年的學習。在廣西革命後，省府桂林局勢頗為複雜，主要是新軍與舊巡防營之間有矛盾，在革命黨開勝利慶祝大會時，舊巡防營卻意圖搶劫藩庫和銀號，一時間城內大亂，陸軍小學也被捲入其中。由於舊軍叛亂，自視為新軍一邊的「陸小」也受到威脅，校內同學在商議後，決定趁夜開往新軍混成協的駐地，以共同行動。當討論如何前進時，有同學大呼：「請調李猛仔當前衛搜索組組長！」德公也就當仁不讓地站了出來。

在巡防營的叛亂被鎮壓下去後，廣西新軍組織了一支北伐隊，陸軍小學也組成了一支百餘人的學生敢死隊隨同前往，可惜的是，這次革命行動名額有限，德公再次誤過了報名時間，由此與革命失之交臂。不過，這也未必就是一件壞事，要知道，這批學生隊在混亂的民國初年，存者幾人，又有幾人成名，這都是未知之數。

「陸小」畢業後，德公轉入速成學堂學習兩年，之後被選任為將校研究所准尉見習官。當時的將校研究所，名義上是將校之所，但實際上收容的都是一些軍中老傢伙，且多為綠林出身後被招安的好漢，他們哪裡懂什麼現代軍事學知識，將他們招入將校所「研究研究」，也不過是收收他們的野性。上班後不久，德公便升為少尉排長，月薪三百二十元，儼然躋身於桂林的高收入群體了。

在將校研究所裡，德公有過一次騎「馬頭」的驚險經歷。所謂「馬頭」，實際上就是群馬的領袖。內地軍隊的後勤部門從蒙古草原上採購成百上千匹馬的時候，總歸有兩三匹「馬頭」隨行。「馬頭」一般是高大雄壯、體格強健的駿馬，這種馬力量驚人，力可敵虎，而且天生就具有管理馬群的智慧。當時將校研究所就有這樣一匹「馬頭」，除了飼養兵外，無人可以接近它。

德公出於好奇與自信，便想試著騎它一下。飼養兵面有難色，說：「長官，馬頭是騎不得的！」但德公一再要求，飼養兵也知道他的馬術超人一等，於是答應讓他一試。當馬鞍絭好後，德公先隱蔽在走廊邊的大柱子後，居高臨下，等「馬頭」過來時，德公縱身上馬，騎個正著。正當德公以為這匹烈馬要咆哮跳躍之時，「馬頭」卻若無其事地向前走了數十米，之後「突然把頭和身子一擺一躥，勢如疾風暴雨，那三個牽著它的飼養兵，未及叫喊便被摔倒在地，它再縱身一跳，三個人便被拖成一團，全都撒了手」。

在「馬頭」的瘋狂跳躍之下，德公連吃奶的勁都用上了，但也勒它不住。最後，「馬頭」猛地一跳，躍上走廊，所幸它前足踏翻了走廊邊緣一塊石塊導致失去重心而倒下。在間不容髮之際，德公將右腿提上馬背，隨同倒下並被摔在一邊。而「馬頭」此時重新躍起並衝向一小門，「門狹馬大，用力過猛，竟將新的皮馬鞍撞毀脫落」，隨後它重新逃回馬房裡去了。

這次德公算是撿回了一條性命，如果不是「馬頭」摔倒的話，「恐怕一定在門上給撞死了，要是沒能及時提腿的話，也可能被馬壓死或者被甩在牆根上摔死」。後來，那匹「馬頭」在將校研究所停辦移交時不知去向，德公還在回憶錄中恨恨地說：「當時桂林人嗜食馬肉，馬肉米粉為一道著名小食，這馬頭可能已入馬肉米粉鋪，也未可知！」

將校研究所停辦後，因新軍餘額有限，德公等一批新軍官竟無從安排，當其他同學都在城內等候差遣時，德公乾脆於一九一四年回了老家，務農去了。不過，因為廣西當時辦了很多新學校，其中最缺的就是軍事及體育教員，因而德公很快被人推薦，去兩所學校擔任了軍訓及體操教員，一個月收入達到七百二十元，反比將校研究所的薪俸高，這段時期的生活過得還是很愜意的。

袁世凱宣布帝制後，蔡鍔等在雲南高舉護國義旗，運動波及廣西，德公平靜的生活也被打斷了。德公的一位朋友冼伯平，當時在滇軍第三師任營長，他邀請德公去他那裡任連長，德公考慮再三，覺得自己畢竟是職業軍人，因而辭去兩個學校的高薪職業，加入護國軍討袁。

巧的是，當德公前往梧州報到之時，正好路過滇軍第四師的招待所，而他的陸小同學朱良祺、梁伯山、謝紹安也正在招人，四人相遇，驚喜交加，而朱良祺此時已擔任營長，梁伯山為營附，謝紹安為連長，於是三人決意留德公在自己的隊伍中，並立即招呼勤務兵將德公的行李搬到了第四師招待所。德公無奈之下，只好寫信給冼伯平，致以歉意。

不過，連長的申請報上去後沒有被批准，只准以中尉排長任用，於是德公便在第四師「炒排骨」了（諧音，排長叫「炒排骨」，連長叫「吃蓮子羹」）。後來冼伯平遇到德公，責備他為何爽約，原來他並沒有收到那封信。當他聽說德公在第四師只做了排長之後，大為不平，後來在營長們的一次聚餐上，為此事與朱良祺爭吵了起來，兩人差點就拔槍相向。這事在軍中傳開後，德公也十分尷尬，為了避免朋友們反目，只好主動請辭，不「炒排骨」了。幾個月後，德公又在師兄李其昭的舉薦下，去他的連隊重炒「排骨」（還是排長），當時隸屬於護國軍第六軍林虎所部。由此，德公也正式開始了他的軍隊生涯。

德公在護國戰爭中一槍未發，帝制魁首袁世凱已經暴斃身亡，不過內戰的機會還多得很，既然是軍隊，就難免有作戰的機會。德公參加的首次戰役是討伐廣東督軍龍濟廣所部。據德公所敘，首次上戰場時，「內心忐忑，神經緊張，腳步輕浮，呼吸有上氣不接下氣的模樣。我深信我的愛國熱忱與人無殊，而視死如歸、不避艱險的膽量，尤不在他人之下，何以一聽到槍炮聲，情緒就如此緊張，連自己也莫名其妙」。這段描述，雖不似「李猛仔」的風格，卻真是讓人有身臨其境之感。

德公第一戰便英勇負傷，在率隊衝鋒之時，他突覺頭殼猛地一震，右腮上立即血如泉湧，滿嘴都是碎牙。德公把碎牙吐出，用手一摸，原來子彈是從右頰射入上齶骨，但奇怪的是，左臉並無傷痕，德公在退下來之後，正好上一個軍醫，他稍作檢查後說：「恭喜！恭喜！子彈並沒有留在你的頭部，它已從左鼻孔出去了。」原來如此！

不過，這次受傷留下了一些後遺症，德公的左臉時而發炎，但情況都不是太嚴重，腫脹幾天便會消下去。但在抗戰中期，德公有一次左臉腫得厲害，以至於左眼暫時失明，後經檢查，原來是這次受傷時，一些微小的碎骨進入上齶，以至於時時發炎，後來經過一美國醫生施行手術，方將碎骨取出，此時碎骨已經發黑矣。此後，腫痛也就霍然而癒。

此戰後，連長李其昭因臨陣退縮而被撤下，改由德公擔任連長一職，隨後繼續參加護法戰爭並進入湖南作戰。在安化縣綠田圩戰鬥中，德公再次死裡逃生，他在率領士兵衝鋒時，身中四彈，其中一彈射入大腿，另三彈射穿褲子。這一次，德公沒有遇到軍醫，而是遇到一個草藥郎中，郎中檢查後說：「恭喜恭喜！腿骨未折斷，子彈從骨膜左側穿過，敷藥後十天便可行走。」德公開始不信，後來一敷草藥，疼痛神奇地消失了……原來這位也是高人，是附近一帶專治跌打損傷的權威。

湖南一戰後，因吳佩孚與南軍講和，護法軍撤回廣東，德公也被提升為營長。一九二〇年八月，正當北方的直皖戰爭結束不久，南方也爆發了粵桂戰爭，德公所在的桂系軍隊被廣東粵軍擊退，在倉皇撤到一個叫蓮塘口的地方時，被敵軍卡住了脖子，因為這個關隘是四會到肇慶的必經之路，一夫當關，萬夫莫開，當時又大雨連綿，幾萬大軍被困在狹窄的泥道上，加上後有追兵，形勢十分危急。

德公在觀察了陣前形勢後主動請纓，帶領本營官兵正面衝擊隘口，為大軍打開通道。但這個進攻是十分冒險的，因為敵軍在近兩三百米的隘口修築了工事，可以交叉射擊，一旦不能一舉拿下，必然遭到全殲。好在「用兵在奇、打仗靠勇」，德公親率士兵一鼓作氣，竟把敵軍打退，奪了隘口，為大軍解了圍。當然，在這次衝鋒中，全營官兵傷亡超過三分之一，而德公「英勇善戰」之名，也開始聞名兩粵。

在撤回廣西後，德公升為邊防軍幫統，但不到一年（一九二一年六月），粵軍陳炯明兵分三路殺入廣西，陸榮廷的桂系在此役中大敗特敗，德公只好率所部千餘人跑進玉林一帶的六萬大山中打起了游擊。好在同道者頗多，後來又有桂系的其他部眾前來投奔，德公的隊伍擴充到二千餘人，倒也槍械整齊，初具規模。

又不到一年後（一九二二年四月），也就是第一次直奉戰爭的前夕，正當孫中山大張旗鼓地要進行北伐之時，陳炯明突然在後方異動，粵軍撤回廣東，廣西遂成無政府狀態，各路梟雄拔地而起，割據一方，德公也成為當時一個不大不小的勢力。而在這時，原同為護國軍的黃紹竑所部前來合流，兩軍合併為廣西自治軍，由此拉開了統一廣西的序幕。

黃紹竑所部，原屬廣西護國軍的馬濟部，而德公為廣西護國軍的林虎部，林、馬二公在粵桂戰爭中先後去職，餘部由德公與黃紹竑整理發展，這一次會合，倒組成了「新桂系」（陸榮廷勢力為「老桂系」）的三駕馬車，即李宗仁、黃紹竑、白崇禧（當時為黃紹竑的參謀長）。在三人合力下，其所部軍隊先後掃蕩了原陸榮廷的老桂系勢力及新軍閥沈鴻英，並擊退了滇系軍閥唐繼堯對廣西的覬覦，最後於一九二五年統一廣西。

李宗仁、黃紹竑、白崇禧這三位年輕人，原來都是廣西陸軍小學的前後期同學，其三人的精誠合作，不僅開創了廣西的新局面，而且維持了桂系力量達二十餘年，這種團結與穩定，在民國史上是不多見的，而他們當時也不過三十出頭。德公當年在蔡鍔將軍面前自愧弗如，其實他開創的事業並不亞於蔡將軍呢。

三八、磨難與成長：蔣經國旅蘇十二年

一九二五年十月下旬的一個夜晚，在黃浦江騷動不安的霓虹燈影下，一艘毫不起眼的小貨輪悄沒聲息地開出了上海港。在這艘狹小擁擠的船上，有一百多名中國年輕人，他們忍受著船艙中齷齪難聞的豬屎尿臊味和初次出海所引發的暈船反應，一些人默默地席地而坐，另一些人卻興奮地傳看著幾本小冊子並熱烈交談著，借著昏暗的燈光，照見了小冊子的封面：《共產黨宣言》、布哈林《共產主義ABC》……

這是一艘開往符拉迪沃斯托克的貨輪，但符拉迪沃斯托克並不是這些年輕人的目的地，他們要去的地方是紅色聖地——蘇聯莫斯科。由於這艘貨輪之前載運過豬牛羊等牲口，船艙裡濃重的臭味令人聞之欲嘔，在等待起航的幾個小時裡，其中的一個少年便幾度起身，想逃離這裡回家去，他就是當時黃埔軍校校長蔣介石的兒子蔣經國。這一年，他十五歲。

蔣經國於一九一〇年四月出生於浙江奉化溪口，他既是蔣介石的長子，也是蔣介石的唯一親生子（蔣緯國係養子，其父傳為戴季陶）。對於這個兒子，蔣介石是十分嚴格甚至嚴厲的，陳潔如曾在回憶錄中說，她初次見到蔣經國的時候，這個十一歲的小男孩經常被父親高亢的吼叫聲嚇得全身顫慄；陳潔如問他話時，也只知道羞赧地搖頭。在父親走後，陳潔如讓這個小朋友坐在椅子上，發現他全身仍舊在抖個不停。但是，蔣介石對次子緯國卻十分厚愛，他經常抱起緯國，一邊逗他玩，一邊要他喊陳潔如「姆媽」。厚此而薄彼，或許是因為蔣經國比蔣緯國大六歲，或許是因為蔣緯國從小長得乖巧又體弱，或許應了蔣介石對兩個兒子的評價……「經國可教，緯國可愛」……或許僅僅是蔣經國作為長子，蔣介石對他抱以極高的期望。

在祖母王采玉去世後，十一歲的蔣經國離開溪口來到上海，在陳潔如的照顧下，他不久考入萬竹小學，後來又進入上海浦東中學學習。一九二五年，上海發生「五卅慘案」，由此引發了一場聲勢浩大的反帝國主義運動，十五歲的蔣經國也憤而加入並被選為浦東中學示威隊伍的領隊，後來因被捕而遭到校方開除。數日後，蔣介石把他送到北平並讓他進入黨國元老吳稚暉創辦的「海外補習學校」學習，但在北平期間，蔣經國再次因為參加學生運動而被捕，這一次，蔣介石乾脆把他送到蘇聯去了。

一九二五年秋，蘇共決定在莫斯科成立一所學院以幫助國共兩黨培養革命人才，這就是後來的孫逸仙大學（即莫斯科中山大學）。在蘇方代表鮑羅廷的指導下，中方考試委員會選拔了首批二百八十名學員前往蘇聯學習。出於中國國情的考慮，鮑羅廷又從國民黨要人的適齡子弟中特別推薦了二十名學生，其中除了蔣經國之外，還有邵力子的公子邵志剛、葉楚傖之子葉楠、于右任之女于秀芝、于右任的女婿屈武等人。

蘇聯貨船在上海等候出港時，足足等了五六個小時，年少的蔣經國差一點就動了逃回家的念頭，但他轉身看見這麼多同伴都留在船艙鋪位上，又不禁自問：既然他們能忍受，為什麼我不能？我身為黃埔軍校校長的兒子，如果中途開小差，將來別人會怎麼說？

在經過一番思想鬥爭後，蔣經國終於說服自己並繼續留在船上，由此也開始了他的蘇聯之旅。他當時沒有想到的是，他這一去就是十二年，成為當時所有去蘇學員中在蘇聯待的時間最長的一個！

到符拉迪沃斯托克後，學員們改乘普通火車前往莫斯科，在經過漫長的鐵軌旅途後，這批人終於在十一月底到達了紅色聖地莫斯科並入讀中山大學。當時的中山大學是一座龐大宏偉的四層樓房，就在毗鄰莫斯科紅場的沃爾洪卡街十六號。這座建築原本是某俄國貴族的府邸，十月革命後改成了一所中學，後來又改為一所農業大學，如今則被改成了中山大學的校舍。

中山大學的學制一般為兩年，蔣經國在入學後與另外二十一名同學編為一班，其中蔣經國和馮玉祥的長女馮弗能（在一九二六年初馮玉祥訪問蘇聯後留下學習）是年齡最小的，兩人當時都只有十五歲。據目前蘇聯解密檔案中的幾封書信來看，這兩人最初還出現過一段純真的初戀，只不過因為馮弗能不愛學習、不圖上進，後來兩人無果而終。

在中山大學開學後，從國內及在歐洲留學而轉到這裡學習的學員一度達到六百多人，其中就包括了後來的一些著名人物，如鄧小平、左權、王明、烏蘭夫、趙一曼、張聞天、博古、王稼祥、楊尚昆、伍修權等人。在一九二七年大革命失敗後，中山大學又成立了一個特別班（又被戲稱為「老頭子班」，因為學員都是年紀較大、經驗豐富的領導人），其中就包括了葉劍英、董必武、林伯渠、徐特立、何叔衡、楊之華、楊子烈、夏曦、施靜宜等人。

校方為了方便管理，他們給中國學生都取了俄文名字，其中蔣經國被稱為「尼古拉同志」，王明則是「古路比夫同志」，諸如此類。在最初的一年多時間裡，蔣經國的表現很上進，他在抵達蘇聯幾個星期之後便加入了共產主義青年團。在這段時間裡，蔣經國苦修俄文，還經常在學員自辦的刊物上發表文章，並對大眾進行過演講。

一九二七年的「四一二政變」後，蔣經國遇到了他人生中的第一次大挑戰：蔣介石突然叛變革命並對共產黨人實行搜捕和屠殺，革命形勢瞬間逆轉，風雲為之變色。消息傳到莫斯科後，中山大學的學員們立刻召開會議展開大批判，年輕的「尼古拉同志」當時或許真的很進步，他在講臺上公開譴責自己的父親是「叛徒」和「殺人凶手」，說他「已經不再是革命黨，而成了反革命份子」，甚至高呼「打倒蔣介石！打倒叛賊！」的口號。

不久，蘇聯政府的機關報《消息報》發表了「尼古拉同志」給父親的公開信：「今天，我要重複你曾經在信裡告訴我的話，謹記住『革命是我所知道的唯一要務，我願意為革命赴湯蹈火……』現在我要說，革命是我所知道的唯一要務，今後我不再認你為父！」

多年後，「尼古拉同志」再次回到自己的國家並變回「蔣經國」時，他宣稱自己當年說的話都是迫於環境的壓力，其實這種「事後翻供」的自我辯護大可不必。以其當時僅十七歲的年齡，加上處於中山大學這樣的革命環境，蔣經國在「四一二」政變後與「反革命頭子」的父親劃清界限甚至大義滅親，這一點都不奇怪。至於後來，他心智已經成熟後再發表類似的言論，那就另當別論了。

就在這一年，蔣經國從中山大學畢業，當他要求與其他一些同學一起回國時，遭到了蘇方的拒絕。共產國際的人說：「我們已經決定讓馮宏國（馮玉祥的兒子）回去，假如蔣經國獲准返國，他會成為蔣介石的得力助手，所以我們要把他留在蘇聯。」

蔣經國被拒絕，除了蔣介石叛變革命之外，還有個原因是他被認為是「托洛斯基派」。當時蘇聯內部的鬥爭已日趨激烈，史達林和托洛斯基形同水火，而當時中山大學的校長拉迪克是「托派」的重要人物之一。拉迪克是蔣經國的老師，因而他難免受到托派思想的影響。蔣經國當時也承認：「碰巧我的觀點與托洛斯基的政治思想不謀而合，於是許多人認為我是托洛斯基的同情者。事實上，他們的臆測是正確的。」在史達林大舉肅清「托派份子」的時候，中山大學也有三十六名「托派」中國學生被捕，其中有一些人便就此葬身異域。好在蔣經國身分特殊，在某種程度上保護了他。

回國申請被駁回後，蔣經國獲准以學員的身分加入駐莫斯科的紅軍第一師，雖說是普通一兵，卻也開始了他彌足珍貴的軍旅生涯。在受訓的一年中，蔣經國從操練、裝備、武器、戰術、軍紀、野戰、紮營等開始學起，最後被保送到列寧格勒的紅軍托瑪契夫中央軍政學校深造，後來的共和國大將蕭勁光當時也在這裡學習（與蔣經國同在中山大學學習的左權則在畢業後進入伏龍芝軍事學院繼續深造）。當時與蔣經國同期來蘇聯學習的人成百上千，但能進入這樣的軍校學習的人屈指可數，這顯然是蘇方有意安排的。

托瑪契夫中央軍政學校的學制為三年，在這裡，蔣經國受到了系統的軍事學習和訓練，他甚至在軍事演習中擔任了連長、團長和師參謀長，他的畢業論文則是《游擊戰術》。這個學校的學員均為共產黨員，不過蔣經國是唯一的例外。直到一九二九年，他才成為蘇共候補黨員，那是在他發表公開聲明脫離「托派」之後的事情。

一九三〇年五月，蔣經國畢業後提出了兩個申請，一是回國，二是加入紅軍，但這兩個要求都被駁回。在被冷落了一個多月後，蔣經國被任命為列寧大學（前身即為中山大學）中國學生訪問團的副指導員，並陪同這些即將返回國內的學員前往外高加索地區和烏克蘭參觀「蘇聯社會主義建設」的成果。

在陪同參觀的任務完成並回到莫斯科後，很不幸，蔣經國大病了一場，幾乎不省人事。在重病中，蔣經國的情緒十分低落，因為在住院期間，只有三個俄國朋友來看過他，而那些所謂的「中國朋友」，一個也沒有來過。蔣經國心裡很難過，他當時心想：「好幾個中國人，口頭上說得和我非常親熱，而今日病重如此，沒有一個來看我。大概他們以為我一定要死了。唉！倘使我在這裡死了，不知道有沒有人來送我出葬？」

可以想像，二十歲的蔣經國身處異國他鄉又病得氣息奄奄，他沒有親人、沒有朋友，此時的孤單和傷感沒有人可以訴說，而他與父親蔣介石之間的直接聯繫，早已因為政治原因而中斷好幾年了。

一九三〇年十月，蔣經國終於病癒出院，隨後被分配到迪拿馬電器廠做一名學徒。從學校突然轉到工廠勞動，這並不是一件容易的事，蔣經國在做了兩天後便腰酸背痛，兩隻手也腫了起來。更糟糕的是，那時蘇聯的物質供應十分緊張，麵包要配給、魚肉等更是價高而罕見。蔣經國在《我在蘇聯的生活》一文中描述了當時的生活：「今天六點鐘就起身，要比平時早起一小時，因為肚餓得睡不著，同時想早起一點到麵包店，或可領到今天的麵包。六點鐘的時候，天還沒有明，當我到麵包店的時候，店門外已經有十多人等在那裡了。過了二十分鐘，店內的職員出來跟大家說，今天沒有麵包。大家聽了都很平靜地散開了。其中一個女子，大概是新到莫斯科來的，她對職員說，昨天我也沒有領到麵包，請問你昨天和今天的麵包票，明天還可以用嗎？職員說，麵包票只可當日用！」

蔣經國當時的月薪只有四十五盧布，不可能有更多錢去買配給外的食品，因而他經常空著肚子工作。為了謀生，他一方面進入夜校進修工程學，另一方面找到一個機會在工廠裡教軍事課，藉以改善地位，增加收入。由於在夜校學到不少知識，工作中的技術也得到提高，五個月後，蔣經國的月薪便提高到一百零五盧布。

迪拿馬電器廠的日子大概是蔣經國第一次過吃苦的生活，他後來頗為感慨地說：「一個人假如沒有幹過苦活，就沒法看透社會的本質，更無從了解老百姓的疾苦和工作本身的內在價值。在我看來，這是顛撲不破的真理。那時我亦深信，我那種生活經驗將來會對我有好處。」

不過，蔣經國的苦日子還在後頭。一年後，他因為公開抨擊王明而被送到莫斯科區的石可夫村，這是當地最落後的地區。由於當時蘇聯剛剛實行了農業集體化政策，物質極其匱乏，當地農民對上面派來的幹部非常反感。當蔣經國來到村裡的第一天，村民們都不理他，有個老農還公開地嘲諷他：「你們是只知道吃麵包，而不會耕田的人！」當天晚上，蔣經國連睡覺的地方都沒有，只好睡在教堂的車房裡。

第二天一大清早，蔣經國走到田間，一個老農跟他說：「你應該跟我們一起耕田！」於是蔣經國開始跟著他們翻土，由於技術還不過關，每次轉彎處都會留下一小塊空地，而老農民總是要讓他重翻。這一天，蔣經國中午飯也沒有吃，一直幹到晚上，這才筋疲力盡地回到教堂的車房，在吃過一點東西後，便倒頭就睡。半夜，一個名叫沙弗雅的老農婦推醒他，說：「朋友，這不是過夜的地方！到我的草屋去睡吧！這裡會生病的！」

在最初的幾天，在勞累之餘的深夜，蔣經國想到故鄉、祖母和父母，不免潸然淚下，但第二天他仍舊照常上工。直到第六天，農民們終於接納了這個「外國幹部」，他們開始請他去參加村裡的會議，而蔣經國也盡力通過自己的努力為他們解決購買農具、借款、捐稅等問題，由此贏得了村民們的尊敬。在一年之後，蔣經國被調回莫斯科，村民們都帶著自己僅有的水果雞鴨來給他送行，那位名叫沙弗雅的老農婦更是哭著和他道別。

蔣經國這次回到莫斯科，迎接他的並不是什麼好事。原來，王明認為蔣經國留在莫斯科非常危險，他堅持要將他調到艾爾它金礦，一個冰天雪地的地方。在那裡，都是一些被流放的教授、學生、貴族、工程師、富農甚至強盜，蔣經國在之後的九個月必須與他們為伍，在饑寒交迫中度日如年。每天晚上就寢前，睡在蔣經國右側的難友，一個原本是莫斯科大學二年級的學生，總會說「一天又過去了，我又朝人生旅程的終點走近了一步」；睡在蔣經國左側的難友，一個原礦場的工程師則說：「一天又過去了，我距離重獲自由歸家又走近了一步。」

不能肯定這段話是否是蔣經國在回憶錄中的一個抽象，但當他得知可以提前三個月離開這裡時，他情緒激動得差點不能和難友們說再見，因為他終於可以離開這地獄般的礦坑了。很顯然，蔣經國在這裡受到的磨難比之前的要嚴酷得多，以至於他在離開的時候甚至安慰自己說：「情況難道還能更壞嗎？」

在此後的幾年中，蔣經國一直待在烏拉爾山下的斯弗朵夫斯基市，這裡遠離莫斯科、遠離共產國際，他在烏拉重型機械廠度過了一段平靜的時期，而且在一九三四年十月後擔任了廠長助理並兼任了當地《重工業日報》的主編。這時，蔣介石已經通過外交管道要求蔣經國回國，但蘇方卻讓蔣經國寫一封回信，表示自己不願意回去。後來，這封信被公開發表，其中還斥責了蔣介石和國民黨政府，但蔣經國在回國後一直堅持這是蘇方的捏造而非他本人的意思。從年齡的角度來說，這時的蔣經國和當年那個十七歲的少年應該有所差別，他當時已經有快十年沒有和自己的父親通信過了。這封公開信，頗有令人懷疑的諷刺意味。

在烏拉重型機械廠，蔣經國收穫了自己的愛情和婚姻，他和蘇聯女子芬娜從相識到相戀，兩人於一九三五年三月結婚，同年十二月，蔣經國的長子蔣孝文出世。芬娜是個孤女，她是在工人技校畢業後進入烏拉重型機械廠的。在同芬娜交往的這段時間裡，蔣經國完全適應了在蘇聯的生活，他看起來和一般的蘇聯人並沒有太大的差別，中文也早已忘得差不多了。

在蔣孝文滿一歲的時候，國內局勢風雲突變。一九三六年十二月十二日，張學良、楊虎城發動「西安事變」，蔣介石被扣押。消息傳到蘇聯後，蔣經國親自去了一趟莫斯科，希望能發一封信回去；同時，蔣經國又向史達林寫信，第三次要求回國。三個星期後，蔣經國被叫到莫斯科並告知可以很快回國了，但必須先寫一個聲明，保證回國後不跟共產黨作對，也不能站在「托派」的一方。在這段時間裡，蔣經國被剝奪了蘇共黨員的身分及他的職業。在賦閒的六個月裡，蔣經國一家三口完全依靠妻子芬娜的收入維持生活。

在「西安事變」和平解決後，蔣介石轉向了抗日的立場，國內局勢和中蘇關係也由此發生了巨大的變化，蘇方的很多人都希望蔣經國能回國發揮作用，就連王明再次見到他的時候也變得十分客氣。蔣經國被告知，他可以帶上他的家人和細軟，離開他待了十二年的蘇聯。蘇聯的一些高級領導還親自接見了「尼古拉」，並在他面前刻意讚美了他的父親蔣介石，他們希望中國與蘇聯站在一邊，一起對付日本帝國主義。

在蔣經國回國之前，駐蘇聯大使蔣廷黻曾這樣記載說：「（一九三六年）當我赴莫斯科前，委員長（蔣介石）夫人曾告訴我說委員長期望他滯留在俄國的長公子經國能回國。他的長公子於一九二五年赴蘇，自那時開始，他便一直留在蘇聯。……一九三七年某夜，當我和部屬們閒談時，有人報告我有客來訪，但是在未見我本人前，不願透露姓名。當我接見他時，他立即告訴我他就是蔣經國。我很高興。在我還未來得及問他計畫和意圖時，他說：『你認為我父親希望我回國嗎？』我告訴他，委員長渴望他能回國。……接著他又說，他已與一位俄國小姐結婚，而且已經有了孩子。我肯定地告訴他，委員長不會介意此事。」後來，蔣介石給兒媳婦芬娜起了個中文名字叫「蔣方良」。

在蘇聯生活了十二年，終於要離開了，蔣經國的心情也頗為複雜而感慨。在出發當天，他寫下離蘇前的最後一篇日記：「今天我要離開莫斯科了。早晨五時起床，從我的房間望出去，可以看得見克里姆林宮，同我在十二年以前所看見的克里姆林宮，差不多完全一樣，不過幾個教堂頂上的雙頭鷹，已經看不見了，現在所能看見的，是由寶石製成的五角星。……孫逸仙大學面前的大禮堂，在三年之前已被拆毀，現在那裡正在建築偉大的勞動宮。……莫斯科的地下鐵道已經通行，車站裝璜的美麗，實在可與皇宮相比。車輛非常舒服，街上的汽車要比十年前增加二十倍。……莫斯科的商業非常興旺，新的大商店很多，但是無論什麼時候，商店中的人都非常擁擠。今日領護照、買車票，一直忙到開車。下午兩點鐘，在北火車站搭第二號西伯利亞快車離莫斯科。蘇聯……再會！」

一九三七年三月二十五日，蔣經國告別莫斯科，乘火車穿過冰天雪地的西伯利亞到達符拉迪沃斯托克，隨後搭上駛往上海的輪船，由此結束了他漫長的旅蘇生涯並最終回到中國。是年，蔣經國二十七歲。在十二年前，十五歲的他一個人來到這裡，回來的時候已經是三個人了。

不知道是偶然還是有意，蔣經國在蘇聯的十二年，事實上得到了政治、軍事、農業、工業和文化五方面的系統學習和充分鍛鍊，這幾乎就是為蔣介石培養了一個全才。或許，這就是蔣經國後來能夠接班並將臺灣建設得有聲有色的原因吧！

三九、蔣經國對蘇談判大碰壁

一九四五年夏，蔣經國隨同行政院長宋子文赴蘇談判《中蘇友好同盟條約》，在與史達林見過面後，史達林的祕書送他出來，順口問道：「你有幾年沒有來莫斯科了，你有什麼新的發現沒有？」蔣經國說：「我今天下午才到莫斯科，晚上就來看你們，所以我還沒有發現什麼東西。不過有一件事我要請教你：一九三一年，我也在這個地方見過史達林，現在辦公室的一切，都和從前一樣，只有一點不同，從前史達林的書桌背後，是掛一張列寧站在坦克車上面，號召人民暴動的油畫，這次卻不見了，換了另外一副彼得大帝的畫像。這就是我今天所發現的新事物。」那位祕書聽了笑了笑：「當然是新的，此一時彼一時。」

蔣經國發現的這個細節頗為離奇：跟隨列寧推翻沙皇統治的史達林，怎麼會把列寧的油畫取下，反而將沙皇的祖宗彼得大帝掛在背後呢？歷史的真相往往在於細節的推敲，而這個細微的變化或許預示了這次談判的艱巨性。

十六世紀以來，沙俄便不斷滲透進入西伯利亞，從而不可避免地與外蒙古地區產生往來，而早在明朝中期的時候，蒙古便已經分裂為三個部分，其一是漠南蒙古，即如今的內蒙古；其二是漠北蒙古，即現在的蒙古人民共和國，也稱喀爾喀蒙古；其三為漠西蒙古，又稱厄魯特蒙古。在清軍入關的時候，塞北的蒙族被編成「蒙古八旗」，為清廷打下江山立下了汗馬功勞，由此也與滿人一樣享有特權（譬如漢人的功臣曾國藩、李鴻章等，最高也只能封侯；而蒙古人則可以封王、封公，如僧格林沁就受封親王）。

在康熙年間，漠西蒙古的準噶爾部在首領噶爾丹率領下，一舉控制了漠西蒙古的其他三部（和碩特、杜爾伯特及土爾扈特）並試圖吞併喀爾喀蒙古三部（即札薩克圖、車臣和土謝圖），頗有稱霸蒙古、問鼎中原的企圖，一時成為清廷的心腹大患。所幸當時康熙年富力強，在數次親率清軍西征後，噶爾丹部被徹底擊敗，而喀爾喀蒙古也由此內附，行內蒙古制度（早已歸附清廷）。由於當時的外蒙分為土謝圖、車臣及札薩克圖三部，清廷便也在行政上分為三個中心，即庫倫（今烏蘭巴托）、科布多及烏里雅蘇台，分別設置了兩位辦事大臣及烏里雅蘇台將軍進行管轄。

就在康熙大軍與噶爾丹部惡戰之時，沙俄也在旁邊虎視眈眈，但因為噶爾丹失敗過速而計不得逞。一七二七年，也就是彼得大帝死後的第三年，中俄簽定《布連斯奇條約》約定兩國在西北地方的邊界（一六八九年的《尼布楚條約》劃定了東北邊界），即以沙畢納依嶺（沙賓達巴哈，今屬俄羅斯）至額爾古納河一線為界，以北歸俄國，以南歸中國，由此確定外蒙古歸屬中國，而沙俄則取得了在恰克圖和外蒙古地區通商貿易的權利。

但是，隨著沙俄勢力的不斷膨脹而清廷的不斷式微，沙皇對外蒙古的野心也就越來越明顯。由於蒙古部與清皇室世代通婚，因此蒙族上層大多居住在京城，在嘉慶道光年後，沙俄便開始勾結蒙古部的活佛，試圖將蒙古從中國分裂出去。

庚子年後，清廷在全國範圍內推行新政，當時的庫倫辦事大臣三多（此人乃蒙古正白旗人，漢姓張，字六橋）也在蒙古大力推行教育普及、移民實邊、開放屯墾、編練新軍等新政，由於行事過於操切，結果引起了以庫倫活佛哲布尊丹巴八世等僧俗封建領主的反感並促使他們產生了投靠沙俄的念頭。

辛亥革命爆發後，俄國立刻插手外蒙事務，策動喇嘛王公們「獨立」。一九一一年十一月二十八日，哲布尊丹巴在沙俄駐庫倫領事的策動下建立「大蒙古國」，隨後又在沙俄哥薩克騎兵的幫助下，將清廷駐庫倫辦事大臣三多及其他文武官員驅逐出庫倫。當時三多只有二百名士兵，而俄國在邊境上駐有重兵並已派兵千餘名進入外蒙，在這種情況下，三多及隨從被解除武裝並押送出境。

由於辛亥戰事正在進行當中，清廷當時既無心也無力去對付哲布尊丹巴的「獨立」，只能派遣蒙古郡王和科布多辦事大臣前去庫倫宣撫，但哲布尊丹巴對此絲毫沒有理會而是隨後自立為皇帝，年號「共戴」。在俄國的支持下，哲布尊丹巴的勢力又將烏里雅蘇台和科布多的清廷官員及士兵驅逐。

俄國人對哲布尊丹巴的「獨立」表示大力支持，當時的「蒙軍」便是由俄國提供武器並由俄國教官訓練，俄國人還給哲布尊丹巴貸款二百萬盧布，與之簽訂《俄蒙協定》、《俄蒙商務條約》，可謂不遺餘力。但是，俄國人的支持是有條件的，那就是要將外蒙古變成他們的勢力範圍，譬如在以上協定中就規定，中國軍隊不准進入蒙古，漢人不准移民蒙境，俄國人在蒙古享有特權，不經俄國同意，蒙古不得與他國簽訂協約等等。用一句話歸納，中國在外蒙古被掃地出門，原有的統治權全由沙俄取代，狼子野心，一目了然。當然，對於哲布尊丹巴的獨立和俄蒙之間的這些協定，清廷及後來的歷屆政府都宣布概不承認。

一九一三年十一月，袁世凱政府與俄國簽訂《中俄聲明文件》，俄國承認中國對外蒙的宗主權並承認外蒙古是中國領土的一部分，而中國則承認外蒙古享有自治權，同意只派出辦事大臣、屬員及衛隊進駐庫倫，軍隊不進入外蒙。作為條件，俄國在《俄蒙商務專約》中攫取的特權得到承認。一九一五年六月，經過近一年的談判，中、蒙、俄三方簽訂《中蒙俄協約》，哲布尊丹巴取消皇帝稱號和年號，俄國確認了中國對外蒙的宗主權，而俄國在蒙古的各項特權也再次被確認。

直到一九一七年俄國爆發「十月革命」，庫倫當局見沙皇政權已經倒臺，隨後自行宣布取消獨立，而民國政府則在隨後派兵進駐庫倫，收回全部主權。可惜的是，後來的民國政府一直陷於內戰當中，未能及時鞏固在蒙古的主權，以至於外蒙後來又在蘇聯的支持下再次宣布獨立並投入了蘇聯的懷抱，其混亂的狀態一直持續到抗戰結束。

第二次世界大戰後期，為盡快結束對日戰爭，英美兩國在背著中國的情況下與蘇聯簽訂《雅爾達協定》，其中約定維持外蒙古的現狀並恢復一九〇四年日俄戰爭前沙俄在東北的權益，作為蘇聯出兵東北的條件。一九四五年八月六日，美國在日本廣島投下一顆原子彈，消息傳到蘇聯後，史達林立刻命令中蘇邊境的百萬紅軍於八日開進中國東北，並一舉擊潰盤據多年的日本關東軍。蘇聯此舉，雖不能完全類比於庚子年藉口剿滅義和團而侵佔東北，但其在事實上已經形成了屯兵中國東北的態勢。

而在這時，蔣經國正隨同宋子文在莫斯科與蘇聯展開談判，據蔣經國的回憶，他們第一次與史達林見面時，史達林的態度很客氣；但到了正式談判的時候，其態度就開始變得蠻橫起來。據蔣經國的描述，「當時史達林拿一張紙向宋院長面前一擲，態度傲慢，隨著說：『你看過這個東西沒有？』宋院長一看，知道是《雅爾達協定》，回答說：『我只知道大概的內容。』史達林特別強調道：『你談問題，是可以的，但只能拿這個東西做根據；這是羅斯福簽過字的。』」

史達林當時的態度是，中東鐵路、旅順、大連這些問題，可以讓步；但關於外蒙古的獨立問題，這是絕不退讓的，這也是當時談判中繞不過去的障礙（後來毛澤東訪蘇也遇到同樣的問題）。在談判無法取得進展的情況下，蔣介石電報指示蔣經國以私人資格去拜訪史達林，以圖轉圜。

蔣經國去見史達林後，史達林劈頭便問：「你們對外蒙古為什麼堅持不讓它『獨立』？」蔣經國說：「你應當諒解，我們中國七年抗戰，就是為了要把失土收復回來，今天日本還沒有趕走，東北、臺灣還沒有收回，一切失地，都在敵人手中；反而把這樣大的一塊土地割讓出去，豈不失卻了抗戰的本意？我們的國民一定不會原諒我們，會說我們『出賣了國土』；在這樣情形之下，國民一定會起來反對政府，那我們就無法支持抗戰，所以，我們不能同意外蒙古歸併給俄國。」

史達林說：「你這段話很有道理，我不是不知道。不過，你要曉得，今天並不是我要你來幫忙，而是你要我來幫忙；倘使你本國有力量，自己可以打日本，我自然不會提出要求。今天，你沒有這個力量，還要講這些話，就等於廢話！」

史達林的這段話雖然極為露骨，但不得不承認，這確實是國際關係的精髓所在。國與國之間本來就沒有什麼永恆的朋友或敵人，只有永恆的利益，在一個弱肉強食的國際社會裡，誰的拳頭更粗更硬，誰就在國際事務上更有發言權，所謂「弱國無外交」，大抵意思即為如此。一個弱國，就算你喊破了喉嚨，又能怎麼樣呢？

談到後來，史達林也不兜圈子了，他直截了當地指出，蘇聯之所以要外蒙古，完全是站在軍事的戰略觀點考慮，因為他們需要這樣一個緩衝地帶，以保障西伯利亞的安全。蔣經國辯駁說，我們來這裡是和蘇聯簽訂「友好條約」的，中國不會進攻蘇聯；即使中國想攻擊，也是沒有這個力量的。史達林很不屑地說：「我可以告訴你：條約是靠不住的。再則，你還有一個錯誤；你說，中國沒有力量侵略俄國，今天可以講這話；但是只要你們中國能夠統一，比任何國家的進步都要快。」

史達林的口吻，完全是一種現實主義的態度，他不希望自己的邊境上出現另一個強國，而且還擔心中國會與美國走得太近，以至於影響到蘇聯的國家利益和安全。在反覆爭論毫無結果的情況下，蔣介石決定讓步，正如其日記中記載的：「接子文冬亥報告電，乃知史達林對外蒙堅持其獨立之要求，否則有協定無從成立之表示。余再三考慮，俄對外蒙之要求志在必得，絕不能以任何高度自治或准其駐兵之方式所能饜其欲望。若不允其所求，則東北與新疆各種行政之完整無從交涉，……而且外蒙事實上已為彼俄佔有。如為虛名而受災禍，即是誤國之道；若忍痛犧牲外蒙不毛之地，而換得東北與新疆以及全國之統一，而且統一方略非此不可也。」

最終，國民黨政府同意讓步，允許外蒙「在三民主義的原則指導下」以「公民投票」的方式解決其國際地位問題。在《中蘇友好同盟條約》達成協議之後，宋子文請辭，後由外交部長王世傑簽署了協定。一九四五年十月二十日，外蒙舉行公民投票，在蒙古人民黨的操作下，九十七・八%的公民贊成獨立，但聯合國所派觀察員不承認此次投票。一九四六年一月五日，國民黨政府承認外蒙獨立，連名義上的宗主權也就此失去（後又對蘇方操縱投票提出抗議，不予承認）。

與蒙古問題一樣棘手的還有東北問題。在甲午戰爭到抗戰結束的這半個多世紀以來，東北一向是日、俄所激烈爭奪的勢力範圍，期間發生過日俄戰爭、諾門罕戰役等多起軍事衝突。俄、日固然是互視為死敵，但其衝突的演出地點卻在中國境內，可歎的是，土地的主人卻只能高高掛起免戰牌，用「局外中立」的幌子來為自己遮羞。

實際上，自北伐勝利、張學良易幟後，蔣介石的國民黨勢力從來就沒有達到過東北。對於他們來說，東北完全是一個陌生的地區，由此可知接收東北是何等的複雜與困難。當時被委任為東北行轅主任的熊式輝行前對蔣介石說：「不經過艱苦的交涉，蘇聯絕不會按時撤兵；不撤兵，東北主權不能收回，行轅設在長春也是虛設，不起作用。」當時的問題是，即便是艱苦交涉，撤兵事宜也未必會順利。史達林說得好，條約這些東西是不管用的！從歷史上來看，可不就是如此。

按約定，蘇聯紅軍本應該在三個月內撤出東北，但因為國內外的各種複雜因素，撤軍和接收過程進展極為困難。一九四六年十二月底，蔣經國再次受命前往莫斯科與史達林進行祕密談判，但在強勢的史達林面前，蔣經國「完全成了一個傾聽者」。據會談的當事人、蘇聯副外長洛佐夫斯基回憶，在兩次會談中，蔣經國在史達林面前就像學生面對老師一樣，不自信、拘謹，有時還有些卑躬屈膝。與會者的印象是，蔣經國有一種不正常的心態，這可能是因為他當年在蘇聯生活時親身經歷了史達林發起的「大清洗」運動。在場的談判官員認為，年輕的蔣經國不如宋子文在先前與蘇聯談判時那樣善於討價還價；他們同時認為，蔣介石派他的兒子去見史達林未必是一個很好的想法。

事實上，蘇聯當時對東北的態度是非常複雜的，因為它要攫取《雅爾達協定》和中蘇條約所給予的特權，就應該遵守與國民政府的承諾，讓國民黨在行政上接管東北；但它又擔心美國的勢力由此伸入東北，因而在各種準備工作完成前，不能讓國民黨勢力掌握東北。而當時美國的對華政策也是矛盾的，一方面，它想維持並擴大國民黨政府在中國的統治，但另一方面，它又不想公開捲入中

四〇、好人胡適，為什麼就這麼好

胡適先生未及而立之年便已名聞天下，但他本人在年少時卻是個苦出身。四歲的時候，其父胡鐵花拋下其母子溘然西去，而他的母親，據胡適在《四十自述》中說的，「我父親死時，我母親只有二十三歲。我父初娶馮氏，結婚不久便遭太平天國之亂，同治二年死在兵亂裡。次娶曹氏，生了三個兒子、三個女兒，死於光緒四年。……到光緒十五年，他在江蘇候補，生活稍稍安定，才續娶了我母親」。

胡適是個大名人，其父胡鐵花亦非等閒之輩。據稱，胡鐵花的形象，「面容紫黑，有點短鬚，兩眼有威光，令人不敢正眼看他……在萬里長城外住了幾年，把臉曬得像包龍圖一樣」。胡父早年中秀才後，因屢次鄉試均未能得中，後入龍門書院受業並先後在東北、廣東等地宦遊，他的一生頗有傳奇色彩，既到過最北的地方與俄國談判邊界，又曾往最南邊的海南察看過地勢，中間有種種艱難險阻，曾有數次差點喪命，但終因他意志堅強、身體強壯而倖免。

一八九一年，在胡適出生剛滿三個月時，胡鐵花被調往臺灣擔任全台營務總巡。兩年後，胡適的母親攜子投親，老夫少妻，稚子三口，在臺灣倒也頗享天倫之樂。公務閒暇之時，胡父還親自教妻兒識字，其樂融融。但是，此時的臺灣已經處於風雨飄搖之中，在甲午戰敗後，臺灣被割讓給日本，臺灣民眾隨後奮起抵抗侵略者。胡鐵花當時係在台的三品官員，之前又負責過防務，因而被駐守台南的原黑旗軍將領劉永福苦苦挽留，但胡鐵花此時已得了極其嚴重的腳氣病（疑為瘴氣引起的疫病），在臺灣即將淪陷的前夕，胡鐵花回到廈門的次日便離開人世，成為名副其實的殉台官員。

噩耗傳來，在鄉的胡適母親「身體往後一倒，連椅子倒在房門檻上」，「一時滿屋都是哭聲」。年幼的胡適只大概記得這點淒慘的情狀，但之後的苦難是他所刻骨銘心的，「我母親二十三歲便做了寡婦，從此以後，又過了二十三年。這二十三年的生活真是苦痛的生活，只因為還有我這一點骨血，她含辛茹苦，把全副希望寄託在我的渺茫不可知的將來，這一點希望居然使她掙扎著活了二十三年」。

在失去丈夫之後，胡適母親的處境非常艱難，因為她是後母，年紀又不比胡適的哥哥更大，家中的財政全靠胡適的二哥操持，而家裡的大哥又不爭氣，吸鴉片煙、賭博，成天敗家，兩個嫂嫂也經常和胡適的母親賭氣，她們鬧氣時，「只是不說話，不答話，把臉放下來，叫人難看；二嫂生氣時，臉色變青，更是怕人」。二十多年過去後，胡適對此仍舊不能釋懷，他在自傳中痛訴道：「我母親二十三歲做了寡婦，又是當家的後母。這種生活的痛苦，我的笨筆寫不出一萬分之一二！」

在這種痛苦的空氣中，胡適是其母活下去的唯一理由與希望。有一次，二哥、三哥都在家，胡適的母親便向他們說：「穈兒（胡適小名）今年十一歲了，你老子叫他念書，你們看他念書念得出嗎？」胡適的二哥一直沒吭聲，三哥則冷笑一聲：「哼，念書！」

胡適的母親忍氣坐了一會，回到房裡才敢掉眼淚。她不敢得罪掌管家裡財政的二哥，因為胡適要讀書的話得由他來供給學費。胡家的家境，當時已經每況愈下，但父親的遺囑畢竟是遺囑，因而胡適是要去讀書的，何況胡適從小就很聰明，四鄉的人都知道「三先生（即胡鐵花）的小兒子是能夠念書的」。

胡適的母親常叮囑年幼的胡適說：「你總要踏上你老子的腳步。我一生只曉得這一個完全的人，你要學他，不要跌他的股（按：「跌股」即「丟臉、出醜」的意思，筆者的老家江西吉安一帶也是如此說法，此地離安徽黃山一帶大約千里之遙，口音完全相通，頗有點意思）。」或許是因為小時候身體頗弱的緣故，抑或是母親的諄諄教導和殷切希望，胡適從小便愛讀書，而且頗有可造之相。一九〇四年春，胡適告別母親與家鄉，跟隨三哥前往上海求學，後於一九一〇年考取了第二屆「庚款留美官費生」，並與趙元任、竺可楨等人同期赴美留學，一去便是七年。

在這七年中，胡適先入康乃爾大學選讀農科，兩年後轉入文學院學習哲學與文學。一九一五年從康乃爾大學畢業後，胡適進入哥倫比亞大學哲學系，受業於杜威門下。一九一七年七月，胡適回到國內，隨即被北大聘請為教授。這一年，胡適才二十七歲。

當年年底，胡適奉母親之命回家鄉與早已訂婚的江冬秀完婚。胡適還寫了一首新詩歌作為紀念：

記得那年，你家辦了嫁妝，我家備了新房，只不曾捉到我這個新郎。
這十年來，找了幾朝帝王，看了多少世態炎涼。
鏽了你嫁妝剪刀，改了你多少嫁衣新樣，更老了你和我人兒一雙。
只有那十年的陳爆竹，越陳便越響。

胡適十四歲外出讀書那年，其母便為他訂下了這門婚姻，詩中說的「那年」，指的是他十八歲（一九〇八年）的時候，家中命他完婚，胡適以「家貧、求學」為藉口逃了一次，但十年後，無可再逃，而江冬秀也已成為閨中的老姑娘了。

胡博士是新派人物，這是毫無疑問的，但他的婚姻卻是不折不扣的舊婚姻，這與其說是滑稽，倒不如說是諷刺。江冬秀文化程度很低，又是小腳太太，兩人幾乎不會有什麼共同語言，因而很多朋友為胡適抱不平，認為他是「新時代中、舊禮教下的犧牲品」，而胡適也曾在結婚半年後給密友胡近仁的信中說：「我之就此婚事，全為吾母起見，故從不曾挑剔為難……今既婚矣，吾力求遷就，以博吾母歡心。」

胡適的母親對胡適的影響至深至大，而胡適對母親又特別孝順，他曾多次提到，自己多年遊學在外，家境又十分困難，母親甚至「以首飾抵借過年」，這樁婚姻是母親訂下，如今對方已經成了老姑娘，他如何能在這個問題上違抗寡母之命而令其傷心呢？這於情於理，都是說不過去的。

誠然，當時很多接受過新文化的新派人物都在「婚姻自由」、「反抗包辦婚姻」的旗號下（或者僅僅是因為自己富貴顯達的緣故）拋棄或者冷落了他們的「舊時代之妻」，其中並不乏魯迅、郭沫若、郁達夫、徐志摩等名流，而名望更高的胡適，這位真正的洋博士、新文化運動的旗手，卻娶了一個纏足的鄉下女子江冬秀，很大程度上只是因為胡適在婚姻上、在對人上的「不忍之心」。

胡適曾在日記中寫道：「冬秀長於余數月，與余訂婚九年矣，人事卒卒，軒車之期，終未能踐。冬秀時往來吾家，為吾母分任家事，吾母倚閭之思，因以少慰。古詩十九首云：『千里遠結婚，悠悠隔山陂；思君令人老，軒車來何遲？傷彼蘭蕙花，含英揚光輝；過時而不採，終隨秋草萎。』吾每誦此詩，未嘗不自責也。」

胡適的「不忍」，說白了就是一種責任感和同情心，而在這「不忍」的背後，又有多少關愛、容忍與體貼！當年與胡適同去美國留學的多為世家子弟，那時十七八歲的人，沒有訂過婚的少之又少，但那些被訂婚的「小腳女人」們，又有幾個能像江冬秀那樣幸運呢？

不管是出於對母親的孝心也好，抑或是對於江冬秀的同情也罷，胡適與江冬秀的婚姻維持了四十多年，兩人相依相伴過了一輩子，外人見仁見智，胡適亦「不足為外人道」，其中甘苦，誰又能猜得透呢？在江冬秀一面看來，這或許是「幸運」的，而對於胡適來說，可能更多的是甜酸苦辣、百味雜陳，其中充滿矛盾、掙扎、容忍與遷就，甚至是難言的隱痛與辛酸。

胡適與江冬秀的絕大多數時間都在平靜中度過，但並不是一點漣漪都沒有。事實上，在胡適的一生中，他曾遇到過多名才貌遠勝於自己的「小腳太太」而又愛慕自己的知識女性，但他卻始終未敢越雷池半步。在美國求學期間，胡適曾遇到韋蓮司，又曾遇到莎菲女士陳衡哲，但胡適畢竟是個「膽小的君子」，發之以情，束之以禮，即便心中有愛，但也只能私心懷慕而已。

「山風吹亂了窗紙上的松痕，吹不散我心頭的人影。」一九二三年夏天，剛過而立之年的胡適到杭州煙霞洞療養，遇上了當年婚禮上的小伴娘曹佩聲。曹佩聲是胡適三嫂同父異母的妹妹，比胡適小十歲，當時正在杭州女子師範學校讀書，而胡適是鄉里的大名人，兩人在美麗的西子湖相遇，摩擦出一段悱惻的愛情。可惜的是，此時的他們，一個是「使君有婦」，一個是「羅敷有夫」，曹佩聲受到新思想的影響，毅然與丈夫離婚，而胡適卻顧及家庭及名聲，沒敢採取果斷的行動，最終令曹佩聲獨居終生，而胡適也只能把這份情感深埋於心。

胡適的太太江冬秀當時得知了此事，她雖然是一個舊時代的婦女，但並不是一個軟弱可欺的女子，某次為此事爭吵中，她在憤怒之下竟拿起裁紙刀向胡適擲去，幸未得中。胡適對這個太太，其實是心存畏懼的，因為江冬秀頗喜吵鬧，而胡適為人謙和，加上小時候所受的刺激，他最不願意的事情就是與人吵架，因而只能不斷忍讓，委曲求全。

不過，胡太太也不是一無是處。她雖然文化程度很低，但管理家務卻是一把好手，而且做得一手好菜（最善做安徽鍋），家中請客，常常是胡太太一手包辦，既經濟又實惠，令胡適也臉上有光（一個好太太，關鍵要管住男人的胃嘛）。胡太太喜歡熱鬧，愛打牌打麻將，家中經常是牌友不斷，她對丈夫的學問一無所知，不過在家中書架上，金庸的小說倒是與胡適的著作同排並列，這也是她的最愛。

金庸是通俗文學的大師，在新文化運動時期，胡適所提倡的白話文其實也是對中國傳統文化的通俗化（或者說文字工具的通俗化、簡單化、普及化）。在胡適看來，文言文在一個走向現代的社會中基本就是「半死文學」，「可讀而聽不懂」，受眾面太窄，是國民文化水準提高的主要障礙。因此，他提出了白話文學的「八不主義」：「一不言之無物，二不摹仿古文法，三不講求（拘泥）文法，四不作無病呻吟，五不用濫調套語，六不用典，七不講對仗，八不避俗字俚語」。

一九一七年一月，胡適將這八項主張「衍為一文」，即《文學改良芻議》，這既是胡適提倡白話文學的第一篇正式宣言，也是新文化運動中的「發難信號」，在當時的文化界及思想界產生了強烈的迴響。《新青年》主編陳獨秀隨即發表《文學革命論》加以回應，而錢玄同、劉半農、周作人、傅斯年等人也紛紛撰文加入了文學革命的陣營。為闡明自己的觀點，胡適還曾寫過一首妙趣橫生的白話打油詩：「文字沒有雅俗，卻有死活可道。古人叫做欲，今人叫做要；古人叫做至，今人叫做到；古人叫做溺，今人叫做尿；本來同一字，聲音少許變了。並無雅俗可言，何必紛紛胡鬧？至於古人叫字，今人叫號；古人懸樑，今人上吊；古名雖未必佳，今名又何嘗少妙？至於古人乘輿，今人坐轎；古人加冠束幘，今人但知戴帽；若必叫帽作巾，叫轎作輿，豈非張冠李戴，認虎作豹？……」

旅美歷史學家唐德剛在為哥大給胡適作口述自傳時，胡適鑒於唐德剛喜歡用文白相間的行文，連連叮囑：「不要用文言，不要用文言！」唐德剛笑道：「胡先生，文言、白話，新詩、舊詩，翻成英文都一樣啊！」胡適聽後若有所悟：「這倒是真的，這倒是真的！」

有一點必須指明的是，胡適並不是一個完全背棄中國傳統文化的人，譬如當時有人提要完全摒棄漢字、改用拉丁字母來代替，胡適就不以為然。曾有人問他，「漢字要不要改革？」胡適說，「一定要簡化！一定要簡化！」人家再問：「漢字要不要拉丁化？」胡適則說：「茲事體大！茲事體大！」

胡適未滿三十便暴得大名，對他不服的人也不少。當時已鑽進故紙堆的章太炎就看不慣這突然間就聲名鵲起的年輕人，他不時嘲諷胡適國學功底太淺，談哲學連一點兒「根」都沒有，寫《嘗試集》不過是為了迎合中學生的口味；同為哥大校友的金岳霖曾半賭氣地說：「西洋哲學及名學又非胡先生之所長！」北大同事劉文典則調侃這位新文化運動的旗手：「適之先生樣樣都好，就是不太懂文學！」

同為北大教授的錢穆也曾與胡適鬧過「學術彆扭」，因為他們倆都研究《老子》。胡適繼承傳統觀點，認為老子略早於孔子；錢穆則認為老子後於孔子。由於胡適的論著先出版，錢穆隨後著書批評他，不料胡適卻對此不動聲色，錢穆十分氣惱。不久，兩人在一個討論會上相遇，錢穆抓住機會對胡適說：「胡先生，《老子》成書的年代晚，證據確鑿，你就不要再堅持你的錯誤了！」胡適則反駁道：「錢先生，你舉出的證據還不能說服我；如果你能夠說服我，我連自己的親老子也可以不要！」

爭論歸爭論，胡適的家中每到周末總是高朋滿座，他的朋友，或自稱是他朋友的人，實在太多了，以致有一次幽默雜誌《論語》宣布：這本雜誌的作者也不許開口「我的朋友胡適之」，閉口「我的朋友胡適之」。胡適是個地道的平民主義者，儘管他已經是名滿天下，但每個和他接觸的人都不會感到不自在。在他的家中，什麼問題都可以問，什麼問題都可以談，各界人士，上至官員教授，下至販夫走卒，他都一律歡迎。

用唐德剛的話來說，胡適這個人，天生是個教書匠；既為教書匠，難免好為人師，不過這實在算不得什麼毛病。大家認為他和藹可親，招人喜歡，甚至他的敵手也這麼認為。胡適為人寬厚、熱情、真誠，正如唐德剛說的，一個十分真誠的人，往往流於迂、傻、蠢或笨，但胡適卻是那種有高度智慧的真誠；最難能可貴的是，他身上毫無道學氣味。

曾有位名叫袁瓞的小販，他做餅賣餅之餘，還愛讀一點書，喜歡與人討論英美的政治制度到底哪個更好一點，後來他寫了一封長信向大學者胡適請教。胡適接信後十分高興，便親筆回信說：「你提出的問題太大，我很慚愧，我不能給你一個可以使我自己認為滿意的解答，我只能說，你說的英國制度和美國制度其實沒有什麼大分別。……我還可以說，我們這個國家裡，有一個賣餅的，每天背著鉛皮桶在街上叫賣芝麻餅，風雨無阻，烈日更不放在心上，但他還肯忙裡偷閒，關心國家大計，關心英美的政治制度，盼望國家能走上長治久安之路……單只這件奇事，已夠使我樂觀，使我高興了。……如有我可以幫你小忙的事，如贈送你找不著的書之類，我一定很願意做……」從此，小販袁瓞也成了「胡適的朋友」。

胡適有一次生病住進醫院，他的朋友拿了一個芝麻餅送到胡適病房來說：「我給你吃一樣東西，這樣東西，我相信你沒有吃過。」胡適見是芝麻餅，便笑道：「我早就吃過了。這是我的一個朋友做的。」胡適以為，天下所有的芝麻餅，都是「我的朋友」袁瓞一個人做的！

第二次世界大戰期間，有個流傳頗廣的笑話：「珍珠港事變」前芝加哥大學的教授史密斯當選為眾議員，曾與他有過一飯之緣的胡適便請他來大使館中同進晚餐。不料這位老兄新官上任，事務繁忙，等快到了餐會時間才手忙腳亂地坐上一輛計程車趕到中國大使館，不過他卻突然想不起中國大使叫什麼名字了，好在外交宴會不需要稱呼名字，只須「閣下」、「先生」便可以敷衍過去。宴畢，胡適將他送出門外，並客套了幾句歡迎他到中國去觀光的話。史密斯議員十分肯定地說：「中國我是要去的，而且我第一個要拜訪的便是我的朋友胡適博士……喔，大使先生，胡適博士現在什麼地方？」胡適大笑道：「他就站在你對面！」

胡適是在抗戰爆發後的第三個月赴華盛頓進行非正式外交工作，一九三八年九月被任命為駐美大使的，這也是他平生第一次當官。這位「書生大使」，除了早年在美國求學的經歷外並無外交經驗，而接任之時又是在國家、民族最危難的時刻，但正如他一首小詩所說的：偶有幾莖白髮，心情微近中年；做了過河卒子，只能拼命向前！

在第一次世界大戰後，美國上下都充滿了「孤立主義」情緒，加上中立法案的限制，美國政府在「二戰」初期無所作為，而國民政府之前的駐美大使雖系經驗豐富的老外交家，但向美國借款事宜經多次交涉仍無成果，當時外交之艱難，可想而知。

誠然，胡適在外交上是缺乏經驗與手段的，他主張的外交，如同他的做人一樣，是一種「誠實與公開」的外交，他經常做的事情是堅持到美國各地去巡迴演說，以贏得美國朝野及民眾的普遍同情與支持。正因為胡大使這種鍥而不捨的精神、誠懇的態度及學問聲望，最終打開了外交堅冰，為中國談成了第一筆借款，即二千五百萬美元的「桐油借款」，而這時正是武漢淪陷不久，這筆借款無疑大大鼓舞了中國軍民的抗戰士氣。

胡適曾在給太太江冬秀的信中說：「我是為國家的事來的，吃點苦不要緊。我屢次對你說過：『留得青山在，不怕沒柴燒。』國家是青山，青山倒了，我們的子子孫孫都得做奴隸。」一九四二年五月十七日，胡適在給王世傑的信中說：「今年體質稍弱，又旅行一萬六千英里，演講百餘次，頗感疲倦。六月以後，稍可休息。我在此三年，不曾有一個周末，不曾有一個暑假。今夏恐非休息幾天不可了。」

一九四二年尚未過半，胡適便在美國各地「演講百餘次」，幾乎兩天不到便有一次演講。胡適的這種拼命精神，這種為國家與民族命運而竭盡全力的態度，絕不是一句虛言，這大概也是胡適贏得美國朝野及民眾支持的主要原因吧。

終於，「珍珠港事變」爆發了，中美正式成為盟友，但在「苦撐待變」四年後，胡適這位不善於耍手腕的「書生大使」卻要丟官了。道理很簡單，因為胡適不善耍手腕，而不善耍手腕就爭奪不到「租借法案」中更多的美援物資，那他的母國就要吃大虧啊！

說到這裡，唐德剛在《胡適雜憶》中透露了這樣一個故事：哥倫比亞大學教授畢爾在他的名作《羅斯福總統與大戰之序幕》一書中，將胡適說成日軍偷襲珍珠港的「罪魁禍首」，其大意是美國是可以避免戰爭的，但羅斯福「不幸」中了胡適的圈套，才惹起日軍前來偷襲的。胡適聽說後，極為興奮，他連忙讓唐德剛把這本書找來，並在對他有「不虞之讚」的章節下畫了一條又一條的紅線，但唐德剛問他當年究竟用了什麼圈套讓羅斯福上當的，胡適想來想去卻怎麼也無法自圓其說。其實那只是畢爾教授的謬讚罷了，就我們這個溫文爾雅的胡大使，哪裡知道搞什麼陰謀詭計！

一九四二年八月十五日（離日本宣布投降正好還有三年），胡適被免去駐美大使的職務。對此，胡適倒是頗為釋然，因為做官本就非他所長，何況是講究權謀機變的外交領域！李宗仁曾評價胡適說，「適之先生，愛惜羽毛」，這個說法是極恰當的。一個愛惜羽毛的人難免畏頭畏尾，做事縮手縮腳，不可能去做革命家、政治家或者外交家，何況胡適先生又是一個最不願意向任何人或任何方面做任何請求的人。

歷史學家羅爾綱早年曾在胡適家中「學徒」，專門負責抄寫整理胡父胡鐵花的遺著，但他除了吃飯住房外，不肯接受其他的任何報酬，因而胡適在其後來所寫的《師門五年記》一書的序言中，稱讚羅爾綱「一介不苟取、一介不苟與」的品質。事實上，胡適也是這樣一個人。

在任大使期間，胡適的所有來往帳目一清二楚，真正做到了公私分明，這在當時是有口皆碑的。胡適去世後，梁實秋曾說：「大使有一筆特支費，是不需報銷的。胡先生從未動用過一文，原封繳還國庫。他說：『旅行演講有出差交通費可領，站在臺上說話不需要錢，特支何為？』」胡適出門公幹，為了省下門前叫計程車要付的小費，他每次都是跑到大使館門前大道的拐角處才叫計程車，其節儉如此。

抗戰結束後不久，胡適出任北京大學校長，而在國民黨敗退臺灣前，胡適對時局極為絕望，最後乘船到達美國紐約並住進了他當年曾租住過的公寓裡，開始了他在海外的寓公生活。這段日子，是胡適人生中最低谷的時期，他當時只有一點有限的存款，生活是相當清苦的。

當時逃亡到美國的原國民黨政府要員如過江之鯽，但美國政府已經失去了對他們的興趣。之前曾吃飽撈足的，固然高枕無憂，但為官清廉者就困窘了，陳立夫當時就在美國養雞為生，而胡適更難辦，他當時只是一個年老多病、手無縛雞之力的書生，謀生乏術，在米珠薪桂的紐約大都市，沒有收入，存款有限，坐吃山空，如何是好？

據唐德剛所說，胡適曾多次叮囑他：「年輕時要注意多留點積蓄！」這話雖是對晚輩的關心與勸勉，但何嘗不是胡適對自己淒涼晚景的深沉歎息！做慣了名人的胡適，此時無事可做，也只好與家庭瑣事打交道了，胡太太在廚房燒飯做菜，胡適就幫忙整理內務，洗碗抹桌子。有一次胡適外出，胡太太一人在廚房燒飯，一個彪形竊賊忽然自防火樓梯破窗而入，幸好胡太太沒有學會一般美國女人臨危時的尖叫，她只是下意識地走向公寓大門，把門打開，反身對那悍賊大叫一聲「GO」！那位大黑賊看了老太太一眼，居然真的從門口「GO」了。而胡老太太則把門關好，又逕直地回廚房燒菜去了。真是奇蹟！

二十世紀五〇年代時，胡適在大陸仍舊是「名人」，不過是充當「反面教材」的。唐德剛曾這樣描述當時的胡適：「可憐的老胡適這時貧病交迫，每天上市場去買菜買米，抱著個黃紙口袋，灰溜溜地蹣跚而行，街頭胡兒，哪裡知道這個窮老頭卻是百萬大軍追剿的對象？」

不過，胡適對於這些批判他的材料卻十分有興趣，每次都讓唐德剛盡可能多地搜羅過來，然後津津有味地一一閱讀，有時候看到荒謬處還忍不住掩卷大笑，連聲說：「我哪裡是這樣？我哪裡是這樣？」由此看來，他並不認為自己被「百萬大軍」批倒，反而為這些人沒有搔到他的癢處而怡然自得呢！唐德剛戲稱，您之前的弟子羅爾綱會不會也用馬列主義批評您？胡適連說，胡說，胡說，這不可能，不可能。胡適還是太天真，李寧的廣告不是說了嘛，「一切皆有可能」。

八年後，胡適被推選為臺灣中央研究院院長，他最終飛離美國，結束了這段不堪回首的半流亡生活。回到臺灣後，胡適被給予高規格的禮遇，但他的身體卻一日不如一日，他在臺灣的幾年間先後四次入院，每次都是心臟病復發，而且一次比一次嚴重。在此期間，也有一些不快的事件發生，胡適遭到一些不善的攻擊，這更是令他的病情雪上加霜。

一九六二年二月二十四日上午，胡適在南港中央研究院主持第五次院士會議，在之後舉行的酒會結束時心臟病猝發身亡，享年七十二歲。在胡適的葬禮上，蔣介石親往祭弔並親書輓聯：「新文化中舊道德的楷模；舊倫理中新思想的師表。」胡適最後被安葬在臺北南港舊莊墓園，墓門上刻著蔣介石書寫的四個大字：「德學俱隆。」

胡適去世的那天晚上，後成為知名人物的小門生李敖寫下了這樣一段話：「別看他笑得那樣好，我總覺得他是個寂寞的人。」不錯，自古聖賢皆寂寞，胡適也可以這樣說。在臺期間，胡適的祕書胡頌平曾在一次談話時脫口而出：「我讀《論語》，在先生身上得到了印證。」胡適聽後，先是一愣，隨後慢慢地說：「這大概是因為我多讀《論語》的緣故吧！」

胡適只是一個人，但眾人眼中的胡適相卻千姿百態，在經過不同時期的不同評價之後，胡適已經不再是一個單純的胡適。可以這樣說，胡適的文字、學術、政論與理想，如今已經沒有多少人去讀去理解，也沒有多少人去在意與在乎，但胡適的精神與性格，這種來自傳統的堅定力量與寶貴價值，就像他的種種趣聞一樣，依舊被後人不斷談起而長久流傳。

唐德剛說，胡適是「近代中國唯一沒有槍桿子做後盾而思想言論風靡一時、在意識形態上能顛倒眾生的思想家……他對高度工業化所孕育出來的現代文明謳歌不絕，他對中國優良的農本主義的社會傳統（乃至不太優良的社會傳統）也在有意無意之間做出了有深厚感情的維護」。不錯，胡適是說不盡的，因為他幾乎就是一個時代與精神的象徵。

四一、兩袖清風于右任

民國元老于右任，光緒五年（一八七九年）生，其自幼便有異相，長大後更是身材魁梧，目光銳利，加之長鬚飄飄，世人雅稱「于髯公」。最奇特的是，于右任的腳趾齊平如修行高僧（所謂「圓顱方趾」），其一生也充滿了傳奇色彩。

于右任三歲喪母，後由伯母代為撫養，小時候曾做過一段時間的放羊娃。七歲那年，所放羊群遭到野狼的襲擊，于右任因一時走開而倖免於難。此事發生後，其舅擔心外甥的安全而將之送入私塾學習，未曾料到的是，于右任天性聰穎，好學上進，居然成了科考場上的一棵好苗子。在一次全省年考中，年僅二十歲的于右任拔得頭籌並獲得了陝西學使葉爾愷的親自召見，葉爾愷還稱讚他為「西北奇才」。一九〇三年，于右任得中舉人，但正當他春風得意、準備參加全國會試時，他的一本詩集卻給他帶來了大麻煩，幾至於招來殺身之禍。

原來，于右任曾應興平知縣的邀請前往興平縣坐館授徒，在教讀閒暇，他遍訪各處名勝，了解黎民現狀，由此寫下了一些反映社會不平甚至「反動」的詩歌，在友人的支持下，這些詩歌便以《半哭半笑樓詩草》的題名出版。在詩集中，于右任自稱「半哭半笑樓主」，並在扉頁上刊出了一幅披髮握刀的照片，兩旁還自題一聯：「換太平以頸血，愛自由如髮妻」。詩集面世後，流傳頗廣，其中《詠楊貴妃墓》一，裡面有這樣一句：「女權濫用千秋戒，香粉不應再誤人」，明眼人一看就知道，這是在罵當朝女主慈禧太后。

三原知縣德銳看到詩集後，大為震驚，隨即密報陝西巡撫升允，升允即以「昌言革命，大逆不道」的罪名下令捉拿，好在于右任提前得到了消息，這才得以脫身並潛往上海。事後，清廷下令革去于右任的功名，于右任也最終走上了革命之路。

到上海後，于右任化名「劉學裕」，進入馬相伯主持的震旦學院讀書，後又跟隨馬相伯創辦復旦公學並任校長書記兼授國文。一九〇五年後，于右任在新聞界中嶄露頭角，「右任」一名便是在向《新民叢報》投稿時所常用，後來真名反而不為人知了。一九〇六年，于右任為籌辦《神州日報》而赴日本考察，在同鄉康寶忠的介紹下，于右任見到了孫中山並加入了同盟會。回國後，于右任在新創辦的《神州日報》中大膽廢棄了清帝年號而以干支紀年，由於其言論激烈，報紙銷量幾度激增，勢頭直追創辦多年的《申報》。可惜的是，由於內部意見分歧，于右任後來退出《神州日報》並於一九〇九年創辦了《民呼日報》。

《民呼日報》是一份鼓吹革命的報紙，其宗旨是「大聲疾呼，為民請命」，由此也招致清廷的忌恨。不久，租界當局便在清廷的壓力下迫使報紙停刊。當時官府有人放出話來說，如果于右任膽敢再犯事，就要將他的雙眼挖掉。兩個月後，于右任再度創辦《民吁日報》，「吁」與「呼」的意思接近，但少了兩個點，對此，于右任戲言道：「不是有人要挖我的眼嗎，我看還是我自己來挖吧！」

《民吁日報》也沒有維持多長時間，不過這次停刊卻是來自日本的壓力。原來，在朝鮮志士安重根刺殺日本前首相、駐朝總監伊藤博文後，《民吁日報》予以大力報導並在社論中指斥伊藤博文是「土匪流氓頭子」，由此引起了日本駐滬領事館的「強烈抗議」。這一次，不但《民吁日報》被停止出版，于右任本人也被租界當局趕出了租界。一九一一年九月，于右任再次創辦《民立報》，在山雨欲來中危身奮筆，一時間風動四方。武昌起義後，這份報紙更是成為革命黨人的主要言論場所，其影響力大大超過了之前的幾份報紙。

南京臨時政府成立後，于右任出任交通部次長，但在袁世凱主政後，于右任未曾謀得一官半職。一九一三年「二次革命」失敗後，《民立報》停刊，于右任流亡海外，其新聞生涯暫告一段落。袁世凱死後，于右任回陝西組織靖國軍回應「護法戰爭」，堅持經年，極為不易。在孫中山提出「聯俄」政策後，于右任曾前往蘇俄參觀學習。在一九二六年的五原誓師中，于右任代表國民黨向馮玉祥的國民革命軍授旗並出任副總司令。北伐勝利後，于右任歷任國府委員、審計院院長等職。一九三一年二月二日，于右任出任南京國民政府監察院院長，這一職務是其後半生最主要的官職，一直到他去世。

按孫中山「五權憲法」的設計，行政、立法、司法、考試、監察五院同級並列，監察院主要負有監察、彈劾、糾舉等職責，作為革命元老的于右任也確有「打老虎」的宏願，但在蔣介石的強勢統治下，于右任的監察院連像樣點的辦公場所都沒有，想打真老虎，又談何容易。當時某報便刊有這樣一幅漫畫：「于公手持蠅拍打蒼蠅」，這當然是意在諷刺（「只拍蒼蠅，不打老虎」）。

抗戰期間，中央銀行的某祕書找到時任監察院院長的于右任，向他反映銀行內部的貪贓弊案，于右任隨即下令追查。在審核後發現，銀行內的數筆錢款被孔祥熙挪用私吞，經手人員也由此中飽私囊。但在彈劾案的消息發出後，蔣介石便下令收回所有新聞稿，唯有《益世報》仍在次日將消息刊出，結果受到扣發當天報紙並停刊一月的處分。于右任得知後，氣得大罵：「敵凌於外，自毀於內，豎子安可共事耶！」此話傳到權貴們的耳中後，這些人恨得牙直癢癢，但懾於于右任的威望而不敢對他公開下手，但在背地裡，這些人卻搞起了下流的手段。事後，有人突然稱奉命送汽油兩桶到監察院，並稱于院長將要遠行云云。于右任聞報後拍桌怒斥：「豎子欺我，豎子欺我！」為此，于右任還一度憤而辭去監察院長一職，在成都賦閒了一段時期。

于右任早年生活動盪，後來雖然當上了監察院院長，但其一生卻是兩袖清風，甚至可以用「清貧」二字來形容。二十世紀三〇年代的上海名中醫陳存仁在《銀元時代生活史》一書中說，于右任有一次患傷寒，無錢付診費，只好親書一帖懷素體的《千字文》相贈。他曾對陳存仁說：「（我）僅拿公務員的薪水，所有的辦公費、機密費一概不收。所得的薪水，只夠很清苦的家用，到東西，袋裡從不帶錢，身上只帶一隻『褡褳袋』，別人是放銀子的，我的褡褳袋只放兩顆圖章，參加任何文酒之會，或者有人饋贈文物，我別無長物為報，只好當場揮毫，蓋上兩個印就算了。」

「三間老屋一古槐，落落乾坤大布衣。」在民國政要中，于右任的作風可謂是特行獨立、異於眾人，他一生布衣粗食，不愛錢，不貪財，身上穿的是土布袍子，腳下踏的是一雙老布鞋，連襪子都是土製的。這些布衣布鞋，還都是他夫人親手縫製的。毫不誇張地說，于右任的官雖然做得大，書法堪稱一流，但幾乎是一輩子都在鬧窮。

于右任寫得一筆好書法，早在二十世紀二〇年代便有「北于南鄭」之稱（「南鄭」指鄭孝胥）。早年的時候，于右任擅行楷並將篆、隸、草法融為一體，獨闢蹊徑；中年後，專攻草書，參以魏碑筆意，最終自成一家。一九三二年，于右任以「易識、易寫、準確、美麗」為原則，集字編成《標準草書千字文》，以推廣普及草體書法。在國民黨元老中，于右任與胡漢民、吳稚暉、譚延闓並稱為「書法四珍」：即于右任的草書、胡漢民的隸書、吳稚暉的篆書和譚延闓的楷書。後來的整編七十四師師長張靈甫，據說也是于右任的親傳弟子。

于右任被書界譽為「曠代草聖」，但他寫書法不圖名利，而是作為一種運動、一種樂趣，其每日臨帖不輟，視為終身嗜好。「二次革命」後的數年間，是于右任最困難的時期，他曾定過一張鬻字的潤例，但由於當時名氣還不夠大，所以來求書的人並不多，一個月不過賣個三五張，後來就乾脆取消潤格，只要有人喜歡，即索即寫，分文不取。于右任寫字一般在清晨，一天寫一個小時到三個小時，求字的人找到他，不論是政壇顯要還是後學僚屬，甚至販夫走卒，于右任當即展開白紙，一揮而就，不取一文，十年如一日。

于右任為人作書，態度認真，用語頗為講究貼切。如為張大千所題：「富可敵國，貧無立錐」；為蔣經國所題：「計利當計天下利，求名應求萬世名」。他一生寫得最多的，是「為天地立心，為生民立命，為往聖繼絕學，為萬世開太平」這一屏條，數量大概在一二千之數。儘管為人作書無數，但于右任偶爾也會拒絕他人索字，如宋子文有一次買了一把精貴的扇面託人請于右任題墨時，便遭到回絕。

成名後的于右任，又身居國民黨高官，書法也變得值錢，有一些落魄文人便開始假借他的大名賣字。于右任知道了並不追究，還特別關照下屬「不要為難他們」。來臺後，臺北和平東路街頭有一商店招牌假冒他的字，于右任見了，也不惱，只讓店家摘下並為他重題了一副。店家過意不去，特送上一大筆潤金，于右任卻飄然而去。

有意思的是，這位沒錢的監察院院長，在一九四八年的時候竟然也參加了「副總統」的競選。當時的選舉錢燒得厲害，其他的候選人如孫科、李宗仁、程潛等，又是請客又是送禮，有的還提供汽車或者賓館給代表們享用，于右任卻什麼也沒有。當時李宗仁、程潛在中央飯店、孫科在福昌飯店大宴賓客，開流水席招待各省代表；于右任沒有錢請客，只好在國民大會堂前擺上一張八仙桌，有人來求字，就當場揮毫寫上一幅。有人開玩笑說：「于院長，人家幾十桌、上百桌的開席，你這一張桌子打算請幾個人？」于右任手撫長髯，微笑道：「誰投我一票，我給誰寫上一副對聯！」

競選期間，雖然有不少支持者前來排隊求字，數天便寫了上千張，但僅憑這個，選舉肯定是無望的。在投票前夕，形勢緊迫，于右任總算請了幾桌客，席間還無奈地道出真情：「我家中沒有一個錢，所以沒有辦法和各位歡敘一次。今天的東道，實際上是老友馮自由等二十位籌集，我只借酒敬客而已。」

毫無疑問，紙彈終究是敵不過銀彈的，第一天投票，于右任只得了四百九十三票，第一輪即遭淘汰。事後，老友馮自由痛心地說：「右老身無分文，只憑個人聲望和筆墨來競選，怎麼會獲得成功呢？這一次右老的競選失敗，完全是我輩老友昧於世情所造成的。」競選不成，于右任只好再去做他那無職無權的監察院院長了。

做了大半輩子官的于右任，到晚年後仍舊在鬧窮。有一次生病住進醫院，他在聽說一天的住院費要自己月俸的五分之一後，就跟副官小方吵著要回家，實際上他是沒錢住院。好在這時蔣經國前來探望，這才被安排住進了榮民醫院。另有一次，于右任的牙疼發作，別人向他推薦了一個醫術高明的醫生，但在聽說拔一顆牙就要三百台幣後，于右任只得苦笑著搖頭說，太貴了！

一生都在「鬧窮」的于右任對自己的部屬親友卻並不苛待，總是盡可能地加以濟助。在監察院期間，院長原本是有一筆「特支費」的，但于右任只拿月俸，其他一概不取。每到月底的時候，他常會問祕書長：「這個月我的特支費還有多少？」在聽說「特支費」還有剩餘時，他便要請同仁和公務上的朋友到館子裡去吃一頓，而從不往家裡拿一分錢。由此可見，于右任的「窮」並不是因為他沒有本事，而在於他那種「一介不取、視錢財如糞土」的卓然獨立之精神。

于右任晚年的時候，常一個人坐在客廳裡打盹，有時候手裡的書掉在地上，老人家也渾然不覺。某年冬日，蔣介石前來看望于右任，見于老家裡燒著炭盆，於是建議換兩隻大電爐。于右任說電爐用電太貴，不想換，蔣介石便特批于老家裡的電費今後由「總統府」特支。此事被某記者得知後，前來採訪並想將之披露報端，于老聽後慌忙制止：「這事不能報導，『政府』當中的元老不少，『總統』如果每個元老送一隻電爐，這要花太多公家錢，萬不可發表。」

「逆風而走復盤旋，捲起長髯飛過肩；一怒能安天下否，風雲會合待何年？」晚年的于右任身居孤島，常懷念故土和滯留內地的親人，可惜夙願未酬，便於一九六四年十一月齎恨以歿。在一九六二年一月的日記中，于右任曾留下遺囑：「我百年後願葬於玉山或阿里山樹木多的高處，可以時時望大陸。山要最高者，樹要最大者。」

越日，又作一歌：

「葬我於高山之上兮，望我故鄉；故鄉不可見兮，永不能忘。
葬我於高山之上兮，望我大陸；大陸不可見兮，只有痛哭。
天蒼蒼，野茫茫，山之上，國有殤。」

于右任去世後，在臺的親朋故舊即依此歌為之辦理喪事，其遺體暫厝於臺北近郊最高的觀音山上。後來的半身銅座像，由登山協會會員親自馱至玉山頂上，主峰高三千九百九十六米，加之四米的銅像高度，恰為四千米。

親友們在整理于右任的遺物時，發現有一加鎖的小鐵匣，大家都以為裡面是什麼值錢的東西，誰知當眾打開一看，裡面既沒有金銀首飾、珍貴古董，也沒有股票證券、鈔票存單，不過是幾張借錢收據：欠宋副官數千元、欠方副官數千元。民國元老，一代巨公，竟然寒酸至此，豈不令人唏噓再三！

四二、銀元時代下的上海生活

陳存仁先生是民國時期的知名中醫，他曾寫過兩本關於上海生活的歷史隨筆，一為《銀元時代生活史》，一為《抗戰時代生活史》，其間的所見所聞，都是二十世紀二〇年代到四〇年代的上海生活點滴及歷史。陳先生雖不是專業的歷史學家，但其記述卻真實入微，可讀性強，結合其他人的回憶錄及統計，倒也可以一窺民國時期的上海生活。

陳存仁出生於一九〇八年，原是上海老城廂世代讀書經商的地道上海人。六歲的時候，陳存仁去姑母家拜年，其姑母家巨富，給了他一枚銀元做壓歲錢，令他興奮不已，因為當時剛滿師的學徒一個月也不過拿一元的月錢。民國初年，小孩子是很少有機會見到一枚銀元的，他們接觸最多是銅元。

據陳先生的回憶，一枚銅元在當時的用處很大，可以買到十粒八粒糖果，或大餅油條各一件，或生梨一二枚。去城隍廟玩的時候，一枚銅元可以買到一塊百草梨膏糖，兩枚銅元一碗酒釀圓子，四枚銅元一碗肉麵，肉又大又厚，當時已有荷蘭水（外國汽水），每瓶兩枚銅元。當時的雞蛋，一銀元可以買一百五十多枚，比兌換的銅元還要多。民國時期的著名影星蝴蝶和陳存仁先生係同年出生，她也曾經在回憶錄中說，她八歲的時候（一九一六年），一個銅板可以買一個肉包子或一大堆糖炒栗子。

在二十世紀二、三〇年代，市場上流通的各種貨幣，既有銀兩銀元，又有各種銅幣和貶值的鈔票（中國銀行、交通銀行等發行的紙幣，一般都要打七折使用）。銀元，是當時的流通主幣，其中又有袁世凱元、龍元、孫中山元，還有因外貿而從外國流入的外國銀元如西班牙卡洛斯銀元、奧匈帝國銀元、祕魯銀元及英美日等國流入的貿易銀元。據一九二九年的統計，外國流入中國的銀元達十五種之多。至於銀兩，則更無一定之規，在使用時還需要看成色、稱重量，如元寶、銀錠、銀塊、銀片等，很多都需要錢莊中轉兌換。輔幣銀角子和銅元往往由各省自行鑄造，五花八門，在成色、比價上大有文章可做。

老一輩的人對鈔票（紙幣，甚至錢莊的莊票、支票等）大抵是不信任的，特別是外國銀行的鈔票。當時有兩種外國鈔票曾讓中國人吃過大虧，一是「一戰」結束後崩潰的德國馬克，二是俄國革命後變得一文不值的盧布。就算是美鈔，當時人也是沒有什麼興趣的，他們最感興趣並認為最可靠的是銀兩和銀元，這才是他們心目中貨真價實的財富。

因此，當時的大戶人家甚至是一般人家，大都有藏銀窖的習慣（即便是失火也無妨，屋去而窖藏），多的上萬幾十萬，少的也會藏個幾百幾十的。遇到老屋拆遷或者翻新重建，把藏銀的地窖挖出來是司空見慣的事情。更令人發噱的是，當時上海人過年時祝福別人發財的時候，不是說「希望你中馬票」，而是說「希望你掘到藏」。

八歲那年，陳存仁就親眼經歷了「掘藏」的一幕。當時其姑丈去世，姑母將其四伯父（即娘舅）請去分配家產（江南一帶，請娘舅來主持分家是沿襲已久的傳統，娘舅在外甥女出嫁的婚宴上也要尊為首席），四伯父便把他一起找去作見證。在去之前，四伯父先把他拉到城隍廟，讓他向城隍菩薩賭一個咒，保證在分家的時候看到的事情永遠不告訴別人。等到姑母家後，其家人全部在場，就等著娘舅和見證人來掘藏分家了。半夜時分，等家中的傭人都被打發到廟裡守靈去了，掘藏才正式開始。

四伯父說，「姐丈病重時只說了一句話，『東西放在書房畫箱底下』，說這話時，已經是奄奄一息了，他還伸出兩個手指，說著『二十』二字，這『二十』是什麼意思？」當時姑母家的人都認為是二十個瓦缸。於是大家一起動手，將書房畫箱搬走後開始往下挖，挖了好大一會才挖出八隻缸，裡面全是銀元，每缸一千元，上面還有一對銀元寶（每錠重十兩）。由於挖出來的數目和「二十」不對，因而大家又繼續往下挖，最後才將其餘的十二缸銀元挖出，總計二萬銀元和二十對銀元寶。

上海開埠之初，一些富商也自行鑄造過銀餅，每餅五錢，後流入市場，但這種銀餅不夠標準，使用起來多有不便。當時官方的銀元為白銀七錢三分，庫秤是七錢二分，在當時流通的銀元中，銀質最標準的是墨西哥銀元，因其正面有一隻鷹，所以被人稱為「鷹元」，上海人又稱之為「洋鈿」。清朝末年，清廷從外國引進了機器鑄造銀幣，因為上面有一條龍，因而又被稱為「龍元」；民國後，袁世凱時期又鑄造了新的銀元，銀幣正面有一個很大的袁世凱頭像，也就是民間慣稱的「袁大頭」，這種銀幣是法幣改革前使用最廣泛的。

民間也會造假銀元，因而錢莊夥計的第一要務就是必須懂得識別銀元的真假。最傳統的手法一般是聽聲音，將銀元往大櫃檯上一擲，聲音清脆悅耳的是真，聲音渾濁不清的便有假的嫌疑。要不就是用兩手指夾起銀元，往其邊際一吹，真的銀元會發出輕微但悠長的銀笛聲，如「殷」的一聲，假的就沒有（筆者小的時候，家裡也有幾枚留存下來的「袁大頭」，的確是屢試不爽）。

一般說來，當時十元以下的交易大都使用銀元，十元以上使用銀元的就不方便了，因為一枚銀元七錢三分，一百枚就是七十三兩，碰到大宗交易使用現銀是非常麻煩的，因而這時就需要使用銀兩或者錢莊的莊票了（即相當於銀行的本票，見票即付）。在銀元之下，有兩種輔幣，一種是銀角子，另一種是銅元。這兩種輔幣並非十進位的，而是根據銀價變化而變化。在當時的錢莊，每天都會掛出兌換率，不過浮動也不會太大，一銀元一般兌一百二十八枚銅元左右。

陳家在民國初年開始家道中落，最初是家族生意破產，後又因為父親突患痢疾去世，因而只能改過粗茶淡飯的生活。據陳先生的記載，他八九歲的時候，米價每擔三元六角，每天的食品限定四個銅元，一個銅元煮青菜一盤，一個銅元購豆腐豆芽之類，兩個銅元買「東洋魚」一塊（日本銷來的薩門鹹魚乾），一個月都難得吃一次肉絲。在小學畢業的時候，他吵著要買一雙兒童皮鞋，但要價須一枚銀元，最後只能忍痛作罷。

等到陳先生中學畢業、開始學習中醫之後，此時的物價有所變化。當時的銅元一枚，可買臭豆腐乾兩塊，粽子糖五粒；品海香煙和強盜牌香煙都是銅元三枚；米價已經漲到每擔四元六角。有一次，陳先生和他的表兄去半淞園遊覽，談起今後的願望時，表兄說他希望在洋行工作，每月可拿三十元，而陳說自己希望做醫生，每月賺四十元。當時每月賺三十到四十元，已經足以維持一家人的生活了。

民國名記者包天笑在其自傳《釧影樓回憶錄》中說，一九〇六年的時候他到上海租房子，開始在派克路、白克路（現南京西路、鳳陽路）找，連找幾天都無結果，後來他發現一張招租，說在北面一點的愛文義路（現北京西路）勝業里一幢石庫門有空房。貼招租的房東也是蘇州人，當時講清住一間廂房，每月房租七元。當時上海一家大麵粉廠的工人，一個月的收入也不過七到十元，而包天笑當時在《時報》任編輯，每月薪水八十元。包天笑的薪水在當時是不算菲薄的，因為他有一位同鄉比他早兩年進《申報》館當編輯，薪水只有二十八元。

房租高低主要看地段和時期，公共租界以外的地段，一九〇六年左右的房租並不算貴，比如在虹口區一棟房子的月租金也可能只要三到四元。但到了三〇年代特別是「一二八事變」後，情況就大不一樣了，亭子間的月租都已經漲到了二十元（之前一般是七到八元），而且招租廣告剛貼出去，往往漿糊還沒有乾，房子已經租出去了。這樣的情況，在抗戰爆發後更是如此。

上海的亭子間，可以說是石庫門房子裡最差的房間。它位於灶披間之上、曬臺之下的空間，高度兩米左右，面積六到七平方米，朝向北面，大多用作堆放雜物，或者居住傭人。在二、三〇年代，很多年輕的作家來到上海謀生，往往先找這種房子棲身，以至於後來出了一個新名詞，叫「亭子間文人」。

亭子間文人的收入其實並不算低，當時一個多產的流行小說作家（如寫連載的鴛鴦蝴蝶派們），一個月可以賺到三百元。一九二一年，茅盾在給一家商業性雜誌做編輯時，月工資是一百元；而據黃天鵬在一九三〇年出版的《中國新聞事業》中記載，當時的一個總編輯的月薪在一百五十到三百五十元，編輯主任為一百二十到二百元，普通編輯六十到一百元，駐外地記者一百元左右外加業務費，本地採訪記者大概為五十元，抄寫員每月只有二十元的收入。

一些專門從事寫作的作家文人，收入大體是可以的，如郁達夫在二〇年代末期，每個月的版稅收入有一百到二百元，而當時一個熟練工人的月收入大概在三十到四十元，這已經足以養活一家五口人了。後來被殺的左翼作家柔石每月的收入在百元左右，此外每年另有版稅八百元，年輕的女作家丁玲月收入也有七十元。至於沒有名氣、初來乍到的一般撰稿人，他們每月的稿費收入只有二三十元，只夠上海一月的生活費，可謂是標準的「亭子間文人」。

據陳明川先生在其著作《文化人與錢》一書中的統計，魯迅的平均月收入大約是四百二十元，而與他同時期或者早一些的文化人收入並不比魯迅低，如北京大學文科學長陳獨秀的月薪為四百元，主編《新青年》雜誌還另有每月二百元的編輯費，這樣算下來，陳獨秀每月收入為六百元；蔡元培做北京大學校長，月薪六百元，另外還有翻譯的稿費（每千字七元）及出版物中的版稅，收入是不菲的。在版稅收入中，林琴南可能是最高的，他一生通過翻譯作品拿到的版稅是二十二萬元（遠高於魯迅等人），另外，他在北京大學任教還另有月薪五百五十元的收入。

民國律師的收入更加令人咋舌，如一九二六年從法國里昂大學畢業的吳凱聲律師，他和另三位律師合開了一個事務所，每個月的收入至少在一千到二千元，高的時候達到一萬元。因此，吳凱聲在兩年之內便發了財，買了大房子和汽車。一九二七年底，他花三千兩銀子買了一塊地皮，僅僅三年多點時間，便以十倍的價錢轉手賣出。當然，這是名律師的收入，普通的律師每個月的收入大概在一二百元。

教授是民國時期的高收入族群，北洋時期在一百八十到二百八十元，國民政府時期在一百到六百之間，而三〇年代的中學教師月薪為一百到二百六十元，小學教師在六十到一百元。當然，這些工資的記載是名義上的，民國期間因為局勢不穩定，中小學教師被欠薪的事情是屢有發生的。據一九三四年《申報》的報導，上海各大學教授的月薪如下：中法工學院最高，一千五百元；同濟大學，七百七十五元；交通大學：六百元；復旦大學，五百三十元；上海醫學院、上海商學院，四百元；震旦大學、滬江大學，三百元；大夏大學，二百九十元；上海法學院，二百一十元。同時期由司徒雷登主政的燕京大學，教授月薪為三百六十元，校長為五百元。

至於官員與公務員，工資並不算高，如一九二七年政府公報所公布的，部長的月薪為八百元，副部長為六百七十五元，局長（或司長、處長）為四百五十到六百元，祕書為三百到四百五十元，科長為二百五十到四百元，科員為六十到一百八十元。法院的大法官倒是收入很高，月薪達一千元，普通法官最高有四百元，最低一百六十元，但他們沒有額外收入。

按陳存仁先生所記，當時上海衛生局人員不過八人，科長薪水每月三十元，小書記員每月只有八元。當然，這是名義收入，比如後來衛生局通過審核醫士執照便收了一大筆錢，全體人員由此立刻都加了薪。

在二十世紀二、三〇年代，上海工人的月工資一般為二十元上下，家庭月收入超過五十元的話，就基本達到小康水準；如家庭月收入有一兩百元，就可算是中產階層。張治中在回憶錄中說，他於一九二一年因失去軍職而避居上海，在法租界租了一個樓面是十六元，這個房間用布簾隔開，一間做臥室，一間做書房，他與妻子及一個孩子每月的生活費是五十元，這還是比較拮据的。

一九二八年，已經小有名氣的蝴蝶轉入明星電影公司，月薪拿到二千元（實支一千，公司欠一千）。一九三一年，明星公司以她為女主角，拍攝了中國第一部有聲片《歌女紅牡丹》，影片歷時六個月，共耗資十二萬元。不過，這個電影的收益是很不錯的，除了國內的票房外，光賣給菲律賓片商的放映權就收入一萬八千元、賣給印尼的則為一萬一千元。

與蝴蝶相比，剛出道的周璇就差了不少，她最初與電影公司簽訂的月薪為二百元。男演員的薪酬一般比女演員低，如趙丹的月薪是二百元，謝添二百五十元。沒有大名氣的女演員薪水也很低，如藍萍（江青）從影期間，其薪水是每月六十元，秦怡也是六十元。

民國時期上海人家的生活水準還是不錯的，普通人家每個月一般吃四次葷菜（肉、魚、蛋、海鮮等），通常為每月的初二、初八、十六和二十三，這幾天叫做「當葷」，其他日子則以蔬菜、豆製品為下飯菜。前面陳存仁先生說他八九歲的時候一個月只能吃一次葷，說明當時他家的生活是比較困難的。

按上海的習慣，如果家裡來客人的話，那就必須以葷菜為主，「無葷不成飯」，蔬菜則是配菜。至於那些拉黃包車的苦力，他們一般只能吃蔬菜、豆腐、鹹魚等，這在當時被認為是「極為低廉而粗劣」的伙食了。就像當時一首兒歌唱的：「當肚皮餓的時候，我們馬上拿起筷，奔向廚房間，看看有點啥小菜，又是青菜炒豆腐，叫我哪能來下飯？」

二〇年代後的上海米價，每百斤通常在八元到十三元上下浮動，這與房租一樣，是低收入家庭的主要支出，省也省不下來的，所以米價一上漲，那些老百姓不免要搖頭歎息，說日子過不下去了，但對於高薪人士來說，這點浮動根本就算不了什麼。

當時的上海交通，主要以人力車為主，起價多為十個銅板，按里程議價，但由於競爭激烈且毫無技術含量，人力車夫的收入是非常低的，大都在每月十元多點，僅能夠維持一個人的生存。上海在民國初年就有電車了，當時從法租界到公共租界是一枚銅元，在公共租界兜一圈也是一枚銅元；

十多年後，又有了出差汽車（即今日之「計程車」），這個收費就貴了，從大世界（今人民廣場）到南市（今豫園、城隍廟往南），車價就要一銀元以上，一般人是坐不起的。事實上，當時一輛小型汽車的價格也不過一千銀元左右。

二十世紀二、三〇年代的上海，小學一般是四年制，學費每學期二到四元，中學也是四年制，學費每學期十六到三十六元，大學的學費最低四十元，最高的是聖約翰大學，學費高達一百五十元。陳存仁先生當年在育才小學讀書，每學期學費為三元，後因為家庭困難而改讀更便宜的浦東小學；小學畢業後，他在四伯父的資助下入讀明立中學，每學期學費十六元；中學畢業後，入讀南洋醫科大學（東南醫學院前身），每學期學費四十元，這在當時已經是很貴了；讀了一年後，轉入上海著名中醫丁甘仁開辦的中醫專門學校，學費為二十四元，其四伯父的負擔就輕了不少。當然，不怕花錢也有，比如張嘯林的兒子張法堯，他的流氓老子覺得出國留學是一件很風光的事情，後把張法堯送到法國鬼混了幾年，據說用掉三十幾萬，這簡直是不得了的天文數字。

上海的世家子弟結婚，禮金也是很高的，據陳先生透露，大概在兩千到三千銀元。與上海的物價相比，北京就要便宜得多了。陳先生在新婚之後與妻子去北京度蜜月，第一晚在六國飯店住了一宿，房價六元，這個價格恐怕可以與現在的五星級飯店相媲美了。設施並不比六國飯店差的東華客棧，當時的房租是每晚一元六角，住的人已經是非官即貴了。當時北京的房租也不貴，一個大四合院租給四戶人家，每家的月租金也不過八元。

當然，要花錢還得會賺錢才行。陳存仁先生滿師之後，在南京路「心心照相館」的二樓租了一個房屋開業，月租金為五十元。由於陳先生受教於名醫，一開始定的門診費就非常高（一元二角，接近名醫的收費標準），但開業第一天乃至之後的十餘天都吃了個鴨蛋，同學來看他，都搖頭說收費太高，好在三友實業社的老闆看得起他，請他做他們社裡五百多名職工的常年醫生，一個月付五十元，這才幫他度過最初的危機。

到後來，就診的病人逐漸增多，業務多了，陳先生便請了一個掛號職員，每月薪水六元，還花八元錢包了一輛黃包車，以便出診，當時出診的費用是五元。一年之後，每日門診也有十號左右（上海名醫丁仲英，也是陳存仁的老師，每日門診可達百人，月收入至少在三千元以上）。後來三友實業社擴大到三千員工，每月固定診費也就提高到三百元。後來，陳先生又擔任了家產極豐的猶太富商哈同家的常年醫生，每月可以拿到二百元。光這兩項固定收入，陳醫生已經躋身當時高薪人士的行列了。

另外，陳先生還辦了一份報紙（即《康健報》），每份銅元二枚，一年訂費加郵費為兩元，第一期的銷量就達到一萬四千份，不久便將訂戶擴展到八千份，一下就有了一萬幾千元的現款，加上已經預收的廣告收入一年一千六百元，光這項收入就夠報紙近五年的成本了。幫他做抄寫的一位朋友鄧鈍鐵，當時也在華安合群保險公司做抄寫員，月薪只有三十五元，後來此人改名「糞翁」，每次在展覽會上賣書畫作品，收入竟可達到八九千元。

不過，最厲害的並不是會賺錢，而是以錢賺錢，那就是買地皮。陳先生曾在高人的指點下在靜安寺路愚園路（今常德路）花五千二百元買了一塊面積三畝七分的地，成交的時候，賣主四兄弟挑了籮筐前來分銀元，當地人只信銀元，其他的莊票支票一概不要。就這塊地，不到三年的時間，陳存仁便以三萬元的價格出手，而數年之後，更是漲到了十萬元，可見投資地產是何等一本萬利的生意。當然，適當地購買一些藝術品、珍貴首飾甚至是皮貨也不錯，譬如陳太太在北京花六十元買了兩件玄狐的皮筒子，後來被人用六百元買去；而當時花一百二十元買的一對翡翠耳環，在隔了二三十年後，陳家夫婦到了香港，以原價一千倍的價格出手，後來更是漲到了五千倍的價格。

由此或許可以看出，銀元時代的物價相對還是比較穩固的。等到了紙幣年代，那就完全取決於政府的信用了。

四三、白銀戰爭與國民政府的幣制改革

正如前文所述，二十世紀二、三〇年代的幣制是極為混亂的，這既阻礙了貨物的流通與貿易的擴張，也為軍閥割據提供了便利的條件。北伐勝利後，南京國民政府意識到，貨幣的混亂現狀不但與世界潮流格格不入，也嚴重影響到國民經濟的發展，由此便有了三〇年代中期的幣制改革。

早在一九〇三年的時候，海關總稅務司赫德就建議中國實行「金本位制」，康乃爾大學教授精琦來華考察時也有類似的建議。一九〇七年，在駐英公使汪大燮的奏議下，清廷曾設立幣制局準備實行改革，但終因為辛亥革命而被打斷。民國後，梁啟超在做財政總長的時候曾大張旗鼓地宣稱要推行金匯兌本位制，可惜總長位置還沒坐熱便下了台。後來曹汝霖繼任財長，也曾頒布了一個《金券條例》，但由於時局不穩，最後都不了了之。

民國初年，也有商人自發地提出「廢除銀兩、改用銀元」的主張，但此舉遭到了銀錢業的一致反對，因為銀錢業可以通過兌換銀兩、銀元等賺取利潤，一旦「廢兩改銀」，必將使得他們失去這塊業務。而按當時的兌換率，每百枚銀元一般可兌白銀七十二兩左右（最低只有六十八兩），這中間的上下波動，是大有文章可做的。

譬如在一九三二年的「一二八」事變中，因為抗敵需要，銀元短缺，導致兌換率飆升為每百元可兌銀兩七十四兩，因為囤積銀元有利可圖，所以國內外大量的銀元在短時期內迅速流入上海。但後來因為簽訂了《淞滬停戰協定》，時局趨於平穩，加上銀元過多，導致兌換率暴跌為每百元兌換銀兩七十兩，那些銀元持有者始料未及，大為虧損。由此，「廢兩改銀」的呼聲也日益得到了輿論的支持。

在經過財政部的調研之後，南京國民政府於一九三三年宣布「廢兩改元」方案，其主要內容有兩點：一是廢除銀兩，採用銀元，今後的貿易、票據、契約等一律使用銀元結算；二是由中央統一鑄造新銀幣作為固定主幣，但在一定時期，舊鑄銀元仍可照舊使用。新銀元是按照舊銀元的成色來鑄造的，每塊含銀八十八%，含銅十二%，每元兌換銀兩七錢十五分，原銀兩的持有者可要求代鑄或者直接去銀行換取新銀元。

由此，沿襲了近四百多年的銀兩制便逐步退出了歷史舞臺，而規格重量及成色基本統一的銀元成為流通的主要貨幣，這使得之前通貨種類被大大簡化，混亂狀況為之改觀。不過，國民政府實行幣值改革的最終目的，是要推行法幣並最終走向紙幣時代。

事實上，國民政府實行幣制改革的時機並不是最好，因為在一九二九年世界經濟大危機爆發後，西方國家如英、德、日、美等國都先後放棄金本位，以通過實行貨幣貶值的政策來提高本國產品在國際市場上的競爭力，從而達到傾銷國內剩餘產品、轉嫁危機的目的。從歷史上來看，十九世紀的大多數國家都是實行銀本位，但在二十世紀初，各國又紛紛放棄了銀本位而改行金本位。在一九三〇年的世界大國中，除了中國、墨西哥和西班牙仍舊在實行銀本位外，其他國家的白銀都成為了普通的商品。

這裡就導致了一個嚴重的問題，那就是使用銀元作為主幣的中國貨幣體系必然會因為世界銀價的漲跌而不穩定。作為當時最大的用銀國，中國每年的銀產量並不高，一旦國家銀價浮動過於劇烈，勢必嚴重影響到本國的幣值穩定和整個經濟運行。比如一九二八年前的十年間，國際銀價較為平穩，但在世界經濟危機發生後，銀價連續四年下跌，各國在華銀行紛紛購入白銀進行投機，數額接近三億元之多。

美國在一九三三年放棄金本位後，隨後頒布了《銀購入法》和《白銀法案》，其目的便是通過白銀國有、在國內外大量收購白銀的方法來提高銀價，操縱世界白銀市場。美國此舉，表面上是為了取悅於國內的銀礦資本家，實質上是通過提高銀價的辦法來刺激白銀本位國家的購買力，以助於向這些國家傾銷美國的剩餘產品，緩解本國的經濟危機。正如美國總統胡佛說的，「中國和印度的購買力是取決於白銀價格的，它們現在已經蒙受影響了」。

美國這種自私自利的做法，即在世界範圍內引發了一場「白銀風潮」，也給中國的經濟和幣制改革造成了極大的衝擊。由於美國大量收購白銀，世界銀價隨之迅速飆升，在各大金融中心，倫敦銀價從每盎司二十便士急拉到三十三便士，而紐約的銀價也從四十五美分上升到七十四美分，一度還突破了八十美分，幾近翻倍。

由於倫敦與紐約的銀價大大超過了中國國內的價格，這不但使得那些在華的外國銀行將它們存儲的白銀運到國外出售，也使得一些洋行不遺餘力地在中國搜集銀兩甚至通過走私來賺取之間的暴利。在短短的幾個月間，在華的外國銀行存銀儲備已經由二億多元銳減到不足二千萬元，成為幾十年來的最低點。

白銀大量外流的後果是極其嚴重的。早在第一次鴉片戰爭前，清廷內部的一些官員便意識到鴉片貿易而導致白銀大量外流，最後引發國內通貨緊縮，到時候連軍餉都發不出來。而這次因美國「白銀法案」而引發的白銀外流更是來勢凶猛，儘管白銀提高了中國的購買力，但更嚴重的後果卻是因為白銀不斷外流而引發通貨緊縮（銀元不斷流出國外），各大銀行銀根收緊，嚴重影響了正常的放貸，其結果又引發了連鎖反應：工商企業因得不到貸款而資金周轉困難，無法擴大或者正常生產經營，由此又導致大量工人、職員失業，因為消費能力被削弱，市場上物價暴跌，結果又導致大批工商企業無利可圖，大量破產倒閉。據統計，僅一九三五年的中秋節前後，上海商號便有一百六十六家關門歇業。

在美國的《白銀法案》討論之時，中國的銀行公會就致函美方表示反對，但美國政府對此置於不顧。中國的白銀大量外流後，中國財政部長孔祥熙甚至顧不上正常的外交程序而直接向羅斯福總統呼籲，希望美國在購入大數額的白銀時事先告知中國，以便中國能夠做出反應。在《白銀法案》實行三個月後，中國駐美國大使施肇基曾憤慨地說：「中國為銀本位國家，美國白銀購買法案使中國遭受貨幣緊縮、經濟損失、白銀巨量流出，令人震驚……中國為避免損失計，不應單獨維持銀本位制度，故已考慮逐漸採用金本位制度。」

在種種交涉最後都歸於無效的情況下，國民政府只好自行採取措施進行補救，以設法阻止瘋狂的白銀外流。一九三四年十月，中國宣布開徵10%的白銀出口稅以及根據世界銀價波動而確定的平衡稅，以攔阻或減少白銀的流出。但是，在徵收白銀重稅之後，儘管正常的出口減少了，但因為國際銀價仍舊在不斷上漲，通過走私甚至有些國家利用軍艦運送白銀出口的情況仍舊屢屢發生。據粗略估計，一九三五年從中國流出的白銀仍有一・五億元到二・三億元之巨。

話說回來，美國這個「提高銀價，以提高銀本位國家人民購買力」的《白銀法案》，其實是一場徹頭徹尾的政治遊戲。事實上，它使美國政府花費了十五億美元的代價，但並沒有從中得到多少好處，而衍生出一個嚴重的副產品，則是引發了中國的一場金融危機。對中國來說，美國的《白銀法案》簡直就是一場飛來橫禍。

製造金融災難的還不僅僅是美國，日本更是在其中大行其事。當時有很多日本人，還有一些被收買的奸商，在全國各地大肆搜集銀元，不管是鷹元還是龍元，或是新發行的銀元，甚至各省造的一些雜幣，通通在搜集之列，然後統一運出。在華北，日本浪人更是肆無忌憚地大規模武裝走私白銀。當時的銀元對於金融好比是血液對於人體，而日本人就在一天復一天地做著抽血的工作，經濟戰之激烈，可見一斑。

白銀的大量外流，從根本上動搖了中國銀本位制的基礎。事實很清楚，一九三四年那場白銀風潮的根源，在於白銀在國際市場是一般商品，在中國則是通貨，當國際銀價跌落時，白銀湧入中國；當國際銀價上漲時，白銀就會大量外流，這是世界經濟的規律，也是無法阻擋的。一旦國際銀價被他國惡意操縱，白銀無序地大量流入和流出，勢必給銀本位國家造成金融及經濟上的一系列連鎖反應。因此，只有加緊實施幣制改革，才能切斷國際市場上銀價漲落對中國經濟的嚴重影響。

在穩定銀價無望的情況下，中國加快了幣制改革的步伐。由於英國當時的在華貿易額是美國的六倍，中國的經濟混亂勢必影響到英國的利益，因而國民政府轉而向英國求援。一九三五年八月，英國派出首席經濟顧問李茲・羅斯來華，其任務就是為國民政府策劃幣制改革。美國在聽說英國參予其事後也不甘落後，隨後便推薦總統經濟顧問楊格前來以備諮詢，而國民政府對英美兩國都表示歡迎。

南京國民政府採取親英美的外交政策並不是沒有原因的，這和三〇年代中國面臨的危局有很大的關係。在一九三一年「九・一八」事變後，日本人的野心昭然若揭，從東北到熱河、察哈爾，接著又覬覦上海和華北，可謂是步步進逼，其「亡我中華之心」不死，大舉侵華也只是遲早的事。因此，國民政府在幣制問題上不但要考慮接近英美，而且要為未來的反侵略戰爭做好充分的準備，因為戰場上較量的不僅僅是軍事力量，持久的戰爭更是對經濟的嚴峻考驗。從這個意義上來說，幣制改革的成功與否，既是防備日本侵略的戰略需要，也是打贏未來戰爭的關鍵。

回顧晚清以來的近百年歷史，中國之所以被外敵屢屢侵犯而無還手之力，其中一個重要原因便是中央政府缺乏現代財政與經濟的運作能力，無法在短時間內有效地調集全國的力量（包括資金與物資），以至於大國力量無法充分展示出來，這才使得中國雖為泱泱大國，但在戰爭中總是被動挨打（譬如甲午戰爭中，中國的各方面力量並不比日本差）。

在緊鑼密鼓地籌備數月後，國民政府於一九三五年十一月發布《關於幣制改革緊急命令》，宣布實行法幣政策。法幣政策的主要內容是：自一九三五年十一月四日起，以中央銀行、中國銀行、交通銀行三行（後增加中國農民銀行，合稱「四大行」）發行的鈔票定為法幣，今後所有完糧納稅及一切公私款項之收付，概以法幣為限，不得行使現金；現在流通的銀元、銀兩等，均可通過銀行按比例換取法幣。

在宣布實行法幣後，中國事實上是放棄了銀本位，幣值也不再受世界銀價的漲落而變化，但中國人有著幾百年使用銀製貨幣的歷史，一時間還難以適應（中國人對紙幣有著天然的不信任）。在開始的一段時間裡，很多人並不願意用手裡的銀元去兌換法幣，而是將它們窖藏起來。除了傳統觀念之外，民眾不願意兌換法幣還有一個原因，那就是在法幣發行之初，其規定是銀元兌換法幣一元，但由於國內的銀價是受控的，其只相當於當時國際銀價的六十%，民眾覺得吃虧。

直到後來，當局強令各大中小銀行、錢莊、銀樓及其銀製品企業或者商鋪將存儲的銀幣、銀錠、銀條、銀塊等集中兌換成法幣，在搜集到一定的白銀後，拿到國際市場上集中拋售換取外匯，以促使國際銀價下跌，民眾兌換法幣的意願才有所增強。在銀元的收兌進展不順利的時候，國民政府出了一個妙招，那就是通過發行新輔幣大量收進了原有的舊輔幣銀角子，這下歪打正著，收兌了不少白銀。

原來，之前各省發行了大量的輔幣銀角子，數額雖少但量很大，因為日常生活中使用銀元的機會並不是太多，而國民政府當時鑄造的新輔幣是鎳幣和銅幣，其中雖然不含任何銀的成分，但樣子很好看也很精緻，加上輔幣要經常使用，因而民眾紛紛前去兌換，這樣就增加了意想不到的白銀儲備。當時日本人因為專門搜集銀元而忽略了輔幣銀角子，很是失策。經過近兩年的努力後，國民政府總共收兌了五億盎司的白銀，這也成為法幣發行的主要準備金。

除了使用白銀作為準備金外，國民政府還通過法幣向英鎊掛鉤及其向美國出售白銀以換取美元外匯的方式穩固新幣制，而這也是英美所樂意看到的，因為如此一來，英國和美國同中國發展貿易就更加便利了。但強鄰日本就不一樣了，他們千方百計地想讓中國充當他們的附庸，因而對中國的幣制改革特別是英美參與其間深惡痛絕。日本心裡很明白，一旦中國的貨幣同英美掛上鉤，勢必影響到日本的在華利益，增加其控制或者侵華的阻力，這是日本所不願意看見的。日本多次公開表示，中國的幣制改革是「對日本的公開挑戰」，「不與新貨幣合作」，「斷然反對」，日本軍部也惡狠狠地說，「帝國對此不能漠視！」

事實上，日本非但在背地裡偷偷地將中國的白銀走私出口，還使用武力不准華北的白銀南運（當時日本已經在華北搞「特殊化」，作為侵略的前奏），以盡可能地破壞中國的法幣推行。但是，因為國內外各種因素的牽制，日本終究是心有餘而力不足，無法從根本上扭轉國民政府幣制改革的進程。從陰謀論的角度來說，日本於一九三七年提前發動侵華戰爭，很可能是對中國因幣制改革成功而迅速崛起的前景深感不安。

不可否認，在國民政府推行法幣政策之後，國內因通貨緊縮而造成的經濟頑症很快得到改觀，國內物價也開始出現平穩回升，各行業生產趨向好轉。當時報刊報導說：「幣制改革後，因農村經濟之復甦，農民購買力之恢復，國內各種新興工業，俱能轉危為安，重趨光明，尤以紡織業為最。……其他如化學、造紙、製糖、樹膠等工業，亦莫不漸次恢復、發展。」

更重要的是，國民政府的法幣改革一舉結束了數百年來的貨幣混亂狀況並實現了中國幣制的統一，這也符合當時的世界潮流及中國未來發展的需要。另外，大規模地收兌白銀等貴重金屬，對之後的抗戰勝利起到了重要的保障作用，因為這些硬通貨可以用來購買外國的軍火及物資。換句話說，國民政府通過法幣收兌了民眾及企業商團所持有的白銀和銀元，實際上是一種強有力的資金集中手段，也是歷代政府所不具有的優勢，這在某種程度上等於用全民族的經濟力量去抗擊日本侵略者。因此，法幣改革的成功對中國抗戰勝利的貢獻是不容忽視的。

當然，必須指出的是，國民黨通過發行法幣改革，為之後濫發紙幣提供了方便條件並進而導致極其嚴重的通貨膨脹，使得國民財富迅速縮水，這也是所有不負責任的政府的共性。濫用紙幣的發行權所造成的惡性通貨膨脹實際上是對民眾的一種搶劫，而抗戰結束後國民黨政府的所作所為，更是在世界金融史上留下了罕見的反面教材。由此，銀兩和銀幣在國民黨統治的最後時期再度活躍起來，也就一點都不奇怪了。畢竟，黃金白銀始終是黃金白銀，它們的魅力比紙幣可要閃耀得多。

附錄：民國大事年表

一九一一年　十月十日，武昌起義爆發。十一月三十日，獨立各省代表在武昌決議組建臨時政府。十二月二日，江浙聯軍攻克南京。十二月十三日，獨立各省代表在南京籌備臨時大總統選舉。

一九一二年　一月一日，孫中山在南京就任中華民國臨時大總統。一月二十五日，段祺瑞等北洋將領通電贊成共和。二月十二日，清帝退位。二月十八日，蔡元培、汪精衛等赴北京迎接袁世凱南下就職。三月十日，袁世凱在北京就任臨時大總統。六月十五日，唐紹儀出走天津，民國首任內閣垮臺。八月十六日，湖北首義元勳張振武在北京被殺。

一九一三年　二月二十二日，隆裕太后因痰症發作去世。三月二十日，宋教仁遇刺，二十二日晨去世。七月十二日，李烈鈞在江西湖口宣布獨立並通電討伐袁世凱，「二次革命」爆發。九月一日，張勳等部北洋軍攻佔南京，「贛寧之役」結束，「二次革命」徹底失敗。九月十一日，進步黨熊希齡組閣，閣員包括梁啟超、張謇等人，號稱「第一流」的人才內閣。十月六日，國會在「公民團」的脅迫下，選舉袁世凱為正式大總統。十一月四日，袁世凱下令解散國民黨。

一九一四年　一月十日，袁世凱下令解散國會。五月一日，《中華民國約法》公布，《臨時約法》被廢除。五月二十日，袁世凱成立參政院，代行立法院職權，黎元洪副總統兼任院長。六月三十日，袁世凱廢除各省都督，設將軍和巡閱使分掌各地軍政與民政大權。九月二日，日軍藉口對德宣戰，登陸山東半島後攻佔青島。十二月二十九日，袁世凱公布《大總統選舉法》，規定總統任期為十年，可連選連任。

一九一五年 一月十八日，日本駐華公使向袁世凱政府提出「二十一條」。八月三日，古德諾發表《共和君主論》，引發帝制先聲。十二月十一日，參政院上「勸進書」，推戴袁世凱為「中華帝國」皇帝。十二月十二日，袁世凱宣布接受帝位。十二月十三日，袁世凱在中南海居仁堂舉行百官朝賀儀式。十二月二十五日，蔡鍔等人在雲南宣布獨立，護國戰爭爆發。

一九一六年 三月二十二日，袁世凱被迫取消帝制。六月六日，袁世凱在四面楚歌中病故，終年五十七歲。六月七日，黎元洪接任總統職位。六月二十九日，黎元洪宣布遵行《臨時約法》，恢復國會，段祺瑞出任內閣總理。十月三十日，馮國璋被補選為副總統。十月三十一日，黃興在上海去世，終年四十三歲。十一月八日，蔡鍔於日本福岡去世，終年三十五歲。

一九一七年 三月十四日，民國政府宣布對德絕交。五月二十三日，大總統黎元洪下令免去段祺瑞總理職務，段祺瑞憤而離京。六月七日，張勳打著「調停國事」的旗號，率五千辮子軍北上。七月一日，張勳復辟，大總統黎元洪於次日避入日本使館。七月三日，段祺瑞在馬廠宣布討逆，並重新出任內閣總理。七月十二日，「討逆軍」攻入北京，張勳逃至荷蘭使館。八月一日，馮國璋就任代理大總統。八月十四日，民國政府宣布對德國、奧匈帝國宣戰。九月一日，孫中山在廣州發起「非常國會」並當選為「大元帥」。

一九一八年 三月一日，段祺瑞成立參戰督辦處。五月二十日，孫中山遭西南軍閥排擠，辭去「大元帥」職務。六月十五日，徐樹錚擅殺陸建章。九月四日，安福國會選舉徐世昌為大總統。

十一月十六日，徐世昌發布停戰命令，南北開始議和談判。

一九一九年　一月二十一日，巴黎和會召開，民國政府派出陸徵祥、唐紹儀、王正廷為代表參會。二月二十日，南北會談在上海開幕，唐紹儀與朱啟鈐為南北方總代表。五月四日，五四運動爆發。五月八日，南北和談宣布破裂。六月五日，上海工人罷工、商人罷市、學生罷課，各地隨即回應。六月十日，北京政府免去章宗祥、曹汝霖、陸宗輿職務。六月二十八日，中國代表拒絕在巴黎和約上簽字。十二月二十九日，馮國璋在北京病逝。

一九二〇年　一月十七日，駐軍湘南的吳佩孚通電要求撤防北歸。五月二十日，吳佩孚率軍北撤。七月十四日，直皖戰爭爆發。七月十九日，段祺瑞在兵敗後宣布下野。

一九二一年　七月，中國共產黨成立。同月，湘鄂戰爭再次爆發。八月二十二日，陝西督軍閻相文吞服鴉片，自殺於督軍行署。九月一日，吳佩孚與趙恆惕達成和議，湘鄂戰爭結束。十一月十二日，華盛頓會議召開。十二月二十四日，梁士詒內閣成立。

一九二二年　四月二十九日，第一次直奉戰爭爆發。五月，張作霖戰敗退回關外。六月二日，徐世昌辭去大總統職務。六月十一日，黎元洪復任總統。

一九二三年　二月七日，京漢鐵路大罷工，吳佩孚下令鎮壓，釀成「二七」慘案。十月五日，曹錕賄選總統成功。十月十日，曹錕就任總統並公布《中華民國憲法》。

一九二四年　一月，國民黨「一大」召開，第一次國共合作開始。六月，黃埔軍校成立。九月三日，江浙戰爭爆發。九月十五日，奉軍向關內開拔，第二次直奉戰爭爆發。十月二十三日，馮玉祥發動北京政變，囚禁曹錕。十一月二日，曹錕宣布辭職，第二次直奉戰爭結束。十一月五日，馮玉祥驅逐清遜帝溥儀出宮。十一月二十四日，段祺瑞就任臨時執政。

一九二五年 三月十二日，孫中山病逝。五月三十日，「五卅」慘案。十月，孫傳芳組織「浙閩蘇皖贛五省聯軍」，並下令討伐奉軍，浙奉戰爭爆發。十一月二十二日，奉軍郭松齡部灤州兵變，奉軍退回關內。十二月二十五日，郭松齡兵敗被殺。十二月二十九日，徐樹錚遇刺身亡。

一九二六年 一月四日，馮玉祥宣布下野，並由庫倫轉到蘇聯遊歷。三月十八日，段祺瑞臨時執政府衛隊製造「三一八」慘案。三月二十日，「中山艦事件」爆發，蔣介石初掌大權。四月二十日，段祺瑞臨時執政府垮臺，段祺瑞最後一次下野並退隱天津。七月九日，南方國民革命軍誓師北伐，進軍湖南。八月十三日，張作霖、張宗昌與吳佩孚的奉直聯軍與國民軍在南口激戰，國民軍敗北潰散。九月十七日，馮玉祥在五原誓師，組建國民軍聯軍，宣布北伐。

一九二七年 一月，武漢、九江收回英租界。三月，上海工人舉行第三次武裝起義。四月十二日，蔣介石在上海突發政變。四月二十八日，李大釗在北京被張作霖殺害。七月十五日，汪精衛宣布「清共」，與蔣介石合流。八月一日，共產黨人發動「南昌起義」。八月七日，中國共產黨在漢口召開「八七」會議。九月，毛澤東等發動湘贛邊秋收起義。十二月十一日，張太雷等發動廣州起義。

一九二八年 一月，蔣介石通電復職，三月後，再度北伐。四月，朱德、毛澤東等部紅軍在井岡山會師，成立「中國工農紅軍第四軍」。五月三十日，在北伐軍的打擊下，張作霖決定退回關內，張宗昌、孫傳芳殘部潰散。六月四日，張作霖在皇姑屯被日軍炸死，張學良就任東三省保安總司令。九月，國民黨宣布「訓政」，設立「五院」。十二月二十九日，張學良宣布「東北易幟」，北洋軍閥時期結束。

一九二九年 一月，蔣介石召開編遣會議。三月二十七日，「蔣桂戰爭」爆發，李宗仁兵敗下野。五月，蔣介石、馮玉祥開戰，韓復榘、石友三叛馮擁蔣。六月，孫中山移靈中山陵。七月，馮玉祥入晉，遭閻錫山軟禁。七月十日，張學良強行接管「中東鐵路」，「中東路」事件爆發。

一九三〇年 三月六日，國民黨三屆三中全會開除汪精衛黨籍。八月七日，汪精衛等在北平召開擴大會議反蔣。十一月，蔣、閻、馮中原大戰，蔣介石勝出，閻錫山、馮玉祥下野。十二月，中央蘇區擊破「第一次圍剿」。

一九三一年 二月二十八日，蔣介石囚禁國民黨元老、立法院長胡漢民。四月，國民黨對中央蘇區發動「第二次圍剿」。五月，國民黨汪派等勢力在廣州成立反蔣政府。六月一日，國民黨公布《訓政約法》。九月初，紅軍粉碎國民黨「第三次圍剿」。九月十八日，日本侵略者發動「九一八」事變，東北軍實行「不抵抗政策」，撤回關內。十一月七日，「中華蘇維埃共和國」在瑞金成立。十二月十五日，蔣介石第二次下野。

一九三二年 一月二十八日，日本在上海挑起「一二八」事變，十九路軍奮起抗戰。三月六日，蔣介石復出，形成國民黨內蔣介石主軍、汪精衛主政的格局。三月九日，日本操縱的「偽滿洲國」成立，前清遜帝溥儀充當執政。五月五日，中日簽訂《淞滬停戰協定》。六月九日，蔣介石在廬山宣布「攘外必先安內」政策。十二月三十日，中國民權保障同盟在上海成立，宋慶齡任主席。

一九三三年 二月，日軍進攻熱河長城一線，宋哲元率二十九軍奮起抗戰。三月，國民黨「第四次圍剿」失敗。五月二十六日，「察哈爾同盟軍」成立，馮玉祥任總司令。五月三十日，中日簽訂《塘沽協定》。七月十八日，蔣介石成立「廬山軍官訓練團」並自任團長。九月，蔣介石發動「第五次圍剿」。十一月十九日，李濟深與十九路軍將領蔡廷鍇、蔣光鼐等在福建成立反蔣抗日政府。

一九三四年 一月十九日，「偽滿洲國」恢復帝制，溥儀變身「康德皇帝」。一月二十一日，福建反蔣政府失敗。二月，南京國民政府發起「新生活運動」。十月，中央紅軍第五次反圍剿失敗後開始長征。

一九三五年 一月十五日，遵義會議召開。六月十二日，紅一方面軍與紅四方面軍懋功會師。六月二十七日，中日《秦土協定》簽訂。八月一日，中共發表《八一宣言》，呼籲團結抗日。十一月四日，南京國民政府實行幣制改革。十二月九日，「一二九運動」在北平爆發。

一九三六年 一月二十八日，「東北抗聯」成立。五月五日，國民黨政府頒布「五五憲草」；同月，全國各界救國聯合會成立。十月九日，紅一、二、四方面軍甘肅會寧會師。十二月十二日，張學良、楊虎城發動「西安事變」。

一九三七年 六月，周恩來與蔣介石在廬山進行第二次國共合作談判。七月七日，日軍挑起「盧溝橋事變」，抗日戰爭全面爆發。七月十七日，蔣介石發表廬山談話，決定抗戰。八月十三日，「八一三」事變爆發，持續三個月之久的淞滬戰役開始。八月二十二日，中國工農紅軍被改編為「國民革命軍第八路軍」。九月，國民黨公布國共合作抗日宣言，抗日民族統一戰線建立。十月十三日，「新四軍」成立。十一月二十日，國民黨政府遷往陪都重慶。十二月十三日，南京失陷，日軍製造震驚中外的「南京大屠殺」。

一九三八年　二月至四月，李宗仁指揮徐州會戰並取得台兒莊大捷。五月，廈門、徐州、合肥先後淪陷。六月十一日，蔣介石下令掘開花園口黃河大堤，以黃河水阻擋日軍前進。八月，廣州、武漢相繼失守，抗戰進入相持階段。十二月二十九日，汪精衛投日叛國。

一九三九年　二月七日，國民黨「國防最高委員會」成立，蔣介石任委員長。七月九日，汪精衛公開與日本合作。十月，第一次「長沙戰役」，日軍受創，死傷萬餘人。十一月七日，日軍在晉察冀大掃蕩中，中將阿部規秀被擊斃。十二月一日，閻錫山策動「晉西事變」，掀起破壞團結抗日局面的反共小高潮。

一九四〇年　三月三十日，「汪偽政權」在南京成立。五月，棗宜會戰。八月至十一月，彭德懷指揮八路軍發動百團大戰。十一月三十日，日本與汪偽政權簽訂《日華基本關係條約》。十二月，日軍在華北展開大「掃蕩」，實行「三光政策」。

一九四一年　一月六日，國民黨製造「皖南事變」。二月二十日，新四軍軍部重建。六月二十二日，德軍進攻蘇聯。十二月七日，日軍偷襲珍珠港。十二月八日，日軍進攻香港，次日，中華民國政府正式對日宣戰。十二月二十五日，香港淪陷。

一九四二年　一月一日，中、美、英、蘇等二十六國代表簽訂《聯合國家宣言》，共同反對法西斯。六月，中途島海戰，美軍扭轉太平洋戰局。七月四日，美空軍志願隊（即「飛虎隊」）改組為美駐華空軍特遣隊，陳納德任指揮官。十二月，八路軍第一二〇師第三五九旅開進南泥灣，「大生產運動」開始。十二月二十日，汪精衛訪問日本。

一九四三年　一月十一日，美、英放棄在中國租界、領事裁判權等特權。二月二日，史達林格勒戰役結束，蘇聯扭轉蘇德戰場之戰局。五月十五日，共產國際宣布解散。十一月二十二日，中、美、英舉行開羅會議。十一月二十八日至十二月一日，美、英、蘇舉行德黑蘭會議。

一九四四年　一月三日，中國軍隊在緬甸發起反攻。六月六日，盟軍諾曼地登陸，反攻歐洲大陸。七月二十二日，美軍赴延安觀察組考察延安。十月，中國戰區參謀長史迪威被免職召回美國。十一月，日軍發動豫湘桂戰役，國民黨軍大潰。

一九四五年　四月，中共「七大」召開。四月三十日，蘇軍攻佔柏林，希特勒自殺，歐戰結束。七月二十六日，「波茨坦公告」發布。八月六日，美軍在日本廣島投下原子彈。八月八日，蘇聯對日宣戰。八月九日，美軍在長崎投下原子彈。八月十五日，日本宣布無條件投降。九月二日，日本正式簽訂投降書。十月十日，國共重慶談判，簽訂《雙十協定》。

一九四六年　一月十日，國共兩黨簽訂停戰協定，（舊）政協會議開幕。六月，全面內戰再次爆發。七月十一日、十五日，李公樸、聞一多被國民黨特務暗殺。十一月四日，《中美友好通商航海條約》簽署。十二月，北平學生發動抗議美軍暴行（「沈崇案」）的運動。

一九四七年　二月二十八日，臺灣「二二八」起義。五月，國民黨整編七十四師於孟良崮戰役中被消滅。五月，全國學生發動「反饑餓、反內戰、反迫害」運動。六月三十日，劉鄧大軍挺進大別山，揭開反攻序幕。十月十日，解放軍提出「打倒蔣介石，解放全中國」的口號。十二月，東北野戰軍與國民黨軍四平大戰。

一九四八年　八月，國民黨政府發行金圓券，金融陷入崩潰境地。九月至十一月，遼瀋戰役。十一月，淮海戰役開始。十二月，平津戰役開始。

一九四九年 一月，淮海戰役結束；同月，平津戰役結束，北平和平解放。三月，中共七屆二中全會召開。四月二十一日，解放軍發起渡江戰役，二十三日攻佔南京；二十四日，太原解放。五月三日，杭州解放；十六日，武漢解放；二十日，西安解放；二十七日，上海解放。八月八日，美國發表對華政策白皮書，國民黨政府被拋棄。九月，（新）政治協商會議開幕。十月一日，中華人民共和國成立，民國時期結束。

參考文獻

◉丁中江．北洋軍閥史話．北京：中國友誼出版公司，一九九二
◉陶菊隱．武夫當國：北洋軍閥統治時期史話．海口：海南出版社，二〇〇六
◉來新夏．北洋軍閥史．天津：南開大學出版社，二〇〇〇
◉蔡東藩、許廑父．民國演義．上海：上海文化出版社，一九八三
◉劉鳳舞．民國春秋．北京：團結出版社，一九九六
◉張明金．民國時期戰爭大參考．北京：京華出版社，二〇〇六
◉彭明．五四運動史．北京：人民出版社，一九九八
◉羅志田．激變時代的文化與政治：從新文化運動到北伐．北京：北京大學出版社，二〇〇六
◉張朋園．梁啟超與清季革命．長春：吉林出版集團有限責任公司，二〇〇七
◉張朋園．梁啟超與民國政治．長春：吉林出版集團有限責任公司，二〇〇七
◉張朋園．中國民主政治的困境：一九〇九—一九四九．長春：吉林出版集團，二〇〇八
◉楊天石．從帝制走向共和：辛亥前後史事發微．北京：社會科學文獻出版社，二〇〇二
◉楊天石．國民黨人與前期中華民國．北京：中國人民大學出版社，二〇〇七
◉楊天石．尋找真實的蔣介石：蔣介石日記解讀．太原：山西人民出版社，二〇〇八

◉黃仁宇‧從大歷史的角度讀蔣介石日記‧北京：九州出版社，二〇〇八
◉朱宗震‧真假共和：一九一二‧中國憲政試驗的台前幕後‧太原：山西人民出版社，二〇〇八
◉凌冰‧最後的攝政王：載灃‧北京：文化藝術出版社，二〇〇六
◉劉憶江‧袁世凱評傳‧北京：經濟日報出版社，二〇〇四
◉唐德剛‧袁氏當國‧桂林：廣西師範大學出版社，二〇〇四
◉駱寶善‧駱寶善評點袁世凱函牘‧長沙：嶽麓書社，二〇〇五
◉景占魁‧閻錫山傳‧北京：中國社會出版社，二〇〇八
◉廖大偉‧一九一二：初試共和‧上海：學林出版社，二〇〇四
◉張華騰‧洪憲帝制：袁氏帝夢破滅記‧北京：中華書局，二〇〇七
◉文斐編‧我所知道的北洋三傑‧北京：中國文史出版社，二〇〇四
◉侯傑、姜海龍‧百年家族：黎元洪‧石家莊：河北教育出版社，二〇〇六
◉周俊旗‧百年家族：段祺瑞‧石家莊：河北教育出版社，二〇〇六
◉文斐編‧我所知道的張宗昌‧北京：中國文史出版社，二〇〇四
◉文斐編‧我所知道的吳佩孚‧北京：中國文史出版社，二〇〇四
◉溥儀‧我的前半生‧北京：同心出版社，二〇〇七
◉馮玉祥‧我的生活‧北京：世界知識出版社，二〇〇六
◉李宗仁‧李宗仁回憶錄‧廣西文史資料研究委員會內部資料，一九八〇
◉張治中‧張治中回憶錄‧北京：華文出版社，二〇〇七

◉司徒雷登・在華五十年：司徒雷登回憶錄・北京：北京出版社，一九八二
◉船木繁・末代皇弟溥傑傳・北京：民族出版社，一九九八
◉楊雲慧・從保皇派到祕密黨員：回憶我的父親楊度・上海：上海文化出版社，一九八七
◉毛彥文・往事・天津：百花文藝出版社，二〇〇七
◉顧維鈞・顧維鈞回憶錄・北京：中華書局，一九九七
◉宋教仁・宋教仁日記・長沙：湖南人民出版社，一九九〇
◉桂勤編・蔡元培自傳及學術文化隨筆・北京：中國青年出版社，一九九六
◉曾景忠、梁之彥編・蔣經國自述・北京：團結出版社，二〇〇七
◉胡適・胡適口述自傳・桂林：廣西師大出版社，二〇〇五
◉唐德剛・胡適雜憶・北京：華文出版社，一九九〇
◉趙政民主編・中原大戰內幕・太原：山西人民出版社，一九九四
◉陳存仁・銀元時代生活史・桂林：廣西師範大學出版社，二〇〇七
◉陳存仁・抗戰時代生活史・上海：上海人民出版社，二〇〇一
◉吳虬・北洋派之起源及其崩潰・北京：中華書局，二〇〇七
◉許指嚴・新華祕記・北京：中華書局，二〇〇七
◉汪曾武，天懺生・劫餘私志・復辟之黑幕・北京：中華書局，二〇〇七
◉思公・晚清盡頭是民國・桂林：廣西師範大學出版社，二〇〇九
◉羅蘇文・近代上海：都市社會與生活・北京：中華書局，二〇〇六

大地叢書介紹

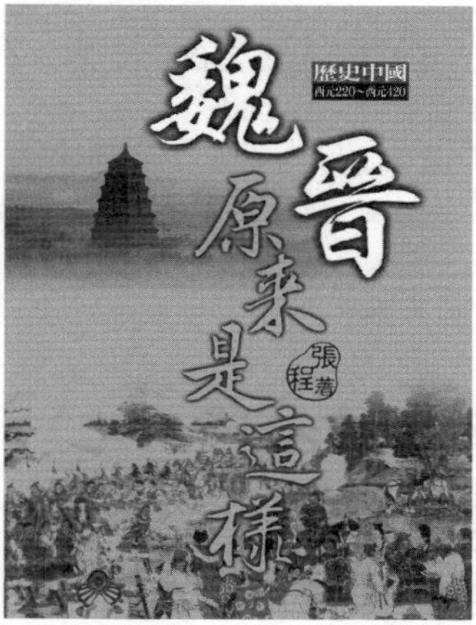

作者：張程
定價：320 元

魏晉南北朝（西元220年—589年），是中國歷史上一段分裂的時期。這個時期由220年曹丕強迫東漢漢獻帝禪讓，建立曹魏開始，到589年隋朝滅南朝陳重新統一結束，共400年。可分為三國時期、西晉時期（與東晉合稱晉朝）、東晉與十六國時期、南北朝時期。另外位於江南，全部建都在建康（孫吳時為建業，即今天的南京）的孫吳、東晉、南朝的宋、齊、梁、陳等六個國家又統稱為六朝。

189年漢靈帝死後，東漢長期混亂，誕生了曹魏、蜀漢、孫吳三國。到後期曹魏逐漸被司馬氏取代，265年被西晉取代。263年蜀漢亡於魏，280年孫吳亡於晉，三國最後由晉朝統一。

魏：是指曹丕建立的魏國，屬三國時期朝代，與蜀、吳三國鼎立。

晉：即指司馬炎建立的西晉。

西晉皇朝短暫的統一，於八王之亂與五胡亂華後分瓦解，政局再度混亂。在304年因為成漢與劉淵的立國，使北方進入五胡十六國時期。316年西晉亡於匈奴的劉曜後，司馬睿南遷建康建立東晉，南北再度分立。東晉最後於420年被劉裕篡奪，建立南朝宋，南朝開始，中國進入南北朝時期。然而北朝直到439年北魏統一北方後才開始，正式與南朝宋形成南北兩朝對峙。

大地叢書介紹

作者：張程
定價：320 元

南北朝從420年到589年，群雄並起、社會動盪、能人輩出、怪胎不斷、民族融合、文化碰撞……

南北朝是一個大破壞的亂世，也是一個大融合的盛世；是一個分裂了兩百年的鐵血時代，也是一段英雄輩出你方唱罷我登場的光輝歲月。

本書再現了5到6世紀，中國南北對峙、東西分裂，到最終走向統一的歷史。

書中有草原民族拓拔鮮卑的崛起、衰落與滅亡，有一代代被權力擊垮的南朝皇帝的變態，有邊關小兵高歡的艱難奮鬥與失意，有江南的煙雨柔情和在溫柔鄉的魂斷命喪，更有一個民族的掙扎、迷茫與蛻變。這是一曲中華民族形成的關鍵時期的悲歌壯曲，值得每一位中國人重溫與銘記。

【作者簡介】

張程，北京大學外交學碩士，《百家講壇》雜誌專欄作家，在《光明日報》、《國際先驅導報》、《經濟參考報》等報刊發表評論，散文多篇，著有《泛權力》、《辛亥革命始末》、《中國臉譜：我們時代的集體記憶》等作品，並翻譯出版了《中國人本色》、《多面中國人》等西方觀察近代中國的作品。

大地叢書介紹

作者：王者覺仁
定價：360 元

唐朝是中國歷史上強盛的朝代之一，隋末民變留守太原的李淵見天下大亂，隋朝的滅亡不可扭轉，遂產生取而代之的念頭，率兵入關中擁立楊侑為帝，是為隋恭帝，西元618年迫隋恭帝禪位，建立唐朝，即唐高祖。

李淵建立唐朝後以關中為基地逐步統一天下，唐朝歷史可以概略分成數期，大致上以安史之亂為界。初唐時期，唐太宗勵精圖治國力逐漸強大，且擊敗強敵突厥，創造了貞觀之治。唐高宗與武后時期擊敗高句麗等強敵建立永徽之治。唐高宗去逝，武則天主政建國號周，女主政治達巔峰，西元705年唐中宗復辟國號恢復唐，一直到唐玄宗繼位女主政治才完全結束。至此進入盛唐，是唐朝另一高峰與轉折，唐玄宗即位革除前朝弊端，政治開明，四周鄰國威服，是為開元盛世。

天寶時期，政治逐漸混亂西元755年爆發安史之亂，唐朝由盛轉衰。中唐時期受河朔三鎮，吐番的侵擾，宦官專權，牛李黨爭等內憂外患的影響國力逐漸衰落。其中雖有唐憲宗的元和中興、唐武宗的會昌中興、唐宣宗的大中之治，都未能根治唐朝的內憂外患。晚唐時期政治腐敗爆發了唐末民變，其中黃巢之亂更是破壞了江南經濟，使唐朝經濟瓦解，導致全國性的藩鎮割據。唐室最後被藩鎮朱全忠控制，他迫使唐昭宗遷都洛陽，並於西元907年逼唐哀帝禪位，唐亡。

民國原來是這樣 / 金滿樓著. -- 一版.-- 臺北市：
大地, 2015.04
面： 公分. --（History：77）

ISBN 978-986-402-019-5（平裝）

1. 民國史 2. 通俗史話

628 104004367

民國原來是這樣

HISTORY 077

作　者	金滿樓
發行人	吳錫清
主　編	陳玟玟
出版者	大地出版社
社　址	114台北市內湖區瑞光路358巷38弄36號4樓之2
劃撥帳號	50031946（戶名 大地出版社有限公司）
電　話	02-26277749
傳　眞	02-26270895
E-mail	vastplai@ms45.hinet.net
網　址	www.vastplain.com.tw
美術設計	普林特斯資訊股份有限公司
印刷者	普林特斯資訊股份有限公司
一版一刷	2015年4月

大地

定　價：320元